2025

경찰승진대비

정태정
경찰실무종합
최근 4개년 기출문제

경찰학박사 **정태정** 편저

「경찰관직무집행법」(24년 7월 31일 시행) 반영

「112신고의 운영 및 처리에 관한 법률」(24년 7월 3일 시행) 반영

「북한이탈주민의 보호 및 정착지원에 관한 법률」(24년 7월 10일 시행) 반영

동영상강의 **미래인재경찰학원**
www.miraeij.com

Q&A **정태정 경찰연구**
cafe.naver.com/jtjknp112

멘토링

PREFACE

경찰실무종합 최근 4개년 기출문제집을 내며...

기출문제의 분석은 모든 시험의 첫 출발이자 필수적인 과정이다. 무엇보다 「실무종합」은 21년 승진시험체계 개편 이후 경감 이하 필수과목으로 지정되었으므로, 최근 4개년간 「실무종합」 기출문제만을 분석함으로써 변화된 출제유형과 난이도, 출제방향 등 21년 이후 출제경향을 정확히 파악하는 게 중요하다.

「실무종합」 Contents는 크게 총론과 각론으로 나누고, 총론은 다시 총론 Ⅰ(경찰의 개념과 임무, 한국경찰의 근현대사, 경찰조직법, 경찰공무원과 법, 경찰작용법 일반론, 경찰관직무집행법)과 총론 Ⅱ(경찰관리, 경찰에 대한 통제, 경찰과 윤리)로 구분한다. 각론 또한 각론 Ⅰ(생활안전론, 범죄수사, 경비경찰활동)과 각론 Ⅱ(교통경찰활동, 정보경찰활동, 안보경찰활동, 외사경찰활동)로 세분화하고 있다.

최근 4개년간 실무종합 기출문제의 출제경향(출제범위, 출제유형)을 간단히 분석해 보면, 다음과 같다.

1. 출제범위

예전까지의 출제는 통상 각론이 한, 두 문제 더 출제되는 경향이 있었으나, 최근에는 대체로 총/각론 각각 5:5 정도의 비율로 전(全) 범위에서 골고루 출제된다고 보면 적절하다. 그리고 두드러진 최근 경향은 경찰윤리(인권) 분야에서 난이도 있는 다수의 문제가 비중있게 출제되고, 이슈(issue)가 되었던 시사성이 있는 관련 문제라든지(스토킹처벌법), 최근 개정(112치안종합상황실 운영 및 신고 처리규칙) 또는 제정(공직자의 이해충돌방지법, 중대범죄 신상공개법)된 법령들이 발 빠르게 출제되는 게 특징이다.

유의할 것은 경찰공제회 문제가 기본적으로 출제 기준이긴 하나, 이번 23/24년 시험에서 보듯이 공제회 교재 밖에서도 다수가 출제된 것처럼, 너무 공제회 문제나 범위에만 갇히면 고득점은 어렵다는 것이다. 조금만 범위를 넓혀 최근 3개년간 정도의 채용이나 간부 정도의 기출문제를 함께 풀어보는 것도 필요하다.

이번 시험(24년)에서는 경찰관리 부문이 비중이 높았고(4문제), 작년에 출제되지 않았던 경찰의 근현대사(경찰의 표상), 범죄원인론(사회해체이론), 안보경찰(보안관찰법, 북한이탈주민의 정착 및 지원에 관한 법) 파트가 출제되었고, 판례문제(집회시위, 음주운전, 행정조사), 그리고 종합적인 응용문제가 출제된 게 특징이긴 하지만, 4개년간 기출문제를 분석해 보면 출제범위는 전 범위에서 골고루 출제된다고 보는 게 적절한 분석이다.

2. 출제유형&난이도

출제유형을 이론문제, 조문(條文)문제, 응용문제, 사례(Case)문제, 판례문제, Box문제 등으로 구분하여 난이도와 결부시켜 분석해 보면, 확실히 법 조문위주의 출제보다는 이론문제나 응용문제가 조금은 까다롭게 느껴지고 또한 조문문제라도 박스형식으로 출제를 하면 정답을 쉽게 찾기가 어렵다. 특히, 정보경찰이나 교통경찰에서는 관련 주요 판례가 자주 출제되고, 이론문제는 경찰행정법(경찰작용법 이론)이나 범죄학(생활안전론) 파트에서 많이 보인다.

그리고 작년 23년 시험과 비교해 보면, 24년 시험은 ㉠ 법 조문위주의 문제들도 보이나, ㉡ 판례나 이론문제도 몇몇 보이고, ㉢ 적절하지 않은 것은 문제도 있으나, 적절한 것을 묻는 문제형식도 제법 있어 상대적으로 정답을 쉽게 찾기 어려웠고, ㉣ 너무 쉽게 정답이 보이는 문제는 작년에 비해 많이 줄었으며, ㉤ 경찰공제회 문제집 문제가 그대로 나온 문제는 거의 없고 약간씩 변형해 종합적인 문제나 교재범위 밖에서 출제된 문제도 있어, 3문제 보기에 따라 4문제 정도는 더 어렵게 출제되었다고 생각된다.

또한 내용뿐만 아니라, 출제유형에 따라 난이도가 좌우된다는 걸 알 수 있는데, 이는 평상시 여러 유형의 문제를 접해보고 풀어봄으로써 자연스레 실전에서도 거부감이 해소될 수 있다고 본다.

본 기출문제집은 본격적인 수험준비에 들어가기 전 입문과정으로 전체적인 출제경향 및 출제범위를 쉽게 파악하기 위한 교재입니다.
- 올바른 수험전략 및 방향을 제시
- 자주 출제되는 내용과 범위의 파악
- 최근 4개년간 기출을 통한 전 범위 Summary

그리고 가능하면, 기본개념을 잡기 전에는 시너지 효과를 내기 위해 저의 다른 자매서「핵심이론」및「기출&예상문제집」,「실전동형모의고사」등도 함께 수험서로 활용하시길 권하고 싶습니다.

항상 교재 집필작업이 끝나고 나면 아쉬움이 남지만, 부족한 부분은 다음의 연구과제로 넘기기로 하고, 이제 24년 승진을 위해 첫발을 내딛는 여러분들에게 작은 도움이라도 되었으면 하는 바람이 이루어지길 기원하고 또 응원하겠습니다!

끝으로 이 책이 나오기까지 많은 도움을 주신 멘토링 출판 정대열·금병희 대표님 그리고 미래인재 경찰학원 여러분들에게도 큰 감사를 드립니다.

정태정 올림

출·제·범·위·분·석

	구분	21년도	22년도	23년도	24년도
각론	여성청소년경찰활동	2	1	3	1
	안보경찰활동	2	1		2
	외사경찰활동	2	2	3	3
	교통경찰활동	3	4	2	2
	경비경찰활동	4	4	4	3
	범죄 수사	5	4	3	3
	생활안전론	4	6	4	5
	경찰과 윤리	3	6	4	2
	경찰에 대한 통제	2		3	3
	경찰관리	1	1	2	4
	경찰관 직무집행법	2	3	3	2
총론	경찰작용법 일반	2	1	3	2
	경찰공무원법	3	4	4	2
	경찰 조직법	3	1	1	3
	한국경찰의 근현대사	1	1		1
	경찰개념과 임무	1	1	1	2

21년 실/무/종/합

총론

[경찰개념과 임무]
경찰의 개념(형식/실질)

[경찰역사]
경찰의 표상

[경찰조직]
법규명령과 행정규칙, 국가경찰위원회, 행정권한의 위임과 위탁에 관한 규정

[경찰공무원]
직위해제

[경찰작용]
경찰의무이행확보수단, 질서위반행위규제법, 경직법(보호조치), 위해성 경찰장비의 사용기준 등에 관한 규정

[경찰관리]
조직편성원리

[경찰통제]
공공기관의 정보공개에 관한 법률, 경찰 감찰 규칙, 경찰 인권보호규칙

[경찰윤리]
성희롱·성폭력 근절을 위한 공무원 인사관리규정, 공직자윤리법, 부정청탁 및 금품 등 수수의 금지에 관한 법률, 경찰청 공무원 행동강령 및 경찰헌장

각론

[생활안전론]
범죄원인론, 112신고 접수·지령 매뉴얼(관련된 위치정보조회), 아동학대범죄의 처벌 등에 관한 특례법, 아동·청소년의 성보호에 관한 법률

[범죄수사]
수사실행의 5대 원칙, 압수수색절차, 통신수사, 리드(REID) 테크닉을 활용한 신문기법의 순서, 시체현상

[경비경찰]
경비경찰의 종류 및 특징, 경비수단, 경찰 비상업무 규칙, 행사장 경호

출·제·범·위·분·석

[교통경찰]
교통안전교육, 음주운전, 음주측정거부

[정보경찰]
집시법상 시위개념(판례), 집회 및 시위에 관한 법률상 제한·금지·보완통고

[안보경찰]
북한이탈주민의 보호 및 정착지원에 관한 법률, 비밀공작의 순환과정

[외사경찰]
범죄인 인도원칙, 여행경보단계

22년 실/무/종/합

총론

[경찰개념과 임무]
기본적 임무

[경찰역사]
경찰의 표상

[경찰조직]
국가경찰과 자치경찰의 조직 및 운영에 관한 법률(경찰법)

[경찰공무원]
권리의무, 근무관계 발생·변경·소멸

[경찰작용]
비례원칙, 경찰관직무집행법

[경찰관리]
경찰장비, 비밀

[경찰통제]

[경찰윤리]
청탁금지법, 부패원인, 윤리표준, 인권보호규칙

각론

[생활안전론]

아동학대, 가정폭력, 실종아동등 및 가출인 업무처리 규칙, 경범죄처벌법, 지역경찰 활동전략, 지역경찰조직운영규칙

[범죄수사]

지명수배, 통신수사, 피의자 유치 및 호송, 변사사건 및 지문

[경비경찰]

선거경비, 재난 및 대테러활동, 진압원칙 및 다중범죄 정책적 치료법, 비상업무규칙

[교통경찰]

교통사고처리특례법, 어린이 보호구역 및 어린이 통학버스, 주정차

[정보경찰]

집회 및 시위, 확성기 사용

[안보경찰]

보안관찰

[외사경찰]

외국인 관련 사건처리

23년 실/무/종/합

총론

[경찰개념과 임무]

형식적 의미와 실질적 의미의 경찰

[경찰역사]

[경찰조직]

경찰법의 법원 중 법률과 법규명령의 공포와 효력발생시기, 행정기본법상 법의 일반원칙 중 신뢰보호원칙, 경찰법상 시도 자치경찰위원회의 소관사무

[경찰공무원]

경찰공무원 임용령상 임용, 경찰공무원 징계령상 징계위원회, 국가공무원법상 의무, 국가공무원 복무규정상 공가사유

[경찰작용]
경찰처분과 부관, 경찰관직무집행법(제4조)상 보호조치, 경직법(제5조)상 위험발생의 방지, 경직법상 범죄예방과 제지(제6조) 및 위험방지를 위한 출입(제7조)

[경찰관리]
조직편성의 원리, 국가재정법상 예산의 편성절차

[경찰통제]
언론중재 및 피해구제법, 공공기관의 정보공개에 관한 법률상 정보공개 절차, 경찰통제의 유형, 인권보호 규칙상 인권침해 조사절차, 경찰청 적극행정 면책제도 운영규정상 자체감사 & 공공감사에 관한 법률상 자체감사

[경찰윤리]
경찰헌장, 공직자의 이해충돌방지법

각론

[생활안전론]
경범죄처벌법, 지역경찰의 조직 및 운영에 관한 규칙, 112종합상황실 운영 및 신고 처리규칙

[범죄수사]
가정폭력범죄처벌특례법, 경찰수사규칙상 송치서류 편철순서, 마약류관리에 관한 법률상 대마의 정의, 특정강력범죄의 처벌에 관한 법률상 피의자 신상공개 요건

[경비경찰]
경비수단의 종류 및 원칙, 경비경찰 조직운영 원칙, 통합방위법, 국민보호와 공공안전을 위한 테러방지법

[교통경찰]
도로교통법 시행규칙 별표2 차량신호등 중 원형등화의 신호종류, 교통정리가 없는 교차로에서의 양보운전

[정보경찰]
경찰관의 정보수집 및 처리에 관한 규정, 집회시위에 관한 법률(및 시행령)상 질서유지선, 집회시위의 해산절차

[안보경찰]

[외사경찰]
출입국관리법상 외국인의 강제퇴거, 범죄수사규칙상 외국인 관련 범죄에 관한 특칙, 외국인 관련 사건처리 조치

24년 실/무/종/합

총론

[경찰개념과 임무]
경찰의 개념(형식/실질), 경찰의 기본적 임무 중 위험의 개념

[경찰역사]
경찰의 표상

[경찰조직]
「국가경찰과 자치경찰의 조직 및 운영에 관한 법률」 종합문제, 시도자치경찰위원회 위원의 임명 및 결격사유, 「행정권한의 위임과 위탁에 관한 규정」

[경찰공무원]
시보임용경찰공무원에 관한 면직절차, 국가공무원법상 직권면직요건과 직위해제 사유의 비교

[경찰작용]
질서위반행위규제법상 시간적/장소적 적용범위, 행정조사, 경찰관직무집행법(불심검문), 경찰 물리력 행사의 기준과 방법에 관한 규칙

[경찰관리]
엽관주의와 실적주의 비교, 행정업무의 운영 및 혁신에 관한 규정상 공문서, 경찰장비관리 규칙상 무기류 회수 및 보관, 보안업무규정상 비밀

[경찰통제]
부패방지법상 부패행위 등의 신고절차, 경찰 인권보호규칙, 청탁금지법상 금품 등의 수수금지

[경찰윤리]
경찰부패원인, 경찰의 적극행정

각론

[생활안전론]
범죄원인론(Shaw & Mckay의 사회해체이론), 환경설계를 통한 범죄예방(CPTED), 112치안상황실 운영 및 신고처리 규칙, 경비업법상 경비지도사의 결격사유, 스토킹처벌법상 잠정조치

[범죄수사]
검사와 사법경찰관의 상호협력과 일반적 수사준칙에 관한 규정, 디지털 증거의 처리 등에 관한 규칙, 마약류 중 GHB의 특징

출·제·범·위·분·석

[경비경찰]
경비경찰 활동의 특징, 집회 등 채증활동규칙, 재난 및 안전관리 기본법(특별재난지역의 선포)

[교통경찰]
자전거의 안전운전, 교통사고 및 음주운전 등 종합문제

[정보경찰]
경찰관의 정보수집 및 처리 등에 관한 규정, 집회·시위에 관한 법률 보완통고절차, 집회·시위에 관한 판례

[안보경찰]
북한이탈주민의 보호 및 정착지원에 관한 법률상 북한이탈주민의 정의, 보안관찰법상 보안관찰처분 대상자

[외사경찰]
경찰수사규칙상 외국인 수사절차(영사기관에의 통보, 외국군함에의 출입절차)

2025 승진대비
경찰실무종합 최근4개년 기출문제

2025 승진 커리큘럼

2024 1월 13일(토)	기출문제 풀이 & 분석(동영상)
2024 2월	최근 4개년 기출문제풀이(24강)
2024 3월	핵심요약강의(30강)
2024 4·5월	기본이론(72강)
2024 6·7월	문제풀이(72강) & 경찰공제회 추가문제 풀이
2024 8월	법령강의(36강) *관련 주요 숫자 & 판례정리
2024 9월	실전동형모의고사(40강)
2024 10월	테/마/특/강(경찰행정법, 범죄학, 판례)

+ **OX 1000제 핵심정리**
+ **밑줄 친 지문 요약강의**(밑줄 특강)

2024 11월	개정법 강의(23년 1.1-24년 현재까지)
2024 12월	최종 모의고사(3회)

CONTENTS

Part 01 총론 I

- Chapter 01 경찰개념과 임무 ········· 16
- Chapter 02 한국경찰의 근·현대사 ········· 21
- Chapter 03 경찰조직법 ········· 25
- Chapter 04 경찰공무원과 법 ········· 36
- Chapter 05 경찰작용법 일반론 ········· 56
- Chapter 06 경찰관직무집행법 ········· 62

Part 02 총론 II

- Chapter 07 경찰관리 ········· 80
- Chapter 08 경찰에 대한 통제 ········· 89
- Chapter 09 경찰과 윤리 ········· 96

Part 3 각론 I

- Chapter 01 생활안전론 ········· 120
- Chapter 02 범죄수사 ········· 143
- Chapter 03 경비경찰활동 ········· 172

Part 4 각론 II

- Chapter 04 교통경찰활동 ········· 192
- Chapter 05 정보경찰활동 ········· 207
- Chapter 06 안보경찰활동 ········· 220
- Chapter 07 외사경찰활동 ········· 227

2025 경찰승진대비

경찰실무종합
최근 4개년 기출문제집

PART 01

총론 Ⅰ

Chapter 01 경찰개념과 임무
Chapter 02 한국경찰의 근·현대사
Chapter 03 경찰조직법
Chapter 04 경찰공무원과 법
Chapter 05 경찰작용법 일반론
Chapter 06 경찰관직무집행법

Chapter 01 경찰개념과 임무

01 경찰의 개념에 대한 설명 중 가장 적절하지 않은 것은? *(21년 승진/실무종합)*

① 실질적 의미의 경찰은 사회공공의 안녕, 질서유지와 같은 소극적 목적을 위한 작용이다.
② 실질적 의미의 경찰은 특별통치권에 근거하여 국민에게 명령·강제하는 권력적 작용으로 독일의 행정법학에서 정립된 학문상 개념이다.
③ 형식적 의미의 경찰작용은 실정법상 보통경찰기관에 분배된 사무를 말하며, 이에 따른 경찰활동의 범위는 나라마다 차이가 있을 수 있다.
④ 형식적 의미의 경찰이 언제나 실질적 의미의 경찰이 되는 것은 아니고, 또한 실질적 의미의 경찰이 모두 형식적 의미의 경찰이 되는 것도 아니다.

해설

② 실질적 의미의 경찰은 일반통치권에 근거한다. 즉 사회공공의 안녕과 질서를 유지하기 위하여 일반통치권에 의거하여 국민에게 명령·강제함으로써 자연적 자유를 제한하는 권력작용이다.

1] **형식적 의미의 경찰**
  ① 조직중심(법상 보통경찰기관에서 행하는 모든 경찰활동, 현재 실정법에 근거하여 보통경찰 기관에 부여된 모든 임무)
     *who(담당기관 기준)
  ② 실무상 개념   *역사적·제도적 개념
  ③ 국가마다 국가가 처한 환경에 따라 범위가 다르다.
  ④ 경찰기관이 아닌 다른 기관은 형식적 의미의 경찰에 해당하는 활동을 할 수 없다.
  ⑤ 경찰법(제3조)과 경찰관직무집행법(제2조)
  ⑥ 정보경찰·보안(대공)경찰·외사경찰, 범죄의 수사(사법경찰/본래 사법작용), 서비스와 같은 비권력적 활동은 형식적 의미의 경찰작용에 해당

2] **실질적 의미의 경찰**
  사회공공의 안녕과 질서를 유지하기 위하여 일반통치권에 의거하여 국민에게 명령·강제함으로써 자연적 자유를 제한하는 권력작용에 한한다. *what(본래의 임무와 성질기준)
  ① 작용중심(사회목적적 작용, 소극적인 질서유지작용, 국민에게 명령·강제하는 권력작용)
  ② 이론적·학문상 개념
  ③ 학문적으로 만든 보편적 개념이므로 실질적 의미의 경찰개념은 나라마다 같을 수 있다.
  ④ 의원경찰과 법정경찰은 특별권력관계 내부질서유지를 위한 것으로 실질적 의미의 경찰에 포함되지 않는다
     (非警察이므로 형식적 의미의 경찰에도 포함되지 않는다).

⑤ 경찰이 아닌 다른 행정기관의 소관사항이면서도 특별한 사회적 이익의 보호를 목적으로 하면서 본래 업무에 부수된 질서작용과 같이 성질상으로는 실질적 의미의 경찰에 포함시킬 수 있는 것도 있다. 예를 들어 철도경찰, 산림경찰, 건축경찰, 위생경찰, 영업경찰, 공물경찰, 어업경찰, 경제경찰 등이 이에 해당한다(협의의 행정경찰).

⑥ 경찰법상의 이른바 일반조항의 존재를 전제로, 경찰관청에 대한 권한의 포괄적 수권(경찰권의 발동)과 법치국가적 요청(경찰권의 제한)을 조화시키기 위해 구성된 도구 개념으로서, 경찰권의 한계이론도 이와 같은 배경 하에서 형성된 것이다.

3] 양자의 관계

형식적 의미의 경찰이 위험방지라는 실질적 의미의 경찰작용을 하는 경우에는 서로가 일치되기도 하나, 각각은 서로를 포함하거나 정반대의 개념이 아니라 별개의 개념이라고 볼 수 있다. 또한 명확한 기준이 없음으로 그 범위나 크기는 누가 더 넓거나 크다고 단정할 수 없다(△).

정답 ②

02 형식적 의미의 경찰개념과 실질적 의미의 경찰개념에 관한 설명으로 옳은 것을 모두 고른 것은?

(23년 승진/실무종합)

> ㉠ 정보경찰은 권력적 작용이므로 실질적 의미의 경찰이다.
> ㉡ 실질적 의미의 경찰은 국가의 일반통치권에 근거하여 국민에게 명령·강제하는 권력적 작용으로 독일의 전통적 행정법학에서 정립된 학문상 개념이다.
> ㉢ 형식적 의미의 경찰은 실정법상 보통경찰기관에 분배된 임무를 달성하기 위하여 행해지는 경찰활동으로 그 범위는 나라마다 차이가 있을 수 있다.
> ㉣ 실질적 의미의 경찰은 형식적 의미의 경찰을 모두 포괄한다.

① ㉠㉡ ② ㉡㉢
③ ㉠㉡㉢ ④ ㉡㉢㉣

해설

㉠ [X] 정보경찰은 비권력적 작용이고 또한 국가의 안전과 존립보호를 목적으로 하는 국가목적적 작용이므로 형식적 의미의 경찰이다.

㉣ [X] 실질적 의미의 경찰개념과 형식적 의미의 경찰개념은 서로 누가 더 포괄적이라거나 더 상위개념이라거나라고 분명히 말하기 곤란하다. 두 개념을 비교할만한 분명한 기준이 없기 때문에 일률적·단편적으로 그 크기나 넓이를 말하기 어렵다.

정답 ②

03 경찰의 개념 중 형식적 의미의 경찰과 실질적 의미의 경찰에 관한 설명으로 가장 적절한 것은?

(24년 승진/실무종합)

① 형식적 의미의 경찰개념은 실정법상 보통경찰기관에 맡겨져 있는 경찰작용을 의미한다.
② 형식적 의미의 경찰개념은 작용을 중심으로 파악한 것이다.
③ 실질적 의미의 경찰개념은 경찰의 사법경찰활동과 같이 주로 현재 또는 장래의 위험방지를 개념요소로 한다.
④ 실질적 의미의 경찰개념은 사회 질서유지와 봉사활동과 같은 현대 경찰의 핵심적인 기능을 수행하는 경찰을 의미한다.

해설

① [O]
② 형식적 의미의 경찰개념은 조직을 중심으로 파악한 것이다.
③ 실질적 의미의 경찰개념은 장래 지향적인 질서유지활동으로 현재 또는 장래의 위험방지를 개념요소로 한다. 하지만, 경찰의 사법경찰활동은 과거 의무위반 행위에 대한 제재를 목적으로 하므로 실질적 의미의 경찰개념에는 포함되지 않는다.
④ 실질적 의미의 경찰개념은 사회 질서유지를 위해 명령과 강제를 수단으로 하는 권력작용을 속성으로 한다. 그러므로 봉사활동과 같은 경찰활동은 실질적 의미의 경찰에 해당하지는 않고 형식적 의미의 경찰개념에 해당한다.

정답 ①

04 경찰의 기본적 임무인 '위험의 방지'에 대한 설명으로 가장 적절하지 않은 것은?

(22년 승진/실무종합)

① 경찰개입을 위해서는 구체적 위험이 존재해야 하지만, 범죄예방 및 위험방지 행위의 준비는 추상적 위험 상황에서도 가능하다.
② 오상위험이란 경찰이 상황을 합리적으로 사려 깊게 판단하여 위험이 존재한다고 인식하여 개입하였으나 실제로는 위험이 없던 경우를 말하며 이 경우 국가의 손실보상책임이 발생할 수 있다.
③ 위험혐의란 경찰이 의무에 합당한 사려 깊은 상황 판단을 할 때, 위험의 발생 가능성은 예측되지만, 위험의 실제 발생 여부가 불확실한 경우를 의미한다.
④ 손해란 보호법익에 대한 현저한 침해행위를 의미하고 정상적 상태의 객관적 감소이어야 하므로, 단순한 성가심이나 불편함은 경찰개입의 대상이 아니다.

🖐 해설

② 외관적 위험이란 경찰이 상황을 합리적으로 사려 깊게 판단하여 위험이 존재한다고 인식하여 개입하였으나 실제로는 위험이 없던 경우를 말한다. 이 경우 위법을 전제로 한 손해배상책임은 인정되지 않지만, 적법한 개입이라도 특별한 희생이 인정되는 경우에는 국가의 손실보상책임이 발생할 수 있다.

|보충|

1. 경찰의 기본적 임무
1] 공공의 안녕과 질서에 대한 위험방지
(1) 공공의 안녕
   ① 법질서의 불가침성(제1요소)
   ② 국가의 존립과 기능성의 불가침성
   ③ 개인의 권리와 법익의 불가침성
(2) 공공질서
   그것을 준수하는 것이 인간의 원만한 공동체 생활을 위한 불가결적 전제조건으로서 공공사회에서 각 개인의 행동에 대한 불문규범의 총체(지배적 가치관, 윤리·도덕관), 상대적이고 유동적 개념, 축소경향(규범화/성문화 추세)
2] 범죄의 수사(위험방지와 범죄의 수사는 별개의 임무가 아니다)
3] 서비스임무(확대경향)

2. 위험
1) 위험이란 가까운 장래에 공공의 안녕이나 질서에 손해가 나타날 수 있는 가능성이 충분히 존재하는 상태를 말하고, 위험의 개념은 일종의 예측이다.
2) 구체적 위험이란 구체적인 개별 사안에 있어서 가까운 장래에 손해발생의 충분한 가능성이 존재하는 경우를 말하고, 이는 경찰개입을 위한 요건이다. 추상적 위험은 구체적 위험의 예상가능성만 일컫는다. 경찰의 개입은 구체적 위험 또는 적어도 추상적 위험이 있으면 가능하다. 하지만, 사전배려원칙에 따라 추상적 위험 이전의 단계에서 사려배려적인 개입이 허용되는 것은 아니다.
3) 위험에 대한 인식
   ① 위험혐의 : 위험의 존재 여부가 불명확한 경우, 위험혐의 상태는 위험조사 차원의 개입을 정당화
   ② 외관적 위험 : 경찰이 합리적으로 사려 깊게 상황을 판단하여 위험이 존재한다고 판단하여 개입하였으나, 실제로는 위험이 존재하지 않은 경우
   ③ 오상위험(추정성 위험) : 이성적이고 객관적으로 판단할 때, 위험의 외관도 그 혐의도 정당화되지 아니함에도 불구하고 경찰이 위험의 존재를 잘못 추정한 경우, 오상위험의 경우에는 경찰이 의무에 어긋나는 개입행위를 했으므로, 손해배상의 문제가 발생

정답 ②

05 경찰의 임무를 공공의 안녕과 질서에 대한 위험의 방지라고 정의할 때, 위험에 관한 설명으로 가장 적절한 것은?

(24년 승진/실무종합)

① '위험'이란 보호법익의 정상적 상태의 객관적 감소를 뜻하며, 보호법익에 대한 현저한 침해가 있어야 한다.
② 위험에 대한 인식에 따라 외관적 위험, 위험혐의, 오상위험으로 구분할 수 있다.
③ 추상적 위험의 경우 경찰권 발동에 있어 사실적 관점에서의 위험에 대한 예측까지는 필요하지 않다.
④ 위험의 혐의만 존재하는 경우 위험의 존재가 명백해지기 전까지는 경찰관에게 예비적 조치로서 위험의 존재 여부를 조사할 권한은 없다.

해설

② [O] 위험에 대한 인식에 따라 외관적 위험, 위험혐의, 오상위험으로 구분할 수 있다. 여기서 외관적 위험과 오상위험(상상위험/추정성 위험)은 인식의 불일치 상태를 말하고, 위험혐의는 인식의 불확실 상태를 말한다.
① '손해'란 보호법익의 정상적 상태의 객관적 감소를 말하고, 보호법익에 대한 현저한 침해가 있어야 한다.
③ 위험이란 가까운 장래에 공공의 안녕이나 질서에 손해가 나타날 수 있는 가능성이 충분히 존재하는 상태를 말한다. 구체적 위험이든 추상적 위험이든 경찰의 위험개념에는 주관적 추정을 포함하고, 위험의 개념은 일종의 예측이다.
④ 위험의 혐의만 존재하는 경우, 경찰관에게 예비적 조치로서 위험의 존재 여부를 조사하는 것은 정당한 권한이다.

정답 ②

Chapter 02 한국경찰의 근/현대사

01 한국경찰사에 길이 빛날 경찰의 표상에 대한 설명으로 가장 적절한 것은? (21년 승진/실무종합)

① 안맥결 총경은 1950년 8월 30일 성산포경찰서장 재직 시 계엄군의 예비검속자 총살 명령에 '부당함으로 불이행'한다고 거부하였다.
② 이준규 총경은 1957년 국립경찰전문학교 교수로 발령받아 후배 경찰교육에 힘쓰다 1961년 5·16군사정변이 일어나자 군사정권에 협력할 수 없다며 사표를 제출하였다.
③ 문형순 경감은 1980년 5·18 광주 민주화운동 당시 비례의 원칙에 입각한 경찰권 행사 및 시위대의 인권보호를 강조하였다.
④ 백범 김구 선생은 1919년 상하이에 수립된 대한민국 임시정부의 초대 경무국장으로 취임 후 임시정부 경찰을 지휘하며 임시정부의 성공적 정착에 이바지하였다.

해설

① [X] 위는 문형순 경감에 대한 내용으로 이 당시 계엄군의 예비검속자 총살 명령에 '부당함으로 불이행'한다고 거부한 일화가 있다.
② [X] 위는 안맥결 총경에 대한 내용으로 1957년 국립경찰전문학교 교수로 발령받아 후배 경찰교육에 힘쓰다 1961년 5·16군사정변이 일어나자 군사정권에 협력할 수 없다며 사표를 제출하였다.
③ [X] 위는 안병하 치안감에 대한 내용으로 1980년 5·18 광주 민주화운동 당시 비례의 원칙에 입각한 경찰권 행사 및 시위대의 인권보호를 강조한 것으로 유명하다.

정답 ④

02 다음은 한국경찰사에 대한 설명이다. 아래 ( )안에 들어갈 내용으로 가장 적절하게 짝지어진 것은?

(22년 승진/실무종합)

> 안병하 치안감은 5·18 광주 민주화운동 당시 전라남도 경찰국장으로서 전라남도 경찰들에게 '분산되는 자는 너무 추적하지 말 것' 등을 지시하고, '연행과정에서 학생의 피해가 없도록 유의하라'고 지시하여 (㉠)에 입각한 경찰권 행사 및 시위대의 (㉡)를 강조하였다.

① ㉠ - 호국정신 ㉡ - 인권보호
② ㉠ - 비례의 원칙 ㉡ - 질서유지
③ ㉠ - 호국정신 ㉡ - 질서유지
④ ㉠ - 비례의 원칙 ㉡ - 인권보호

해설

의미상 '분산되는 자는 너무 추적하지 말 것'은 과잉진압금지를 말하므로 경찰비례의 원칙과 관련되고, '연행과정에서 학생의 피해를 없도록 유의하라'는 인권보호와 관계가 깊다.

01] 백범 김구 : 1919년 상하이에 수립된 대한민국 임시정부의 초대 경무국장으로 취임 후 임시정부 경찰을 지휘하며 임시정부(경찰)의 성공적 정착에 이바지하였다. 광복 이후 1947년 '민주경찰'지 창간 시 자주독립과 민주경찰의 축사와 함께 사회혼란 극복의 노고를 치하하며 애국 안민의 신경찰이 되어달라는 당부의 말로 유명하다.

02] 김석 : 의경대원으로 활약, 1932년 4월 상해 홍구 공원에서 열린 일왕의 생일축하 기념식장 폭탄 투하시 윤봉길 의사를 배후에서 지원하였다.

03] 김철 : 의경대 출신으로, 항주 시기 임시정부를 이끌었고, 1932년 일제경찰에 체포된 후 감금, 고문 후유증으로 생애를 마감하셨다.

04] 나석주 : 일제강점기 동양척식주식회사 투탄 의거와 관련된 독립운동가이다(신흥무관학교 출신으로 항일운동원으로 활동, 이후 의열단 입단).

05] 차일혁 경무관 : 공비들의 근거지가 될 수 있는 사찰을 불태우라는 상부의 명령에 대해 현명하게 대처하여 화엄사(구례), 선운사(고창), 백양사(장성) 등 여러 사찰과 문화재를 보호하였다. 즉 빨치산 토벌의 주역이며 구례 화엄사 등 문화재를 수호한 인물로 '보관문화훈장'을 수여받은 호국경찰의 영웅이자 인본경찰·인권경찰·문화경찰의 표상이다.

06] 문형순 서장 : 신흥무관학교를 졸업한 독립군 출신으로 광복 이후 경찰간부로 입직, **제주 4·3사건 당시인 1948년 12월**, 좌익총책의 명단에 연루된 주민들이 처형위기에 처하자 당시 모슬포 서장이었던 문형순은 이들에게 자수를 권하여 자수토록 하고, 1950년 8월 성산포 경찰서장 재직 시 계엄군의 예비검속자 총살 명령에 '부당함으로 불이행' 한다고 거부하고 주민들을 방면하였다.

07] 안맥결 총경 : 도산 안창호 선생의 조카딸로, 독립운동에 투신하다가 해방 후 1946년 **5월 미 군정하 제1기 여자경찰간부로** 임용되어 경찰에 입직하였고 1952부터(2년) 서울 여자경찰서장을 역임하여 풍속/소년/여성 보호 업무를 담당, 당시 여자경찰제도는 권위적인 사회 속에서 선진적이고 민주적인 제도였다.

08] 최규식 경무관, 정종수 경사 : 1968년 1·21 무장공비침투사건 당시 군 방어선이 뚫린 상황에서 격투 끝에 청와대를 사수하였으며, 순국으로 대한민국을 지켜내고 조국의 발전을 가능하게 한 영웅적인 사례로 평가받고

있다. 당시 종로경찰서 자하문검문소에서 무장공비를 온몸으로 막아내고 순국한 최규식 경무관과 정종수 경사는 호국경찰의 표상이다.

09] **안병하 치안감** : 민주경찰과 인권경찰의 표상으로, 5·18 광주 민주화운동 당시 과격한 진압을 지시한 군과 달리 '분산되는 자는 너무 추격하지 말 것, 부상자 발생치 않도록 할 것, 연행과정에서 학생의 피해가 없도록 유의하라'고 지시하여 인권경찰의 면모를 보인 것으로 알려졌다.

10] **이준규 총경** : 1980년 5·18 당시 목포경찰서장으로 재임하면서 안병하 치안감(당시 국장)의 방침에 따라 경찰 총기 대부분을 군부대 등으로 사전에 이동시키는 등 시민들과의 유혈 충돌을 피하도록 사전에 조치하였다.

11] **최중락 총경** : **치안국 포도왕**(검거왕)으로 여러 차례 선정되었고 재직 중 600여건의 사건 해결과 약 1,400명의 범인을 검거하는 등 수사경찰의 상징적인 존재이다. 특히 70~80년대 MBC드라마 '수사반장'의 실제모델로 유명하다(각종 자료제공 및 자문을 하였고, 퇴직 이후에는 '촉탁수사연구관'으로 선임되어 후배 수사 경찰관들을 지도).

정답 ④

03 자랑스러운 경찰의 표상에 관한 내용과 인물이 바르게 연결된 것은?   (24년 승진/실무종합)

> ㉠ 성산포 경찰서장 재직 시, 계엄군으로부터 예비검속자들을 총살 집행 후 보고하라는 공문을 받고, 그 공문에 직접 "부당함으로 불이행"이라 쓰고 지시를 거부하였다. 자신의 목숨이 위태로울 수 있음에도 용기있는 결단으로 예비검속자들의 목숨을 구해냈다.
> ㉡ 5·18 광주 민주화운동 당시 전남지역 치안의 총책임자로서 무장 강경진압 방침이 내려오자, '데모 저지에 임하는 경찰의 방침'(주동자 외는 연행 금지, 경찰봉 사용 유의, 절대 희생자가 발생하지 않도록 할 것 등)이라는 근무지침을 전파하여 시민과 경찰 양측의 안전을 우선시하고 인권에 유의한 집회·시위 관리를 강조하였다.
> ㉢ 1946년 여자경찰간부 1기로 경찰에 투신하여 1952년 서울 여자경찰서장에 취임하였다. 5·16군사정변 당시 군부로부터 정권에 합류를 권유받았으나, 민주주의를 부정한 군사정권에 협력할 수 없다며 거부하고 경찰에서 퇴직하였다.
> ㉣ 1950년 순경으로 임용, 1986년 총경으로 승진하였지만, 수사현장을 끝까지 지킨다는 의지로 경찰서장 보직을 희망하지 않고 수사·형사과장으로만 재직하였다. MBC 드라마 수사반장의 실제 모델이며, 1963년, 1968년, 1969년에 치안국의 포도왕(검거왕)으로 선정되었다.

	㉠	㉡	㉢	㉣
①	문형순	안병하	안맥결	최중락
②	노종해	안종삼	안맥결	이준규
③	문형순	안병하	김해수	이준규
④	노종해	안종삼	김해수	최중락

> 해설

㉠ 문형순 서장
㉡ 안병하 국장
㉢ 안맥결 서장
㉣ 최중락 총경

1] 안종삼 : 1950년 7월 전쟁발발로 예비검속 된 보도연맹원들에 대한 총살 명령이 내려오자 480명의 예비검속자 앞에서 "내가 죽더라도 방면하겠으니 국가를 위해 충성해 달라"라고 연설한 후 전원을 방면하여 구명한 것으로 알려졌다.
2] 김해수 : 1948년 간부후보생 3기로 입직하였고, 1950년 7월 영월화력발전소 탈환작전 도중 47명의 결사대와 함께 73명의 적을 사살하고 전사하였다.

정답 ①

Chapter 03 경찰조직법

01 법률과 법규명령의 공포 및 효력발생시기에 관한 설명으로 가장 적절하지 않은 것은?

(23년 승진/실무종합)

① 국회에서 의결된 법률안은 정부에 이송되어 15일 이내에 대통령이 공포한다.
② 법률은 특별한 규정이 없는 한 공포한 날로부터 20일을 경과함으로써 효력을 발생한다.
③ 대통령령, 총리령 및 부령은 특별한 규정이 없으면 공포한 날부터 20일이 경과함으로써 효력을 발생한다.
④ 국민의 권리 제한 또는 의무 부과와 직접 관련되는 법률, 대통령령, 총리령 및 부령은 긴급히 시행하여야 할 특별한 사유가 있는 경우를 제외하고는 공포일로부터 적어도 20일이 경과한 날부터 시행되도록 하여야 한다.

해설

④ [X] 국민의 권리 제한 또는 의무 부과와 직접 관련되는 법률, 대통령령, 총리령 및 부령은 긴급히 시행하여야 할 특별한 사유가 있는 경우를 제외하고는 공포일부터 적어도 30일이 경과한 날부터 시행되도록 하여야 한다.
① 국회에서 의결된 법률안은 정부에 이송되어 15일 이내에 대통령이 공포한다(「헌법」제53조 제1항).

「법령 등 공포에 관한 법률」
1] 시행일(제13조)
  대통령령, 총리령 및 부령은 특별한 규정이 없으면 공포한 날부터 20일이 경과함으로써 효력을 발생한다.
2] 법령의 시행유예기간(제13조의2)
  국민의 권리 제한 또는 의무 부과와 직접 관련되는 법률, 대통령령, 총리령 및 부령은 긴급히 시행하여야 할 특별한 사유가 있는 경우를 제외하고는 공포일부터 적어도 30일이 경과한 날부터 시행되도록 하여야 한다.

정답 ④

02 「행정기본법」상 신뢰보호의 원칙에 해당하는 것은?

(23년 승진/실무종합)

① 행정청은 권한 행사의 기회가 있음에도 불구하고 장기간 권한을 행사하지 아니하여 국민이 그 권한이 행사되지 아니할 것으로 믿을 만한 정당한 사유가 있는 경우에는 그 권한을 행사해서는 아니 된다. 다만, 공익 또는 제3자의 이익을 현저히 해칠 우려가 있는 경우는 예외로 한다.
② 행정청은 합리적 이유 없이 국민을 차별해서는 아니 된다.
③ 행정청의 행정작용은 행정목적을 달성하는 데 유효하고 적절해야 하며, 필요한 최소한도에 그칠 것이고, 행정작용으로 인한 국민의 이익 침해가 그 행정작용이 의도하는 공익보다 크지 아니해야 한다.
④ 행정청은 행정작용을 할 때 상대방에게 해당 행정작용과 실질적인 관련이 없는 의무를 부과해서는 아니 된다.

해설

1] 법치행정의 원칙(행정기본법 제8조)
   행정작용은 법률에 위반되어서는 아니 되며, 국민의 권리를 제한하거나 의무를 부과하는 경우와 그 밖에 국민생활에 중요한 영향을 미치는 경우에는 법률에 근거하여야 한다.
2] 평등의 원칙(제9조) 행정청은 합리적 이유 없이 국민을 차별하여서는 아니 된다.
3] 비례의 원칙(제10조) 행정작용은 다음 각호의 원칙에 따라야 한다.
   1. 행정목적을 달성하는 데 유효하고 적절할 것
   2. 행정목적을 달성하는 데 필요한 최소한도에 그칠 것
   3. 행정작용으로 인한 국민의 이익 침해가 그 행정작용이 의도하는 공익보다 크지 아니할 것
4] 성실의무 및 권한남용금지의 원칙(제11조)
   ① 행정청은 법령등에 따른 의무를 성실히 수행하여야 한다.
   ② 행정청은 행정권한을 남용하거나 그 권한의 범위를 넘어서는 아니 된다.
5] 신뢰보호의 원칙(제12조)
   ① 행정청은 공익 또는 제3자의 이익을 현저히 해칠 우려가 있는 경우를 제외하고는 행정에 대한 국민의 정당하고 합리적인 신뢰를 보호하여야 한다.
   ② 행정청은 권한 행사의 기회가 있음에도 불구하고 장기간 권한을 행사하지 아니하여 국민이 그 권한이 행사되지 아니할 것으로 믿을 만한 정당한 사유가 있는 경우에는 그 권한을 행사해서는 아니 된다. 다만, 공익 또는 제3자의 이익을 현저히 해칠 우려가 있는 경우는 예외로 한다.
6] 부당결부금지의 원칙(제13조)
   행정청은 행정작용을 할 때 상대방에게 해당 행정작용과 실질적인 관련이 없는 의무를 부과해서는 아니 된다.

정답 ①

03 법규명령과 행정규칙에 대한 설명 중 가장 적절하지 않은 것은? (21년 승진/실무종합)

① 행정규칙에 따른 종래의 행정관행이 위법한 경우에는 행정청은 자기구속을 당하지 않는다.
② 법규명령이란 국회의 의결을 거치지 않고 행정기관에 의하여 제정된 성문법규를 말하며, 그 종류에는 위임명령과 집행명령이 있다.
③ 국민의 권리 제한 또는 의무 부과와 직접 관련되는 법률, 대통령령, 총리령 및 부령은 긴급히 시행하여야 할 특별한 사유가 있는 경우를 제외하고는 공포일로부터 적어도 30일이 경과한 날부터 시행되도록 하여야 한다.
④ 위임명령은 상위법령의 집행시 필요한 절차나 형식을 정하는 데 그쳐야 하며 새로운 법규 사항을 정하여서는 안된다.

해설

① 불법(위법)에서의 평등은 인정되지 않는다. 또한, 위법한 행정처분이 수차례 걸쳐 반복적으로 행해졌다 하더라도 그러한 행정처분이 위법한 것인 때에는 행정청에 대하여 자기구속력을 갖게 된다고 할 수 없다. [대법 2008두13132 판결]
② 법률종속명령인 법규명령을 위임여부에 따라 위임명령과 집행명령으로 나눌 수 있다.
③ 대통령령, 총리령 및 부령은 특별한 규정이 없으면 공포한 날부터 20일이 경과함으로써 효력을 발생한다(법령 등 공포에 관한 법률 제13조). 또한, 국민의 권리 제한 또는 의무 부과와 직접 관련되는 법률, 대통령령, 총리령 및 부령은 긴급히 시행하여야 할 특별한 사유가 있는 경우를 제외하고는 공포일부터 적어도 30일이 경과한 날부터 시행되도록 하여야 한다(제13조의2).
④ [X] 위임명령은 개별적/구체적으로 위임된 사항에 관하여 법률의 내용을 보충하고 구체화할 수 있으므로 위임의 범위 내에서 새로운 사항을 규정할 수 있다. 상위법령의 집행시 필요한 절차나 형식을 정하는 데 그쳐야 하는 법규명령은 집행명령이다.

정답 ④

---

04 「국가경찰과 자치경찰의 조직 및 운영에 관한 법률」과 「국가경찰위원회 규정」상 국가경찰위원회에 대한 설명으로 가장 적절한 것은? (21년 승진/실무종합)

① 행정안전부장관은 위원 임명을 동의할 때, 경찰의 정치적 중립이 보장되도록 하여야 한다.
② 위원장은 필요한 경우 임시회의를 소집할 수 있으며, 위원 3인 이상과 행정안전부장관 또는 경찰청장은 위원장에게 임시회의의 소집을 요구할 수 있다.
③ 경찰, 검찰, 법관, 군인의 직에서 퇴직한 날부터 3년이 지나지 아니한 사람은 위원으로 선임될 수 없다.
④ 「국가경찰위원회 규정」에 규정된 사항 외에 위원회의 운영을 위하여 필요한 사항은 위원회의 의결을 거쳐 행정안전부장관이 정한다.

> 해설

① 위원은 행정안전부장관의 제청으로 국무총리를 거쳐 대통령이 임명하고, 행정안전부장관은 위원 임명을 제청할 때 경찰의 정치적 중립이 보장되도록 하여야 한다.
③ 여기서 법관은 제외
④ 이 법에 규정된 것 외에 국가경찰위원회의 운영 및 제10조제1항 각호에 따른 심의·의결 사항의 구체적 범위, 재의 요구 등에 필요한 사항은 대통령령으로 정한다. 이 영에 규정된 사항외에 위원회의 운영을 위하여 필요한 사항은 위원회의 의결을 거쳐 위원장이 정한다(규정 제11조).

| 보충 |

「국가경찰위원회 규정」

1] 제2조(위원장)
   ① 위원장은 위원회를 대표하며, 위원회의 사무를 총괄한다.
   ② 위원장은 비상임위원중에서 호선한다.
   ③ 위원장이 사고가 있을 때에는 상임위원, 위원중 연장자순으로 위원장의 직무를 대리한다.

2] 제3조(위원의 예우등)
   ① 위원중 상임이 아닌 위원에게는 예산의 범위안에서 수당과 여비를 지급할 수 있다.
   ② 상임위원은 정무직으로 한다.

3] 제4조(위원의 면직)
   ① 법 제9조제2항에 따라 위원이 중대한 심신상의 장애로 직무를 수행할 수 없게 되어 면직하는 경우에는 위원회의 의결이 있어야 한다.
   ② 제1항의 의결요구는 위원장 또는 행정안전부장관이 한다.

4] 제5조(심의·의결사항의 구체적 범위)
   ① 법 제10조제1항제1호의 범위는 다음과 같다.
      1. 경찰청 소관 법령과 행정규칙의 제정·개정 및 폐지에 관한 사항
      2. 경찰공무원의 채용·승진 등 인사운영 기준에 관한 사항
      3. 경찰공무원에 대한 교육 및 복지 증진에 관한 사항
      4. 경찰복제 및 경찰장비에 관한 사항
      5. 경찰정보통신 개발 및 운영에 관한 사항
      6. 경찰조직 및 예산 편성 등에 관한 사항
      7. 경찰 중·장기 발전계획에 관한 사항
      8. 그밖에 위원회가 경찰 주요정책 및 경찰 업무 발전에 필요하다고 인정하는 사항
   ② 법 제10조제1항제2호의 범위는 다음 각호와 같다.
      1. 국민의 권리·의무와 직접 관계되는 경찰행정 및 수사절차
      2. 경찰행정과 관련되는 과태료·범칙금 기타 벌칙에 관한 사항
      3. 경찰행정과 관련되는 국민의 부담에 관한 사항

5] 제6조(재의요구)
   ① 법 제10조제2항에 따라 행정안전부장관이 재의를 요구하는 경우에는 의결한 날부터 10일이내에 재의요구서를 위원회에 제출하여야 한다.
   ② 위원장은 재의요구가 있는 경우에는 그 요구를 받은 날부터 7일이내에 회의를 소집하여 다시 의결하여야 한다.

6] 제7조(회의)
   ① 위원회의 회의는 정기회의와 임시회의로 구분한다.
   ② 정기회의는 특별한 사유가 있는 경우를 제외하고는 매월 2회 위원장이 소집한다.

③ 위원장은 필요한 경우 임시회의를 소집할 수 있으며, 위원 3인이상과 행정안전부장관 또는 경찰청장은 위원장에게 임시회의의 소집을 요구할 수 있다.
④ 제3항의 규정에 의한 임시회의소집 요구가 있는 경우에는 위원장은 특별한 사유가 없는 한 회의를 소집하여야 한다.

정답 ②

05 「국가경찰과 자치경찰의 조직 및 운영에 관한 법률」에 대한 설명으로 가장 적절하지 않은 것은?
(22년 승진/실무종합)

① 시·도경찰청장은 경찰청장이 시·도자치경찰위원회와 협의하여 추천한 사람 중에서 행정안전부장관의 제청으로 국무총리를 거쳐 대통령이 임용한다.
② 시·도경찰청 차장은 시·도경찰청장을 보좌하여 소관 사무를 처리하고, 시·도경찰청장이 부득이한 사유로 직무를 수행할 수 없을 때에는 그 직무를 대행한다.
③ 국가수사본부장은 「형사소송법」에 따른 경찰의 수사에 관하여 각 시·도경찰청장과 경찰서장 및 수사부서 소속 공무원을 지휘·감독한다.
④ 국가수사본부장이 직무를 집행하면서 헌법이나 법률을 위배하였더라도 국회는 탄핵 소추를 의결할 수 없다.

경찰청장과 마찬가지로, 국가수사본부장이 직무를 집행하면서 헌법이나 법률을 위배하였을 때에는 국회는 탄핵 소추를 의결할 수 있다(제16조 제5항). 이에 대한 탄핵 결정은 헌법재판소에서 행한다.

1] 시·도경찰청장(제28조)
① 시·도경찰청에 시·도경찰청장을 두며, 시·도경찰청장은 치안정감·치안감(治安監) 또는 경무관(警務官)으로 보한다.
② 「경찰공무원법」 제7조에도 불구하고 시·도경찰청장은 경찰청장이 시·도자치경찰위원회와 협의하여 추천한 사람 중에서 행정안전부장관의 제청으로 국무총리를 거쳐 대통령이 임용한다.
③ 시·도경찰청장은 국가경찰사무에 대해서는 경찰청장의 지휘·감독을, 자치경찰사무에 대해서는 시·도자치경찰위원회의 지휘·감독을 받아 관할구역의 소관 사무를 관장하고 소속 공무원 및 소속 경찰기관의 장을 지휘·감독한다. 다만, 수사에 관한 사무에 대해서는 국가수사본부장의 지휘·감독을 받아 관할구역의 소관 사무를 관장하고 소속 공무원 및 소속 경찰기관의 장을 지휘·감독한다.
④ 제3항 본문의 경우 시·도자치경찰위원회는 자치경찰사무에 대해 심의·의결을 통하여 시·도경찰청장을 지휘·감독한다. 다만, 시·도자치경찰위원회가 심의·의결할 시간적 여유가 없거나 심의·의결이 곤란한 경우 대통령령으로 정하는 바에 따라 시·도자치경찰위원회의 지휘·감독권을 시·도경찰청장에게 위임한 것으로 본다.

2] 시·도경찰청 차장(제29조)
① 시·도경찰청에 차장을 둘 수 있다.
② 차장은 시·도경찰청장을 보좌하여 소관 사무를 처리하고 시·도경찰청장이 부득이한 사유로 직무를 수행할 수 없을 때에는 그 직무를 대행한다.

정답 ④

06 「국가경찰과 자치경찰의 조직 및 운영에 관한 법률」상 시·도 자치경찰위원회의 소관사무에 관한 설명으로 가장 적절하지 않은 것은? (23년 승진/실무종합)

① 자치경찰사무 담당 공무원의 고충심사 및 사기진작
② 국가경찰사무·자치경찰사무의 협력·조정과 관련하여 시·도 경찰청장과 협의
③ 국가경찰위원회에 대한 심의·조정 요청
④ 그 밖에 시·도지사, 시·도경찰청장이 중요하다고 인정하여 시·도자치경찰위원회의 회의에 부친 사항에 대한 심의·의결

해설

② 국가경찰사무·자치경찰사무의 협력·조정과 관련하여 경찰청장과 협의

「국가경찰과 자치경찰의 조직 및 운영에 관한 법률」 제24조(시·도자치경찰위원회의 소관 사무)
① 시·도자치경찰위원회의 소관 사무는 다음 각호로 한다.
 1. 자치경찰사무에 관한 목표의 수립 및 평가
 2. 자치경찰사무에 관한 인사, 예산, 장비, 통신 등에 관한 주요정책 및 그 운영지원
 3. 자치경찰사무 담당 공무원의 임용, 평가 및 인사위원회 운영
 4. 자치경찰사무 담당 공무원의 부패 방지와 청렴도 향상에 관한 주요 정책 및 인권침해 또는 권한남용 소지가 있는 규칙, 제도, 정책, 관행 등의 개선
 5. 제2조에 따른 시책 수립
 6. 제28조제2항에 따른 시·도경찰청장의 임용과 관련한 경찰청장과의 협의, 제30조제4항에 따른 평가 및 결과 통보
 7. 자치경찰사무 감사 및 감사의뢰
 8. 자치경찰사무 담당 공무원의 주요 비위사건에 대한 감찰요구
 9. 자치경찰사무 담당 공무원에 대한 징계요구
 10. 자치경찰사무 담당 공무원의 고충심사 및 사기진작
 11. 자치경찰사무와 관련된 중요사건·사고 및 현안의 점검
 12. 자치경찰사무에 관한 규칙의 제정·개정 또는 폐지
 13. 지방행정과 치안행정의 업무조정과 그 밖에 필요한 협의·조정
 14. 제32조에 따른 비상사태 등 전국적 치안유지를 위한 경찰청장의 지휘·명령에 관한 사무
 15. <u>국가경찰사무·자치경찰사무의 협력·조정과 관련하여 경찰청장과 협의</u>
 16. 국가경찰위원회에 대한 심의·조정 요청
 17. 그 밖에 시·도지사, 시·도경찰청장이 중요하다고 인정하여 시·도자치경찰위원회의 회의에 부친 사항에 대한 심의·의결
② 시·도자치경찰위원회의 업무와 관련하여 시·도지사는 정치적 목적이나 개인적 이익을 위해 관여하여서는 아니 된다.

정답 ②

07 「국가경찰과 자치경찰의 조직 및 운영에 관한 법률」에 대한 설명으로 가장 적절하지 않은 것은?

(24년 승진/실무종합)

① 경찰의 민주적인 관리·운영과 효율적인 임무수행을 위하여 경찰의 기본조직 및 직무 범위와 그 밖에 필요한 사항을 규정함을 목적으로 한다.
② 국가와 지방자치단체는 국민의 생명·신체 및 재산을 보호하고 공공의 안녕과 질서유지에 필요한 시책을 수립·시행하여야 한다.
③ 국가는 지방자치단체가 이관받은 사무를 원활히 수행할 수 있도록 인력, 장비 등에 소요되는 비용에 대하여 재정적 지원을 하여야 한다.
④ 시·도자치경찰위원회는 자치경찰사무에 대해 심의·의결을 통하여 시·도경찰청장을 지휘·감독한다. 다만, 시·도자치경찰 위원회가 심의·의결할 시간적 여유가 없거나 심의·의결이 곤란한 경우 대통령령으로 정하는 바에 따라 시·도자치경찰위원회의 지휘·감독권을 경찰청장에게 위임한 것으로 본다.

해설

시·도경찰청장(「국가경찰과 자치경찰의 조직 및 운영에 관한 법률」 제28조)
① 시·도경찰청에 시·도경찰청장을 두며, 시·도경찰청장은 치안정감·치안감(治安監) 또는 경무관(警務官)으로 보한다.
② 「경찰공무원법」 제7조에도 불구하고 시·도경찰청장은 경찰청장이 시·도자치경찰위원회와 협의하여 추천한 사람 중에서 행정안전부장관의 제청으로 국무총리를 거쳐 대통령이 임용한다.
③ 시·도경찰청장은 국가경찰사무에 대해서는 경찰청장의 지휘·감독을, 자치경찰사무에 대해서는 시·도자치경찰위원회의 지휘·감독을 받아 관할구역의 소관 사무를 관장하고 소속 공무원 및 소속 경찰기관의 장을 지휘·감독한다. 다만, 수사에 관한 사무에 대해서는 국가수사본부장의 지휘·감독을 받아 관할구역의 소관 사무를 관장하고 소속 공무원 및 소속 경찰기관의 장을 지휘·감독한다.
④ 제3항 본문의 경우 시·도자치경찰위원회는 자치경찰사무에 대해 심의·의결을 통하여 시·도경찰청장을 지휘·감독한다. 다만, **시·도자치경찰위원회가 심의·의결할 시간적 여유가 없거나 심의·의결이 곤란한 경우 대통령령으로 정하는 바에 따라 시·도자치경찰위원회의 지휘·감독권을 시·도경찰청장에게 위임한 것으로 본다.**

정답 ④

08 「국가경찰과 자치경찰의 조직 및 운영에 관한 법률」 제20조 시·도자치경찰위원회 위원의 임명 및 결격사유에 대한 설명으로 옳지 않은 것을 모두 고른 것은? (24년 승진/실무종합)

> ⊙ 시·도자치경찰위원회 위원장은 위원 중에서 시·도지사가 임명하고, 상임위원은 시·도자치경찰위원회의 의결을 거쳐 위원 중에서 시·도경찰청장의 제청으로 시·도지사가 임명한다.
> ⓒ 경찰, 검찰, 국가정보원 직원 또는 군인의 직에 있거나 그 직에서 퇴직한 날부터 3년이 지나지 아니한 사람은 위원이 될 수 없다.
> ⓒ 공무원이 아닌 위원에 대해서는 「국가공무원법」 제52조 및 제57조를 준용한다.
> ② 공무원이 아닌 위원은 그 소관 사무와 관련하여 형법이나 그 밖의 법률에 따른 벌칙을 적용할 때에는 공무원으로 본다.

① ㉠ⓒ
② ㉠ⓒ
③ ⓒⓒ
④ ⓒ②

해설

[O] ⓒ②
[X] ㉠ⓒ
㉠ 시·도자치경찰위원회 위원장은 위원 중에서 시·도지사가 임명하고, 상임위원은 시·도자치경찰위원회의 의결을 거쳐 위원 중에서 위원장의 제청으로 시·도지사가 임명한다.
ⓒ 공무원이 아닌 위원에 대해서는 「**지방공무원법**」 제52조(비밀엄수의무) 및 제57조(정치운동금지의무)를 준용한다.

「**국가경찰과 자치경찰의 조직 및 운영에 관한 법률**」 제20조(시·도자치경찰위원회 위원의 임명 및 결격사유)
① 시·도자치경찰위원회 위원은 다음 각호의 사람을 시·도지사가 임명한다.
　1. 시·도의회가 추천하는 2명
　2. 국가경찰위원회가 추천하는 1명
　3. 해당 시·도 교육감이 추천하는 1명
　4. 시·도자치경찰위원회 위원추천위원회가 추천하는 2명
　5. 시·도지사가 지명하는 1명
② 시·도자치경찰위원회 위원은 다음 각호의 어느 하나에 해당하는 자격을 갖추어야 한다.
　1. 판사·검사·변호사 또는 경찰의 직에 5년 이상 있었던 사람
　2. 변호사 자격이 있는 사람으로서 국가기관등에서 법률에 관한 사무에 5년 이상 종사한 경력이 있는 사람
　3. 대학이나 공인된 연구기관에서 법률학·행정학 또는 경찰학 분야의 조교수 이상의 직이나 이에 상당하는 직에 5년 이상 있었던 사람
　4. 그 밖에 관할 지역주민 중에서 지방자치행정 또는 경찰행정 등의 분야에 경험이 풍부하고 학식과 덕망을 갖춘 사람
③ 시·도자치경찰위원회 위원장은 위원 중에서 시·도지사가 임명하고, **상임위원은 시·도자치경찰위원회의 의결을 거쳐 위원 중에서 위원장의 제청으로 시·도지사가 임명한다.** 이 경우 위원장과 상임위원은 지방자치단체의 공무원으로 한다.

④ 위원은 정치적 중립을 지켜야 하며, 권한을 남용하여서는 아니 된다.
⑤ 공무원이 아닌 위원에 대해서는 「지방공무원법」 제52조 및 제57조를 준용한다.
⑥ 공무원이 아닌 위원은 그 소관 사무와 관련하여 형법이나 그 밖의 법률에 따른 벌칙을 적용할 때에는 공무원으로 본다.
⑦ 다음 각호의 어느 하나에 해당하는 사람은 위원이 될 수 없다. 위원이 각호의 어느 하나에 해당한 경우에는 당연퇴직한다.
  1. 정당의 당원이거나 당적을 이탈한 날부터 3년이 지나지 아니한 사람
  2. 선거에 의하여 취임하는 공직에 있거나 그 공직에서 퇴직한 날부터 3년이 지나지 아니한 사람
  3. 경찰, 검찰, 국가정보원 직원 또는 군인의 직에 있거나 그 직에서 퇴직한 날부터 3년이 지나지 아니한 사람
  4. 국가 및 지방자치단체의 공무원(국립 또는 공립대학의 조교수 이상의 직에 있는 사람은 제외한다. 이하 이 조에서 같다)이거나 공무원이었던 사람으로서 퇴직한 날부터 3년이 지나지 아니한 사람. 다만, 제20조제3항 후단에 따라 위원장과 상임위원이 지방자치단체의 공무원이 된 경우에는 당연퇴직하지 아니한다.
  5. 「지방공무원법」 제31조 각 호의 어느 하나에 해당하는 사람. 다만, 「지방공무원법」 제31조제2호 및 제5호에 해당하는 경우에는 같은 법 제61조제1호 단서에 따른다.
⑧ 그 밖에 위원의 임명방법 등에 관하여 필요한 사항은 대통령령으로 정하는 기준에 따라 시·도조례로 정한다.

정답 ②

09 「행정권한의 위임 및 위탁에 관한 규정」에 대한 설명으로 가장 적절하지 않은 것은?

(21년 승진/실무종합)

① 위탁이란 법률에 규정된 행정기관의 장의 권한 중 일부를 다른 행정기관의 장에게 맡겨 그의 권한과 책임 아래 행사하도록 하는 것을 말한다.
② 수임 및 수탁사무의 처리에 관한 책임은 수임 및 수탁기관에 있으며, 수임 및 수탁사무에 관한 권한을 행사할 때에는 위임 및 위탁기관의 명의로 하여야 한다.
③ 위임 및 위탁기관은 수임 및 수탁기관의 수임 및 수탁사무 처리에 대하여 지휘·감독하고, 그 처리가 위법하거나 부당하다고 인정될 때에는 이를 취소하거나 정지시킬 수 있다.
④ 행정기관의 장은 행정권한을 위임 및 위탁할 때에는 위임 및 위탁하기 전에 수임기관의 수임능력 여부를 점검하고, 필요한 인력 및 예산을 이관하여야 한다.

해설

② 수임 및 수탁사무의 처리에 관한 책임은 수임 및 수탁기관에 있으며, 위임 및 위탁기관의 장은 그에 대한 감독책임을 지고(제8조 제1항), 수임 및 수탁사무에 관한 권한을 행사할 때에는 수임 및 수탁기관의 명의로 하여야 한다(제2항).

정답 ②

10 「행정권한의 위임 및 위탁에 관한 규정」에 대한 설명으로 가장 적절하지 않은 것은? (다툼이 있는 경우 판례에 의함)

(24년 승진/실무종합)

① 행정기관의 장은 허가·인가·등록 등 민원에 관한 사무, 정책의 구체화에 따른 집행사무 및 일상적으로 반복되는 사무로서 그가 직접 시행하여야 할 사무를 제외한 일부 권한을 그 보조기관 또는 하급행정기관의 장, 다른 행정기관의 장, 지방자치단체의 장에게 위임 및 위탁한다.
② 행정기관의 장은 행정권한을 위임 및 위탁할 때에는 위임 및 위탁하기 전에 수임기관의 수임능력 여부를 점검하고, 필요한 인력 및 예산을 이관하여야 한다.
③ 수임 및 수탁사무의 처리에 관하여 위임 및 위탁기관은 수임 및 수탁기관에 대하여 사전승인을 받거나 협의를 할 것을 요구할 수 있으나, 수임 및 수탁사무 처리상황은 감사할 수 없다.
④ 권한위임의 경우에는 수임관청이 자기의 이름으로 그 권한행사를 할 수 있지만 내부위임의 경우에는 수임관청은 위임관청의 이름으로만 그 권한을 행사할 수 있을 뿐 자기의 이름으로는 그 권한을 행사할 수 없다.

 해설

위임이란 법률에 규정된 행정기관의 장의 권한 중 일부를 그 보조기관 또는 하급행정기관의 장이나 지방자치단체의 장에게 맡겨 그의 권한과 책임 아래 행사하도록 하는 것을 말하고, 위탁이란 법률에 규정된 행정기관의 장의 권한 중 일부를 다른 행정기관의 장에게 맡겨 그의 권한과 책임 아래 행사하도록 하는 것을 말한다.
① [O] 동법 제3조 제1항
② [O] 동법 제3조 제2항
③ [X] 수임 및 수탁사무의 처리에 관하여 위임 및 위탁기관은 수임 및 수탁기관에 대하여 사전승인을 받거나 협의를 할 것을 요구할 수 없다. 또한 위임 및 위탁기관은 위임 및 위탁사무 처리의 적정성을 확보하기 위하여 필요한 경우에는 수임 및 수탁기관의 수임 및 수탁사무 처리상황을 수시로 감사할 수 있다.
④ [O] 위임사무에 대한 권한과 책임은 수임관청에 있으므로 수임관청이 자기의 이름으로 그 권한행사하는 것이고, 내부위임의 경우 실질적 위임을 말하는 것이 아니므로 대외적으로는 위임관청의 이름으로 행한다.

「행정권한의 위임 및 위탁에 관한 규정」
1] **제5조**(위임 및 위탁사무의 처리)
수임 및 수탁기관은 수임 및 수탁사무를 처리할 때 법령을 준수하고, 수임 및 수탁사무를 성실히 수행하여야 한다.
2] **제6조**(지휘·감독)
위임 및 위탁기관은 수임 및 수탁기관의 수임 및 수탁사무 처리에 대하여 지휘·감독하고, 그 처리가 위법하거나 부당하다고 인정될 때에는 이를 취소하거나 정지시킬 수 있다.
3] **제7조**(사전승인 등의 제한)
수임 및 수탁사무의 처리에 관하여 위임 및 위탁기관은 수임 및 수탁기관에 대하여 사전승인을 받거나 협의를 할 것을 요구할 수 없다.

4] **제8조**(책임의 소재 및 명의 표시)
   ① 수임 및 수탁사무의 처리에 관한 책임은 수임 및 수탁기관에 있으며, 위임 및 위탁기관의 장은 그에 대한 감독책임을 진다.
   ② 수임 및 수탁사무에 관한 권한을 행사할 때에는 수임 및 수탁기관의 명의로 하여야 한다.
5] **제9조**(권한의 위임 및 위탁에 따른 감사)
   위임 및 위탁기관은 위임 및 위탁사무 처리의 적정성을 확보하기 위하여 필요한 경우에는 수임 및 수탁기관의 수임 및 수탁사무 처리상황을 수시로 감사할 수 있다.

정답 ③

Chapter 04 경찰공무원과 법

01 「경찰공무원 임용령」 및 「경찰공무원 임용령 시행규칙」상 시보임용경찰공무원에 관한 설명으로 옳은 것을 모두 고른 것은?

(24년 승진/실무종합)

> ㉠ 임용권자 또는 임용제청권자는 시보임용경찰공무원의 근무 사항을 항상 지도·감독하여야 한다.
> ㉡ 임용권자 또는 임용제청권자는 시보임용경찰공무원의 교육 훈련성적이 만점의 60퍼센트 미만 또는 근무성적 평정 제2 평정 요소의 평정점이 만점의 50퍼센트 미만에 해당하여 정규 경찰공무원으로 임용하는 것이 부적당하다고 인정되는 경우 정규임용심사위원회의 심사를 거쳐 해당 시보임용경찰 공무원을 면직시키거나 면직을 제청하여야 한다.
> ㉢ 임용권자 또는 임용제청권자는 시보임용경찰공무원이 징계 사유에 해당하여 정규 경찰공무원으로 임용하는 것이 부적당하다고 인정되는 경우 정규임용심사위원회의 심사를 거쳐 해당 시보임용경찰공무원을 면직시키거나 면직을 제청할 수 있다.
> ㉣ 「경찰공무원 임용령 시행규칙」 제10조 제3항에서는 "시보 임용경찰공무원의 면직 또는 면직제청에 따른 동의의 절차는 해당 징계위원회의 해임 의결에 관한 절차를 준용한다."고 규정되어 있다.

① ㉠㉡
② ㉠㉢
③ ㉡㉣
④ ㉢㉣

 해설

1] 「경찰공무원 임용령」 제20조(시보임용경찰공무원)
  ① 임용권자 또는 임용제청권자는 시보임용 기간 중에 있는 경찰공무원(시보임용경찰공무원)의 근무사항을 항상 지도·감독하여야 한다.
  ② 임용권자 또는 임용제청권자는 시보임용경찰공무원이 다음 각호의 어느 하나에 해당하여 정규 경찰공무원으로 임용하는 것이 부적당하다고 인정되는 경우에는 제3항에 따른 **정규임용심사위원회의 심사를 거쳐 해당 시보임용경찰공무원을 면직시키거나 면직을 제청할 수 있다.**
    1. 징계사유에 해당하는 경우
    2. 제21조제1항에 따른 교육훈련성적이 만점의 60퍼센트 미만이거나 생활기록이 극히 불량한 경우

3. 「경찰공무원 승진임용 규정」 제7조제2항에 따른 제2 평정 요소의 평정점이 만점의 50퍼센트 미만인 경우
  ③ 시보임용경찰공무원을 정규 경찰공무원으로 임용하는 경우 그 적부(適否)를 심사하게 하기 위하여 임용권자 또는 임용제청권자 소속으로 정규임용심사위원회를 둔다.
  ④ 정규임용심사위원회의 구성 및 운영에 필요한 사항은 행정안전부령으로 정한다.
2] 「경찰공무원 임용령 시행규칙」 제10조(정규임용심사)
  ① 시보임용경찰공무원을 정규 경찰공무원으로 임용하는 경우 다음 각호의 사항을 고려하여 임용 적합 여부를 심사하여야 한다.
    1. 시보임용 기간 중 근무실적 및 직무수행 태도
    2. 영 제20조제2항 각호 해당 여부
    3. 영 제47조제1항 각호 또는 같은 조 제2항 각호 해당 여부
    4. 소속 상사의 소견
  ② 경찰기관의 장은 시보임용경찰공무원에 관한 제1항 각호의 자료를 시보임용 기간 만료 10일 전까지 임용권자 또는 임용제청권자에게 제출하여야 한다.
  ③ **시보임용경찰공무원의 면직 또는 면직제청에 따른 동의의 절차는 해당 징계위원회의 파면 의결에 관한 절차를 준용한다.**

정답 ②

02 경찰공무원의 임용에 대한 설명으로 가장 적절하지 않은 것은? (22년 승진/실무종합)

① 「경찰공무원임용령」상 시·도경찰청장 및 경찰서장은 지구대장 및 파출소장을 보직하는 경우에는 시·도자치경찰위원회의 의견을 사전에 들어야 한다.
② 「국가공무원법」상 임용권자는 공무원이 중앙인사관장기관의 장이 지정하는 연구기관이나 교육기관 등에서 연수하게 된 때에는 공무원의 의사에도 불구하고 휴직을 명하여야 한다.
③ 「경찰공무원 임용령」상 임용권자 또는 임용제청권자는 경찰공무원을 신규채용 할 때에 경과를 부여해야 한다.
④ 「경찰공무원법」상 총경 이상 경찰공무원은 경찰청장 또는 해양경찰청장의 추천을 받아 행정안전부장관 또는 해양수산부장관의 제청으로 국무총리를 거쳐 대통령이 임용한다. 다만, 총경의 전보, 휴직, 직위해제, 강등, 정직 및 복직은 경찰청장 또는 해양경찰청장이 한다.

해설

②의 경우에는, 의원휴직 사유에 해당된다. 즉 본인이 원하는 경우에 임용권자가 휴직을 명할 수 있다.
임용권의 위임(「경찰공무원 임용령」 제4조)
① 경찰청장은 법 제7조제3항 전단에 따라 특별시장·광역시장·특별자치시장·도지사 또는 특별자치도지사(시·도지사)에게 해당 특별시·광역시·특별자치시·도 또는 특별자치도(시·도)의 자치경찰사무를 담당하는 경찰공무원[「국가경찰과 자치경찰의 조직 및 운영에 관한 법률」 제18조제1항에 따른 시·도자치경찰위원회, 시·도경찰청 및 경찰서(지구대 및 파출소는 제외한다)에서 근무하는 경찰공무원을 말한다] 중 경정의 전보·파견·휴직·직위해제 및 복직에 관한 권한과 경감 이하의 임용권(신규채용 및 면직에 관한 권한은 제외한다)을 위임한다.

② 경찰청장은 법 제7조제3항 전단에 따라 국가수사본부장에게 국가수사본부 안에서의 경정 이하에 대한 전보권을 위임한다.
③ 경찰청장은 법 제7조제3항 전단에 따라 경찰대학·경찰인재개발원·중앙경찰학교·경찰수사연수원·경찰병원 및 시·도경찰청(소속기관등)의 장에게 그 소속 경찰공무원 중 경정의 전보·파견·휴직·직위해제 및 복직에 관한 권한과 경감 이하의 임용권을 위임한다.
④ 제1항에 따라 임용권을 위임받은 시·도지사는 법 제7조제3항 후단에 따라 경감 또는 경위로의 승진임용에 관한 권한을 제외한 임용권을 시·도자치경찰위원회에 다시 위임한다.
⑤ 제4항에 따라 임용권을 위임받은 시·도자치경찰위원회는 시·도지사와 시·도경찰청장의 의견을 들어 그 권한의 일부를 시·도경찰청장에게 다시 위임할 수 있다.
⑥ 제3항 및 제5항에 따라 <u>임용권을 위임받은 시·도경찰청장은 소속 경감 이하 경찰공무원에 대한 해당 경찰서 안에서의 전보권을 경찰서장에게 다시 위임할 수 있다.</u>
⑦ 경찰청장은 수사부서에서 총경을 보직하는 경우에는 국가수사본부장의 추천을 받아야 한다.
⑧ 시·도자치경찰위원회는 임용권을 행사하는 경우에는 시·도경찰청장의 추천을 받아야 한다.
⑨ <u>시·도경찰청장 및 경찰서장은 지구대장 및 파출소장을 보직하는 경우에는 시·도자치경찰위원회의 의견을 사전에 들어야 한다.</u>
⑩ 소속기관등의 장은 경감 또는 경위를 신규채용하거나 경위 또는 경사를 승진시키려면 미리 경찰청장의 승인을 받아야 한다.
⑪ 제1항부터 제6항까지의 규정에도 불구하고 경찰청장은 경찰공무원의 정원 조정, 승진임용, 인사교류 또는 파견을 위하여 필요한 경우에는 임용권을 행사할 수 있다.

정답 ②

03 직위해제에 대한 설명으로 가장 적절하지 <u>않은</u> 것은? (21년 승진/실무종합)

① 직위해제는 휴직과 달리 제재적 성격을 가지는 보직의 해제이다.
② 직무수행능력이 부족하여 직위해제를 한 경우 대기명령 기간 중 근무성적의 향상을 기대하기 어렵다고 인정될 때에는 징계위원회의 동의를 얻어 임용권자가 직권면직시킬 수 있다.
③ 직위해제 기간은 원칙적으로 승진소요 최저근무연수에 포함되지 않으나, 파면·해임·강등 또는 정직에 해당하는 징계 의결 요구로 직위해제된 사람에 대하여 관할 징계위원회가 징계하지 아니하기로 의결한 경우 등은 승진소요 최저근무연수에 포함된다.
④ 「국가공무원법」 제73조의3 제1항 제5호(고위공무원단에 속하는 일반직공무원으로서 제70조의2 제1항 제2호부터 제5호까지의 사유로 적격심사를 요구받은 자)에 따라 직위해제된 사람이 직위해제일부터 3개월이 지나도 직위를 부여받지 못한 경우에는 그 3개월이 지난 후의 기간 중에는 봉급의 50퍼센트를 지급한다.

해설

④ [X] 「국가공무원법」 제73조의3제1항제5호에 따라 직위해제된 사람(고위공무원단에 속하는 일반직공무원으로서 제70조의2 제1항 제2호부터 제5호까지의 사유로 적격심사를 요구받은 자): 봉급의 70퍼센트. 다만, 직위해제일부터 3개월이 지나도 직위를 부여받지 못한 경우에는 그 3개월이 지난 후의 기간 중에는 봉급의 40퍼센트를 지급한다(공무원

보수규정 제29조 제2호).
① 직위해제는 제재적 성격을 보직의 해제로써 휴직과는 달리 복직이 보장되지 않는다. 또한 직무를 전제로 한 출근의무도 없고, 징계는 아니므로 동일한 사유로 직위해제와 징계를 부과해도 이중처벌이 아니다.
②「경찰공무원법」제28조 제2항
③「경찰공무원 승진임용 규정」제5조 제2항 제2호

| 보충 |

1] 승진소요 최저근무연수(「경찰공무원 승진임용 규정」제5조)
① 경찰공무원이 승진하려면 다음 각호의 구분에 따른 기간 동안 해당 계급에 재직해야 한다.
  1. 총경: 3년 이상
  2. 경정 및 경감: 2년 이상
  3. 경위, 경사, 경장 및 순경: 1년 이상
② 휴직 기간, 직위해제 기간, 징계처분 기간 및 제6조제1항제2호에 따른 승진임용 제한기간은 제1항의 기간에 포함하지 않는다. 다만, 다음 각호의 기간은 제1항의 기간에 포함한다.
  1.「국가공무원법」제71조에 따른 휴직 기간 중 다음 각 목의 기간
    가.「공무원 재해보상법」에 따른 공무상 질병 또는 부상으로 인하여「국가공무원법」제71조제1항제1호에 따라 휴직한 경우에 그 휴직 기간
    나.「국가공무원법」제71조제1항제3호·제5호 또는 같은 조 제2항제1호에 따라 휴직한 경우에 그 휴직 기간
    다.「국가공무원법」제71조제2항제2호에 따라 휴직한 경우에 그 휴직 기간의 50퍼센트에 해당하는 기간
    라.「국가공무원법」제71조제2항제4호에 따라 휴직한 경우에 그 휴직 기간. 다만, 자녀 1명에 대하여 총 휴직 기간이 1년을 넘는 경우에는 최초의 1년으로 하되, 다음의 어느 하나에 해당하는 경우에는 그 휴직 기간 전부로 한다.
      1) 첫째 자녀에 대하여 부모가 모두 휴직을 하는 경우로서 각 휴직 기간이「공무원임용령」제31조제2항제1호다목1)에 따라 인사혁신처장이 정하는 기간 이상인 경우
      2) 둘째 자녀 이후에 대하여 휴직을 하는 경우
  2. 다음 각 목의 어느 하나에 해당하는 경우에 그 직위해제 기간
    가.「국가공무원법」제73조의3제1항제3호에 따라 직위해제처분을 받은 사람에 대한 징계 의결 요구에 대하여 관할 징계위원회가 징계하지 아니하기로 의결한 경우와 해당 직위해제처분의 사유가 된 징계처분이 소청심사위원회의 결정 또는 법원의 판결에 따라 무효 또는 취소로 확정된 경우
    나.「국가공무원법」제73조의3제1항제4호에 따라 직위해제처분을 받은 사람의 처분 사유가 된 형사사건이 법원의 판결에 따라 무죄로 확정된 경우
    다.「국가공무원법」제73조의3제1항제6호에 따라 직위해제처분을 받은 사람의 처분사유가 된 비위행위(비위행위)가 1) 및 2)에 모두 해당하는 경우
      1) 비위행위에 대한 징계절차와 관련하여 다음의 어느 하나에 해당하는 경우
        가) 경찰기관의 장이「경찰공무원 징계령」제9조에 따른 징계의결 요구를 하지 않기로 한 경우
        나) 해당 경찰공무원에 대한 징계의결 요구에 대하여 관할 징계위원회가 징계하지 않기로 의결한 경우
        다) 징계처분이 소청심사위원회의 결정이나 법원의 판결에 따라 무효 또는 취소로 확정된 경우
      2) 비위행위에 대한 조사 또는 수사 결과가 다음의 어느 하나에 해당하는 경우
        가) 형사사건에 해당하지 않는 경우
        나) 사법경찰관이 불송치를 하거나 검사가 불기소를 한 경우. 다만,「형사소송법」제247조에 따라 공소를 제기하지 않는 경우와 불송치 또는 불기소를 했으나 해당 사건이 다시 수사

및 기소되어 법원의 판결에 따라 유죄가 확정된 경우는 제외한다.
다) 형사사건으로 기소되거나 약식명령이 청구된 사람이 법원의 판결에 따라 무죄로 확정된 경우
③ 경찰대학을 졸업하고 경위로 임용된 사람이 「의무경찰대 설치 및 운영에 관한 법률」 제2조의3제2항에 따라 의무경찰대의 대원으로 복무한 기간은 제1항의 기간에 포함하지 아니한다.
④ 법 제10조제3항제4호에 따라 경찰공무원으로 채용된 사람이 채용 전에 5급 이상 공무원(이에 상응하는 특정직공무원을 포함한다)으로 5년 이상 근무한 경우에는 그 기간의 20퍼센트에 해당하는 기간을 채용 당시의 계급에서 근무한 것으로 보아 제1항의 기간에 포함한다.
⑤ 「법원조직법」 제72조에 따른 사법연수생으로 수습한 기간은 제1항에 따른 경정 이하 경찰공무원으로의 승진소요 최저근무연수에 포함한다.
⑥ 「국가공무원법」 제26조의2 및 「공무원임용령」 제57조의3에 따라 통상적인 근무시간보다 짧은 시간을 근무하는 경찰공무원(시간선택제전환경찰공무원)의 근무기간은 다음 각호의 기준에 따라 제1항의 기간에 포함한다.
 1. 해당 계급에서 시간선택제전환경찰공무원으로 근무한 1년 이하의 기간은 그 기간 전부
 2. 해당 계급에서 시간선택제전환경찰공무원으로 근무한 1년을 넘는 기간은 근무시간에 비례한 기간
 3. 해당 계급에서 「국가공무원법」 제71조제2항제4호의 사유로 인한 휴직을 대신하여 시간선택제전환경찰공무원으로 지정되어 근무한 기간은 둘째 자녀부터 각각 3년의 범위에서 그 기간 전부
⑦ 강등되었던 사람이 강등되기 직전의 계급으로 승진한 경우 강등되기 직전의 계급에서 재직한 기간은 제1항의 기간에 포함한다.
⑧ 강등된 경우 강등되기 직전의 계급에서 재직한 기간은 제1항의 기간에 포함한다.

2] **직위해제**(국가공무원법 제73조의3)
① 임용권자는 다음 각호의 어느 하나에 해당하는 자에게는 직위를 부여하지 아니할 수 있다.
 1. 삭제 〈1973. 2. 5.〉
 2. 직무수행 능력이 부족하거나 근무성적이 극히 나쁜 자
 3. 파면·해임·강등 또는 정직에 해당하는 징계 의결이 요구 중인 자
 4. 형사사건으로 기소된 자(약식명령이 청구된 자는 제외한다)
 5. 고위공무원단에 속하는 일반직공무원으로서 제70조의2제1항제2호부터 제5호까지의 사유로 적격심사를 요구받은 자
 6. 금품비위, 성범죄 등 대통령령으로 정하는 비위행위로 인하여 감사원 및 검찰·경찰 등 수사기관에서 조사나 수사 중인 자로서 비위의 정도가 중대하고 이로 인하여 정상적인 업무수행을 기대하기 현저히 어려운 자
② 제1항에 따라 직위를 부여하지 아니한 경우에 그 사유가 소멸되면 임용권자는 지체 없이 직위를 부여하여야 한다.
③ 임용권자는 제1항제2호에 따라 직위해제된 자에게 3개월의 범위에서 대기를 명한다.
④ 임용권자 또는 임용제청권자는 제3항에 따라 대기 명령을 받은 자에게 능력 회복이나 근무성적의 향상을 위한 교육훈련 또는 특별한 연구과제의 부여 등 필요한 조치를 하여야 한다.
⑤ 공무원에 대하여 제1항제2호의 직위해제 사유와 같은 항 제3호·제4호 또는 제6호의 직위해제 사유가 경합(競合)할 때에는 같은 항 제3호·제4호 또는 제6호의 직위해제 처분을 하여야 한다.

정답 ④

04 다음은 경찰공무원 근무관계의 발생, 변동, 소멸에 대한 설명이다. 아래 ㉠부터 ㉣까지의 설명 중 옳고 그름의 표시(O, X)가 바르게 된 것은? 〈22년 승진/실무종합〉

> ㉠ 「경찰공무원법」상 자치경찰공무원을 그 계급에 상응하는 경찰공무원으로 임용할 때에는 시보임용을 거친다.
>
> ㉡ 「경찰공무원 승진임용규정」상 임용권자나 임용제청권자는 심사승진후보자 명부에 기록된 사람이 승진임용되기 전에 정직 이상의 징계처분을 받은 경우에는 심사승진후보자 명부에서 그 사람을 제외하여야 한다.
>
> ㉢ 「국가공무원법」상 임용권자는 금품비위, 성범죄 등 대통령령으로 정하는 비위행위로 인하여 감사원 및 검찰·경찰 등 수사기관에서 조사나 수사 중인 자로서 비위의 정도가 중대하고 이로 인하여 정상적인 업무수행을 기대하기 현저히 어려운 자는 직위해제할 수 있다.
>
> ㉣ 「경찰공무원법」상 임용권자는 경찰공무원이 경찰공무원으로는 부적합할 정도로 직무 수행능력이나 성실성이 현저하게 결여된 사람으로서 대통령령으로 정하는 사유에 해당된다고 인정되는 사람을 직권으로 면직시킬 수 있다.

① ㉠ (X) ㉡ (O) ㉢ (X) ㉣ (O)
② ㉠ (O) ㉡ (X) ㉢ (O) ㉣ (O)
③ ㉠ (X) ㉡ (O) ㉢ (O) ㉣ (O)
④ ㉠ (X) ㉡ (O) ㉢ (O) ㉣ (X)

해설

㉠과 같은 경우에는 예외적으로 시보임용을 거치지 아니한다. 한편, ㉣의 경우에는 직권면직 사유에 해당하므로 임용권자는 직권으로 면직을 시킬 수 있다. 이 경우 징계위원회의 동의를 받아야 하지만, 원칙적으로 직권면직 사유에 해당하므로 올바른 내용이다.

|보충|

직권면직(「경찰공무원법」제28조)

의미	경찰공무원 본인의 의사에 불구하고 임용권자의 직권으로 경찰 공무원관계를 소멸시키는 것이다(경찰공무원법 제28조).
사유	① 임용권자는 경찰공무원이 다음 각호의 어느 하나에 해당될 때에는 직권으로 면직시킬 수 있다. 　㉠ 직제와 정원의 개폐 또는 예산의 감소 등에 의하여 폐직 또는 과원이 되었을 때(구조조정) 　㉡ 휴직기간의 만료 또는 휴직사유가 소멸된 후에도 직무에 복귀하지 아니 하거나 직무를 감당할 수 없을 때 　㉢ 직위해제로 인하여 대기명령을 받은 자가 그 기간 중 능력의 향상 또는 근무성적의 향상을 기대하기 어렵다고 인정한 때(징계위원회의 동의 필요)

	㉣ 경찰공무원으로서 부적합할 정도로 직무수행능력 또는 성실성이 현저히 결여된 자로서 다음에 해당할 때(징계위원회의 동의 필요) 　㈎ 지능저하 또는 판단력의 부족으로 경찰업무를 감당할 수 없는 경우 　㈏ 책임감의 결여로 직무수행에 성의가 없고 위험한 직무에 당하여 고의로 직무수행을 기피 또는 포기하는 경우 ㉤ 직무수행에 있어서 위험을 일으킬 우려가 있을 정도의 성격 또는 도덕적 결함이 있는 자로서 다음에 해당할 때(징계위원회의 동의 필요) 　㈎ 인격장애, 알코올·약물중독 그 밖에 정신장애로 인하여 경찰업무를 감당 할 수 없는 경우 　㈏ 사행행위 또는 재산의 낭비로 인한 채무과다, 부정한 이성관계 등 도덕적 결함이 현저하여 타인의 비난을 받는 경우 ㉥ 당해 경과에서 직무를 수행하는데 필요한 자격증의 효력이 상실되거나 면허가 취소되어 담당직무를 수행할 수 없게 된 때 ② ㉢㉣㉤의 사유로 면직시키는 경우에는 징계위원회의 동의를 받아야 한다(「경찰공무원법」 제28조 제2항).
효력	㉠ 휴직기간의 만료 또는 휴직사유가 소멸된 후에도 직무에 복귀하지 아니 하거나 직무를 감당할 수 없을 때의 직권면직일은 휴직기간의 만료일 또는 휴직사유의 소멸일로 한다. ㉡ 임용권자는 경찰공무원에게 직권면직의 사유가 있는 때에는 직권에 의하여 면직시킬 수 있다. 이것은 경찰공무원 본인의 의사와는 관계없이 임용권자의 일방적인 의사에 의하여 경찰공무원 신분을 박탈하는 것이다. ㉢ 경찰공무원에 대하여 면직처분을 행할 때에는 그 처분권자 또는 처분제청권자는 처분의 사유를 기재한 설명서를 교부하여야 한다(사전구제절차). 처분사유설명서를 받은 경찰공무원이 그 처분에 불복이 있거나 기타 그 의사에 반하는 불리한 처분이 있는 것을 안 때에는 국가공무원법에 의하여 설치된 소청심사위원회에 이에 대한 심사를 청구할 수 있다. ㉣ 임용권자 또는 임용제청권자는 면직처분을 받은 경찰공무원이 소청심사위원회에 심사를 청구한 때에도 후임자를 발령할 수 있다. *국가공무원법 제76조 후임자보충발령유예조항의 배제(「경찰공무원법」 제36조)

정답 ③

05 「국가공무원법」 제70조에 따른 직권면직 요건으로 가장 적절한 것은? (24년 승진/실무종합)

① 전직시험에서 세 번 이상 불합격한 자로서 직무수행 능력이 부족하다고 인정된 때
② 직무수행 능력이 부족하거나 근무성적이 극히 나쁜 자
③ 파면·해임·강등 또는 정직에 해당하는 징계 의결이 요구 중인 자
④ 형사 사건으로 기소된 자(약식명령이 청구된 자는 제외한다)

> 해설

1] 직권면직사유 : ①
2] 직위해제사유 : ②③④

정답 ①

06 경찰공무원의 권리와 의무를 규정하는 법령에 대한 설명으로 가장 적절하지 않은 것은?

(21년 승진/실무종합 변형)

① 「공직자윤리법」상 공무원 또는 공직유관단체의 임직원은 외국으로부터 선물(대가 없이 제공되는 물품 및 그 밖에 이에 준하는 것을 말하되, 현금은 제외한다. 이하 같다)을 받거나 그 직무와 관련하여 외국인(외국단체 포함)에게 선물을 받으면 지체없이 소속 기관·단체의 장에게 신고하고 그 선물을 인도하여야 한다.

② ①에 따라 「공직자윤리법 시행령」상 신고하여야 할 선물은 그 선물 수령 당시 증정한 국가 또는 외국인이 속한 국가의 시가로 미국화폐 100달러 이상이거나 국내 시가로 10만원 이상인 선물로 한다.

③ 「공직자윤리법」상 취업심사대상자는 퇴직일부터 3년간 취업심사대상기관에 취업할 수 없다. 다만, 관할 공직자윤리위원회로부터 취업심사대상자가 퇴직 전 5년 동안 소속하였던 부서 또는 기관의 업무와 취업심사대상기관 간에 밀접한 관련성이 없다는 확인을 받거나 취업승인을 받은 때에는 취업할 수 있다.

④ 「공무원 재해보상법」에 따른 급여를 받을 권리는 그 급여의 사유가 발생한 날부터 요양급여·재활급여·간병급여·부조급여는 5년간, 그 밖의 급여는 3년간 행사하지 아니하면 시효로 인하여 소멸한다.

> 해설

④ [X] 이 법에 따른 급여를 받을 권리는 그 급여의 사유가 발생한 날부터 요양급여·재활급여·간병급여·부조급여는 3년간, 그 밖의 급여는 5년간 행사하지 아니하면 시효로 인하여 소멸한다(「공무원 재해보상법」 제54조 제1항).
① 동법 제15조 제1항
② 동법 시행령 제28조 제1항
③ 동법 제17조 제1항

정답 ④

07 경찰공무원의 권리와 의무에 대한 설명으로 가장 적절하지 않은 것은? (22년 승진/실무종합)

① 「경찰공무원법」상 모든 계급의 경찰공무원은 형의 선고, 징계처분 또는 「국가공무원법」 및 「경찰공무원법」에 정하는 사유에 따르지 아니하고는 본인의 의사에 반하여 휴직·강임 또는 면직을 당하지 아니한다.

② 「경찰공무원 복무규정」상 경찰공무원은 직위 또는 직권을 이용하여 부당하게 타인의 민사분쟁에 개입하여서는 아니 된다.

③ 「경찰공무원법」상 경찰공무원을 지휘하는 사람은 전시·사변, 그 밖에 이에 준하는 비상사태이거나 작전수행 중인 경우 또는 많은 인명손상이나 국가재산 손실의 우려가 있는 위급한 사태가 발생한 경우, 정당한 사유 없이 그 직무수행을 거부 또는 유기하거나 경찰공무원을 지정된 근무지에서 진출·퇴각 또는 이탈하게 하여서는 아니 된다.

④ 「공직자윤리법」은 총경(자치총경 포함)이상의 경찰공무원을 재산등록의무자로 규정하고 있고, 「공직자윤리법 시행령」은 경찰공무원 중 경정, 경감, 경위, 경사와 자치경찰공무원 중 자치경정, 자치경감, 자치경위, 자치경사를 재산등록의무자로 규정하고 있다.

해설

1] 「국가공무원법」 제68조(의사에 반한 신분 조치)
   공무원은 형의 선고, 징계처분 또는 이 법에서 정하는 사유에 따르지 아니하고는 본인의 의사에 반하여 휴직·강임 또는 면직을 당하지 아니한다. 다만, 1급 공무원과 제23조에 따라 배정된 직무등급이 가장 높은 등급의 직위에 임용된 고위공무원단에 속하는 공무원은 그러하지 아니하다.

2] 「경찰공무원법」 제36조(「국가공무원법」과의 관계)
   경찰공무원에 대해서는 「국가공무원법」 제73조의4, 제76조제2항부터 제5항까지의 규정을 적용하지 아니하며, <u>치안총감과 치안정감에 대해서는 「국가공무원법」 제68조 본문을 적용하지 아니한다</u>(제1항). 또한 시보임용 기간 중에 있는 경찰공무원이 근무성적 또는 교육훈련성적이 불량할 때에는 「국가공무원법」 제68조(신분보장) 및 이 법 제28조(직권면직)에도 불구하고 면직시키거나 면직을 제청할 수 있다(「경찰공무원법」 제13조 제3항).

3] 「경찰공무원법」상 의무
   1) 제23조(정치 관여 금지)
      ① 경찰공무원은 정당이나 정치단체에 가입하거나 정치활동에 관여하는 행위를 하여서는 아니 된다.
      ② 제1항에서 정치활동에 관여하는 행위란 다음 각호의 어느 하나에 해당하는 행위를 말한다.
        1. 정당이나 정치단체의 결성 또는 가입을 지원하거나 방해하는 행위
        2. 그 직위를 이용하여 특정 정당이나 특정 정치인에 대하여 지지 또는 반대 의견을 유포하거나, 그러한 여론을 조성할 목적으로 특정 정당이나 특정 정치인에 대하여 찬양하거나 비방하는 내용의 의견 또는 사실을 유포하는 행위
        3. 특정 정당이나 특정 정치인을 위하여 기부금 모집을 지원하거나 방해하는 행위 또는 국가·지방자치단체 및 「공공기관의 운영에 관한 법률」에 따른 공공기관의 자금을 이용하거나 이용하게 하는 행위
        4. 특정 정당이나 특정인의 선거운동을 하거나 선거 관련 대책회의에 관여하는 행위
        5. 「정보통신망 이용촉진 및 정보보호 등에 관한 법률」에 따른 정보통신망을 이용한 제1호부터 제4호까지의 규정에 해당하는 행위

6. 소속 직원이나 다른 공무원에 대하여 제1호부터 제5호까지의 행위를 하도록 요구하거나 그 행위와 관련한 보상 또는 보복으로서 이익 또는 불이익을 주거나 이를 약속 또는 고지(告知)하는 행위

2) 제24조(거짓 보고 등의 금지)
① 경찰공무원은 직무에 관하여 거짓으로 보고나 통보를 하여서는 아니 된다.
② 경찰공무원은 직무를 게을리하거나 유기(遺棄)해서는 아니 된다.

3) 제25조(지휘권 남용 등의 금지)
전시·사변, 그 밖에 이에 준하는 비상사태이거나 작전수행 중인 경우 또는 많은 인명 손상이나 국가재산 손실의 우려가 있는 위급한 사태가 발생한 경우, 경찰공무원을 지휘·감독하는 사람은 정당한 사유 없이 그 직무 수행을 거부 또는 유기하거나 경찰공무원을 지정된 근무지에서 진출·퇴각 또는 이탈하게 하여서는 아니 된다.

4) 제26조(복제 및 무기 휴대)
① 경찰공무원은 제복을 착용하여야 한다.
② 경찰공무원은 직무 수행을 위하여 필요하면 무기를 휴대할 수 있다.
③ 경찰공무원의 복제(服制)에 관한 사항은 행정안전부령 또는 해양수산부령으로 정한다.

정답 ①

08 「경찰공무원 임용령」에 관한 설명으로 옳은 것을 모두 고른 것은? (23년 승진/실무종합)

㉠ 경찰공무원은 임용장이나 임용통지서에 적힌 날짜에 임용된 것으로 보며, 임용일자를 소급해서는 아니 된다. 사망으로 인한 면직은 사망한 날에 면직된 것으로 본다.
㉡ 「경찰공무원법」 제10조 제3항 제1호에 따라 재임용된 경찰공무원의 계급정년 연한은 재임용 전에 해당 계급의 경찰공무원으로 근무한 연수를 합하여 계산한다.
㉢ 종전의 재직기관에서 감봉 이상의 징계처분을 받은 사람은 경력경쟁채용등의 대상이 될 수 없다.
㉣ 임용권자 또는 임용제청권자는 채용후보자 명부에 등재된 채용후보자가 학업을 계속하는 경우 채용후보자 명부의 유효기간의 범위에서 기간을 정하여 임용 또는 임용제청을 유예할 수 있다. 다만, 유예기간 중이라도 그 사유가 소멸한 경우에는 임용 또는 임용제청을 할 수 있다.

① ㉠㉡
② ㉡㉢
③ ㉡㉢㉣
④ ㉠㉢㉣

해설

㉠ [X] 사망으로 인한 면직은 사망한 다음 날에 면직된 것으로 본다(제5조 제2항).
㉡ 동시행령 제8조
㉢ 동시행령 제16조 제1항 제1호
㉣ 동시행령 제18조의2 제1항 제2호

| 보충 |

1] 동시행령 제5조(임용시기)
   ① 경찰공무원은 임용장이나 임용통지서에 적힌 날짜에 임용된 것으로 보며, 임용일자를 소급해서는 아니 된다.
   ② 사망으로 인한 면직은 사망한 다음 날에 면직된 것으로 본다.
   ③ 임용일자는 그 임용장이 피임용자에게 송달되는 기간 및 사무인계에 필요한 기간을 참작하여 정하여야 한다.

2] 동시행령 제8조(계급정년 연한의 계산)
   법 제10조 제3항 제1호에 따라 재임용된 경찰공무원의 계급정년 연한은 재임용 전에 해당 계급의 경찰공무원으로 근무한 연수를 합하여 계산한다.

3] 동시행령 제16조(경력경쟁채용등의 요건)
   종전의 재직기관에서 감봉 이상의 징계처분을 받은 사람은 경력경쟁채용 등의 대상이 될 수 없다(제1항 제1호).

4] 동시행령 제17조(채용후보자의 등록)
   ① 법 제10조에 따른 공개경쟁채용시험, 경찰간부후보생 공개경쟁선발시험 및 경력경쟁채용시험등에 합격한 사람은 행정안전부령으로 정하는 바에 따라 임용권자 또는 임용제청권자에게 채용후보자 등록을 해야 한다.
   ② 제1항에 따른 채용후보자 등록을 하지 아니한 사람은 경찰공무원으로 임용될 의사가 없는 것으로 본다.

5] 동시행령 제18조(채용후보자 명부의 작성)
   ① 법 제12조제1항에 따른 채용후보자 명부는 임용예정계급별로 작성하되, 채용후보자의 서류를 심사하여 임용 적격자만을 등재한다.
   ② 임용권자 또는 임용제청권자는 제1항에 따른 채용후보자 명부에의 등재 여부를 본인에게 알려야 한다.
   ③ 채용후보자 명부의 유효기간은 2년으로 하되, 경찰청장은 필요에 따라 1년의 범위에서 그 기간을 연장할 수 있다.

6] 동시행령 제18조의2(임용 또는 임용제청의 유예)
   ① 임용권자 또는 임용제청권자는 채용후보자 명부에 등재된 채용후보자가 다음 각호의 어느 하나에 해당하는 경우에는 채용후보자 명부의 유효기간의 범위에서 기간을 정하여 임용 또는 임용제청을 유예할 수 있다. 다만, 유예기간 중이라도 그 사유가 소멸한 경우에는 임용 또는 임용제청을 할 수 있다.
      1. 「병역법」에 따른 병역복무를 위하여 징집 또는 소집되는 경우
      2. 학업을 계속하는 경우
      3. 6개월 이상의 장기요양이 필요한 질병이 있는 경우
      4. 임신하거나 출산한 경우
      5. 그 밖에 임용 또는 임용제청의 유예가 부득이하다고 인정되는 경우
   ② 제1항에 따른 임용 또는 임용제청의 유예를 원하는 사람은 해당 사유를 증명할 수 있는 자료를 첨부하여 임용권자 또는 임용제청권자가 정하는 기간 내에 신청해야 한다. 이 경우 원하는 유예기간을 분명하게 적어야 한다.

7] 동시행령 제19조(채용후보자의 자격상실)
   채용후보자가 다음 각호의 어느 하나에 해당하는 경우에는 채용후보자로서의 자격을 상실한다.
   1. 채용후보자가 임용 또는 임용제청에 응하지 아니한 경우
   2. 채용후보자로서 받아야 할 교육훈련에 응하지 아니한 경우
   3. 채용후보자로서 받은 교육훈련성적이 수료점수에 미달되는 경우
   4. 채용후보자로서 교육훈련을 받는 중에 퇴학처분을 받은 경우. 다만, 질병 등 교육훈련을 계속할 수 없는 불가피한 사정으로 퇴학처분을 받은 경우는 제외한다.

정답 ③

09 「경찰공무원 징계령」에 관한 설명으로 가장 적절하지 않은 것은? (23년 승진/실무종합)

① 징계위원회는 위원과 징계등 심의 대상자, 징계등 의결을 요구하거나 요구를 신청한 자, 증인, 관계인 등 회의에 출석하는 사람이 동영상과 음성이 동시에 송수신되는 장치가 갖추어진 서로 다른 장소에 출석하여 진행하는 원격영상회의 방식으로 심의·의결할 수 있다.

② 징계위원회는 위원장 1명을 포함하여 11명 이상 51명 이하의 공무원위원과 민간위원으로 구성한다.

③ 징계등 의결 요구를 받은 징계위원회는 그 요구서를 받은 날로부터 30일 이내에 징계등에 관한 의결을 하여야 한다. 다만, 부득이한 사유가 있을 때에는 해당 징계심의대상자의 동의를 받아 30일 이내의 범위에서 그 기한을 연기할 수 있다.

④ 징계위원회가 설치된 경찰기관의 장은 위원 수의 2분의 1 이상을 자격이 있는 민간위원으로 위촉한다. 이 경우 특정 성별의 위원이 민간위원 수의 10분의 6을 초과하지 않도록 해야 한다.

해설

③ 징계등 의결 요구를 받은 징계위원회는 그 요구서를 받은 날부터 30일 이내에 징계등에 관한 의결을 하여야 한다. 다만, 부득이한 사유가 있을 때에는 해당 징계등 의결을 요구한 경찰기관의 장의 승인을 받아 30일 이내의 범위에서 그 기한을 연기할 수 있다(제11조 제1항).

1] 징계위원회의 종류 및 설치(제3조)
  ① 경찰공무원 징계위원회는 경찰공무원 중앙징계위원회와 경찰공무원 보통징계위원회로 구분한다.
  ② 중앙징계위원회는 경찰청 및 해양경찰청에 두고, 보통징계위원회는 경찰청, 해양경찰청, 시·도경찰청, 지방해양경찰청, 경찰대학, 경찰인재개발원, 중앙경찰학교, 경찰수사연수원, 해양경찰교육원, 경찰병원, 경찰서, 경찰기동대, 의무경찰대, 해양경찰서, 해양경찰정비창, 경비함정 및 경찰청장 또는 해양경찰청장이 지정하는 경감 이상의 경찰공무원을 장으로 하는 기관에 둔다.

2] 징계위원회의 관할(제4조)
  ① 중앙징계위원회는 총경 및 경정에 대한 징계 또는 「국가공무원법」 제78조의2에 따른 징계부가금 부과(징계등) 사건을 심의·의결한다.
  ② 보통징계위원회는 해당 징계위원회가 설치된 경찰기관 소속 경감 이하 경찰공무원에 대한 징계등 사건을 심의·의결한다. 다만, 다음 각호의 기관에 설치된 보통징계위원회는 각호의 구분에 따른 경찰공무원에 대한 징계등 사건을 심의·의결한다.
  1. 경정 이상의 경찰공무원을 장으로 하는 경찰서, 경찰기동대·해양경찰서 등 총경 이상의 경찰공무원을 장으로 하는 경찰기관 및 정비창: 소속 경위 이하의 경찰공무원
  2. 의무경찰대 및 경비함정 등 경찰청장 또는 해양경찰청장이 지정하는 경감 이상의 경찰공무원을 장으로 하는 경찰기관: 소속 경사 이하의 경찰공무원
  ③ 경찰청 및 해양경찰청에 설치된 보통징계위원회는 제2항에도 불구하고 경찰청장 또는 해양경찰청장이 징계등 의결을 요구하는 경찰공무원에 대한 징계등 사건을 심의·의결한다.
  ④ 제2항 단서 또는 제6조제2항 단서에 따라 해당 보통징계위원회의 징계 관할에서 제외되는 경찰공무원의 징계등 사건은 바로 위 상급 경찰기관에 설치된 보통징계위원회에서 심의·의결한다.

3) 관련 사건의 관할(제5조)
   ① 상위 계급과 하위 계급의 경찰공무원이 관련된 징계등 사건은 제4조에도 불구하고 상위 계급의 경찰공무원을 관할하는 징계위원회에서 심의·의결하고, 상급 경찰기관과 하급 경찰기관에 소속된 경찰공무원이 관련된 징계등 사건은 상급 경찰기관에 설치된 징계위원회에서 심의·의결한다. 다만, 상위 계급의 경찰공무원이 감독상 과실책임만으로 관련된 경우에는 제4조에 따른 관할 징계위원회에서 각각 심의·의결할 수 있다.
   ② 소속이 다른 2명 이상의 경찰공무원이 관련된 징계등 사건으로서 관할 징계위원회가 서로 다른 경우에는 모두를 관할하는 바로 위 상급 경찰기관에 설치된 징계위원회에서 심의·의결한다.
   ③ 「경찰공무원법」 제37조제1항 또는 제2항에 따른 위반행위와 관련된 징계등 사건은 제4조제2항에도 불구하고 경찰청·해양경찰청·시·도경찰청 또는 지방해양경찰청에 설치된 보통징계위원회에서 심의·의결할 수 있다.
   ④ 제1항과 제2항에 따른 관할 징계위원회는 제1항과 제2항에도 불구하고 관련자에 대한 징계등 사건을 분리하여 심의·의결하는 것이 타당하다고 인정되는 경우에는 해당 징계위원회의 의결로 관련자에 대한 징계등 사건을 제4조에 따른 관할 징계위원회로 이송할 수 있다.

4) 징계위원회의 구성(제6조)
   ① 각 징계위원회는 위원장 1명을 포함하여 11명 이상 51명 이하의 공무원위원과 민간위원으로 구성한다.
   ② 징계위원회가 설치된 경찰기관의 장은 징계등 심의 대상자보다 상위 계급인 경위 이상의 소속 경찰공무원 또는 상위 직급에 있는 6급 이상의 소속 공무원 중에서 징계위원회의 공무원위원을 임명한다. 다만, 보통징계위원회의 경우 징계등 심의 대상자보다 상위 계급인 경위 이상의 소속 경찰공무원 또는 상위 직급에 있는 6급 이상의 소속 공무원의 수가 제3항에 따른 민간위원을 제외한 위원 수에 미달되는 등의 사유로 보통징계위원회를 구성하는 것이 곤란한 경우에는 징계등 심의 대상자보다 상위 계급인 경사 이하의 소속 경찰공무원 또는 상위 직급에 있는 7급 이하의 소속 공무원 중에서 임명할 수 있으며, 이 경우에는 제4조제2항에도 불구하고 3개월 이하의 감봉 또는 견책에 해당하는 징계등 사건만을 심의·의결한다.
   ③ 징계위원회가 설치된 경찰기관의 장은 제1항에 따른 위원 수의 2분의 1 이상을 다음 각 호의 구분에 따라 해당 호 각 목의 사람 중에서 민간위원으로 위촉한다. 이 경우 특정 성별의 위원이 민간위원 수의 10분의 6을 초과하지 않도록 해야 한다.
     1. 중앙징계위원회
        가. 법관·검사 또는 변호사로 10년 이상 근무한 사람
        나. 「고등교육법」 제2조에 따른 학교 또는 이에 준하는 교육기관(이하 "대학"이라 한다)에서 경찰 관련 학문을 담당하는 정교수 이상으로 재직 중인 사람
        다. 총경 또는 4급 이상의 공무원으로 근무하고 퇴직한 사람[퇴직 전 5년부터 퇴직할 때까지 근무했던 적이 있는 경찰기관(해당 경찰기관이 소속된 중앙행정기관 및 그 중앙행정기관의 다른 소속기관에서 근무했던 경우를 포함한다)의 경우에는 퇴직일부터 3년이 경과한 사람을 말한다]
        라. 민간부문에서 인사·감사 업무를 담당하는 임원급 또는 이에 상응하는 직위에 근무한 경력이 있는 사람
     2. 보통징계위원회
        가. 법관·검사 또는 변호사로 5년 이상 근무한 사람
        나. 대학에서 경찰 관련 학문을 담당하는 부교수 이상으로 재직 중인 사람
        다. 공무원으로 20년 이상 근속하고 퇴직한 사람[퇴직 전 5년부터 퇴직할 때까지 근무했던 적이 있는 경찰기관(해당 경찰기관이 소속된 중앙행정기관 및 그 중앙행정기관의 다른 소속기관에서 근무했던 경우를 포함한다)의 경우에는 퇴직일부터 3년이 경과한 사람을 말한다]
        라. 민간부문에서 인사·감사 업무를 담당하는 임원급 또는 이에 상응하는 직위에 근무한 경력이 있는 사람

④ 징계위원회의 위원장은 위원 중 최상위 계급 또는 이에 상응하는 직급에 있거나 최상위 계급 또는 이에 상응하는 직급에 먼저 승진임용된 공무원이 된다.

5) 위원의 임기(제6조의2)

제6조제3항에 따라 위촉되는 민간위원의 임기는 2년으로 하며, 한 차례만 연임할 수 있다.

6) 징계위원회의 회의(제7조)

① 징계위원회의 회의는 위원장과 징계위원회가 설치된 경찰기관의 장이 회의마다 지정하는 4명 이상 6명 이하의 위원으로 성별을 고려하여 구성하되, 민간위원의 수는 위원장을 포함한 위원 수의 2분의 1 이상이어야 한다.

② 징계사유가 다음 각호의 어느 하나에 해당하는 징계사건이 속한 징계위원회의 회의를 구성하는 경우에는 피해자와 같은 성별의 위원이 위원장을 제외한 위원 수의 3분의 1 이상 포함되어야 한다. 〈신설 2022. 3. 15.〉

1. 「성폭력범죄의 처벌 등에 관한 특례법」에 따른 성폭력범죄
2. 「양성평등기본법」에 따른 성희롱

③ 징계위원회의 위원장은 위원회의 사무를 총괄하며 위원회를 대표한다.

④ 징계위원회의 회의는 위원장이 소집한다.

⑤ 위원장은 표결권을 가진다.

⑥ 위원장이 부득이한 사유로 직무를 수행할 수 없거나 위원장이 필요하다고 인정하는 경우에는 출석한 위원 중 최상위 계급 또는 이에 상응하는 직급에 있거나 최상위 계급 또는 이에 상응하는 직급에 먼저 승진임용된 공무원이 위원장이 된다.

7) 원격영상회의 방식의 활용(제14조의2)

① 징계위원회는 위원과 징계등 심의 대상자, 징계등 의결을 요구하거나 요구를 신청한 자, 증인, 관계인 등이 영에 따라 회의에 출석하는 사람(출석자)이 동영상과 음성이 동시에 송수신되는 장치가 갖추어진 서로 다른 장소에 출석하여 진행하는 원격영상회의 방식으로 심의·의결할 수 있다. 이 경우 징계위원회의 위원 및 출석자가 같은 회의장에 출석한 것으로 본다.

② 징계위원회는 제1항에 따라 원격영상회의 방식으로 심의·의결하는 경우 위원 및 출석자의 신상정보, 회의 내용·결과 등이 유출되지 않도록 보안에 필요한 조치를 해야 한다.

③ 제1항 및 제2항에서 규정한 사항 외에 원격영상회의의 운영에 필요한 사항은 경찰청장이 정한다.

정답 ③

10 「국가공무원법」상 공무원의 의무에 관한 설명으로 가장 적절하지 않은 것은? (23년 승진/실무종합)

① 공무원은 재직 중은 물론 퇴직 후에도 직무상 알게 된 비밀을 엄수(嚴守)하여야 한다.
② 공무원은 직무와 관련하여 간접적인 사례·증여 또는 향응을 주거나 받을 수 있다.
③ 공무원이 외국 정부로부터 영예나 증여를 받을 경우에는 대통령의 허가를 받아야 한다.
④ 공무원은 종교에 따른 차별 없이 직무를 수행하여야 한다.

해설

1] **제55조(선서)** 공무원은 취임할 때에 소속 기관장 앞에서 대통령령등으로 정하는 바에 따라 선서(宣誓)하여야 한다. 다만, 불가피한 사유가 있으면 취임 후에 선서하게 할 수 있다.
2] **제56조(성실의무)** 모든 공무원은 법령을 준수하며 성실히 직무를 수행하여야 한다.
3] **제57조(복종의 의무)** 공무원은 직무를 수행할 때 소속 상관의 직무상 명령에 복종하여야 한다.
4] **제58조(직장 이탈 금지)**
   ① 공무원은 소속 상관의 허가 또는 정당한 사유가 없으면 직장을 이탈하지 못한다.
   ② 수사기관이 공무원을 구속하려면 그 소속 기관의 장에게 미리 통보하여야 한다. 다만, 현행범은 그러하지 아니하다.
5] **제59조(친절·공정의 의무)**
   공무원은 국민 전체의 봉사자로서 친절하고 공정하게 직무를 수행하여야 한다.
6] **제59조의2(종교중립의 의무)**
   ① 공무원은 종교에 따른 차별 없이 직무를 수행하여야 한다.
   ② 공무원은 소속 상관이 제1항에 위배되는 직무상 명령을 한 경우에는 이에 따르지 아니할 수 있다.
7] **제60조(비밀 엄수의 의무)**
   공무원은 재직 중은 물론 퇴직 후에도 직무상 알게 된 비밀을 엄수(嚴守)하여야 한다.
8] **제61조(청렴의 의무)**
   ① 공무원은 직무와 관련하여 직접적이든 간접적이든 사례·증여 또는 향응을 주거나 받을 수 없다.
   ② 공무원은 직무상의 관계가 있든 없든 그 소속 상관에게 증여하거나 소속 공무원으로부터 증여를 받아서는 아니 된다.
9] **제62조(외국 정부의 영예 등을 받을 경우)**
   공무원이 외국 정부로부터 영예나 증여를 받을 경우에는 대통령의 허가를 받아야 한다.
10] **제63조(품위 유지의 의무)**
    공무원은 직무의 내외를 불문하고 그 품위가 손상되는 행위를 하여서는 아니 된다.
11] **제64조(영리 업무 및 겸직금지)**
    ① 공무원은 공무 외에 영리를 목적으로 하는 업무에 종사하지 못하며 소속 기관장의 허가 없이 다른 직무를 겸할 수 없다.
    ② 제1항에 따른 영리를 목적으로 하는 업무의 한계는 대통령령등으로 정한다.
12] **제65조(정치 운동의 금지)**
    ① 공무원은 정당이나 그 밖의 정치단체의 결성에 관여하거나 이에 가입할 수 없다.
    ② 공무원은 선거에서 특정 정당 또는 특정인을 지지 또는 반대하기 위한 다음의 행위를 하여서는 아니 된다.
       1. 투표를 하거나 하지 아니하도록 권유 운동을 하는 것
       2. 서명 운동을 기도(企圖)·주재(主宰)하거나 권유하는 것
       3. 문서나 도서를 공공시설 등에 게시하거나 게시하게 하는 것
       4. 기부금을 모집 또는 모집하게 하거나, 공공자금을 이용 또는 이용하게 하는 것
       5. 타인에게 정당이나 그 밖의 정치단체에 가입하게 하거나 가입하지 아니하도록 권유 운동을 하는 것
    ③ 공무원은 다른 공무원에게 제1항과 제2항에 위배되는 행위를 하도록 요구하거나, 정치적 행위에 대한 보상 또는 보복으로서 이익 또는 불이익을 약속하여서는 아니 된다.
    ④ 제3항 외에 정치적 행위의 금지에 관한 한계는 대통령령등으로 정한다.
13] **제66조(집단 행위의 금지)**
    ① 공무원은 노동운동이나 그 밖에 공무 외의 일을 위한 집단 행위를 하여서는 아니 된다. 다만, 사실상 노무에 종사하는 공무원은 예외로 한다.

② 제1항 단서의 사실상 노무에 종사하는 공무원의 범위는 대통령령 등으로 정한다.
③ 제1항 단서에 규정된 공무원으로서 노동조합에 가입된 자가 조합 업무에 전임하려면 소속 장관의 허가를 받아야 한다.
④ 제3항에 따른 허가에는 필요한 조건을 붙일 수 있다.

정답 ②

11 「성희롱·성폭력 근절을 위한 공무원 인사관리규정」에 대한 설명으로 가장 적절하지 않은 것은?

(21년 승진/실무종합)

① 행정부 소속 국가공무원은 누구나 공직 내 성희롱 또는 성폭력 발생 사실을 알게 된 경우 그 사실을 임용권자 또는 임용제청권자(이하 "임용권자등")에게 신고할 수 있다.

② 임용권자등은 ①에 따른 신고를 받거나 공직 내 성희롱 또는 성폭력 발생 사실을 알게 된 경우 그 사실 확인을 위해 조사할 수 있으며, 수사의 필요성이 인정되면 수사기관에 통보하여야 한다.

③ 임용권자등은 ②에 따른 조사기간 동안 피해자등이 요청한 경우로서 피해자등을 보호하기 위하여 필요하다고 인정하는 경우 그 피해자등이나 성희롱 또는 성폭력과 관련하여 가해 행위를 했다고 신고된 사람에 대하여 근무 장소의 변경, 휴가 사용 권고 등 적절한 조치를 하여야 한다.

④ 임용권자등은 ②에 따른 조사 결과 공직 내 성희롱 또는 성폭력 발생 사실이 확인되면 피해자의 의사에 반(反)하지 않는 한, 피해자에게 「공무원임용령」 제41조에 따른 교육훈련 등 파견근무 조치를 할 수 있다.

해설

② 임용권자등은 제3조에 따른 신고를 받거나 공직 내 성희롱 또는 성폭력 발생 사실을 알게 된 경우에는 지체 없이 그 사실 확인을 위한 조사를 하여야 하며, 수사의 필요성이 있다고 인정하는 경우 수사기관에 통보하여야 한다(동규정 제4조 제1항).
① 동규정 제3조
③ 동규정 제4조 제3항
④ 동규정 제5조 제1항 제1호
1] 동규정 제3조(성희롱·성폭력 발생 사실의 신고)
행정부 소속 국가공무원은 누구나 공직 내 성희롱 또는 성폭력 발생 사실을 알게 된 경우 그 사실을 임용권자 또는 임용제청권자(임용권자등)에게 신고할 수 있다.
2] 동규정 제4조(사실 확인을 위한 조사)
① 임용권자등은 제3조에 따른 신고를 받거나 공직 내 성희롱 또는 성폭력 발생 사실을 알게 된 경우에는 지체 없이 그 사실 확인을 위한 조사를 하여야 하며, 수사의 필요성이 있다고 인정하는 경우 수사기관에 통보하여야 한다.
② 임용권자등은 제1항에 따른 조사 과정에서 성희롱 또는 성폭력과 관련하여 피해를 입은 사람 또는 피해를

입었다고 주장하는 사람(피해자등)이 성적 불쾌감 등을 느끼지 아니하도록 하고, 사건 내용이나 신상 정보의 누설 등으로 인한 피해가 발생하지 아니하도록 하여야 한다.

③ 임용권자등은 제1항에 따른 조사 기간 동안 피해자등이 요청한 경우로서 피해자등을 보호하기 위하여 필요하다고 인정하는 경우 그 피해자등이나 성희롱 또는 성폭력과 관련하여 가해 행위를 했다고 신고된 사람에 대하여 근무 장소의 변경, 휴가 사용 권고 등 적절한 조치를 하여야 한다.

3] 동규정 제5조(피해자 또는 신고자의 보호)

① 임용권자등은 제4조제1항에 따른 조사 결과 공직 내 성희롱 또는 성폭력 발생 사실이 확인되면 피해자에게 다음 각 호의 어느 하나에 해당하는 조치를 할 수 있다. 다만, 임용권자등은 피해자의 의사에 반(反)하여 조치를 하여서는 아니 된다.
  1. 「공무원임용령」 제41조에 따른 교육훈련 등 파견근무
  2. 「공무원임용령」 제45조에도 불구하고 다른 직위에의 전보
  3. 근무 장소의 변경, 휴가 사용 권고 및 그 밖에 임용권자등이 필요하다고 인정하는 적절한 조치

② 임용권자등은 성희롱 또는 성폭력 발생 사실을 신고한 사람(신고자)이 그 신고를 이유로 집단 따돌림, 폭행 또는 폭언으로 인한 정신적·신체적 피해를 호소하는 경우에는 제1항 각 호의 어느 하나에 해당하는 조치를 할 수 있다. 다만, 임용권자등은 신고자의 의사에 반하여 조치를 하여서는 아니 된다.

4] 동규정 제6조(가해자에 대한 인사조치)

임용권자등은 제4조제1항에 따른 조사 결과 공직 내 성희롱 또는 성폭력 발생 사실이 확인되면 가해자에게 다음 각호의 어느 하나에 해당하는 조치를 할 수 있다.
  1. 「국가공무원법」 제73조의3에 따른 직위해제 사유에 해당된다고 인정하는 경우에는 직위해제
  2. 「국가공무원법」 제78조에 따른 징계 사유에 해당된다고 인정하는 경우에는 관할 징계위원회에 징계 의결 요구
  3. 제2호에 따른 징계 의결 요구 전 승진임용 심사 대상에서 제외
  4. 「공무원임용령」 제45조에도 불구하고 다른 직위에의 전보
  5. 「공무원 성과평가 등에 관한 규정」 제10조제3항 또는 제16조제1항에 따른 최하위등급 부여
  6. 감사·감찰·인사·교육훈련 분야 등의 보직 제한

정답 ②

12 고충처리에 대한 설명으로 가장 적절하지 않은 것은? (22년 승진/실무종합)

① 「국가공무원법」에 따라 공무원은 인사·조직·처우 등 각종 직무조건과 그 밖에 신상 문제와 관련한 고충에 대하여 상담을 신청하거나 심사를 청구할 수 있다.

② 「경찰공무원법」에 따라 '경찰공무원 고충심사위원회'의 심사를 거친 재심청구와 경정 이상 경찰공무원의 인사상담 및 고충심사는 「국가공무원법」에 따라 설치된 중앙고충심사위원회에서 한다.

③ 「공무원고충처리규정」에 따라 고충심사위원회가 청구서를 접수 한때에는 30일 이내에 고충심사에 대한 결정을 하여야 한다. 다만, 부득이하다고 인정되는 경우에는 고충심사위원회의 의결로 30일을 연장할 수 있다.

④ 「국가공무원법」에 따라 중앙인사관장기관의 장, 임용권자 또는 임용제청자는 기관 내 성폭력 범죄 또는 성희롱 발생 사실의 신고를 받은 경우에는 지체 없이 사실 확인을 위한 조사를 하고 그에 따라 필요한 조치를 할 수 있다.

④ 중앙인사관장기관의 장, 임용권자 또는 임용제청권자는 기관 내 성폭력 범죄 또는 성희롱 발생 사실의 신고를 받은 경우에는 지체 없이 사실 확인을 위한 조사를 하고 그에 따라 필요한 조치를 하여야 한다(국가공무원법 제76의2 제3항).
① 국가공무원법 제76의2 제1항
② 국가공무원법 제76의2 제5항, 경찰공무원법 제31조 제2항
③ 공무원 고충처리 규정 제7조(고충심사절차) 제1항

| 보충 | 고충처리

1. 「경찰공무원법」 제31조(고충심사위원회)
   ① 경찰공무원의 인사상담 및 고충을 심사하기 위하여 경찰청, 해양경찰청, 시·도자치경찰위원회, 시·도경찰청, 대통령령으로 정하는 경찰기관 및 지방해양경찰관서에 경찰공무원 고충심사위원회를 둔다.
   ② 경찰공무원 고충심사위원회의 심사를 거친 재심청구와 경정 이상의 경찰공무원의 인사상담 및 고충심사는 「국가공무원법」에 따라 설치된 중앙고충심사위원회에서 한다.
   ③ 경찰공무원 고충심사위원회의 구성, 심사 절차 및 운영에 필요한 사항은 대통령령으로 정한다.

2. 「공무원 고충처리 규정」

1] 경찰공무원 고충심사위원회(제3조의2)
   ① 「경찰공무원법」 제31조제1항에서 "대통령령이 정하는 경찰기관"이라 함은 경찰대학·경찰인재개발원·중앙경찰학교·경찰수사연수원·경찰서·경찰기동대·경비함정 기타 경감 이상의 경찰공무원을 장으로 하는 기관중 행정안전부장관 또는 해양수산부장관이 지정하는 경찰기관을 말한다.
   ② 「경찰공무원법」 제31조제1항에 따른 경찰공무원 고충심사위원회는 위원장 1명을 포함하여 7명 이상 15명 이내의 공무원위원과 민간위원으로 구성한다. 이 경우 민간위원의 수는 위원장을 제외한 위원 수의 2분의 1 이상이어야 한다.
   ③ 경찰공무원고충심사위원회의 위원장은 설치기관 소속 공무원 중에서 인사 또는 감사업무를 담당하는 과장 또는 이에 상당하는 직위를 가진 사람이 된다.
   ④ 경찰공무원고충심사위원회의 공무원위원은 청구인보다 상위 계급 또는 이에 상당하는 소속 공무원 중에서 설치기관의 장이 임명한다.
   ⑤ 경찰공무원고충심사위원회의 민간위원은 다음 각호의 사람 중에서 설치기관의 장이 위촉한다.
      1. 경찰공무원으로 20년 이상 근무하고 퇴직한 사람
      2. 대학에서 법학·행정학·심리학·정신건강의학 또는 경찰학을 담당하는 사람으로서 조교수 이상으로 재직 중인 사람
      3. 변호사 또는 공인노무사로 5년 이상 근무한 사람
      4. 「의료법」에 따른 의료인
   ⑥ 경찰공무원고충심사위원회 민간위원의 임기는 2년으로 하며, 한 번만 연임할 수 있다.
   ⑦ 경찰공무원고충심사위원회의 회의는 위원장과 위원장이 회의마다 지정하는 5명 이상 7명 이내의 위원으로 성별을 고려하여 구성한다. 이 경우 민간위원이 3분의 1 이상 포함되어야 한다.
   ⑧ 경찰공무원고충심사위원회 설치기관의 장은 위원회의 민간위원이 제3조제8항 각호의 어느 하나에 해당하는 경우에는 해당 위원을 해촉할 수 있다.

2] 고충심사절차(제7조)
   ① 고충심사위원회가 청구서를 접수한 때에는 30일 이내에 고충심사에 대한 결정을 해야 한다. 다만, 부득이하다고 인정되는 경우에는 고충심사위원회의 의결로 30일의 범위에서 그 기한을 연기할 수 있다.
   ② 고충심사위원회가 청구서를 접수한 때에는 지체 없이 처분청이나 관계 기관의 장에게 청구서 부본(副本)을 송부해야 한다.

③ 제2항에 따른 청구서 부본을 송부받은 처분청이나 관계 기관의 장은 청구서 부본을 송부받은 날부터 14일 이내에 고충심사청구에 대한 답변서와 청구인 수만큼의 부본을 제출해야 한다.
④ 고충심사위원회는 제3항에 따라 제출된 답변서의 내용이 충분하지 않거나 입증자료가 필요한 경우에는 처분청이나 관계 기관의 장에게 답변 내용의 보충이나 입증자료의 제출을 요구할 수 있다.

3] **심사일의 통지**(제8조)
① 고충심사위원회는 심사일 5일 전까지 청구인 및 처분청에 심사일시 및 장소를 알려야 한다.
② 고충심사위원회는 제1항에 따른 통지를 하는 경우 청구인 및 처분청에 심사에 출석하여 의견을 진술하거나 서면으로 의견을 제출할 기회를 주어야 한다.
③ 고충심사위원회는 제1항에 따른 통지를 받은 청구인 및 처분청이 심사일에 특별한 이유 없이 출석하지 아니한 때에는 진술 없이 심사·결정할 수 있다. 다만, 서면으로 진술할 때에는 결정서에 서면진술의 요지를 기재하여야 한다.

4] **고충심사위원회의 결정**(제10조)
① 보통고충심사위원회, 경찰공무원고충심사위원회, 소방공무원고충심사위원회 및 교육공무원보통고충심사위원회(보통고충심사위원회등)의 결정은 제3조제7항 전단, 제3조의2제7항 전단, 제3조의3제7항 전단 또는 제3조의4제6항 전단에 따른 위원 5명 이상의 출석과 출석위원 과반수의 합의에 따른다.
② 중앙고충심사위원회의 결정은 위원(「국가공무원법」 제9조제3항에 따라 인사혁신처에 설치된 소청심사위원회의 상임위원과 비상임위원을 말한다) 3분의 2 이상의 출석과 출석위원 과반수의 합의에 따른다.

정답 ④

13 「국가공무원 복무규정」상 공가의 사유로 가장 적절하지 않은 것은? (23년 승진/실무종합)

① 원격지(遠隔地)로 전보(轉補) 발령을 받고 부임할 때
② 천재지변, 교통 차단 또는 그 밖의 사유로 출근이 불가능할 때
③ 신체·정신상의 장애로 장기 요양이 필요할 때
④ 「혈액관리법」에 따라 헌혈에 참가할 때

해설

③ 신체·정신상의 장애로 장기 요양이 필요할 때는 국가공무원법상 직권휴직 사유에 해당한다(제71조 제1항 제1호).
공가(「국가공무원 복무규정」 제19조)
행정기관의 장은 소속 공무원이 다음 각호의 어느 하나에 해당하는 경우에는 이에 직접 필요한 기간 또는 시간을 공가로 승인해야 한다.
1. 「병역법」이나 그 밖의 다른 법령에 따른 병역판정검사·소집·검열점호 등에 응하거나 동원 또는 훈련에 참가할 때
2. 공무와 관련하여 국회, 법원, 검찰, 경찰 또는 그 밖의 국가기관에 소환되었을 때
3. 법률에 따라 투표에 참가할 때
4. 승진시험·전직시험에 응시할 때
5. 원격지(遠隔地)로 전보(轉補) 발령을 받고 부임할 때
6. 「산업안전보건법」 제129조부터 제131조까지의 규정에 따른 건강진단, 「국민건강보험법」 제52조에 따른 건강검진 또는 「결핵예방법」 제11조제1항에 따른 결핵검진등을 받을 때

7. 「혈액관리법」에 따라 헌혈에 참가할 때
8. 「공무원 인재개발법 시행령」 제32조제5호에 따른 외국어능력에 관한 시험에 응시할 때
9. 올림픽, 전국체전 등 국가적인 행사에 참가할 때
10. 천재지변, 교통 차단 또는 그 밖의 사유로 출근이 불가능할 때
11. 「공무원의 노동조합 설립 및 운영 등에 관한 법률」 제9조에 따른 교섭위원으로 선임(選任)되어 단체교섭 및 단체협약 체결에 참석하거나 같은 법 제17조 및 「노동조합 및 노동관계조정법」 제17조에 따른 대의원회(「공무원의 노동조합 설립 및 운영 등에 관한 법률」에 따라 설립된 공무원 노동조합의 대의원회를 말하며, 연 1회로 한정한다)에 참석할 때
12. 공무국외출장등을 위하여 「검역법」 제5조제1항에 따른 검역관리지역 또는 중점검역관리지역으로 가기 전에 같은 법에 따른 검역감염병의 예방접종을 할 때
13. 「감염병의 예방 및 관리에 관한 법률」에 따른 제1급감염병에 대하여 같은 법 제24조 또는 제25조에 따라 필수예방접종 또는 임시예방접종을 받거나 같은 법 제42조제2항제3호에 따라 감염 여부 검사를 받을 때

정답 ③

Chapter 05 경찰작용법 일반론

01 경찰작용에 관한 설명으로 가장 적절하지 않은 것은? (23년 승진/실무종합)

① 행정목적을 위하여 국가의 일반통치권에 의거 개인에게 특정한 작위·부작위·수인 또는 급부의 의무를 명하는 행정행위, 개인에게 특정의무를 명하는 명령적 행정행위를 하명이라 한다.

② 법령에 의한 일반적·절대적 금지를 특정한 경우에 해제하여 적법하게 일정한 행위를 할 수 있게 하는 행정행위를 허가라 한다.

③ 부관은 조건·기한·부담·철회권의 유보 등과 같이 주된 처분에 부가되는 종된 규율로서, 주된 처분의 효과를 제한하거나 의무를 부과함으로써 국민의 권리·의무에 영향을 미치는 효과가 있다.

④ 행정지도는 일정한 행정목적을 달성하기 위해 상대방인 국민에게 임의적인 협력을 요청하는 비권력적 사실행위를 말한다.

해설

② [X] 경찰허가는 국가의 일반통치권에 의거하여 일반적·상대적 경찰금지(부작위하명)를 특정한 경우에 해제함으로써, 일정한 행위를 적법하게 행할 수 있도록 개인의 자연적 자유를 회복시켜 주는 경찰처분을 말한다. 경찰허가는 경찰행정상의 목적을 위한 일반적·상대적 금지를 해제하여 개인의 자유를 회복시켜주는 효과를 가진다. 다만, 절대적 금지에 대한 허가는 할 수 없다.

① 경찰하명은 그 내용면에서 보면 작위·부작위·수인 및 급부하명으로 나누어진다. 하지만 경찰목적은 주로 사회적 장해를 제거하는 데 목적이 있는 만큼 부작위하명 즉, 경찰금지가 가장 중요한 의미를 갖는다. 경찰하명을 받은 특정인 또는 불특정인은 그 하명을 이행할 작위·부작위·수인 및 급부의 의무를 경찰행정주체에 대하여 진다.

③ 행정행위의 부관이란 행정행위의 일반적 효과를 제한하기 위하여 그 행위의 요소인 주된 의사표시에 부과되는 종된 의사표시를 말한다. 따라서 부관은 주된 행정행위가 효력을 발생할 수 없는 때에는 당연히 그 효력을 상실하는 부종성을 갖는다. 그러나 최근 이러한 종래의 다수설과는 달리 '행정행위의 효과를 제한하거나 특별한 의무를 부과하거나 요건을 보충하기 위하여 주된 행위에 부가된 종된 규율'을 의미하는 견해가 있다.

④ 행정기관이 그 소관 사무의 범위에서 일정한 행정목적을 실현하기 위하여 특정인에게 일정한 행위를 하거나 하지 아니하도록 <U>지도, 권고, 조언 등을 하는</U> 행정작용을 말하므로(행정절차법 제2조 제3호), 비권력적 사실행위이다. 그리고 행정지도는 그 목적 달성에 필요한 최소한도에 그쳐야 하며, 행정지도의 상대방의 의사에 반하여 부당하게 강요하여서는 아니 된다(동법 제48조 제1항). 또한 행정기관은 행정지도의 상대방이 행정지도에 따르지

아니하였다는 것을 이유로 불이익한 조치를 하여서는 아니 된다(동조 제2항).

정답 ②

02 경찰상 의무이행 확보수단에 대한 설명으로 가장 적절한 것은? (21년 승진/실무종합)

① 경찰상 강제집행은 경찰하명에 따른 경찰의무의 불이행이 있는 경우에 상대방의 신체 또는 재산이나 주거 등에 실력을 행사하여 경찰상 필요한 상태를 실현하는 작용으로 간접적 의무이행 확보 수단이다.

② 강제징수란 국민이 국가 또는 공공단체에 대해 부담하고 있는 공법상의 금전급부의무를 이행하지 않는 경우에 행정청이 강제적으로 의무가 이행된 것과 동일한 상태를 실현하는 작용으로 새로운 의무이행확보 수단이다.

③ 집행벌은 의무이행을 위한 강제집행이라는 점에서 의무위반에 대한 제재인 경찰벌과 구별되며, 경찰벌과 병과해서 행할 수 있고, 의무이행될 때까지 반복적으로 부과하는 것도 가능하다.

④ 해산명령 불이행에 따른 해산조치, 불법영업소의 폐쇄조치, 감염병 환자의 즉각적인 강제격리는 모두 즉시강제에 해당한다.

해설

③ 집행벌(이행강제금)은 전통적으로 비대체적 작위의무 또는 부작위의무 불이행시 그 의무이행을 장래에 향하여 간접적으로 강제하기 위하여 부과하는 금전적 부담으로, 행정청은 의무자가 행정상 의무를 이행할 때까지 이행강제금을 반복하여 부과할 수 있다. 다만, 의무자가 의무를 이행하면 새로운 이행강제금의 부과를 즉시 중지하되, 이미 부과한 이행강제금은 징수하여야 한다(행정기본법 제31조 제5항).

① [X] 경찰상 강제집행은 경찰행정법상의 하명에 대한 의무불이행에 대하여 경찰행정청이 실력을 가하여 그 의무를 이행시키거나 이행이 있는 것과 같은 상태를 실현시키는 작용을 말하고, 이는 직접적 수단이다. 이 점에서 간접적 수단인 경찰벌과는 다르다.

② [X] 금전급부의무 불이행시 의무자의 재산에 실력을 가하여 의무가 이행된 것과 동일한 상태를 실현하는 작용으로, 독촉→체납처분(압류/매각/청산)→체납처분의 유예·중지→결손처분의 순으로 집행된다. **강제징수**는 전통적 의무이행 확보수단으로, 과징금이나 명단의 공표 등 새로운 수단과는 다르다.

④ [X] 경찰의 해산명령 불이행에 따른 강제해산조치나 불법영업소의 강제폐쇄조치는 강제집행의 수단 중 **직접강제**에 해당하고, 감염병 환자의 즉각적인 강제격리는 즉시강제에 해당한다. 경찰상 강제집행은 의무의 존재와 그 불이행을 전제로 하고, 경찰상 즉시강제는 이를 전제로 하지 않고 즉시에 실력을 행사한다는 점에서 다르다.

정답 ③

03 다음 「질서위반행위규제법」 및 「질서위반행위규제법 시행령」에 대한 내용에서 괄호 안에 들어갈 숫자를 모두 더한 값은?

(21년 승진/실무종합)

> ㉠ 과태료는 행정청의 과태료 부과처분이나 법원의 과태료 재판이 확정된 후 (　)년간 징수하지 아니하거나 집행하지 아니하면 시효로 인하여 소멸한다.
> ㉡ 동법 제19조 제1항에 따라 행정청은 질서위반행위가 종료된 날부터 (　)년이 경과한 경우에는 해당 질서위반행위에 대하여 과태료를 부과할 수 없다.
> ㉢ (　)세가 되지 아니한 자의 질서위반행위는 과태료를 부과하지 아니한다. 다만, 다른 법률에 특별한 규정이 있는 경우에는 그러하지 아니하다.
> ㉣ 행정청은 당사자가 동법 제24조의3 제1항에 따라 과태료를 납부하기가 곤란하다고 인정되면 (　)년의 범위에서 과태료의 분할납부나 납부기일의 연기를 결정할 수 있다.
> ㉤ 행정청은 ㉣에 따라 과태료의 분할납부나 납부기일의 연기(이하 "징수유예등"이라 한다)를 결정하는 경우 그 기간을 그 징수유예등을 결정한 날의 다음 날부터 (　)개월 이내로 하여야 한다.

① 26　　　　　　　　② 28
③ 33　　　　　　　　④ 34

 해설

경찰벌(경찰형벌과 경찰질서벌)이란 경찰법상의 의무위반, 즉 과거의 비행에 대하여 일반통치권에 근거하여 과하는 제재로서의 벌을 말하고, 이는 직접적으로는 과거의 의무위반에 대하여 제재를 가함으로써 행정법규의 실효성을 확보함을 목적으로 하며, 간접적으로는 이를 통해 의무자에게 심리적 압박을 가하여 의무자의 경찰법상의 의무의 이행을 확보하는 기능도 아울러 가진다. 경찰벌은 「직접적」으로 경찰목적을 침해한 행위에 대하여 형법총칙상 9종의 형(사형·징역·금고·자격상실·자격정지·벌금·구류·과료·몰수)을 과한다. 이에 비하여 「간접적」으로 경찰행정법상 질서에 장해를 줄 위험성이 있는 행위에 대하여 형법총칙에 규정이 없는 벌, 즉 과태료를 과하는 것이 경찰질서벌이다. 경찰질서벌은 질서위반행위규제법이 정하는 절차에 따라 처벌된다.

1] 동법 제15조(과태료의 시효)
　　과태료는 행정청의 과태료 부과처분이나 법원의 과태료 재판이 확정된 후 <u>5년간</u> 징수하지 아니하거나 집행하지 아니하면 시효로 인하여 소멸한다(제1항).
2] 동법 제19조(과태료 부과의 제척기간)
　　행정청은 질서위반행위가 종료된 날(다수인이 질서위반행위에 가담한 경우에는 최종행위가 종료된 날을 말한다)부터 <u>5년이 경과한 경우에는</u> 해당 질서위반행위에 대하여 과태료를 부과할 수 없다(제1항).
3] 동법 제9조(책임연령) <u>14세가 되지 아니한 자</u>의 질서위반행위는 과태료를 부과하지 아니한다. 다만, 다른 법률에 특별한 규정이 있는 경우에는 그러하지 아니하다.
4] 동법 제24조의3(과태료의 징수유예 등)
　　행정청은 당사자가 다음 각 호의 어느 하나에 해당하여 과태료(체납된 과태료와 가산금, 중가산금 및 체납처분비를 포함한다. 이하 이 조에서 같다)를 납부하기가 곤란하다고 인정되면 <u>1년의 범위에서</u> 대통령령으로 정하는 바에 따라 과태료의 분할납부나 납부기일의 연기(이하 "징수유예등"이라 한다)를 결정할 수 있다(제1항).

5] 동법 시행령 제7조의2(과태료의 징수유예등)

행정청은 법 제24조의3제1항에 따라 과태료의 분할납부나 납부기일의 연기(이하 "징수유예등"이라 한다)를 결정하는 경우 그 기간을 그 징수유예등을 결정한 날의 다음 날부터 9개월 이내로 하여야 한다. 다만, 그 기간이 만료될 때까지 법 제24조의3제1항에 따른 징수유예등의 사유가 해소되지 아니하는 경우에는 1회에 한정하여 3개월의 범위에서 그 기간을 연장할 수 있다(제1항).

 ④

04 「질서위반행위규제법」 제3조 법 적용의 시간적 범위와 제4조 법 적용의 장소적 범위에 관한 내용으로 가장 적절하지 않은 것은?

(24년 승진/실무종합)

① 질서위반행위의 성립과 과태료 처분은 행위 시의 법률에 따른다.
② 질서위반행위 후 법률이 변경되어 그 행위가 질서위반행위에 해당하지 아니하게 되거나 과태료가 변경되기 전의 법률보다 가볍게 된 때에는 법률에 특별한 규정이 없는 한 변경된 법률을 적용한다.
③ 이 법은 대한민국 영역 밖에 있는 대한민국의 선박 또는 항공기 안에서 질서위반행위를 한 외국인에게는 적용하지 아니한다.
④ 이 법은 대한민국 영역 안에서 질서위반행위를 한 자에게 적용한다.

 해설

1] 제3조(법 적용의 시간적 범위)
① 질서위반행위의 성립과 과태료 처분은 행위 시의 법률에 따른다.
② 질서위반행위 후 법률이 변경되어 그 행위가 질서위반행위에 해당하지 아니하게 되거나 과태료가 변경되기 전의 법률보다 가볍게 된 때에는 법률에 특별한 규정이 없는 한 변경된 법률을 적용한다.
③ 행정청의 과태료 처분이나 법원의 과태료 재판이 확정된 후 법률이 변경되어 그 행위가 질서위반행위에 해당하지 아니하게 된 때에는 변경된 법률에 특별한 규정이 없는 한 과태료의 징수 또는 집행을 면제한다.
2] 제4조(법 적용의 장소적 범위)
① 이 법은 대한민국 영역 안에서 질서위반행위를 한 자에게 적용한다.
② 이 법은 대한민국 영역 밖에서 질서위반행위를 한 대한민국의 국민에게 적용한다.
③ **이 법은 대한민국 영역 밖에 있는 대한민국의 선박 또는 항공기 안에서 질서위반행위를 한 외국인에게 적용한다.**
3] 제5조(다른 법률과의 관계)
과태료의 부과·징수, 재판 및 집행 등의 절차에 관한 다른 법률의 규정 중 이 법의 규정에 저촉되는 것은 이 법으로 정하는 바에 따른다.

 ③

05 행정조사에 관한 설명으로 가장 적절한 것은? (다툼이 있는 경우 판례에 의함)

(24년 승진/실무종합)

① 「고용보험법」상 '실업인정대상기간 중의 취업 사실'에 대한 행정조사 절차에는 수사절차에서의 진술거부권 고지의무에 관한 「형사소송법」 규정이 준용되지 않는다.
② 경찰공무원이 「도로교통법」 규정에 따라 호흡측정 또는 혈액 검사 등의 방법으로 운전자가 술에 취한 상태에서 운전하였는지를 조사하는 것은 수사로서의 성격을 갖지만, 행정조사의 성격을 가지는 것은 아니다.
③ 조사대상자의 자발적 협조로 조사가 이루어지는 경우일지라도 행정의 적법성 및 공공성 등을 높이기 위해서 조사목적 등을 반드시 서면으로 통보하여야 한다.
④ 「행정조사기본법」상 행정기관은 행정조사를 통하여 알게 된 정보를 어떠한 경우에도 원래의 조사목적 이외의 용도로 이용할 수 없다.

해설

① 「고용보험법」 제47조 제2항(직업안정기관의 장은 필요하다고 인정하면 수급자격자의 실업인정대상기간 중의 취업 사실에 대하여 조사할 수 있다)에 따른 행정조사 절차에는 수사절차에서의 진술거부권 고지의무에 관한 형사소송법 규정이 준용되지 않는다. [대법원 2020. 5. 14. 선고 2020두31323 판결]
② 호흡측정 또는 혈액 검사 등의 방법으로 운전자가 술에 취한 상태에서 운전하였는지를 조사하는 것은 수사로서의 성격과 행정처분을 위한 자료를 수집하는 행정조사의 성격을 동시에 가진다. [대법원 2012.11.15. 2011도15258]
③ 조사대상자의 자발적인 협조를 얻어 실시하는 행정조사의 경우 행정조사의 개시와 동시에 출석요구서등을 조사대상자에게 제시하거나 행정조사의 목적 등을 조사대상자에게 구두로 통지할 수 있다
④ 다른 법률에 따라 내부에서 이용하거나 다른 기관에 제공하는 경우는 예외적으로 가능하다.

「행정조사기본법」
1] **제4조**(행정조사의 기본원칙)
　① 행정조사는 조사목적을 달성하는데 필요한 최소한의 범위 안에서 실시하여야 하며, 다른 목적 등을 위하여 조사권을 남용하여서는 아니 된다.
　② 행정기관은 조사목적에 적합하도록 조사대상자를 선정하여 행정조사를 실시하여야 한다.
　③ 행정기관은 유사하거나 동일한 사안에 대하여는 공동조사 등을 실시함으로써 행정조사가 중복되지 아니하도록 하여야 한다.
　④ 행정조사는 법령등의 위반에 대한 처벌보다는 법령등을 준수하도록 유도하는 데 중점을 두어야 한다.
　⑤ 다른 법률에 따르지 아니하고는 행정조사의 대상자 또는 행정조사의 내용을 공표하거나 직무상 알게 된 비밀을 누설하여서는 아니된다.
　⑥ 행정기관은 행정조사를 통하여 알게 된 정보를 **다른 법률에 따라 내부에서 이용하거나 다른 기관에 제공하는 경우를 제외하고는** 원래의 조사목적 이외의 용도로 이용하거나 타인에게 제공하여서는 아니 된다.
2] **제17조**(조사의 사전통지)
　① 행정조사를 실시하고자 하는 행정기관의 장은 제9조에 따른 출석요구서, 제10조에 따른 보고요구서·자료제출요구서 및 제11조에 따른 현장출입조사서(출석요구서등)를 조사개시 7일 전까지 조사대상자에게 서면으로 통지하여야 한다. 다만, 다음 각호의 어느 하나에 해당하는 경우에는 행정조사의 개시와 동시에

출석요구서등을 조사대상자에게 제시하거나 행정조사의 목적 등을 조사대상자에게 **구두로 통지할 수 있다.**
  1. 행정조사를 실시하기 전에 관련 사항을 미리 통지하는 때에는 증거인멸 등으로 행정조사의 목적을 달성할 수 없다고 판단되는 경우
  2. 「통계법」 제3조제2호에 따른 지정통계의 작성을 위하여 조사하는 경우
  3. 제5조 단서에 따라 조사대상자의 자발적인 협조를 얻어 실시하는 행정조사의 경우
② 행정기관의 장이 출석요구서등을 조사대상자에게 발송하는 경우 출석요구서등의 내용이 외부에 공개되지 아니하도록 필요한 조치를 하여야 한다.

정답 ①

Chapter 06 경찰관직무집행법

01 「경찰관 직무집행법」 제4조 '보호조치 등'에 대한 설명으로 가장 적절한 것은?

(21년 승진/실무종합)

① 경찰관은 자살기도자를 발견하여 경찰관서에 보호할 경우 지체 없이 구호대상자의 가족, 친지 또는 그 밖의 연고자에게 그 사실을 알려야 하며, 연고자가 발견되지 아니할 때에는 구호대상자의 의사와 상관없이 공공보건의료기관이나 공공구호기관에 인계할 수 있다.

② 경찰관은 보호조치 등을 하는 경우에 구호대상자가 휴대하고 있는 무기·흉기 등 위험을 일으킬 수 있는 것으로 인정되는 물건을 경찰관서에 임시로 영치(領置)하여 놓을 수 있고, 그 기간은 10일을 초과할 수 없다.

③ 긴급구호요청을 받은 응급의료종사자가 정당한 이유 없이 긴급구호요청을 거절할 경우, 「경찰관 직무집행법」에 따라 3년 이하의 징역 또는 3천만원 이하의 벌금에 처한다.

④ 보호조치는 경찰관서에서 일시 보호하여 구호의 방법을 강구하는 것으로 경찰관의 재량행위에 해당하기 때문에 국가배상책임이 인정되는 경우는 없다.

해설

② 구호대상자를 경찰관서에서 보호하는 기간은 24시간을 초과할 수 없고, 제3항에 따라 물건을 경찰관서에 임시로 영치하는 기간은 10일을 초과할 수 없다(동법 제4조 제7항).

① [X] 특히, 자살기도자와 정신착란을 일으키거나 술에 취하여 자신 또는 다른 사람의 생명·신체·재산에 위해를 끼칠 우려가 있는 사람(강제보호 대상자)은 본인의 의사에 관계없이 강제보호조치를 해야 하고, 임의보호대상자이든 강제보호대상자이든 경찰관이 보호조치를 하였을 때에는 지체 없이 구호대상자의 가족, 친지 또는 그 밖의 연고자에게 그 사실을 알려야 하며, 연고자가 발견되지 아니할 때에는 구호대상자를 적당한 공공보건의료기관이나 공공구호기관에 즉시 인계하여야 한다(동법 제4조 제4항).

③ [X] 긴급구호요청을 받은 응급의료종사자가 정당한 이유 없이 긴급구호요청을 거절할 경우, 처벌할 수 있는 근거는 「경찰관직무집행법」에 그 처벌근거가 없고, 「응급의료에 관한 법률」에 의해 처벌한다(3년 이하의 징역 또는 3천만원 이하의 벌금).

④ [X] 보호조치는 경찰관의 재량적 판단에 따라 경찰관서에 일시적으로 보호하는 조치를 말한다. 여기서의 재량은 기속재량(의무에 합당한 재량)으로 재량판단을 그르치면 위법으로 국가가 책임을 질 때도 있다.

| 관련판례 |

1] 긴급구호권한과 같은 경찰관의 조치권한은 일반적으로 경찰관의 전문적 판단에 기한 합리적인 재량에 위임되어 있는 것이나, 그렇다고 하더라도 구체적 상황하에서 경찰관에게 그러한 조치권한을 부여한 취지와 목적에 비추어 볼 때 그 불행사가 현저하게 불합리하다고 인정되는 경우에는, 그러한 불행사는 법령에 위반하는 행위에 해당하게 되어 국가배상법상의 다른 요건이 충족되는 한, 국가는 그로 인하여 피해를 입은 자에 대하여 국가배상책임을 부담한다.

2] 정신질환자의 평소 행동에 포함된 범죄 내용이 경미하거나 범죄라고 볼 수 없는 비정상적 행동에 그치고 그 거동 기타 주위의 사정을 합리적으로 판단하여 보더라도 정신질환자에 의한 집주인 살인범행에 앞서 그 구체적 위험이 객관적으로 존재하고 있었다고 보기 어려운 경우, 경찰관이 그때그때의 상황에 따라 그 정신질환자를 훈방하거나 일시 정신병원에 입원시키는 등 경찰관직무집행법의 규정에 의한 긴급구호조치를 취하였고, 정신질환자가 퇴원하자 정신병원에서의 장기 입원치료를 받는 데 도움이 되도록 생활보호대상자 지정의뢰를 하는 등 그 나름대로의 조치를 취한 이상, 더 나아가 경찰관들이 정신질환자의 살인범행 가능성을 막을 수 있을 만한 다른 조치를 취하지 아니하였거나 입건·수사하지 아니하였다고 하여 이를 법령에 위반하는 행위에 해당한다고 볼 수 없다는 이유로, 사법경찰관리의 수사 미개시 및 긴급구호권 불행사를 이유로 제기한 국가배상청구를 배척한 사례.[대법원 1996. 10. 25. 선고, 95다45927, 판결]

| 보충 |

보/호/조/치(제4조)

① 경찰관은 수상한 행동이나 그 밖의 주위 사정을 합리적으로 판단해 볼 때 다음 각 호의 어느 하나에 해당하는 것이 명백하고 응급구호가 필요하다고 믿을 만한 상당한 이유가 있는 사람(구호대상자)을 발견하였을 때에는 보건의료기관이나 공공구호기관에 긴급구호를 요청하거나 경찰관서에 보호하는 등 적절한 조치를 할 수 있다.

   1. 정신착란을 일으키거나 술에 취하여 자신 또는 다른 사람의 생명·신체·재산에 위해를 끼칠 우려가 있는 사람

   2. 자살을 시도하는 사람

   3. 미아, 병자, 부상자 등으로서 적당한 보호자가 없으며 응급구호가 필요하다고 인정되는 사람. 다만, 본인이 구호를 거절하는 경우는 제외한다.

② 제1항에 따라 긴급구호를 요청받은 보건의료기관이나 공공구호기관은 정당한 이유 없이 긴급구호를 거절할 수 없다.

③ 경찰관은 제1항의 조치를 하는 경우에 구호대상자가 휴대하고 있는 무기·흉기 등 위험을 일으킬 수 있는 것으로 인정되는 물건을 경찰관서에 임시로 영치(領置)하여 놓을 수 있다.

④ 경찰관은 제1항의 조치를 하였을 때에는 지체 없이 구호대상자의 가족, 친지 또는 그 밖의 연고자에게 그 사실을 알려야 하며, 연고자가 발견되지 아니할 때에는 구호대상자를 적당한 공공보건의료기관이나 공공구호기관에 즉시 인계하여야 한다.

⑤ 경찰관은 제4항에 따라 구호대상자를 공공보건의료기관이나 공공구호기관에 인계하였을 때에는 즉시 그 사실을 소속 경찰서장이나 해양경찰서장에게 보고하여야 한다.

⑥ 제5항에 따라 보고를 받은 소속 경찰서장이나 해양경찰서장은 대통령령으로 정하는 바에 따라 구호대상자를 인계한 사실을 지체 없이 해당 공공보건의료기관 또는 공공구호기관의 장 및 그 감독행정청에 통보하여야 한다.

⑦ 제1항에 따라 구호대상자를 경찰관서에서 보호하는 기간은 24시간을 초과할 수 없고, 제3항에 따라 물건을 경찰관서에 임시로 영치하는 기간은 10일을 초과할 수 없다.

정답 ②

02 「위해성 경찰장비의 사용기준 등에 관한 규정」에 대한 설명으로 가장 적절하지 않은 것은?

(21년 승진/실무종합)

① 경찰관은 불법집회·시위로 인하여 발생할 수 있는 경찰관의 생명·신체의 위해와 재산·공공시설의 위험을 방지하기 위해서는 경찰봉 또는 호신용경봉을 사용할 수 없다.
② 경찰관은 범인·술에 취한 사람 또는 정신착란자의 자살 또는 자해기도를 방지하기 위하여 필요한 때에는 수갑·포승 또는 호송용 포승을 사용할 수 있다.
③ 경찰청장은 위해성 경찰장비를 새로 도입하려는 경우에는 신규 도입 장비에 대한 안전성 검사를 실시한 후 3개월 이내에 안전성 검사 결과보고서를 국회 소관 상임위원회에 제출하여야 한다.
④ 경찰관은 가스차·살수차 또는 특수진압차의 최루탄발사대로 최루탄을 발사하는 경우에는 15도 이상의 발사각을 유지하여야 하고, 최루탄발사기로 최루탄을 발사하는 경우 30도 이상의 발사각을 유지하여야 한다.

해설

① [X] 경찰관은 불법집회·시위로 인하여 발생할 수 있는 타인 또는 경찰관의 생명·신체의 위해와 재산·공공시설의 위험을 방지하기 위하여 필요한 때에는 최소한의 범위 안에서 경찰봉 또는 호신용경봉을 사용할 수 있다(동규정 제6조).
② 동규정 제5조
③ 동규정 제18조의2 제4항
④ 동규정 제12조 제2항

1] 위해성 경찰장비의 종류(제2조)
「경찰관 직무집행법」 제10조 제1항 단서에 따른 사람의 생명이나 신체에 위해를 끼칠 수 있는 경찰장비(위해성 경찰장비)의 종류는 다음 각호와 같다.
  1. 경찰장구 : 수갑·포승(捕繩)·호송용포승·경찰봉·호신용경봉·전자충격기·방패 및 전자방패
  2. 무기 : 권총·소총·기관총(기관단총을 포함한다. 이하 같다)·산탄총·유탄발사기·박격포·3인치포·함포·크레모아·수류탄·폭약류 및 도검
  3. 분사기·최루탄등 : 근접분사기·가스분사기·가스발사총(고무탄 발사겸용을 포함한다. 이하 같다) 및 최루탄(그 발사장치를 포함한다. 이하 같다)
  4. 기타장비 : 가스차·살수차·특수진압차·물포·석궁·다목적발사기 및 도주차량차단장비

2] 영장집행등에 따른 수갑등의 사용기준(제4조)
경찰관(경찰공무원으로 한정한다. 이하 같다)은 체포·구속영장을 집행하거나 신체의 자유를 제한하는 판결 또는 처분을 받은 자를 법률이 정한 절차에 따라 호송하거나 수용하기 위하여 필요한 때에는 최소한의 범위안에서 수갑·포승 또는 호송용포승을 사용할 수 있다.

3] 자살방지등을 위한 수갑등의 사용기준 및 사용보고(제5조)
경찰관은 범인·술에 취한 사람 또는 정신착란자의 자살 또는 자해기도를 방지하기 위하여 필요한 때에는 수갑·포승 또는 호송용포승을 사용할 수 있다. 이 경우 경찰관은 소속 국가경찰서의 장(경찰청장·해양경찰청장·시·도경찰청장·지방해양경찰청장·경찰서장 또는 해양경찰서장 기타 경무관·총경·경정 또는 경감을 장으로 하는 국가경찰관서의 장을 말한다.이하 같다)에게 그 사실을 보고해야 한다.

4] 불법집회등에서의 경찰봉·호신용경봉의 사용기준(제6조)

경찰관은 불법집회·시위로 인하여 발생할 수 있는 타인 또는 경찰관의 생명·신체의 위해와 재산·공공시설의 위험을 방지하기 위하여 필요한 때에는 최소한의 범위안에서 경찰봉 또는 호신용경봉을 사용할 수 있다.

5] 전자충격기등의 사용제한(제8조)
① 경찰관은 14세미만의 자 또는 임산부에 대하여 전자충격기 또는 전자방패를 사용하여서는 아니된다.
② 경찰관은 전극침(電極針) 발사장치가 있는 전자충격기를 사용하는 경우 상대방의 얼굴을 향하여 전극침을 발사하여서는 아니된다.

6] 권총 또는 소총의 사용제한(제10조)
① 경찰관은 법 제10조의4의 규정에 의하여 권총 또는 소총을 사용하는 경우에 있어서 범죄와 무관한 다중의 생명·신체에 위해를 가할 우려가 있는 때에는 이를 사용하여서는 아니된다. 다만, 권총 또는 소총을 사용하지 아니하고는 타인 또는 경찰관의 생명·신체에 대한 중대한 위험을 방지할 수 없다고 인정되는 때에는 필요한 최소한의 범위안에서 이를 사용할 수 있다.
② 경찰관은 총기 또는 폭발물을 가지고 대항하는 경우를 제외하고는 14세미만의 자 또는 임산부에 대하여 권총 또는 소총을 발사하여서는 아니된다.

7] 가스발사총등의 사용제한(제12조)
① 경찰관은 범인의 체포 또는 도주방지, 타인 또는 경찰관의 생명·신체에 대한 방호, 공무집행에 대한 항거의 억제를 위하여 필요한 때에는 최소한의 범위안에서 가스발사총을 사용할 수 있다. 이 경우 경찰관은 1미터이내의 거리에서 상대방의 얼굴을 향하여 이를 발사하여서는 아니된다.
② 경찰관은 최루탄발사기로 최루탄을 발사하는 경우 30도이상의 발사각을 유지하여야 하고, 가스차·살수차 또는 특수진압차의 최루탄발사대로 최루탄을 발사하는 경우에는 15도이상의 발사각을 유지하여야 한다.

8] 가스차·특수진압차·물포의 사용기준(제13조)
① 경찰관은 불법집회·시위 또는 소요사태로 인하여 발생할 수 있는 타인 또는 경찰관의 생명·신체의 위해와 재산·공공시설의 위험을 억제하기 위하여 부득이한 경우에는 현장책임자의 판단에 의하여 필요한 최소한의 범위에서 가스차를 사용할 수 있다.
② 경찰관은 소요사태의 진압, 대간첩·대테러작전의 수행을 위하여 부득이한 경우에는 필요한 최소한의 범위안에서 특수진압차를 사용할 수 있다.
③ 경찰관은 불법해상시위를 해산시키거나 선박운항정지(정선)명령에 불응하고 도주하는 선박을 정지시키기 위하여 부득이한 경우에는 현장책임자의 판단에 의하여 필요한 최소한의 범위안에서 경비함정의 물포를 사용할 수 있다. 다만, 사람을 향하여 직접 물포를 발사해서는 안 된다.

9] 신규 도입 장비의 안전성 검사(제18조의2)
① 경찰청장은 위해성 경찰장비를 새로 도입하려는 경우에는 법 제10조제5항에 따라 안전성 검사를 실시하여 새로 도입하려는 장비(신규 도입 장비)가 사람의 생명이나 신체에 미치는 영향을 평가하여야 한다.
② 제1항에 따른 안전성 검사는 신규 도입 장비와 관련된 분야의 외부 전문가가 신규 도입 장비의 주요 특성이나 작동원리에 기초하여 제시하는 검사방법 및 기준에 따라 실시하되, 신규 도입 장비에 대하여 일반적으로 인정되는 합리적인 검사방법이나 기준이 있을 경우 그 검사방법이나 기준에 따라 안전성 검사를 실시할 수 있다.
③ 법 제10조제5항 후단에 따라 안전성 검사에 참여한 외부 전문가는 안전성 검사가 끝난 후 30일 이내에 신규 도입 장비의 안전성 여부에 대한 의견을 경찰청장에게 제출하여야 한다.
④ 경찰청장은 신규 도입 장비에 대한 안전성 검사를 실시한 후 3개월 이내에 다음 각호의 내용이 포함된 안전성 검사 결과보고서를 국회 소관 상임위원회에 제출하여야 한다.
  1. 신규 도입 장비의 주요 특성 및 기본적인 작동 원리
  2. 안전성 검사의 방법 및 기준

3. 안전성 검사에 참여한 외부 전문가의 의견
4. 안전성 검사 결과 및 종합 의견

10] 위해성 경찰장비의 개조(제19조)

국가경찰서의 장은 폐기대상인 위해성 경찰장비 또는 성능이 저하된 위해성 경찰장비를 개조할 수 있으며, 소속경찰관으로 하여금 이를 본래의 용법에 준하여 사용하게 할 수 있다.

11] 사용기록의 보관(제20조)

① 제2조제2호부터 제4호까지의 위해성 경찰장비(제4호의 경우에는 살수차만 해당한다)를 사용하는 경우 그 현장 책임자 또는 사용자는 별지 서식의 사용보고서를 작성하여 직근상급 감독자에게 보고하고, 직근상급 감독자는 이를 3년간 보관하여야 한다.

② 제1항의 규정에 의하여 제2조제2호의 무기 사용보고를 받은 직근상급 감독자는 지체없이 지휘계통을 거쳐 경찰청장 또는 해양경찰청장에게 보고하여야 한다.

정답 ①

03 다음 설명으로 가장 적절하지 않은 것은? (다툼이 있는 경우 판례에 의함) (22년 승진/실무종합)

① 「경찰관 직무집행법 시행령」상 경찰관의 적법한 직무집행으로 인하여 발생한 손실을 보상 받으려는 사람은 보상금 지급 청구서에 손실내용과 손실금액을 증명할 수 있는 서류를 첨부하여 손실보상청구 사건 발생지를 관할하는 국가경찰관서의 장에게 제출하여야 한다.

② 「경찰관 직무집행법」에 따라 경찰관은 미아, 병자, 부상자 등으로서 적당한 보호자가 없으며 응급구호가 필요하다고 인정되는 사람은 본인이 구호를 거절하는 경우에도 보호조치를 할 수 있다.

③ 「경찰관 직무집행법」에 따라 경찰관이 불심검문을 하던 중 정지시킨 장소에서 질문하는 것이 불심자에게 불리하거나 교통에 방해가 된다고 인정될 때에는 질문을 하기 위하여 경찰관서로 동행할 것을 요구할 수 있다.

④ 「경찰관 직무집행법」상 '제지'는 행정상 즉시강제에 해당하며, 필요한 최소한도 내에서 행해져야 하므로 해당 집회 참가가 불법 행위라도, 집회 장소와 시간적·장소적으로 근접하지 않은 경우에는 이를 제지할 수 없다.

 해설

보/호/조/치(제4조)

① 경찰관은 수상한 행동이나 그 밖의 주위 사정을 합리적으로 판단해 볼 때 다음 각 호의 어느 하나에 해당하는 것이 명백하고 응급구호가 필요하다고 믿을 만한 상당한 이유가 있는 사람(구호대상자)을 발견하였을 때에는 보건의료기관이나 공공구호기관에 긴급구호를 요청하거나 경찰관서에 보호하는 등 적절한 조치를 할 수 있다.

 1. 정신착란을 일으키거나 술에 취하여 자신 또는 다른 사람의 생명·신체·재산에 위해를 끼칠 우려가 있는 사람
 2. 자살을 시도하는 사람
 3. <u>미아, 병자, 부상자 등으로서 적당한 보호자가 없으며 응급구호가 필요하다고 인정되는 사람. 다만, 본인이 구호를 거절하는 경우는 제외한다.</u>

② 제1항에 따라 긴급구호를 요청받은 보건의료기관이나 공공구호기관은 정당한 이유 없이 긴급구호를 거절할 수 없다.

③ 경찰관은 제1항의 조치를 하는 경우에 구호대상자가 휴대하고 있는 무기·흉기 등 위험을 일으킬 수 있는 것으로 인정되는 물건을 경찰관서에 임시로 영치(領置)하여 놓을 수 있다.

④ 경찰관은 제1항의 조치를 하였을 때에는 지체 없이 구호대상자의 가족, 친지 또는 그 밖의 연고자에게 그 사실을 알려야 하며, 연고자가 발견되지 아니할 때에는 구호대상자를 적당한 공공보건의료기관이나 공공구호기관에 즉시 인계하여야 한다.

⑤ 경찰관은 제4항에 따라 구호대상자를 공공보건의료기관이나 공공구호기관에 인계하였을 때에는 즉시 그 사실을 소속 경찰서장이나 해양경찰서장에게 보고하여야 한다.

⑥ 제5항에 따라 보고를 받은 소속 경찰서장이나 해양경찰서장은 대통령령으로 정하는 바에 따라 구호대상자를 인계한 사실을 지체 없이 해당 공공보건의료기관 또는 공공구호기관의 장 및 그 감독행정청에 통보하여야 한다.

⑦ 제1항에 따라 구호대상자를 경찰관서에서 보호하는 기간은 24시간을 초과할 수 없고, 제3항에 따라 물건을 경찰관서에 임시로 영치하는 기간은 10일을 초과할 수 없다.

| 관련판례 |

구 집회 및 시위에 관한 법률(2007. 5. 11. 법률 제8424호로 개정되기 전의 것)에 의하여 금지되어 그 주최 또는 참가행위가 형사처벌의 대상이 되는 위법한 집회·시위가 장차 특정지역에서 개최될 것이 예상된다고 하더라도, 이와 시간적·장소적으로 근접하지 않은 다른 지역에서 그 집회·시위에 참가하기 위하여 출발 또는 이동하는 행위를 함부로 제지하는 것은 경찰관직무집행법 제6조 제1항의 행정상 즉시강제인 경찰관의 제지의 범위를 명백히 넘어 허용될 수 없다. 따라서 이러한 제지 행위는 공무집행방해죄의 보호대상이 되는 공무원의 적법한 직무집행이 아니다.[대법원 2008. 11. 13. 선고, 2007도9794, 판결]

정답 ②

04 「경찰관 직무집행법」에 대한 설명으로 가장 적절하지 않은 것은? (22년 승진/실무종합)

① 국민의 자유와 권리 및 모든 개인이 가지는 불가침의 기본적 인권을 보호하고 사회공공의 질서를 유지하기 위한 경찰관의 직무수행에 필요한 사항을 규정함을 목적으로 한다.

② 경찰관은 범죄행위가 목전에 행하여 지려고 하고 있다고 인정될 때에는 이를 예방하기 위하여 관계인에게 필요한 경고를 할 수 있다.

③ 경찰관이 위험방지를 위한 출입할 때에는 그 신분을 표시하는 증표의 제시의무는 없다.

④ 경찰관은 위험한 사태가 발생하여 사람의 생명·신체 또는 재산에 대한 위해가 임박한 때에 그 위해를 방지하거나 피해자를 구조하기 위하여 부득이하다고 인정하면 합리적으로 판단하여 필요한 한도에서 다른 사람의 토지·건물·배 또는 차에 출입할 수 있다.

해설

1] 위험 발생의 방지(제5조)
   ① 경찰관은 사람의 생명 또는 신체에 위해를 끼치거나 재산에 중대한 손해를 끼칠 우려가 있는 천재(天災), 사변(事變), 인공구조물의 파손이나 붕괴, 교통사고, 위험물의 폭발, 위험한 동물 등의 출현, 극도의 혼잡,

그 밖의 위험한 사태가 있을 때에는 다음 각 호의 조치를 할 수 있다.
1. 그 장소에 모인 사람, 사물(事物)의 관리자, 그 밖의 관계인에게 필요한 경고를 하는 것
2. 매우 긴급한 경우에는 위해를 입을 우려가 있는 사람을 필요한 한도에서 억류하거나 피난시키는 것
3. 그 장소에 있는 사람, 사물의 관리자, 그 밖의 관계인에게 위해를 방지하기 위하여 필요하다고 인정되는 조치를 하게 하거나 직접 그 조치를 하는 것

② 경찰관서의 장은 대간첩 작전의 수행이나 소요(騷擾) 사태의 진압을 위하여 필요하다고 인정되는 상당한 이유가 있을 때에는 대간첩 작전지역이나 경찰관서·무기고 등 국가중요시설에 대한 접근 또는 통행을 제한하거나 금지할 수 있다.
③ 경찰관은 제1항의 조치를 하였을 때에는 지체 없이 그 사실을 소속 경찰관서의 장에게 보고하여야 한다.
④ 제2항의 조치를 하거나 제3항의 보고를 받은 경찰관서의 장은 관계 기관의 협조를 구하는 등 적절한 조치를 하여야 한다.

2] 범죄의 예방과 제지(제6조)

경찰관은 범죄행위가 목전(目前)에 행하여지려고 하고 있다고 인정될 때에는 이를 예방하기 위하여 관계인에게 필요한 경고를 하고, 그 행위로 인하여 사람의 생명·신체에 위해를 끼치거나 재산에 중대한 손해를 끼칠 우려가 있는 긴급한 경우에는 그 행위를 제지할 수 있다.

3] 위험 방지를 위한 출입(제7조)

① 경찰관은 제5조제1항·제2항 및 제6조에 따른 위험한 사태가 발생하여 사람의 생명·신체 또는 재산에 대한 위해가 임박한 때에 그 위해를 방지하거나 피해자를 구조하기 위하여 부득이하다고 인정하면 합리적으로 판단하여 필요한 한도에서 다른 사람의 토지·건물·배 또는 차에 출입할 수 있다.
② 흥행장(興行場), 여관, 음식점, 역, 그 밖에 많은 사람이 출입하는 장소의 관리자나 그에 준하는 관계인은 경찰관이 범죄나 사람의 생명·신체·재산에 대한 위해를 예방하기 위하여 해당 장소의 영업시간이나 해당 장소가 일반인에게 공개된 시간에 그 장소에 출입하겠다고 요구하면 정당한 이유 없이 그 요구를 거절할 수 없다.
③ 경찰관은 대간첩 작전 수행에 필요할 때에는 작전지역에서 제2항에 따른 장소를 검색할 수 있다.
④ 경찰관은 제1항부터 제3항까지의 규정에 따라 필요한 장소에 출입할 때에는 그 신분을 표시하는 증표를 제시하여야 하며, 함부로 관계인이 하는 정당한 업무를 방해해서는 아니 된다.

정답 ③

05 경찰장비에 대한 설명이다. 아래 ㉠부터 ㉣까지의 설명 중 옳고 그름의 표시(O, X)가 바르게 된 것은?

(22년 승진/실무종합)

> ㉠ 「경찰관 직무집행법」상 경찰청장은 위해성 경찰장비를 새로 도입하려는 경우에는 대통령령으로 정하는 바에 따라 안전성 검사를 실시하여 그 안전성 검사의 결과보고서를 행정안전부장관에게 제출하여야 한다.
> ㉡ 「위해성 경찰장비의 사용기준 등에 관한 규정」상 경찰관은 14세 미만의 자 또는 65세 이상의 고령자에 대하여 전자충격기를 사용하여서는 아니 된다.
> ㉢ 「경찰관 직무집행법」상 경찰관은 범인의 체포 또는 범인의 도주 방지를 위하여 부득이한 경우에는 현장책임자가 판단하여 필요한 최소한의 범위에서 「총포·도검·화약류 등의 안전관리에 관한 법률」에 따른 분사기를 사용할 수 있다.
> ㉣ 「경찰관 직무집행법」상 경찰관은 범인의 체포, 범인의 도주방지, 자신이나 다른 사람의 생명·신체의 방어 및 보호, 공무집행에 대한 항거의 제지를 위하여 필요하다고 인정 상당한 이유가 있을 때에는 그 사태를 합리적으로 판단하여 필요한 한도에서 무기를 사용할 수 있다.

① ㉠ (X) ㉡ (O) ㉢ (O) ㉣ (X)
② ㉠ (O) ㉡ (X) ㉢ (O) ㉣ (X)
③ ㉠ (X) ㉡ (X) ㉢ (X) ㉣ (O)
④ ㉠ (X) ㉡ (X) ㉢ (O) ㉣ (O)

해설

㉠ 「경찰관 직무집행법」상 경찰청장은 위해성 경찰장비를 새로 도입하려는 경우에는 대통령령으로 정하는 바에 따라 안전성 검사를 실시하여 그 안전성 검사의 결과보고서를 국회 소관 상임위원회에 제출하여야 한다.
㉡ 「위해성 경찰장비의 사용기준 등에 관한 규정」상 경찰관은 14세 미만의 자 또는 임산부에 대하여 전자충격기를 사용하여서는 아니 된다.

| 보충 |

1] 경찰장구의 사용(제10조의2)
  ① 경찰관은 다음 각호의 직무를 수행하기 위하여 필요하다고 인정되는 상당한 이유가 있을 때에는 그 사태를 합리적으로 판단하여 필요한 한도에서 경찰장구를 사용할 수 있다.
    1. 현행범이나 사형·무기 또는 장기 3년 이상의 징역이나 금고에 해당하는 죄를 범한 범인의 체포 또는 도주 방지
    2. 자신이나 다른 사람의 생명·신체의 방어 및 보호
    3. 공무집행에 대한 항거(抗拒) 제지
  ② 제1항에서 "경찰장구"란 경찰관이 휴대하여 범인 검거와 범죄 진압 등의 직무 수행에 사용하는 수갑, 포승(捕繩), 경찰봉, 방패 등을 말한다.
2] 분사기 등의 사용(제10조의3)
  경찰관은 다음 각호의 직무를 수행하기 위하여 부득이한 경우에는 현장책임자가 판단하여 필요한 최소한의 범위에서 분사기(「총포·도검·화약류 등의 안전관리에 관한 법률」에 따른 분사기를 말하며, 그에 사용하는 최루 등의 작용제를 포함) 또는 최루탄을 사용할 수 있다.

1. 범인의 체포 또는 범인의 도주 방지
2. 불법집회·시위로 인한 자신이나 다른 사람의 생명·신체와 재산 및 공공시설 안전에 대한 현저한 위해의 발생 억제

3] 무기의 사용(제10조의4)
① 경찰관은 범인의 체포, 범인의 도주 방지, 자신이나 다른 사람의 생명·신체의 방어 및 보호, 공무집행에 대한 항거의 제지를 위하여 필요하다고 인정되는 상당한 이유가 있을 때에는 그 사태를 합리적으로 판단하여 필요한 한도에서 무기를 사용할 수 있다. 다만, 다음 각 호의 어느 하나에 해당할 때를 제외하고는 사람에게 위해를 끼쳐서는 아니 된다.
  1. 「형법」에 규정된 정당방위와 긴급피난에 해당할 때
  2. 다음 각 목의 어느 하나에 해당하는 때에 그 행위를 방지하거나 그 행위자를 체포하기 위하여 무기를 사용하지 아니하고는 다른 수단이 없다고 인정되는 상당한 이유가 있을 때
    가. 사형·무기 또는 장기 3년 이상의 징역이나 금고에 해당하는 죄를 범하거나 범하였다고 의심할 만한 충분한 이유가 있는 사람이 경찰관의 직무집행에 항거하거나 도주하려고 할 때
    나. 체포·구속영장과 압수·수색영장을 집행하는 과정에서 경찰관의 직무집행에 항거하거나 도주하려고 할 때
    다. 제3자가 가목 또는 나목에 해당하는 사람을 도주시키려고 경찰관에게 항거할 때
    라. 범인이나 소요를 일으킨 사람이 무기·흉기 등 위험한 물건을 지니고 경찰관으로부터 3회 이상 물건을 버리라는 명령이나 항복하라는 명령을 받고도 따르지 아니하면서 계속 항거할 때
  3. 대간첩 작전 수행 과정에서 무장간첩이 항복하라는 경찰관의 명령을 받고도 따르지 아니할 때
② 제1항에서 "무기"란 사람의 생명이나 신체에 위해를 끼칠 수 있도록 제작된 권총·소총·도검 등을 말한다.
③ 대간첩·대테러 작전 등 국가안전에 관련되는 작전을 수행할 때에는 개인화기(個人火器) 외에 공용화기(共用火器)를 사용할 수 있다.

4] 제10조의5(경찰착용기록장치의 사용)
① 경찰관은 다음 각호의 어느 하나에 해당하는 직무 수행을 위하여 필요한 경우에는 필요한 최소한의 범위에서 경찰착용기록장치를 사용할 수 있다.
  1. 경찰관이 「형사소송법」 제200조의2, 제200조의3, 제201조 또는 제212조에 따라 피의자를 체포 또는 구속하는 경우
  2. 범죄 수사를 위하여 필요한 경우로서 다음 각 목의 요건을 모두 갖춘 경우
    가. 범행 중이거나 범행 직전 또는 직후일 것
    나. 증거보전의 필요성 및 긴급성이 있을 것
  3. 제5조제1항에 따른 인공구조물의 파손이나 붕괴 등의 위험한 사태가 발생한 경우
  4. 경찰착용기록장치에 기록되는 대상자(기록대상자)로부터 그 기록의 요청 또는 동의를 받은 경우
  5. 제4조제1항 각호에 해당하는 것이 명백하고 응급구호가 필요하다고 믿을 만한 상당한 이유가 있는 경우
  6. 제6조에 따라 사람의 생명·신체에 위해를 끼치거나 재산에 중대한 손해를 끼칠 우려가 있는 범죄행위를 긴급하게 예방 및 제지하는 경우
  7. 경찰관이 「해양경비법」 제12조 또는 제13조에 따라 해상검문검색 또는 추적·나포하는 경우
  8. 경찰관이 「수상에서의 수색·구조 등에 관한 법률」에 따라 같은 법 제2조제4호의 수난구호 업무 시 수색 또는 구조를 하는 경우
  9. 그 밖에 제1호부터 제8호까지에 준하는 경우로서 대통령령으로 정하는 경우
② 이 법에서 "경찰착용기록장치"란 경찰관이 신체에 착용 또는 휴대하여 직무수행 과정을 근거리에서 영상·음성으로 기록할 수 있는 기록장치 또는 그 밖에 이와 유사한 기능을 갖춘 기계장치를 말한다. [본조신설

2024. 1. 30.]
5) 제10조의6(경찰착용기록장치의 사용 고지 등)
   ① 경찰관이 경찰착용기록장치를 사용하여 기록하는 경우로서 이동형 영상정보처리기기로 사람 또는 그 사람과 관련된 사물의 영상을 촬영하는 때에는 불빛, 소리, 안내판 등 대통령령으로 정하는 바에 따라 촬영 사실을 표시하고 알려야 한다.
   ② 제1항에도 불구하고 제10조의5제1항 각 호에 따른 경우로서 불가피하게 고지가 곤란한 경우에는 제3항에 따라 영상음성기록을 전송·저장하는 때에 그 고지를 못한 사유를 기록하는 것으로 대체할 수 있다.
   ③ 경찰착용기록장치로 기록을 마친 영상음성기록은 지체 없이 제10조의7에 따른 영상음성기록정보 관리체계를 이용하여 영상음성기록정보 데이터베이스에 전송·저장하도록 하여야 하며, 영상음성기록을 임의로 편집·복사하거나 삭제하여서는 아니 된다.
   ④ 그 밖에 경찰착용기록장치의 사용기준 및 관리 등에 필요한 사항은 대통령령으로 정한다.
6) 제10조의7(영상음성기록정보 관리체계의 구축·운영)
   경찰청장 및 해양경찰청장은 경찰착용기록장치로 기록한 영상·음성을 저장하고 데이터베이스로 관리하는 영상음성기록정보 관리체계를 구축·운영하여야 한다.
7) 제12조(벌칙) [개정 2024. 1. 30.]
   이 법에 규정된 경찰관의 의무를 위반하거나 직권을 남용하여 다른 사람에게 해를 끼친 사람은 1년 이하의 징역이나 금고 또는 300만원 이하의 벌금에 처한다.

정답 ④

06 「경찰관 직무집행법」 제4조(보호조치 등)에 관한 설명으로 괄호 안의 내용을 가장 적절하게 연결한 것은? (23년 승진/실무종합)

> 경찰관이 보호조치 등을 하였을 때에는 (㉠) 구호대상자의 가족, 친지 또는 그 밖의 연고자에게 그 사실을 알려야 하며, 연고자가 발견되지 아니할 때에는 구호대상자를 적당한 공공보건의료기관이나 공공구호기관에 즉시 인계하여야 한다. 구호대상자를 경찰관서에서 보호하는 기간은 (㉡)시간을 초과할 수 없고, 물건을 경찰관서에 임시로 영치하는 기간은 (㉢)일을 초과할 수 없다.

① ㉠-24시간 이내에   ㉡-12   ㉢-20
② ㉠-지체없이   ㉡-24   ㉢-10
③ ㉠-24시간 이내에   ㉡-24   ㉢-10
④ ㉠-지체없이   ㉡-12   ㉢-20

해설

1) 경찰관은 제1항의 조치를 하였을 때에는 지체 없이 구호대상자의 가족, 친지 또는 그 밖의 연고자에게 그 사실을 알려야 하며, 연고자가 발견되지 아니할 때에는 구호대상자를 적당한 공공보건의료기관이나 공공구호기관에 즉시 인계하여야 한다(동법 제4조 제4항).

2) 경찰관은 제4항에 따라 구호대상자를 공공보건의료기관이나 공공구호기관에 인계하였을 때에는 즉시 그 사실을 소속 경찰서장이나 해양경찰서장에게 보고하여야 한다(동조 제5항).
3) 제5항에 따라 보고를 받은 소속 경찰서장이나 해양경찰서장은 대통령령으로 정하는 바에 따라 구호대상자를 인계한 사실을 지체 없이 해당 공공보건의료기관 또는 공공구호기관의 장 및 그 감독행정청에 통보하여야 한다(동조 제6항).
4) 제1항에 따라 구호대상자를 경찰관서에서 보호하는 기간은 24시간을 초과할 수 없고, 제3항에 따라 물건을 경찰관서에 임시로 영치하는 기간은 10일을 초과할 수 없다(동조 제7항).

정답 ②

07 「경찰관 직무집행법」 제5조(위험 발생의 방지 등)에 관한 내용 중 가장 적절하지 않은 것은?
(23년 승진/실무종합)

① 경찰관은 위험 발생의 방지 등에 관한 조치 중 매우 긴급한 경우에 위해를 입을 우려가 있는 사람을 필요한 한도에서 억류하거나 피난시킬 수 있다.
② 경찰관은 위험 발생의 방지 등에 관한 조치를 하였을 때에는 지체없이 그 사실을 소속 경찰관서의 장에게 보고하여야 한다.
③ 경찰관서의 장은 대간첩 작전의 수행이나 소요 사태의 진압을 위하여 필요하다고 인정되는 상당한 이유가 있을 때에는 대간첩작전지역이나 경찰관서·무기고 등 다중이용시설에 대한 접근 또는 통행을 제한하거나 금지할 수 있다.
④ 경찰관은 위험한 동물 등의 출현으로 인해 사람의 생명 또는 신체에 위해를 끼치거나 재산에 중대한 손해를 끼칠 우려가 있는 경우 위험 발생 방지 등의 조치를 할 수 있다.

 해설

1) 경찰관은 사람의 생명 또는 신체에 위해를 끼치거나 재산에 중대한 손해를 끼칠 우려가 있는 천재(天災), 사변(事變), 인공구조물의 파손이나 붕괴, 교통사고, 위험물의 폭발, 위험한 동물 등의 출현, 극도의 혼잡, 그 밖의 위험한 사태가 있을 때에는 다음 각호의 조치를 할 수 있다(동법 제5조 제1항).
   1. 그 장소에 모인 사람, 사물(事物)의 관리자, 그 밖의 관계인에게 필요한 경고를 하는 것
   2. 매우 긴급한 경우에는 위해를 입을 우려가 있는 사람을 필요한 한도에서 억류하거나 피난시키는 것
   3. 그 장소에 있는 사람, 사물의 관리자, 그 밖의 관계인에게 위해를 방지하기 위하여 필요하다고 인정되는 조치를 하게 하거나 직접 그 조치를 하는 것
2) 경찰관서의 장은 대간첩 작전의 수행이나 소요(騷擾) 사태의 진압을 위하여 필요하다고 인정되는 상당한 이유가 있을 때에는 대간첩 작전지역이나 경찰관서·무기고 등 국가중요시설에 대한 접근 또는 통행을 제한하거나 금지할 수 있다(동조 제2항).
3) 경찰관은 제1항의 조치를 하였을 때에는 지체 없이 그 사실을 소속 경찰관서의 장에게 보고하여야 한다(동조 제3항).
4) 제2항의 조치를 하거나 제3항의 보고를 받은 경찰관서의 장은 관계 기관의 협조를 구하는 등 적절한 조치를 하여야 한다(동조 제4항).

정답 ③

08 「경찰관 직무집행법」 제6조(범죄예방과 제지) 및 제7조(위험방지를 위한 출입)에 관한 내용 중 가장 적절하지 않은 것은? (다툼이 있는 경우 판례에 의함) *(23년 승진/실무종합)*

① 경찰관의 제지 조치가 적법한지는 제지 조치 당시의 구체적 상황을 기초로 판단하여야 하고 사후적으로 순수한 객관적 기준에서 판단할 것은 아니다.

② 경찰관은 위험방지를 위해 필요한 장소에 출입할 때에는 그 신분을 표시하는 증표를 제시하여야 하며, 함부로 관계인이 하는 정당한 업무를 방해해서는 아니 된다.

③ 경찰관의 경고나 제지는 범죄의 예방을 위하여 범죄행위에 관한 실행의 착수 전에 행하여질 수 있을 뿐만 아니라, 이후 범죄행위가 계속되는 중에 그 진압을 위하여도 당연히 행하여질 수 있다고 보아야 한다.

④ 경찰관은 범죄행위가 목전(目前)에 행하여지려고 하고 있다고 인정될 경우 이를 예방하기 위하여 관계인에게 필요한 제지를 하여야 한다.

해설

1) 경찰관은 범죄행위가 목전(目前)에 행하여지려고 하고 있다고 인정될 때에는 이를 예방하기 위하여 관계인에게 필요한 경고를 하고, 그 행위로 인하여 사람의 생명·신체에 위해를 끼치거나 재산에 중대한 손해를 끼칠 우려가 있는 긴급한 경우에는 그 행위를 제지할 수 있다(동법 제6조 범죄의 예방과 제지).

2) 경찰관은 제5조제1항·제2항 및 제6조에 따른 위험한 사태가 발생하여 사람의 생명·신체 또는 재산에 대한 위해가 임박한 때에 그 위해를 방지하거나 피해자를 구조하기 위하여 부득이하다고 인정하면 합리적으로 판단하여 필요한 한도에서 다른 사람의 토지·건물·배 또는 차에 출입할 수 있다(동법 제7조 제1항 위험방지를 위한 출입).

3) 흥행장(興行場), 여관, 음식점, 역, 그 밖에 많은 사람이 출입하는 장소의 관리자나 그에 준하는 관계인은 경찰관이 범죄나 사람의 생명·신체·재산에 대한 위해를 예방하기 위하여 해당 장소의 영업시간이나 해당 장소가 일반인에게 공개된 시간에 그 장소에 출입하겠다고 요구하면 정당한 이유 없이 그 요구를 거절할 수 없다(동조 제2항).

4) 경찰관은 대간첩 작전 수행에 필요할 때에는 작전지역에서 제2항에 따른 장소를 검색할 수 있다(동조 제3항).

5) 경찰관은 제1항부터 제3항까지의 규정에 따라 필요한 장소에 출입할 때에는 그 신분을 표시하는 증표를 제시하여야 하며, 함부로 관계인이 하는 정당한 업무를 방해해서는 아니 된다(동조 제4항).

| 관련판례 |

1] 경찰관 직무집행법 제6조는 "경찰관은 범죄행위가 목전에 행하여지려고 하고 있다고 인정될 때에는 이를 예방하기 위하여 관계인에게 필요한 경고를 하고, 그 행위로 인하여 사람의 생명·신체에 위해를 끼치거나 재산에 중대한 손해를 끼칠 우려가 있어 긴급한 경우에는 그 행위를 제지할 수 있다."라고 정하고 있다. 위 조항 중 경찰관의 제지에 관한 부분은 범죄 예방을 위한 경찰 행정상 즉시강제, 즉 눈앞의 급박한 경찰상 장해를 제거할 필요가 있고 의무를 명할 시간적 여유가 없거나 의무를 명하는 방법으로는 그 목적을 달성하기 어려운 상황에서 의무불이행을 전제로 하지 않고 경찰이 직접 실력을 행사하여 경찰상 필요한 상태를 실현하는 권력적 사실행위에 관한 근거조항이다. 경찰관 직무집행법 제6조에 따른 경찰관의 제지 조치가 적법한 직무집행으로 평가되기 위해서는, 형사처벌의 대상이 되는 행위가 눈앞에서 막 이루어지려고 하는 것이 객관적으로 인정될 수 있는 상황이고, 그 행위를 당장 제지하지 않으면 곧 인명·신체에 위해를 미치거나 재산에 중대한 손해를 끼칠 우려가 있는 상황이어서, 직접 제지하는 방법 외에는 위와 같은 결과를 막을 수 없는 절박한

사태이어야 한다. 다만 경찰관의 제지 조치가 적법한지는 제지 조치 당시의 구체적 상황을 기초로 판단하여야 하고 사후적으로 순수한 객관적 기준에서 판단할 것은 아니다.

2] 주거지에서 음악 소리를 크게 내거나 큰 소리로 떠들어 이웃을 시끄럽게 하는 행위는 경범죄 처벌법 제3조 제1항 제21호에서 경범죄로 정한 '인근소란 등'에 해당한다. 경찰관은 경찰관 직무집행법에 따라 경범죄에 해당하는 행위를 예방·진압·수사하고, 필요한 경우 제지할 수 있다.

3] 피고인은 평소 집에서 심한 고성과 욕설, 시끄러운 음악 소리 등으로 이웃 주민들로부터 수회에 걸쳐 112신고가 있어 왔던 사람인데, 피고인의 집이 소란스럽다는 112신고를 받고 출동한 경찰관 甲, 乙이 인터폰으로 문을 열어달라고 하였으나 욕설을 하였고, 경찰관들이 피고인을 만나기 위해 전기차단기를 내리자 화가 나 식칼(전체 길이 약 37cm, 칼날 길이 약 24cm)을 들고 나와 욕설을 하면서 경찰관들을 향해 찌를 듯이 협박함으로써 甲, 乙의 112신고 업무 처리에 관한 직무집행을 방해하였다고 하여 특수공무집행방해로 기소된 사안에서, 피고인이 자정에 가까운 한밤중에 음악을 크게 켜놓거나 소리를 지른 것은 경범죄 처벌법 제3조 제1항 제21호에서 금지하는 인근소란행위에 해당하고, 그로 인하여 인근 주민들이 잠을 이루지 못하게 될 수 있으며, 甲과 乙이 112신고를 받고 출동하여 눈앞에서 벌어지고 있는 범죄행위를 막고 주민들의 피해를 예방하기 위해 피고인을 만나려 하였으나 피고인은 문조차 열어주지 않고 소란행위를 멈추지 않았던 상황이라면 피고인의 행위를 제지하고 수사하는 것은 경찰관의 직무상 권한이자 의무라고 볼 수 있으므로, 위와 같은 상황에서 甲과 乙이 피고인의 집으로 통하는 전기를 일시적으로 차단한 것은 피고인을 집 밖으로 나오도록 유도한 것으로서, 피고인의 범죄행위를 진압·예방하고 수사하기 위해 필요하고도 적절한 조치로 보이고, 경찰관 직무집행법 제1조의 목적에 맞게 제2조의 직무 범위 내에서 제6조에서 정한 즉시강제의 요건을 충족한 적법한 직무집행으로 볼 여지가 있다. [대법원 2018. 12. 13., 선고, 2016도19417, 판결]

정답 ④

09 「경찰관 직무집행법」 제3조에 규정된 불심검문에 관한 설명 중 옳고 그름의 표시(O, X)가 바르게 된 것은?

(24년 승진/실무종합)

㉠ 경찰관은 수상한 행동이나 그 밖의 주위 사정을 합리적으로 판단하여 볼 때 어떠한 죄를 범하였거나 범하려 하고 있다고 의심할 만한 상당한 이유가 있는 사람을 정지시켜 질문하여야 한다.

㉡ 불심검문을 하던 중 정지시킨 장소에서 질문하는 것이 그 사람에게 불리하거나 교통에 방해가 된다고 인정될 때에는 질문을 하기 위하여 가까운 경찰서·지구대·파출소 또는 출장소(지방해양경찰관서 포함)로 동행할 것을 요구할 수 있다.

㉢ 경찰관은 동행한 사람의 가족이나 친지 등에게 동행한 경찰관의 신분, 동행 장소, 동행 목적과 이유를 알리거나 본인으로 하여금 즉시 연락할 수 있는 기회를 주어야 하나, 변호인의 도움을 받을 권리가 있음을 알릴 필요는 없다.

㉣ 경찰관은 불심검문 대상자를 임의동행한 경우 동행한 사람을 6시간을 초과하여 경찰관서에 머물게 할 수 없다.

① ㉠(O) ㉡(O) ㉢(X) ㉣(X)
② ㉠(X) ㉡(O) ㉢(O) ㉣(O)
③ ㉠(O) ㉡(X) ㉢(O) ㉣(X)
④ ㉠(X) ㉡(O) ㉢(X) ㉣(O)

「경찰관 직무집행법」 제3조(불심검문)
① 경찰관은 다음 각호의 어느 하나에 해당하는 사람을 정지시켜 질문할 수 있다.
   1. 수상한 행동이나 그 밖의 주위 사정을 합리적으로 판단하여 볼 때 어떠한 죄를 범하였거나 범하려 하고 있다고 의심할 만한 상당한 이유가 있는 사람
   2. 이미 행하여진 범죄나 행하여지려고 하는 범죄행위에 관한 사실을 안다고 인정되는 사람
② 경찰관은 제1항에 따라 같은 항 각 호의 사람을 정지시킨 장소에서 질문을 하는 것이 그 사람에게 불리하거나 교통에 방해가 된다고 인정될 때에는 질문을 하기 위하여 가까운 경찰서·지구대·파출소 또는 출장소(지방해양경찰서를 포함)로 동행할 것을 요구할 수 있다. 이 경우 동행을 요구받은 사람은 그 요구를 거절할 수 있다.
③ 경찰관은 제1항 각 호의 어느 하나에 해당하는 사람에게 질문을 할 때에 그 사람이 흉기를 가지고 있는지를 조사할 수 있다.
④ 경찰관은 제1항이나 제2항에 따라 질문을 하거나 동행을 요구할 경우 자신의 신분을 표시하는 증표를 제시하면서 소속과 성명을 밝히고 질문이나 동행의 목적과 이유를 설명하여야 하며, 동행을 요구하는 경우에는 동행 장소를 밝혀야 한다.
⑤ 경찰관은 제2항에 따라 동행한 사람의 가족이나 친지 등에게 동행한 경찰관의 신분, 동행 장소, 동행 목적과 이유를 알리거나 본인으로 하여금 즉시 연락할 수 있는 기회를 주어야 하며, **변호인의 도움을 받을 권리가 있음을 알려야 한다.**
⑥ 경찰관은 제2항에 따라 동행한 사람을 6시간을 초과하여 경찰관서에 머물게 할 수 없다.
⑦ 제1항부터 제3항까지의 규정에 따라 질문을 받거나 동행을 요구받은 사람은 형사소송에 관한 법률에 따르지 아니하고는 신체를 구속당하지 아니하며, 그 의사에 반하여 답변을 강요당하지 아니한다.

정답 ④

10 「경찰 물리력 행사의 기준과 방법에 관한 규칙」상 대상자의 행위와 내용의 연결이 가장 적절하지 않은 것은? (24년 승진/실무종합)

① 순응 – 대상자가 경찰관의 지시, 통제에 따르는 상태를 말한다. 다만, 대상자가 경찰관의 요구에 즉각 응하지 않고 약간의 시간만 지체하는 경우는 '순응'으로 본다.
② 소극적 저항 – 대상자가 경찰관의 지시, 통제를 따르지 않고 비협조적이지만 경찰관 또는 제3자에 대해 직접적인 위해를 가하지 않는 상태를 말한다. 경찰관이 정당한 이동 명령을 발하였음에도 가만히 서있거나 앉아 있는 등 전혀 움직이지 않는 상태, 일부러 몸의 힘을 모두 빼거나, 고정된 물체를 꽉 잡고 버팀으로써 움직이지 않으려는 상태 등이 이에 해당한다.
③ 적극적 저항 – 대상자가 자신에 대한 경찰관의 체포·연행 등 정당한 공무집행을 방해하지만 경찰관 또는 제3자에 대해 위해 수준이 낮은 행위만을 하는 상태를 말한다. 대상자가 자신을 체포·연행하려는 경찰관으로부터 물리적으로 이탈하거나 도주하려는 행위, 체포·연행을 위해 팔을 잡으려는 경찰관의 손을 뿌리치거나, 경찰관을 밀고 잡아끄는 행위, 경찰관에게 침을 뱉거나 경찰관을 밀치는 행위 등이 이에 해당한다.
④ 폭력적 공격 – 대상자가 경찰관 또는 제3자에 대해 사망 또는 심각한 부상을 초래할 수 있는 행위를 하는 상태를 말한다. 흉기(칼·도끼·낫 등)를 이용하여 경찰관, 제3자에 대해 위력을 행사하고 있거나 위해 발생이 임박한 경우, 경찰관이나 제3자의 목을 세게 조르거나 무차별 폭행하는 등 생명·신체에 대해 중대한 위해가 발생할 정도의 위험한 폭력을 행사하는 경우가 이에 해당한다.

해설

④ 치명적 공격에 해당한다.

대상자 행위와 경찰 물리력 사용의 정도

구분	설명	구분	설명
순응	대상자가 경찰관의 지시, 통제에 따르는 상태를 말한다. 다만, 대상자가 경찰관의 요구에 즉각 응하지 않고 약간의 시간만 지체하는 경우는 '순응'으로 본다.	협조적 통제	순응 이상의 상태인 대상자에 대해 사용할 수 있는 물리력 수준으로서, 대상자의 협조를 유도하거나 협조에 따른 물리력을 말한다. 그 종류는 다음과 같다. 가. 현장 임장 나. 언어적 통제 다. 체포 등을 위한 수갑 사용 라. 안내·체포 등에 수반한 신체적 물리력
소극적 저항	대상자가 경찰관의 지시, 통제를 따르지 않고 비협조적이지만 경찰관 또는 제3자에 대해 직접적인 위해를 가하지 않는 상태를 말한다. 경찰관이 정당한 이동 명령을 발하였음에도 가만히 서있거나 앉아 있는 등 전혀 움직이지 않는 상태, 일부러 몸의 힘을 모두 빼거나, 고정된 물체를 꽉 잡고 버팀으로써 움직이지 않으려는 상태 등이 이에 해당한다.	접촉 통제	**소극적 저항 이상의 상태인 대상자에 대해 사용할 수 있는 물리력 수준으로서, 대상자 신체 접촉을 통해 경찰목적 달성을 강제하지만 신체적 부상을 야기할 가능성은 극히 낮은 물리력을 말한다.** 그 종류는 다음과 같다. 가. 신체 일부 잡기·밀기·잡아끌기, 쥐기·누르기·비틀기 나. 경찰봉 양 끝 또는 방패를 잡고 대상자의 신체에 안전하게 밀착한 상태에서 대상자를 특정 방향으로 밀거나 잡아당기기
적극적 저항	**대상자가 자신에 대한 경찰관의 체포·연행 등 정당한 공무집행을 방해하지만 경찰관 또는 제3자에 대해 위해 수준이 낮은 행위만을 하는 상태를 말한다.** 대상자가 자신을 체포·연행하려는 경찰관으로부터 물리적으로 이탈하거나 도주하려는 행위, 체포·연행을 위해 팔을 잡으려는 경찰관의 손을 뿌리치거나, 경찰관을 밀고 잡아끄는 행위, 경찰관에게 침을 뱉거나 경찰관을 밀치는 행위 등이 이에 해당한다.	저위험 물리력	적극적 저항 이상의 상태인 대상자에 대해 사용할 수 있는 물리력 수준으로서, 대상자가 통증을 느낄 수 있으나 신체적 부상을 당할 가능성은 낮은 물리력을 말한다. 그 종류는 다음과 같다. 가. **목을 압박하여 제압하거나 관절을 꺾는 방법**, 팔·다리를 이용해 움직이지 못하도록 조르는 방법, 다리를 걸거나 들쳐 매는 등 균형을 무너뜨려 넘어뜨리는 방법, 대상자가 넘어진 상태에서 움직이지 못하게 위에서 눌러 제압하는 방법 나. **분사기 사용**(다른 저위험 물리력 이하의 수단으로 제압이 어렵고, 경찰관이나 대상자의 부상 등의 방지를 위해 필요한 경우)

폭력적 저항	대상자가 경찰관 또는 제3자에 대해 신체적 위해를 가하는 상태를 말한다. 대상자가 경찰관에게 폭력을 행사하려는 자세를 취하여 그 행사가 임박한 상태, 주먹·발 등을 사용해서 경찰관에 대해 신체적 위해를 초래하고 있거나 임박한 상태, 강한 힘으로 경찰관을 밀거나 잡아당기는 등 완력을 사용해 체포에서 벗어나려고 하는 상태 등이 이에 해당한다.	중위험 물리력	폭력적 공격 이상의 상태의 대상자에 대해 사용할 수 있는 물리력 수준으로서, 대상자에게 신체적 부상을 입힐 수 있으나 생명·신체에 대한 중대한 위해 발생 가능성은 낮은 물리력을 말한다. 그 종류는 다음과 같다. 가. 손바닥, 주먹, 발 등 신체부위를 이용한 가격 나. 경찰봉으로 중요부위가 아닌 신체 부위를 찌르거나 가격 다. 방패로 강하게 압박하거나 세게 미는 행위 라. **전자충격기 사용**
치명적 공격	대상자가 경찰관 또는 제3자에 대해 사망 또는 심각한 부상을 초래할 수 있는 행위를 하는 상태를 말한다. 총기류(공기총·엽총·사제권총 등), 흉기(칼·도끼·낫 등), 둔기(망치·쇠파이프 등)를 이용하여 경찰관, 제3자에 대해 위력을 행사하고 있거나 위해 발생이 임박한 경우, 경찰관이나 제3자의 목을 세게 조르거나 무차별 폭행하는 등 생명·신체에 대해 중대한 위해가 발생할 정도의 위험한 폭력을 행사하는 경우가 이에 해당한다.	고위험 물리력	가. 치명적 공격 상태의 대상자로 인해 경찰관 또는 제3자의 생명·신체에 급박하고 중대한 위해가 초래될 가능성이 있는 경우 최후의 수단으로 사용할 수 있는 물리력 수준으로서, 대상자의 사망 또는 심각한 부상을 초래할 수 있는 물리력을 말한다. 나. 경찰관은 대상자의 '치명적 공격' 상황에서도 현장상황이 급박하지 않은 경우에는 낮은 수준의 물리력을 우선적으로 사용하여 상황을 종결시킬 수 있도록 노력하여야 한다. 다. '고위험 물리력'의 종류는 다음과 같다. 1) 권총 등 총기류 사용 2) **경찰봉, 방패, 신체적 물리력으로 대상자의 신체 중요 부위 또는 급소 부위 가격**, 대상자의 목을 강하게 조르거나 신체를 강한 힘으로 압박하는 행위

정답 ④

2025 경찰승진대비

경찰실무종합

최근 4개년 기출문제집

PART 02

총론 Ⅱ

Chapter 07 경찰관리
Chapter 08 경찰에 대한 통제
Chapter 09 경찰과 윤리

Chapter 07 경찰관리

01 경찰조직 편성원리에 관한 설명 중 옳지 <u>않은</u> 것을 모두 고른 것은? (23년 승진/실무종합)

> ㉠ 통솔범위의 원리는 관리자의 능률적인 감독을 위해서는 통솔하는 대상의 범위를 적정하게 제한하여야 한다는 것으로 관리의 효율성을 좌우하는 중요한 원리이다.
> ㉡ 조직의 집단적 노력을 질서있게 배열하는 과정으로 개별적인 활동을 전체적인 관점에서 통일하여 조직의 목표달성도를 높이려는 조직편성의 원리를 명령통일의 원리라고 한다.
> ㉢ 계층제의 원리는 관리자의 공백 등을 대비하여 대리, 위임, 유고관리자 사전지정 등이 필요하다.
> ㉣ 조정과 통합의 원리는 조직편성 원리의 장단점을 조화롭게 승화시키는 원리로, 무니(Mooney)는 조정의 원리를 '제1의 원리'라고 하였다.

① ㉠㉡   ② ㉠㉢
③ ㉡㉢   ④ ㉢㉣

 해설

㉡ [X] 조직의 집단적 노력을 질서있게 배열하는 과정으로 개별적인 활동을 전체적인 관점에서 통일하여 조직의 목표달성도를 높이려는 조직편성의 원리를 「조정과 통합의 원리」라고 한다. 이를 Moony는 제1의 원리하고 하였다.
㉢ [X] 너무 철저히 지키다 보면 오히려 업무의 공백이 생길 수 있어 업무대행체제가 필요한 것과 관계가 깊은 원리는 「명령통일의 원리」이다. 즉 「명령통일의 원리」는 관리자의 공백 등을 대비하여 대리, 위임, 유고관리자 사전지정 등이 필요하다.

정답 ③

02 한정된 인력이나 예산을 가지고 갈등이 생기는 경우에 업무추진의 우선순위를 지정하는 등의 방법으로 갈등을 해결하는 조직편성 원리로 가장 적절한 것은? 〈21년 승진/실무종합〉

① 조정과 통합의 원리
② 명령통일의 원리
③ 계층제의 원리
④ 통솔범위의 원리

조정과 통합의 원리는 목표달성과정에서 여러 단위간의 충돌을 방지하기 위해 질서정연한 행동통일을 기하는 원리이다. 조정의 저해요인으로는 행정조직의 대규모화·행정조직의 지나친 전문화와 분업·조직구성원의 이해관계나 기관목표의 차이·할거주의·관리자의 조정능력 부족 및 조정기구의 결여·의사전달의 미흡·전근대적인 가치관 등은 조정을 저해한다. 그러므로 조직에 있어서 갈등을 잘 조정하면 조직의 결속과 문제해결에도 기여하게 된다(조정과 통합).
1) 교섭과 협상을 통해 갈등의 원인을 근원적으로 해결하거나 문제해결이 어려운 경우에는 갈등을 완화하고 양자간의 타협을 도출하거나, 갈등을 초래할 수 있는 결정을 보류 또는 회피하는 것도 좋은 방법이다.
2) 부서 간의 갈등이 일어나고 있을 때에는 더 높은 상위목표를 제시, 상호 간 이해와 양보를 유도하는 것이 바람직하다.
3) 한정된 인력이나 예산을 가지고 갈등이 발생하면, 가능한 예산과 인력을 확보하고 업무의 우선순위를 정하도록 한다. 시간적으로 급박한 경우에는 최후의 수단으로 상관의 판단과 명령에 의해 해결한다.
4) 갈등해결방안으로 강제적·공리적·규범적 방안이 있을 수 있는 바, 상위목표의 제시는 규범적 방안, 처벌과 제재는 강제적 방안의 하나이다.
5) 갈등의 원인이 세분화된 업무처리에 있다면, 업무의 통합(직무충실, 직무확대) 또는 연결장치나 대화채널의 확보가 요구된다.
6) 갈등에 관한 장기적인 대응방안으로는 조직의 구조, 보상체계, 인사 등의 문제점을 제도개선을 통해 해결하는 것이 필요하다.

정답 ①

03 엽관주의와 실적주의에 관한 설명으로 옳은 것을 모두 고른 것은? 〈24년 승진/실무종합〉

> ㉠ 엽관주의는 정치지도자의 국정지도력을 강화함으로써 공공 정책의 실현을 용이하게 해 준다.
> ㉡ 잭슨(Jackson) 대통령이 암살당한 사건은 미국에서 실적주의 도입의 배경이 되었다.
> ㉢ 엽관주의는 행정의 안정성과 지속성을 확보하기 어렵다.
> ㉣ 실적주의는 정치적 중립에 집착하여 인사행정을 소극화·형식화시켰다.

① ㉠㉡
② ㉡㉢
③ ㉠㉢㉣
④ ㉠㉡㉢㉣

해설

[O] ㉠㉢㉣
[X] ㉡ 미국의 제7대 Jackson대통령은 Marcy의원의 「전리품은 승자에게」라는 슬로건 아래 공직을 널리 민중에게 개방하고 선거공약이나 정당이념을 강력히 이행하며, 참신한 국민의 의사를 국정에 반영할 수 있다는 민주적 신념으로 정권교체에 따라 공직경질의 원칙에 입각하는 엽관주의를 1829년에 공식적인 인사정책으로 도입하였다. 한편, 가필드 대통령의 암살을 계기로 미국에서 실적주의 도입의 배경이 되었으며, 1883년 Pendleton Act에 의해 실적주의가 확립하게 되었다.

정답 ③

04 「행정업무의 운영 및 혁신에 관한 규정」에 대한 설명으로 가장 적절하지 <u>않은</u> 것은?

(24년 승진/실무종합)

① 공문서는 「국어기본법」에 따른 어문규범에 맞게 한글로 작성하되, 뜻을 정확하게 전달하기 위하여 필요한 경우에는 괄호 안에 한자나 그 밖의 외국어를 함께 적을 수 있다.
② 공문서는 결재권자가 해당 문서에 서명(전자이미지서명, 전자문자서명 및 행정전자서명을 포함한다)의 방식으로 결재함으로써 성립된다.
③ 공문서는 수신자에게 도달(전자문서의 경우는 수신자가 관리하거나 지정한 전자적 시스템 등에 입력되는 것을 말한다) 됨으로써 효력을 발생한다. 다만, 공고문서의 경우 그 문서에서 효력발생 시기를 구체적으로 밝히고 있지 않으면 그 고시 또는 공고 등이 있은 날부터 5일이 경과한 때에 효력이 발생한다.
④ 공문서에는 음성정보나 영상정보 등이 수록되거나 연계된 바코드 등을 표기할 수 없다.

해설

「행정업무의 운영 및 혁신에 관한 규정」
1] 제4조(공문서의 종류) 공문서의 종류는 다음 각호의 구분에 따른다.
  1. 법규문서: 헌법·법률·대통령령·총리령·부령·조례·규칙(법령) 등에 관한 문서
  2. 지시문서: 훈령·지시·예규·일일명령 등 행정기관이 그 하급기관이나 소속 공무원에 대하여 일정한 사항을 지시하는 문서
  3. 공고문서: 고시·공고 등 행정기관이 일정한 사항을 일반에게 알리는 문서
  4. 비치문서: 행정기관이 일정한 사항을 기록하여 행정기관 내부에 비치하면서 업무에 활용하는 대장, 카드 등의 문서
  5. 민원문서: 민원인이 행정기관에 허가, 인가, 그 밖의 처분 등 특정한 행위를 요구하는 문서와 그에 대한 처리문서
  6. 일반문서: 제1호부터 제5호까지의 문서에 속하지 아니하는 모든 문서
2] 제6조(문서의 성립 및 효력 발생)
  ① <u>문서는 결재권자가 해당 문서에 서명(전자이미지서명, 전자문자서명 및 행정전자서명을 포함한다. 이하 같다)의 방식으로 결재함으로써 성립한다.</u>

② 문서는 수신자에게 도달(전자문서의 경우는 수신자가 관리하거나 지정한 전자적 시스템 등에 입력되는 것을 말한다)됨으로써 효력을 발생한다.

③ 제2항에도 불구하고 공고문서는 그 문서에서 효력발생 시기를 구체적으로 밝히고 있지 않으면 그 고시 또는 공고 등이 있은 날부터 5일이 경과한 때에 효력이 발생한다.

3] 제7조(문서 작성의 방법)

① 문서는 「국어기본법」 제3조제3호에 따른 어문규범에 맞게 한글로 작성하되, 뜻을 정확하게 전달하기 위하여 필요한 경우에는 괄호 안에 한자나 그 밖의 외국어를 함께 적을 수 있으며, 특별한 사유가 없으면 가로로 쓴다.

② 문서의 내용은 간결하고 명확하게 표현하고 일반화되지 않은 약어와 전문용어 등의 사용을 피하여 이해하기 쉽게 작성하여야 한다.

③ 문서에는 음성정보나 영상정보 등이 수록되거나 연계된 바코드 등을 표기할 수 있다.

④ 문서에 쓰는 숫자는 특별한 사유가 없으면 아라비아 숫자를 쓴다.

⑤ 문서에 쓰는 날짜는 숫자로 표기하되, 연·월·일의 글자는 생략하고 그 자리에 온점을 찍어 표시하며, 시·분은 24시각제에 따라 숫자로 표기하되, 시·분의 글자는 생략하고 그 사이에 쌍점을 찍어 구분한다. 다만, 특별한 사유가 있으면 다른 방법으로 표시할 수 있다.

⑥ 문서 작성에 사용하는 용지는 특별한 사유가 없으면 가로 210밀리미터, 세로 297밀리미터의 직사각형 용지로 한다.

⑦ 제1항부터 제6항까지에서 규정한 사항 외에 문서 작성에 필요한 사항은 행정안전부령으로 정한다.

 ④

05 비밀에 대한 설명으로 가장 적절하지 않은 것은? (22년 승진/실무종합)

① 「보안업무규정 시행 세부규칙」상 모든 경찰공무원(전투경찰 포함한다)은 임용과 동시 Ⅲ급 비밀취급권을 가진다.

② 「보안업무규정 시행 세부규칙」상 정보부서에 근무하는 경찰공무원은 보직발령과 동시에 Ⅱ급 비밀취급권을 인가받은 것으로 한다.

③ 「보안업무규정」과 「보안업무규정 시행규칙」상 보호지역 중 제한구역은 비인가자가 비밀, 주요시설 및 Ⅲ급 비밀 소통용 암호자재에 접근하는 것을 방지하기 위하여 안내를 받아 출입하여야 하는 구역을 말한다.

④ 「보안업무규정」상 비밀은 그 중요성과 가치의 정도에 따라 구분하며 누설될 경우 국가안전보장에 해를 끼칠 우려가 있는 비밀은 Ⅱ급 비밀에 해당한다.

해설

④ 비밀은 그 중요성과 가치의 정도에 따라 구분되는데, Ⅰ급비밀 : 누설될 경우 대한민국과 외교관계가 단절되고 전쟁을 일으키며, 국가의 방위계획·정보활동 및 국가방위에 반드시 필요한 과학과 기술의 개발을 위태롭게 하는 등의 우려가 있는 비밀(동규정 제4조 제1호), Ⅱ급비밀 : 누설될 경우 국가안전보장에 막대한 지장을 끼칠 우려가 있는 비밀(동조 제2호), Ⅲ급비밀 : 누설될 경우 국가안전보장에 해를 끼칠 우려가 있는 비밀(동조 제3호)를 말한다.

1] 동규정 제34조(보호지역)
   ① 각급기관의 장과 관리기관 등의 장은 국가안전보장에 관련되는 인원·문서·자재·시설의 보호를 위하여 필요한 장소에 일정한 범위의 보호지역을 설정할 수 있다.
   ② 제1항에 따라 설정된 보호지역은 그 중요도에 따라 제한지역, 제한구역 및 통제구역으로 나눈다.
   ③ 보호지역에 접근하거나 출입하려는 사람은 각급기관의 장 또는 관리기관 등의 장의 승인을 받아야 한다.
   ④ 보호지역을 관리하는 사람은 제3항에 따른 승인을 받지 않은 사람의 보호지역 접근이나 출입을 제한하거나 금지할 수 있다.

2] 동규정 시행규칙 제54조(보호지역의 구분)
   ① 영 제34조제2항에 따른 제한지역, 제한구역 및 통제구역이란 각각 다음 각호의 지역 또는 구역을 말한다.
      1. 제한지역: 비밀 또는 국·공유재산의 보호를 위하여 울타리 또는 방호·경비인력에 의하여 영 제34조제3항에 따른 승인을 받지 않은 사람의 접근이나 출입에 대한 감시가 필요한 지역
      2. 제한구역: 비인가자가 비밀, 주요시설 및 Ⅲ급 비밀 소통용 암호자재에 접근하는 것을 방지하기 위하여 안내를 받아 출입하여야 하는 구역
      3. 통제구역: 보안상 매우 중요한 구역으로서 비인가자의 출입이 금지되는 구역
   ② 보호지역에 대해서는 영 제34조제3항에 따른 승인을 받지 않은 사람의 접근이나 출입을 제한하거나 금지할 수 있는 보안대책을 수립·시행해야 하며, 제한구역 및 통제구역에는 그 구역의 기능 및 구조에 따라 다음 각호의 대책이 마련되어야 한다.
      1. 출입할 수 있는 사람의 지정과 비인가자에 대한 출입 통제대책
      2. 주야간 경계대책
      3. 외부로부터의 투시, 도청 및 파괴물질의 투척 방지 대책
      4. 방화대책
      5. 경보대책
      6. 그 밖에 필요한 보안대책

3] 동규정 시행규칙 제55조(보호지역의 설정 방침)
   제한구역 및 통제구역의 설정은 필요한 최소한의 범위로 제한되어야 한다.

4] 동규정 시행규칙 제60조(보호구역 설정)
1. 제한구역
   가. 전자교환기(통합장비)실, 정보통신실
   나. 발간실
   다. 송신 및 중계소, 정보통신관제센터
   라. 경찰청 및 시·도경찰청 항공대
   마. 작전·경호·정보·안보업무 담당부서 전역
   바. 과학수사센터
2. 통제구역
   가. 암호취급소
   나. 정보보안기록실
   다. 무기창·무기고 및 탄약고
   라. 종합상황실·치안상황실
   마. 암호장비관리실
   바. 정보상황실
   사. 비밀발간실
   아. 종합조회처리실

정답 ④

06 「보안업무규정」에 관한 내용으로 가장 적절한 것은? (24년 승진/실무종합)

① 비밀은 그 중요성과 가치의 정도에 따라 구분하는데, 누설될 경우 국가안전보장에 막대한 지장을 끼칠 우려가 있는 비밀은 1급 비밀로 구분한다.
② 지방자치단체의 장, 광역시·도의 교육감, 경찰청장은 II급 및 III급 비밀 취급 인가권자와 III급 비밀 소통용 암호자재 취급 인가권자이다.
③ 비밀은 적절히 보호할 수 있는 최고등급으로 분류하되, 과도하거나 과소하게 분류해서는 아니 된다.
④ 각급기관의 장은 비밀 분류를 통일성 있고 적절하게 하기 위하여 세부 분류지침을 작성하여 시행하여야 하며 이 경우 세부 분류지침은 공개하는 것을 원칙으로 한다.

해설

① II급 비밀
③ 비밀은 적절히 보호할 수 있는 <u>최저등급</u>으로 분류하되, 과도하거나 과소하게 분류해서는 아니 된다(제12조).
④ 각급기관의 장은 비밀 분류를 통일성 있고 적절하게 하기 위하여 세부 분류지침을 작성하여 시행하여야 한다. <u>이 경우 세부 분류지침은 공개하지 않는다</u>(제13조).

정답 ②

07 「경찰장비관리규칙」상 무기류에 관한 설명으로 가장 적절하지 않은 것은? (24년 승진/실무종합)

① 탄약고 내에는 전기시설을 하여서는 아니되며, 조명은 건전지 등으로 하고 방화시설을 완비하여야 한다. 단, 방폭설비를 갖춘 경우 전기시설을 설치할 수 있다.
② 집중무기·탄약고의 열쇠보관은 일과시간에는 무기 관리부서의 장이, 일과시간 후에는 당직 업무(청사방호) 책임자가 한다.
③ 경찰기관의 장은 무기를 휴대한 자가 술자리 또는 연회장소에 출입할 경우 즉시 대여한 무기·탄약을 회수해야 한다.
④ 경찰관이 권총을 휴대·사용하는 경우 1탄은 공포탄, 2탄 이하는 실탄을 장전한다. 다만, 대간첩작전, 살인·강도 등 중요범인이나 무기·흉기 등을 사용하는 범인의 체포 및 위해의 방호를 위하여 불가피한 경우에 1탄부터 실탄을 장전할 수 있다.

「경찰장비관리규칙」
1] 제115조(무기고 및 탄약고 설치)
　① 집중무기고는 다음 각호의 경찰기관에 설치한다.
　　　1. 경찰청

2. 시·도경찰청
3. 경찰대학, 경찰인재개발원, 중앙경찰학교 및 경찰수사연수원
4. 경찰서
5. 경찰기동대, 방범순찰대 및 경비대
6. 의무경찰대
7. 경찰특공대
8. 기타 경찰청장이 지정하는 경찰관서

② 무기고와 탄약고는 견고하게 만들고 환기·방습장치와 방화시설 및 총가시설 등이 완비되어야 한다.
③ 탄약고는 무기고와 분리되어야 하며 가능한 본 청사와 격리된 독립 건물로 하여야 한다.
④ 무기고와 탄약고의 환기통 등에는 손이 들어가지 않도록 쇠창살 시설을 하고, 출입문은 2중으로 하여 각 1개소 이상씩 자물쇠를 설치하여야 한다.
⑤ 무기·탄약고 비상벨은 상황실과 숙직실 등 초동조치 가능장소와 연결하고, 외곽에는 철조망장치와 조명 등 및 순찰함을 설치하여야 한다.
⑥ 간이무기고는 근무자가 24시간 상주하는 지구대, 파출소, 상황실 및 112타격대(지구대 및 상황실 등) 등 경찰기관의 장이 필요하다고 인정하는 상당한 이유가 있는 장소에 설치할 수 있다.
⑦ 탄약고 내에는 전기시설을 하여서는 아니되며, 조명은 건전지 등으로 하고 방화시설을 완비하여야 한다. 단, 방폭설비를 갖춘 경우 전기시설을 설치할 수 있다.

2] 제117조(무기·탄약고 열쇠의 보관)
① 무기고와 탄약고의 열쇠는 관리책임자가 보관한다.
② 집중무기·탄약고와 간이무기고는 다음 각호의 관리자가 보관 관리한다. 다만, 휴가, 비번 등으로 관리책임자 공백시는 별도 관리책임자를 지정하여야 한다.
  1. 집중무기·탄약고의 경우
     가. 일과시간의 경우 무기 관리부서의 장(정보화장비과장, 운영지원과장, 총무과장, 경찰서 경무과장 등)
     나. 일과시간 후 또는 토요일·공휴일의 경우 당직 업무(청사방호) 책임자(상황관리관 등 당직근무자)
  2. 간이무기고의 경우
     가. 상황실 간이무기고는 112종합상황실(팀)장
     나. 지구대 등 간이무기고는 지역경찰관리자
     다. 그 밖의 간이무기고는 일과시간의 경우 설치부서 책임자, 일과시간 후 또는 토요일·공휴일의 경우 당직 업무(청사방호) 책임자

3] 제120조(무기·탄약의 회수 및 보관)
① 경찰기관의 장은 무기를 휴대한 자 중에서 다음 각호에 해당하는 자가 발생한 때에는 즉시 대여한 무기·탄약을 회수해야 한다. 다만, 대상자가 이의신청을 하거나 소속 부서장이 무기 소지 적격 여부에 대해 심의를 요청하는 경우에는 무기 소지 적격 심의위원회(이하 '심의위원회'라 한다.)의 심의를 거쳐 대여한 무기·탄약의 회수여부를 결정한다.
  1. 직무상의 비위 등으로 인하여 중징계 의결 요구된 된 자
  2. 사의를 표명한 자
② 경찰기관의 장은 무기를 휴대한 자 중에서 다음 각 호에 해당하는 자가 있을 때에는 심의위원회의 심의를 거쳐 대여한 무기·탄약을 회수할 수 있다. 다만, 심의위원회를 개최할 시간적 여유가 없거나 사고 방지 등을 위해 신속한 회수가 필요하다고 인정되는 경우에는 대여한 무기·탄약을 즉시 회수할 수 있으며, 회수한 날부터 7일 이내에 심의위원회를 개최하여 회수의 타당성을 심의하고 계속 회수 여부를 결정한다.
  1. 직무상의 비위 등으로 인하여 감찰조사의 대상이 되거나 경징계의결 요구 또는 경징계 처분 중인 자
  2. 형사사건의 수사 대상이 된 자
  3. 경찰공무원 직무적성검사 결과 고위험군에 해당되는 자

4. 정신건강상 문제가 우려되어 치료가 필요한 자
5. 정서적 불안 상태로 인하여 무기 소지가 적합하지 않은 자로서 소속 부서장의 요청이 있는 자
6. 그 밖에 경찰기관의 장이 무기 소지 적격 여부에 대해 심의를 요청하는 자

③ 경찰기관의 장은 제1항과 제2항에 규정한 사유들이 소멸되면 직권 또는 당사자 신청에 따라 무기 소지 적격 심의위원회의 심의를 거쳐 무기 회수의 해제 조치를 할 수 있다.

④ 경찰기관의 장은 무기를 휴대한 자 중에서 다음 각호에 해당하는 경우에는 대여한 무기·탄약을 무기고에 보관하도록 해야 한다.
1. 술자리 또는 연회장소에 출입할 경우
2. 상사의 사무실을 출입할 경우
3. 기타 정황을 판단하여 필요하다고 인정되는 경우

4] 제123조(무기·탄약 취급상의 안전관리)
① 경찰관은 권총·소총 등 총기를 휴대·사용하는 경우 다음의 안전수칙을 준수하여야 한다.
1. 권총
가. 총구는 공중 또는 지면(안전지역)을 향한다.
나. 실탄 장전시 반드시 안전장치(방아쇠울에 설치 사용)를 장착한다.
다. 1탄은 공포탄, 2탄 이하는 실탄을 장전한다. 다만, 대간첩작전, 살인 강도 등 중요범인이나 무기·흉기 등을 사용하는 범인의 체포 및 위해의 방호를 위하여 불가피한 경우에 1탄부터 실탄을 장전할 수 있다.
라. 조준시는 대퇴부 이하를 향한다. 〈중략〉

정답 ③

08 「국가재정법」상 예산안의 편성 절차를 순서대로 나열한 것으로 가장 적절한 것은?

(23년 승진/실무종합)

> ㉠ 기획재정부장관은 국무회의의 심의를 거쳐 대통령의 승인을 얻은 다음 연도의 예산안편성지침을 각 중앙관서의 장에게 통보하여야 한다.
> ㉡ 기획재정부장관은 예산요구서에 따라 예산안을 편성하여 국무회의의 심의를 거친 후 대통령의 승인을 얻어야 한다.
> ㉢ 각 중앙관서의 장은 예산안편성지침에 따라 그 소관에 속하는 다음 연도의 세입세출예산·계속비·명시이월비 및 국고채무부담행위 요구서를 작성하여 기획재정부장관에게 제출하여야 한다.
> ㉣ 기획재정부장관은 각 중앙관서의 장에게 통보한 예산안편성지침을 국회 예산결산특별위원회에 보고하여야 한다.

① ㉠ → ㉡ → ㉢ → ㉣
② ㉠ → ㉣ → ㉢ → ㉡
③ ㉣ → ㉠ → ㉢ → ㉡
④ ㉣ → ㉢ → ㉠ → ㉡

> 해설

㉠ 예산안 편성지침의 각 중앙관서장에 통보(3월 31일)
㉡ 예산안 편성지침의 국회통보
㉢ 각 중앙관서장의 기획재정부장관에게 예산요구서의 제출(5월 31일)
㉣ 국무회의의 심의 및 대통령의 승인

1] 중기사업계획서의 제출(제28조) 각 중앙관서의 장은 매년 1월 31일까지 해당 회계연도 부터 5회계연도 이상의 기간 동안의 신규사업 및 기획재정부장관이 정하는 주요 계속사업에 대한 중기사업계획서를 기획재정부장관에게 제출하여야 한다.

2] 예산안편성지침의 통보(제29조)
① 기획재정부장관은 국무회의의 심의를 거쳐 대통령의 승인을 얻은 다음 연도의 예산안편성지침을 매년 3월 31일까지 각 중앙관서의 장에게 통보하여야 한다.
② 기획재정부장관은 제7조의 규정에 따른 국가재정운용계획과 예산편성을 연계하기 위하여 제1항의 규정에 따른 예산안편성지침에 중앙관서별 지출한도를 포함하여 통보할 수 있다.

3] 예산안편성지침의 국회보고(제30조)
기획재정부장관은 제29조제1항의 규정에 따라 각 중앙관서의 장에게 통보한 예산안편성지침을 국회 예산결산특별위원회에 보고하여야 한다.

4] 예산요구서의 제출(제31조)
① 각 중앙관서의 장은 제29조의 규정에 따른 예산안편성지침에 따라 그 소관에 속하는 다음 연도의 세입세출예산·계속비·명시이월비 및 국고채무부담행위 요구서(이하 "예산요구서"라 한다)를 작성하여 매년 5월 31일까지 기획재정부장관에게 제출하여야 한다.
② 예산요구서에는 대통령령으로 정하는 바에 따라 예산의 편성 및 예산관리기법의 적용에 필요한 서류를 첨부하여야 한다.
③ 기획재정부장관은 제1항의 규정에 따라 제출된 예산요구서가 제29조의 규정에 따른 예산안편성지침에 부합하지 아니하는 때에는 기한을 정하여 이를 수정 또는 보완하도록 요구할 수 있다.

5] 예산안의 편성(제32조)
기획재정부장관은 제31조제1항의 규정에 따른 예산요구서에 따라 예산안을 편성하여 국무회의의 심의를 거친 후 대통령의 승인을 얻어야 한다.

6] 예산안의 국회제출(제33조)
정부는 제32조의 규정에 따라 대통령의 승인을 얻은 예산안을 회계연도 개시 120일 전까지 국회에 제출하여야 한다.

정답 ②

경찰에 대한 통제

01 「공공기관의 정보공개에 관한 법률」과 관련된 설명으로 가장 적절하지 않은 것은?

(21년 승진/실무종합)

① 민원인이 경찰관서에서 현재 수사 중인 '폭력단체 현황'에 대한 정보공개를 요청한 경우, 국민의 알 권리를 충족시킨다는 차원에서 해당 정보를 공개하여야 한다.
② 공공기관은 비공개 대상 정보가 기간의 경과 등으로 인하여 비공개의 필요성이 없어진 경우에는 그 정보를 공개 대상으로 하여야 한다.
③ 공공기관은 부득이한 사유로 정보공개의 청구를 받은 날부터 10일 이내에 공개 여부를 결정할 수 없을 때에는 그 기간이 끝나는 날의 다음 날부터 기산(起算)하여 10일의 범위에서 공개 여부 결정기간을 연장할 수 있다.
④ 공공기관은 공개 청구된 공개 대상 정보의 전부 또는 일부가 제3자와 관련이 있다고 인정할 때에는 그 사실을 제3자에게 지체 없이 통지하여야 하며, 통지받은 제3자는 그 통지를 받은 날부터 3일 이내에 해당 공공기관에 자신과 관련된 정보를 공개하지 아니할 것을 요청할 수 있다.

해설

① 정보공개의 원칙으로, 공공기관이 보유·관리하는 정보는 국민의 알권리 보장 등을 위하여 이 법에서 정하는 바에 따라 적극적으로 공개하여야 한다(제3조). 즉 공공기관이 보유·관리하는 정보는 공개 대상이 된다. 다만, 다음 각호의 어느 하나에 해당하는 정보는 공개하지 아니할 수 있다(제9조 제1항).
  1. 다른 법률 또는 법률에서 위임한 명령(국회규칙·대법원규칙·헌법재판소규칙·중앙선거관리위원회규칙·대통령령 및 조례로 한정한다)에 따라 비밀이나 비공개 사항으로 규정된 정보
  2. 국가안전보장·국방·통일·외교관계 등에 관한 사항으로서 공개될 경우 국가의 중대한 이익을 현저히 해칠 우려가 있다고 인정되는 정보
  3. 공개될 경우 국민의 생명·신체 및 재산의 보호에 현저한 지장을 초래할 우려가 있다고 인정되는 정보
  4. 진행 중인 재판에 관련된 정보와 범죄의 예방, 수사, 공소의 제기 및 유지, 형의 집행, 교정(矯正), 보안처분에 관한 사항으로서 공개될 경우 그 직무수행을 현저히 곤란하게 하거나 형사피고인의 공정한 재판을 받을 권리를 침해한다고 인정할 만한 상당한 이유가 있는 정보
  5. 감사·감독·검사·시험·규제·입찰계약·기술개발·인사관리에 관한 사항이나 의사결정 과정 또는 내부검토 과정에 있는 사항 등으로서 공개될 경우 업무의 공정한 수행이나 연구·개발에 현저한 지장을 초래한다고 인정할 만한 상당한 이유가 있는 정보. 다만, 의사결정 과정 또는 내부검토 과정을 이유로

비공개할 경우에는 제13조제5항에 따라 통지를 할 때 의사결정 과정 또는 내부검토 과정의 단계 및 종료 예정일을 함께 안내하여야 하며, 의사결정 과정 및 내부검토 과정이 종료되면 제10조에 따른 청구인에게 이를 통지하여야 한다.

6. 해당 정보에 포함되어 있는 성명·주민등록번호 등 「개인정보 보호법」 제2조제1호에 따른 개인정보로서 공개될 경우 사생활의 비밀 또는 자유를 침해할 우려가 있다고 인정되는 정보. 다만, 다음 각 목에 열거한 사항은 제외한다.

   가. 법령에서 정하는 바에 따라 열람할 수 있는 정보
   나. 공공기관이 공표를 목적으로 작성하거나 취득한 정보로서 사생활의 비밀 또는 자유를 부당하게 침해하지 아니하는 정보
   다. 공공기관이 작성하거나 취득한 정보로서 공개하는 것이 공익이나 개인의 권리 구제를 위하여 필요하다고 인정되는 정보
   라. 직무를 수행한 공무원의 성명·직위
   마. 공개하는 것이 공익을 위하여 필요한 경우로서 법령에 따라 국가 또는 지방자치단체가 업무의 일부를 위탁 또는 위촉한 개인의 성명·직업

7. 법인·단체 또는 개인(법인등)의 경영상·영업상 비밀에 관한 사항으로서 공개될 경우 법인등의 정당한 이익을 현저히 해칠 우려가 있다고 인정되는 정보. 다만, 다음 각 목에 열거한 정보는 제외한다.

   가. 사업활동에 의하여 발생하는 위해(危害)로부터 사람의 생명·신체 또는 건강을 보호하기 위하여 공개할 필요가 있는 정보
   나. 위법·부당한 사업활동으로부터 국민의 재산 또는 생활을 보호하기 위하여 공개할 필요가 있는 정보

8. 공개될 경우 부동산 투기, 매점매석 등으로 특정인에게 이익 또는 불이익을 줄 우려가 있다고 인정되는 정보

② <u>공공기관은 제1항 각호의 어느 하나에 해당하는 정보가 기간의 경과 등으로 인하여 비공개의 필요성이 없어진 경우에는 그 정보를 공개 대상으로 하여야 한다.</u>

③ 공공기관은 제1항 각호의 범위에서 해당 공공기관의 업무 성격을 고려하여 비공개 대상 정보의 범위에 관한 세부 기준(비공개 세부 기준)을 수립하고 이를 정보통신망을 활용한 정보공개시스템 등을 통하여 공개하여야 한다.

④ 공공기관(국회·법원·헌법재판소 및 중앙선거관리위원회는 제외한다)은 제3항에 따라 수립된 비공개 세부 기준이 제1항 각 호의 비공개 요건에 부합하는지 3년마다 점검하고 필요한 경우 비공개 세부 기준을 개선하여 그 점검 및 개선 결과를 행정안전부장관에게 제출하여야 한다.

정답 ①

02 「공공기관의 정보공개에 관한 법률」상 정보공개의 절차상 내용으로 가장 적절하지 않은 것은?

(23년 승진/실무종합)

① 공공기관은 비공개대상 정보에 해당하는 정보가 기간의 경과 등으로 인하여 비공개의 필요성이 없어진 경우에는 그 정보를 공개대상으로 하여야 한다.
② 정보의 공개를 청구하는 자는 해당 정보를 보유하거나 관리하고 있는 공공기관에 정보공개청구서를 제출하거나 말로써 정보의 공개를 청구할 수 있다.
③ 공공기관은 부득이한 사유로 정보공개의 청구를 받은 날부터 10일 이내에 공개 여부를 결정할 수 없을 때에는 그 기간이 끝나는 날부터 기산(起算)하여 10일의 범위에서 공개 여부 결정기간을 연장할 수 있다. 이 경우 공공기관은 연장된 사실과 연장사유를 청구인에게 지체 없이 문서로 통지하여야 한다.
④ 청구인이 공개청구한 정보가 비공개대상 정보에 해당하는 부분과 공개 가능한 부분이 혼합되어 있는 경우 공개청구의 취지에 어긋나지 아니하는 범위에서 두 부분을 분리할 수 있는 경우에는 비공개 대상 정보에 해당하는 부분을 제외하고 공개하여야 한다.

해설

1] 동법 제11조(정보공개 여부의 결정)
　① 공공기관은 제10조에 따라 정보공개의 청구를 받으면 그 청구를 받은 날부터 10일 이내에 공개 여부를 결정하여야 한다.
　② 공공기관은 부득이한 사유로 제1항에 따른 기간 이내에 공개 여부를 결정할 수 없을 때에는 **그 기간이 끝나는 날의 다음 날부터** 기산(起算)하여 10일의 범위에서 공개 여부 결정기간을 연장할 수 있다. 이 경우 공공기관은 연장된 사실과 연장 사유를 청구인에게 지체 없이 문서로 통지하여야 한다.
　③ 공공기관은 공개 청구된 공개 대상 정보의 전부 또는 일부가 제3자와 관련이 있다고 인정할 때에는 그 사실을 제3자에게 지체 없이 통지하여야 하며, 필요한 경우에는 그의 의견을 들을 수 있다.
　④ 공공기관은 다른 공공기관이 보유·관리하는 정보의 공개 청구를 받았을 때에는 지체 없이 이를 소관 기관으로 이송하여야 하며, 이송한 후에는 지체 없이 소관 기관 및 이송 사유 등을 분명히 밝혀 청구인에게 문서로 통지하여야 한다.
　⑤ 공공기관은 정보공개 청구가 다음 각호의 어느 하나에 해당하는 경우로서 「민원 처리에 관한 법률」에 따른 민원으로 처리할 수 있는 경우에는 민원으로 처리할 수 있다.
　　1. 공개 청구된 정보가 공공기관이 보유·관리하지 아니하는 정보인 경우
　　2. 공개 청구의 내용이 진정·질의 등으로 이 법에 따른 정보공개 청구로 보기 어려운 경우

2] 동법 제14조(부분 공개)
　공개 청구한 정보가 제9조제1항 각호의 어느 하나에 해당하는 부분과 공개 가능한 부분이 혼합되어 있는 경우로서 공개 청구의 취지에 어긋나지 아니하는 범위에서 두 부분을 분리할 수 있는 경우에는 제9조제1항 각호의 어느 하나에 해당하는 부분을 제외하고 공개하여야 한다.

정답 ③

03 「언론중재 및 피해구제 등에 관한 법률」에 관한 설명 중 가장 적절하지 않은 것은?

(23년 승진/실무종합)

① 언론중재위원회에 위원장 1명과 2명 이내의 부위원장 및 3명의 감사를 두며, 각각 언론중재위원 중에서 호선(互選)한다.
② 사실적 주장에 관한 언론보도 등이 진실하지 아니함으로 인하여 피해를 입은 자는 해당 언론보도 등이 있음을 안 날부터 3개월 이내에 언론사, 인터넷뉴스 서비스사업자 및 인터넷 멀티미디어 방송사업자에게 그 언론보도 등의 내용에 관한 정정보도를 청구할 수 있다. 다만, 해당 언론보도등이 있은 후 6개월이 지났을 때에는 그러하지 아니하다.
③ 언론중재위원회는 40명 이상 90명 이내의 중재위원으로 구성하며, 중재위원은 문화체육관광부장관이 위촉한다.
④ 피해자가 정정보도청구권을 행사할 정당한 이익이 없는 경우에는 언론사등은 정정보도청구를 거부할 수 있다.

해설

1] 중재위원회는 40명 이상 90명 이내의 중재위원으로 구성하며, 중재위원은 다음 각호의 사람 중에서 문화체육관광부장관이 위촉한다(동법 제7조 제3항).
2] 중재위원회에 위원장 1명과 2명 이내의 부위원장 및 2명 이내의 감사를 두며, 각각 중재위원 중에서 호선(互選)한다(동조 제4항).
3] 위원장·부위원장·감사 및 중재위원의 임기는 각각 3년으로 하며, 한 차례만 연임할 수 있다(동조 제5항).
4] **동법 제14조**(정정보도 청구의 요건)
  ① 사실적 주장에 관한 언론보도등이 진실하지 아니함으로 인하여 피해를 입은 자(피해자)는 해당 언론보도등이 있음을 안 날부터 3개월 이내에 언론사, 인터넷뉴스서비스사업자 및 인터넷 멀티미디어 방송사업자(언론사등)에게 그 언론보도등의 내용에 관한 정정보도를 청구할 수 있다. 다만, 해당 언론보도등이 있은 후 6개월이 지났을 때에는 그러하지 아니하다.
  ② 제1항의 청구에는 언론사등의 고의·과실이나 위법성을 필요로 하지 아니한다.
  ③ 국가·지방자치단체, 기관 또는 단체의 장은 해당 업무에 대하여 그 기관 또는 단체를 대표하여 정정보도를 청구할 수 있다.
  ④ 「민사소송법」상 당사자능력이 없는 기관 또는 단체라도 하나의 생활단위를 구성하고 보도 내용과 직접적인 이해관계가 있을 때에는 그 대표자가 정정보도를 청구할 수 있다.
5] **동법 제15조**(정정보도청구권의 행사)
  ① 정정보도 청구는 언론사등의 대표자에게 서면으로 하여야 하며, 청구서에는 피해자의 성명·주소·전화번호 등의 연락처를 적고, 정정의 대상인 언론보도등의 내용 및 정정을 청구하는 이유와 청구하는 정정보도문을 명시하여야 한다. 다만, 인터넷신문 및 인터넷뉴스서비스의 언론보도등의 내용이 해당 인터넷 홈페이지를 통하여 계속 보도 중이거나 매개 중인 경우에는 그 내용의 정정을 함께 청구할 수 있다.
  ② 제1항의 청구를 받은 언론사등의 대표자는 3일 이내에 그 수용 여부에 대한 통지를 청구인에게 발송하여야 한다. 이 경우 정정의 대상인 언론보도등의 내용이 방송이나 인터넷신문, 인터넷뉴스서비스 및 인터넷 멀티미디어 방송의 보도과정에서 성립한 경우에는 해당 언론사등이 그러한 사실이 없었음을 입증하지 아니하면 그 사실의 존재를 부인하지 못한다.

③ 언론사등이 제1항의 청구를 수용할 때에는 지체 없이 피해자 또는 그 대리인과 정정보도의 내용·크기 등에 관하여 협의한 후, 그 청구를 받은 날부터 7일 내에 정정보도문을 방송하거나 게재(인터넷신문 및 인터넷뉴스서비스의 경우 제1항 단서에 따른 해당 언론보도등 내용의 정정을 포함한다)하여야 한다. 다만, 신문 및 잡지 등 정기간행물의 경우 이미 편집 및 제작이 완료되어 부득이할 때에는 다음 발행 호에 이를 게재하여야 한다.
④ 다음 각호의 어느 하나에 해당하는 사유가 있는 경우에는 언론사등은 정정보도 청구를 거부할 수 있다.
　1. 피해자가 정정보도청구권을 행사할 정당한 이익이 없는 경우
　2. 청구된 정정보도의 내용이 명백히 사실과 다른 경우
　3. 청구된 정정보도의 내용이 명백히 위법한 내용인 경우
　4. 정정보도의 청구가 상업적인 광고만을 목적으로 하는 경우
　5. 청구된 정정보도의 내용이 국가·지방자치단체 또는 공공단체의 공개회의와 법원의 공개재판절차의 사실보도에 관한 것인 경우
⑤ 언론사등이 하는 정정보도에는 원래의 보도 내용을 정정하는 사실적 진술, 그 진술의 내용을 대표할 수 있는 제목과 이를 충분히 전달하는 데에 필요한 설명 또는 해명을 포함하되, 위법한 내용은 제외한다.

 ①

04 경찰통제의 유형 중 가장 적절하게 연결된 것은? (23년 승진/실무종합)

① 민주적 통제 - 국가경찰위원회, 국민감사청구, 국가배상제도
② 사전통제 - 입법예고제, 국회의 예산심의권, 사법부의 사법심사
③ 외부통제 - 소청심사위원회, 행정소송, 훈령권
④ 사후통제 - 행정심판, 국정 감사·조사권, 국회의 예산결산권

해설

① [X] 민주적 통제란 직·간접적으로 국민이 참여하는 절차가 보장된 것을 말하므로, 법원을 중심으로 하는 사법통제인 국가배상제도는 적절하지 않다.
② [X] 법원에 의한 사법심사는 사후통제에 해당된다.
③ [X] 훈령권은 직무명령과 함께 대표적인 내부 자율적 통제에 해당된다.
④ [O] 모두 사후통제로 적절하게 연결되어 있다.

 ④

05 「경찰 감찰 규칙」에 대한 설명으로 가장 적절하지 않은 것은? (21년 승진/실무종합)

① 감찰관은 소속 경찰기관의 관할구역 안에서 활동하여야 하나, 상급 경찰기관의 장의 지시가 있는 경우에는 관할구역 밖에서도 활동할 수 있다.
② 감찰관은 소속 공무원의 의무위반행위에 관한 단서(현장인지, 진정·탄원 등을 포함한다)를 수집·접수한 경우 소속 경찰기관의 감찰부서장에게 보고하여야 한다.
③ 경찰기관의 장은 감찰관이 제5조에 따른 결격사유에 해당되는 것으로 밝혀졌을 경우와 제7조 제1항 각호의 어느 하나에 해당하는 경우를 제외하고는 3년 이내에 본인의 의사에 반하여 전보하여서는 아니된다. 다만, 승진 등 인사관리상 필요한 경우에는 그러하지 아니하다.
④ 경찰기관의 장은 1년 이상 성실히 근무한 감찰관에 대해서는 희망부서를 고려하여 전보한다.

해설

1] 동규칙 제6조(감찰관 선발)
  ① 경찰기관의 장은 감찰관 보직공모에 응모한 지원자 및 3인 이상의 동료로부터 추천받은 자를 대상으로 적격심사를 거쳐 감찰관을 선발한다.
  ② 제1항에 따른 감찰관 선발을 위한 적격심사에 관한 세부사항은 경찰청장이 별도로 정한다.
2] 동규칙 제7조(감찰관의 신분보장)
  ① 경찰기관의 장은 감찰관이 제5조에 따른 결격사유에 해당되는 것으로 밝혀졌을 경우와 다음 각호의 어느 하나에 해당하는 경우를 제외하고는 <u>2년 이내에 본인의 의사에 반하여 전보하여서는 아니 된다. 다만, 승진 등 인사관리상 필요한 경우에는 그러하지 아니하다.</u>
    1. 징계사유가 있는 경우
    2. 형사사건에 계류된 경우
    3. 질병 등으로 감찰업무를 수행할 수 없거나 직무수행 능력이 현저히 부족하다고 판단되는 경우
    4. 고압·권위적인 감찰활동을 반복하여 물의를 야기한 경우
  ② 경찰기관의 장은 1년 이상 성실히 근무한 감찰관에 대해서는 희망부서를 고려하여 전보한다.
3] 동규칙 제8조(감찰관 적격심사)
  ① 경찰기관의 장은 소속 감찰관에 대하여 감찰관 보직 후 2년마다 적격심사를 실시하여 인사에 반영하여야 한다.
  ② 제6조제2항의 규정은 제1항에 준용한다.
4] 동규칙 제12조(감찰활동의 관할)
  감찰관은 소속 경찰기관의 관할구역 안에서 활동하여야 한다. 다만, 상급 경찰기관의 장의 지시가 있는 경우에는 관할구역 밖에서도 활동할 수 있다.
5] 동규칙 제15조(감찰활동의 착수)
  ① 감찰관은 소속공무원의 의무위반행위에 관한 단서(현장인지, 진정·탄원 등을 포함한다)를 수집·접수한 경우 소속 경찰기관의 감찰부서장에게 보고하여야 한다.
  ② 감찰부서장은 제1항에 따른 보고를 받은 경우 감찰 대상으로서의 적정성을 검토한 후 감찰활동 착수 여부를 결정하여야 한다.

6] 동규칙 제25조(출석요구)

감찰관은 감찰조사를 위해서 조사대상자의 출석을 요구할 때에는 조사기일 3일 전까지 별지 제5호 서식의 출석요구서 또는 구두로 조사일시, 의무위반행위사실 요지 등을 통지하여야 한다. 다만, 사안이 급박한 경우 또는 조사대상자의 요청이 있는 경우에는 즉시 조사에 착수할 수 있다(제1항).

7] 동규칙 제32조(심야조사의 금지)

① 감찰관은 심야(자정부터 오전 6시까지를 말한다)에 조사를 하여서는 아니 된다.

② 제1항에도 불구하고 감찰관은 조사대상자 또는 그 변호인의 별지 제6호 서식에 의한 심야조사 요청이 있는 경우에는 예외적으로 심야조사를 할 수 있다. 이 경우 심야조사의 사유를 조서에 명확히 기재하여야 한다.

8] 동규칙 제35조(민원사건의 처리)

감찰관은 소속공무원의 의무위반사실에 대한 민원을 접수한 경우 접수일로부터 2개월 내에 신속히 처리하여야 한다. 다만, 부득이한 사유로 민원을 기한 내에 처리할 수 없을 때에는 소속 경찰기관의 감찰부서장에게 보고하여 그 처리 기간을 연장할 수 있다(제1항).

9] 동규칙 제36조(기관통보사건의 처리)

감찰관은 다른 경찰기관 또는 검찰, 감사원 등 다른 행정기관으로부터 통보받은 소속공무원의 의무위반행위에 대해서는 통보받은 날로부터 1개월 이내에 신속히 처리하여야 한다(제1항).

정답 ③

Chapter 09 경찰과 윤리

01 「부정청탁 및 금품등 수수의 금지에 관한 법률」 제8조 '금품등의 수수 금지'에 대한 설명으로 가장 적절하지 않은 것은?

(21년 승진/실무종합)

① 경찰서장이 소속 경찰서 경무계 직원들에게 격려의 목적으로 제공하는 회식비는 '수수를 금지하는 금품등'에 해당하지 아니한다.
② A경위가 휴일날 인근 대형마트 행사에서 추첨권에 당첨되어 수령한 수입차는 '수수를 금지하는 금품등'에 해당하지 아니한다.
③ 공직자등이 8촌 이내의 혈족, 4촌 이내의 인척, 배우자로부터 제공받는 금품등은 '수수를 금지하는 금품등'에 해당하지 아니한다.
④ 공직자등은 직무 관련 여부 및 기부·후원·증여 등 그 명목에 관계없이 동일인으로부터 1회에 100만원 또는 매 회계연도에 200만원을 초과하는 금품등을 받거나 요구 또는 약속해서는 아니 된다.

 해설

「부정청탁 및 금품등 수수의 금지에 관한 법률」 제8조(금품등의 수수 금지)
① 공직자등은 직무 관련 여부 및 기부·후원·증여 등 그 명목에 관계없이 동일인으로부터 1회에 100만원 또는 매 회계연도에 300만원을 초과하는 금품등을 받거나 요구 또는 약속해서는 아니 된다.
② 공직자등은 직무와 관련하여 대가성 여부를 불문하고 제1항에서 정한 금액 이하의 금품등을 받거나 요구 또는 약속해서는 아니 된다.
③ 제10조의 외부강의등에 관한 사례금 또는 다음 각호의 어느 하나에 해당하는 금품등의 경우에는 제1항 또는 제2항에서 수수를 금지하는 금품등에 해당하지 아니한다.
  1. 공공기관이 소속 공직자등이나 파견 공직자등에게 지급하거나 상급 공직자등이 위로·격려·포상 등의 목적으로 하급 공직자등에게 제공하는 금품등
  2. 원활한 직무수행 또는 사교·의례 또는 부조의 목적으로 제공되는 음식물·경조사비·선물 등으로서 대통령령으로 정하는 가액 범위 안의 금품. 다만, 선물 중 「농수산물 품질관리법」 제2조제1항제1호에 따른 농수산물 및 같은 항 제13호에 따른 농수산가공품(농수산물을 원료 또는 재료의 50퍼센트를 넘게 사용하여 가공한 제품만 해당한다)은 대통령령으로 정하는 설날·추석을 포함한 기간에 한정하여 그 가액 범위를 두배로 한다.
  3. 사적 거래(증여는 제외)로 인한 채무의 이행 등 정당한 권원(權原)에 의하여 제공되는 금품등
  4. 공직자등의 친족(「민법」 제777조에 따른 친족을 말한다)이 제공하는 금품등(8촌 이내의 혈족, 4촌 이내의 인척, 배우자)
  5. 공직자등과 관련된 직원상조회·동호인회·동창회·향우회·친목회·종교단체·사회단체 등이 정하는

기준에 따라 구성원에게 제공하는 금품등 및 그 소속 구성원 등 공직자등과 특별히 장기적·지속적인 친분관계를 맺고 있는 자가 질병·재난 등으로 어려운 처지에 있는 공직자등에게 제공하는 금품등
6. 공직자등의 직무와 관련된 공식적인 행사에서 주최자가 참석자에게 통상적인 범위에서 일률적으로 제공하는 교통, 숙박, 음식물 등의 금품등
7. 불특정 다수인에게 배포하기 위한 기념품 또는 홍보용품 등이나 경연·추첨을 통하여 받는 보상 또는 상품 등
8. 그 밖에 다른 법령·기준 또는 사회상규에 따라 허용되는 금품등
④ 공직자등의 배우자는 공직자등의 직무와 관련하여 제1항 또는 제2항에 따라 공직자등이 받는 것이 금지되는 금품등(이하 "수수 금지 금품등"이라 한다)을 받거나 요구하거나 제공받기로 약속해서는 아니 된다.
⑤ 누구든지 공직자등에게 또는 그 공직자등의 배우자에게 수수 금지 금품등을 제공하거나 그 제공의 약속 또는 의사표시를 해서는 아니 된다.

정답 ④

02 경찰과 윤리에 대한 설명으로 가장 적절한 것은? (21년 승진/실무종합)

① 1945년 국립경찰의 탄생 시 경찰의 이념적 좌표가 된 경찰정신은 대륙법계의 영향을 받은 '봉사와 질서'이다.
② 경찰헌장에서는 "우리는 화합과 단결 속에 항상 규율을 지키며 검소하게 생활하는 근면한 경찰이다"라는 목표를 제시하였다.
③ 「경찰청 공무원 행동강령」에 따르면 공무원은 직무의 범위를 벗어나 사적 이익을 위하여 소속 기관의 명칭이나 직위를 공표·게시하는 등의 방법으로 이용하거나 이용하게 하여서는 아니 된다.
④ 경찰윤리강령의 문제점 중 '냉소주의의 문제'란, 경찰관의 도덕적 자각에 따른 자발적인 행동이 아니라 외부로부터 요구된 타율성으로 인해 진정한 봉사가 이루어지지 않을 수 있다는 것을 의미한다.

해설

③ 동 행동강령 제10조의2
① [X] 봉사와 질서는 1945년 해방 이후 미군정을 통한 국민의 생명·신체·재산보호라는 영미법계 경찰개념의 영향이다.
② [X] "우리는 화합과 단결 속에 항상 규율을 지키며 검소하게 생활하는 깨끗한 경찰이다"를 천명히였다.
④ [X] 경찰관의 도덕적 자각에 따른 자발적인 행동이 아니라 외부로부터 요구된 타율성으로 인해 진정한 봉사가 이루어지지 않을 수 있다는 것은 비진정성의 조장에 대한 내용이다.
1) 경찰윤리강령은 시민이 바라는 윤리표준에 맞는 행동규범을 정하여 조직구성원들이 규범을 지키고 따르게 하기 위해 추상적 행동규범을 문서화한 것으로, 이는 경찰공무원 개개인의 자율적 행동요령을 제정하여 경찰공무원으로서의 공직윤리를 확보하기 위하여 제정된 강령이다.
2) 경찰윤리강령은 대내적으로 경찰공무원 개인적 기준 설정(조직구성원 개인 자질통제의 기준), 경찰조직의 기준 제시, 경찰조직에 대한 소속감 고취, 경찰조직구성원에 대한 교육자료 제공 등의 기능을 하고, 대외적으로

서비스 수준의 보장, 국민과의 신뢰관계 형성, 과도한 요구에 대한 책임 제한 등과 같은 기능을 한다.
3) 문제점으로 제기되는 것은 강제력의 부족, 우선순위의 미결정, 냉소주의 문제, 비진정성의 조장, 최소주의의 위험 등이 있다.
   ㉠ 강제력의 부족이란 내부적인 강령이나 훈령은 법적 강제력이 부족하여 그 이행을 보장하기 힘들다는 것을 말하고, 우선순위 미결정은 경찰강령 간 우선순위, 업무 간 우선순위를 제시하지 못하는 한계를 의미한다.
   ㉡ 냉소주의 문제는 윤리강령의 제정과정에서 구성원의 참여가 없는 상의하달 방식의 강령으로 인한 무관심의 문제이며,
   ㉢ 비진정성의 조장이란 경찰관의 도덕적 자각에 따른 자발적인 행동이 아니라 외부로부터 요구된 타율성으로 인해 진정한 봉사가 이루어지지 않을 수 있다는 것을 의미한다.
   ㉣ 그리고 강령의 내용을 행위의 울타리로 삼아 강령에 제시(규정)된 바람직한 행위 그 이상의 자기희생을 하지 않으려는 경향이 최소주의의 위험이다.

우리는, 모든 사람의 인격을 존중하고 누구에게나 따뜻하게 봉사하는 친절한 경찰이다.
우리는, 정의의 이름으로 진실을 추구하며, 어떠한 불의나 불법과도 타협하지 않는 의로운 경찰이다.
우리는, 국민의 신뢰를 바탕으로 오직 양심에 따라 법을 집행하는 공정한 경찰이다.
우리는, 건전한 상식 위에 전문지식을 갈고 닦아 맡은 일을 성실하게 수행하는 근면한 경찰이다.
우리는, 화합과 단결 속에 항상 규율을 지키며, 검소하게 생활하는 깨끗한 경찰이다.

정답 ③

03 경찰의 부패원인가설에 대한 설명이 가장 적절하게 짝지어진 것은? (22년 승진/실무종합)

㉠ P 경찰관은 부서에서 많은 동료들이 단독 출장을 가면서도 공공연하게 두 사람의 출장비를 청구하고 퇴근 후 잠깐 들러서 시간 외 근무를 한 것으로 퇴근 시간을 허위 기록되게 하는 것을 보고, P 경찰관도 동료들과 같은 행동을 하였다.
㉡ 경찰관은 순찰 중 주민으로부터 피로 회복 음료를 무상으로 받았고, 그 다음 주는 식사대접을 받았다. 순찰나갈 때 마다 주민들에게 뇌물을 받는 습관이 들었고, 주민들도 경찰관이 순찰을 나가면 마음의 선물이라며 뇌물을 주는 것이 관례가 되어버렸다.

① ㉠ - 전체사회 가설   ㉡ - 구조원인 가설
② ㉠ - 썩은 사과 가설   ㉡ - 구조원인 가설
③ ㉠ - 구조원인 가설   ㉡ - 전체사회 가설
④ ㉠ - 구조원인 가설   ㉡ - 썩은 사과 가설

해설

㉠ 이 견해에 따르면, 부패는 경찰조직 내에서 일탈적인 행위가 적절한 것으로 간주되기 때문에 생겨난다. 신참 경찰관들이 그들의 고참 동료들에 의해 조직의 부패전통 내에서 사회화됨으로써 부패의 길로 들어선다는 점을 보여준다. 그리고 이런 부패의 관행은 경찰관들 사이의 침묵의 규범 등에 의해 보호되고 조장된다.

ⓒ 전체사회가설은 미국 시카고 경찰의 부패원인을 분석하던 윌슨이 내린 결론으로, 사회전체가 경찰의 부패를 묵인하거나 조장할 때 경찰관은 자연스럽게 부패행위를 하게 되며, 처음 단계에는 설령 불법적인 행위를 하지 않더라도 작은 호의와 같은 것에 길들여져 나중에는 명백한 부정부패로 빠져들게 된다는 것으로 미끄러운 경사로 이론과 유사하다.

정답 ③

04 경찰 부패의 원인을 설명할 수 있는 학설에 관한 설명으로 가장 적절하지 <u>않은</u> 것은?

(24년 승진/실무종합)

① '전체사회가설'은 윌슨(Wilson)이 주장한 이론으로, 사회 전체가 경찰의 부패를 묵인하거나 조장할 때 경찰관은 자연스럽게 부패행위를 하게 된다고 설명한다.
② '미끄러지기 쉬운 경사로 이론'은 셔먼(Sherman)이 주장한 이론으로, 부패에 해당하지 않는 작은 호의를 허용하면 나중에는 엄청난 부패로 이어진다는 이론이다.
③ '썩은 사과 가설'은 일부 부패경찰이 조직 전체를 부패로 물들게 한다는 이론으로, 부패의 원인을 조직의 체계적 결함으로 보고 있으며, 신임경찰 채용단계의 중요성을 강조한다.
④ '구조원인 가설'은 니더호퍼(Niederhoffer), 로벅(Roebuck), 바커(Barker) 등이 주장한 이론으로, 조직의 부패전통 내에서 청렴한 신임경찰이 선배경찰에 의해 사회화되어 신임경찰도 부패로 물들게 된다는 이론이다.

해설

③ '썩은 사과 가설'은 일부 부패경찰이 조직 전체를 부패로 물들게 한다는 이론으로, 경찰 부패의 원인을 경찰공무원 개인의 결함에서 찾고 있으며, 신임경찰 채용단계의 중요성을 강조한다.

정답 ③

05 「부정청탁 및 금품 등 수수의 금지에 관한 법률」에 위반되는 사례로 가장 적절한 것은?

(22년 승진/실무종합)

① 예술의전당 소속 공연 관련 업무 담당공무원이 예술의 전당 초청공연작으로 결정된 뮤직드라마의 공연제작사 대표이사 甲 등과 저녁식사를 하고 25만원 상당(1인당 5만원)의 음식값을 甲이 지불한 경우
② 경찰서장이 소속부서 직원들에게 위로·격려·포상의 목적으로 회식비를 제공한 경우
③ 결혼식을 앞두고 있는 경찰관이 4촌 형으로부터 500만원 상당의 냉장고를 선물 받은 경우
④ 경찰관이 홈쇼핑에서 물품을 구매한 후 구매자를 대상으로 경품을 추첨하는 행사에서 당첨되어 300만원 상당의 안마의자를 받은 경우

해설

1) 공직자등은 직무 관련 여부 및 기부·후원·증여 등 그 명목에 관계없이 동일인으로부터 1회에 100만원 또는 매 회계연도에 300만원을 초과하는 금품등을 받거나 요구 또는 약속해서는 아니 된다(동법 제8조 제1항).
2) 공직자등은 직무와 관련하여 대가성 여부를 불문하고 제1항에서 정한 금액 이하의 금품등을 받거나 요구 또는 약속해서는 아니 된다(동조 제2항).
3) 제10조의 외부강의등에 관한 사례금 또는 다음 각호의 어느 하나에 해당하는 금품등의 경우에는 제1항 또는 제2항에서 수수를 금지하는 금품등에 해당하지 아니한다(동조 제3항).
    1. 공공기관이 소속 공직자등이나 파견 공직자등에게 지급하거나 상급 공직자등이 위로·격려·포상 등의 목적으로 하급 공직자등에게 제공하는 금품등
    2. 원활한 직무수행 또는 사교·의례 또는 부조의 목적으로 제공되는 음식물·경조사비·선물 등으로서 대통령령으로 정하는 가액 범위 안의 금품등. 다만, 선물 중 「농수산물 품질관리법」 제2조제1항제1호에 따른 농수산물 및 같은 항 제13호에 따른 농수산가공품(농수산물을 원료 또는 재료의 50퍼센트를 넘게 사용하여 가공한 제품만 해당한다)은 대통령령으로 정하는 설날·추석을 포함한 기간에 한정하여 그 가액 범위를 두배로 한다.
    3. 사적 거래(증여는 제외)로 인한 채무의 이행 등 정당한 권원(權原)에 의하여 제공되는 금품등
    4. 공직자등의 친족(「민법」 제777조에 따른 친족을 말한다)이 제공하는 금품등
    5. 공직자등과 관련된 직원상조회·동호인회·동창회·향우회·친목회·종교단체·사회단체 등이 정하는 기준에 따라 구성원에게 제공하는 금품등 및 그 소속 구성원 등 공직자등과 특별히 장기적·지속적인 친분관계를 맺고 있는 자가 질병·재난 등으로 어려운 처지에 있는 공직자등에게 제공하는 금품등
    6. 공직자등의 직무와 관련된 공식적인 행사에서 주최자가 참석자에게 통상적인 범위에서 일률적으로 제공하는 교통, 숙박, 음식물 등의 금품등
    7. 불특정 다수인에게 배포하기 위한 기념품 또는 홍보용품 등이나 경연·추첨을 통하여 받는 보상 또는 상품 등
    8. 그 밖에 다른 법령·기준 또는 사회상규에 따라 허용되는 금품등
4) 공직자등의 배우자는 공직자등의 직무와 관련하여 제1항 또는 제2항에 따라 공직자등이 받는 것이 금지되는 금품등(수수 금지 금품등)을 받거나 요구하거나 제공받기로 약속해서는 아니 된다(동조 제4항).
5) 누구든지 공직자등에게 또는 그 공직자등의 배우자에게 수수 금지 금품등을 제공하거나 그 제공의 약속 또는 의사표시를 해서는 아니 된다(동조 제5항).

정답 ①

06 「부정청탁 및 금품 등 수수의 금지에 관한 법률」에 대한 설명 중 가장 적절한 것은?

(22년 승진/실무종합)

① 공직자등은 직무 관련 여부 및 기부·후원·증여 등 그 명목에 관계없이 동일인으로부터 1회에 100만원 또는 매 회계연도에 300만원을 초과하는 금품을 받거나 요구 또는 약속해서는 아니 된다.
② 이 법의 위반행위가 발생하였거나 발생하고 있다는 사실을 알게 된 경우에는 이해관계인만 수사기관에 신고할 수 있다.
③ 직급에 상관없이 모든 공직자의 외부강의 사례금 상한액은 1시간당 30만 원이며 1시간을 초과하면 상한액은 45만 원이다.
④ 부정청탁을 받은 공직자등은 부정청탁을 한 자에게 부정청탁임을 알렸다면 이와 별도로 거절하는 의사는 명확하지 않아도 된다.

① [O] 동법 제8조 제1항
② [X] 누구든지 이 법의 위반행위가 발생하였거나 발생하고 있다는 사실을 알게 된 경우에는 위반행위가 발생한 공공기관 또는 그 감독기관 등에 해당하는 기관에 신고할 수 있다(제13조 제1항).
③ [X] 법 제2조제2호 가목(국회, 법원 등) 및 나목(공직유관단체)에 따른 공직자등(같은 호 다목에 따른 각급 학교의 장과 교직원 및 같은 호 라목에 따른 공직자등에도 해당하는 사람은 제외한다) : 40만원. 법 제2조제2호 다목(공공기관의 운영에 관한 법률에 따른 기관) 및 라목(각급 학교, 학교법인)에 따른 공직자등 : 100만원. 이에도 불구하고 국제기구, 외국정부, 외국대학, 외국연구기관, 외국학술단체, 그밖에 이에 준하는 외국기관에서 지급하는 외부강의등의 사례금 상한액은 사례금을 지급하는 자의 지급기준에 따른다. 그리고 1시간을 초과하여 강의 등을 하는 경우에도 사례금 총액은 강의시간에 관계없이 1시간 상한액의 100분의 150에 해당하는 금액을 초과하지 못한다[시행령 별표 2].
④ [X] 공직자등은 부정청탁을 받았을 때에는 부정청탁을 한 자에게 부정청탁임을 알리고 이를 거절하는 의사를 명확히 표시하여야 한다(제7조 제1항). 그리고 공직자등은 제1항에 따른 조치를 하였음에도 불구하고 동일한 부정청탁을 다시 받은 경우에는 이를 소속기관장에게 서면(전자문서를 포함)으로 신고하여야 한다(제2항). 제2항에 따른 신고를 받은 소속기관장은 신고의 경위·취지·내용·증거자료 등을 조사하여 신고 내용이 부정청탁에 해당하는지를 신속하게 확인하여야 한다(제3항).

정답 ①

07 「부정청탁 및 금품등 수수의 금지에 관한 법률」에 대한 설명으로 가장 적절하지 않은 것은?

(24년 승진/실무종합)

① 공직자등은 직무 관련 여부 및 기부·후원·증여 등 그 명목에 관계없이 동일인으로부터 1회에 100만원 또는 매 회계연도에 300만원을 초과하는 금품등을 받거나 요구 또는 약속해서는 아니 된다.

② 공공기관이 소속 공직자등이나 파견 공직자등에게 지급하거나 상급 공직자들이 위로·격려·포상 등의 목적으로 하급 공직자 등에게 제공하는 금품등은 수수를 금지하는 금품등에 해당하지 아니한다.

③ 공직자등은 사례금을 받는 외부강의등을 할 때에는 대통령령으로 정하는 바에 따라 외부강의등의 요청 명세 등을 소속기관장에게 그 외부강의등을 마친 날부터 10일 이내에 서면으로 신고하여야 한다. 다만, 외부강의등을 요청한 자가 국가나 지방자치단체인 경우에는 그러하지 아니하다.

④ 기관장이 소속 직원에게 업무추진비로 10만원 상당의 화환을 보내고, 별도 사비로 10만원의 경조사비를 주는 것은 이 법 위반이다.

해설

④ 공공기관장이 소속 직원에게 업무추진비로 화환을 보내는 것은 공공기관이 소속 공직자에게 지급하는 금품 등이고, 별도의 개인비용으로 경조사비를 주는 것은 상급공직자 등이 위로·격려·포상 등의 목적으로 하급 공직자에게 제공하는 금품 등에 해당하여 가능하므로 법 위반은 아니다.

1] **제8조**(금품등의 수수 금지)
① 공직자등은 직무 관련 여부 및 기부·후원·증여 등 그 명목에 관계없이 동일인으로부터 1회에 100만원 또는 매 회계연도에 300만원을 초과하는 금품등을 받거나 요구 또는 약속해서는 아니 된다.
② 공직자등은 직무와 관련하여 대가성 여부를 불문하고 제1항에서 정한 금액 이하의 금품등을 받거나 요구 또는 약속해서는 아니 된다.
③ 제10조의 외부강의등에 관한 사례금 또는 다음 각호의 어느 하나에 해당하는 금품등의 경우에는 제1항 또는 제2항에서 수수를 금지하는 금품등에 해당하지 아니한다.
  1. 공공기관이 소속 공직자등이나 파견 공직자등에게 지급하거나 상급 공직자등이 위로·격려·포상 등의 목적으로 하급 공직자등에게 제공하는 금품등
  2. 원활한 직무수행 또는 사교·의례 또는 부조의 목적으로 제공되는 음식물·경조사비·선물 등으로서 대통령령으로 정하는 가액 범위 안의 금품등. 다만, 선물 중 「농수산물 품질관리법」 제2조제1항제1호에 따른 농수산물 및 같은 항 제13호에 따른 농수산가공품(농수산물을 원료 또는 재료의 50퍼센트를 넘게 사용하여 가공한 제품만 해당한다)은 대통령령으로 정하는 설날·추석을 포함한 기간에 한정하여 그 가액 범위를 두배로 한다.
  3. 사적 거래(증여는 제외한다)로 인한 채무의 이행 등 정당한 권원(權原)에 의하여 제공되는 금품등
  4. 공직자등의 친족(「민법」 제777조에 따른 친족을 말한다)이 제공하는 금품등
  5. 공직자등과 관련된 직원상조회·동호인회·동창회·향우회·친목회·종교단체·사회단체 등이 정하는 기준에 따라 구성원에게 제공하는 금품등 및 그 소속 구성원 등 공직자등과 특별히 장기적·지속적인 친분관계를 맺고 있는 자가 질병·재난 등으로 어려운 처지에 있는 공직자등에게 제공하는 금품등

6. 공직자등의 직무와 관련된 공식적인 행사에서 주최자가 참석자에게 통상적인 범위에서 일률적으로 제공하는 교통, 숙박, 음식물 등의 금품등
7. 불특정 다수인에게 배포하기 위한 기념품 또는 홍보용품 등이나 경연·추첨을 통하여 받는 보상 또는 상품 등
8. 그 밖에 다른 법령·기준 또는 사회상규에 따라 허용되는 금품등
〈중략〉

2] 제9조(수수 금지 금품등의 신고 및 처리)
① 공직자등은 다음 각호의 어느 하나에 해당하는 경우에는 소속기관장에게 지체 없이 서면으로 신고하여야 한다.
  1. 공직자등 자신이 수수 금지 금품등을 받거나 그 제공의 약속 또는 의사표시를 받은 경우
  2. 공직자등이 자신의 배우자가 수수 금지 금품등을 받거나 그 제공의 약속 또는 의사표시를 받은 사실을 안 경우
② 공직자등은 자신이 수수 금지 금품등을 받거나 그 제공의 약속이나 의사표시를 받은 경우 또는 자신의 배우자가 수수 금지 금품등을 받거나 그 제공의 약속이나 의사표시를 받은 사실을 알게 된 경우에는 이를 제공자에게 지체 없이 반환하거나 반환하도록 하거나 그 거부의 의사를 밝히거나 밝히도록 하여야 한다. 다만, 받은 금품등이 다음 각호의 어느 하나에 해당하는 경우에는 소속기관장에게 인도하거나 인도하도록 하여야 한다.
  1. 멸실·부패·변질 등의 우려가 있는 경우
  2. 해당 금품등의 제공자를 알 수 없는 경우
  3. 그 밖에 제공자에게 반환하기 어려운 사정이 있는 경우 〈중략〉

정답 ④

08 「부패방지 및 국민권익위원회의 설치와 운영에 관한 법률」상 부패행위 등의 신고에 대한 설명으로 가장 적절하지 않은 것은? (24년 승진/실무종합)

① 신고를 하려는 자는 본인의 인적사항과 신고취지 및 이유를 기재한 기명의 문서로써 하여야 하며, 신고대상과 부패행위의 증거 등을 함께 제시하여야 한다.
② 국민권익위원회는 접수된 신고사항에 대하여 신고자를 상대로 신고대상자의 인적사항, 신고의 경위 및 취지 등 신고내용의 특정에 필요한 사항을 확인하여야 한다.
③ 공직자는 그 직무를 행함에 있어 다른 공직자가 부패행위를 한 사실을 알게 되었거나 부패행위를 강요 또는 제의받은 경우에는 지체 없이 이를 수사기관·감사원 또는 국민권익위원회에 신고하여야 한다.
④ 조사기관은 신고를 이첩 또는 송부받은 날부터 60일 이내에 감사·수사 또는 조사를 종결하여야 한다. 다만, 정당한 사유가 있는 경우에는 그 기간을 연장할 수 있으며, 국민권익위원회에 그 연장 사유 및 연장기간을 통보하여야 한다.

해설

② 위원회는 접수된 신고사항에 대하여 신고자를 상대로 신고자의 인적사항, 신고의 경위 및 취지 등 신고내용의 특정에 필요한 사항 등을 확인할 수 있다(재량사항).

1] 제55조(부패행위의 신고) 누구든지 부패행위를 알게 된 때에는 이를 위원회에 신고할 수 있다.
2] 제56조(공직자의 부패행위 신고의무) 공직자는 그 직무를 행함에 있어 다른 공직자가 부패행위를 한 사실을 알게 되었거나 부패행위를 강요 또는 제의받은 경우에는 지체 없이 이를 수사기관·감사원 또는 위원회에 신고하여야 한다.
3] 제58조(신고의 방법) 신고를 하려는 자는 본인의 인적사항과 신고취지 및 이유를 기재한 기명의 문서로써 하여야 하며, 신고대상과 부패행위의 증거 등을 함께 제시하여야 한다.
4] 제58조의2(비실명 대리신고)
  ① 제58조에도 불구하고 신고자는 자신의 인적사항을 밝히지 아니하고 변호사를 선임하여 신고를 대리하게 할 수 있다. 이 경우 제58조에 따른 신고자의 인적사항 및 기명의 문서는 변호사의 인적사항 및 변호사 이름의 문서로 갈음한다.
  ② 제1항에 따른 신고는 위원회에 하여야 하며, 신고자 또는 신고자를 대리하는 변호사는 그 취지를 밝히고 신고자의 인적사항, 신고자임을 입증할 수 있는 자료 및 위임장을 위원회에 함께 제출하여야 한다.
  ③ 위원회는 제2항에 따라 제출된 자료를 봉인하여 보관하여야 하며, 신고자 본인의 동의 없이 이를 열람하여서는 아니 된다.
5] 제59조(신고내용의 확인 및 이첩 등)
  ① 위원회는 접수된 신고사항에 대하여 신고자를 상대로 다음 각호의 사항을 확인할 수 있다.
    1. 신고자의 인적사항, 신고의 경위 및 취지 등 신고내용의 특정에 필요한 사항
    2. 신고내용이 제29조 제2항 각호(의견청취 등의 예외사유)의 어느 하나에 해당하는지의 여부에 관한 사항
  ② 위원회는 제1항의 사항에 대한 진위여부를 확인하는데 필요한 범위에서 신고자에게 필요한 자료의 제출을 요구할 수 있다.
  ③ 위원회는 접수된 신고사항에 대하여 감사·수사 또는 조사가 필요한 경우 이를 감사원, 수사기관 또는 해당 공공기관의 감독기관(감독기관이 없는 경우에는 해당 공공기관을 말한다. 이하 조사기관)에 이첩하여야 한다. 다만, 신고가 다음 각호의 어느 하나에 해당하는 경우에는 이를 조사기관에 이첩하지 아니하고 종결할 수 있다.
    1. 신고의 내용이 명백히 거짓인 경우
    2. 신고자의 인적사항을 알 수 없는 경우
    3. 신고자가 신고서나 증명자료 등에 대한 보완 요청을 2회 이상 받고도 위원회가 정하는 보완요청기간 내에 보완하지 아니한 경우
    4. 신고에 대한 처리 결과를 통지받은 사항에 대하여 정당한 사유 없이 다시 신고한 경우
    5. 신고의 내용이 언론매체 등을 통하여 공개된 내용에 해당하고 공개된 내용 외에 새로운 증거가 없는 경우
    6. 다른 법령에 따라 해당 부패행위에 대한 감사·수사 또는 조사가 시작되었거나 이미 끝난 경우
    7. 그 밖에 부패행위에 대한 감사·수사 또는 조사가 필요하지 아니한 경우로서 대통령령으로 정하는 경우
    〈중략〉
  ⑥ 위원회에 신고가 접수된 당해 부패행위의 혐의대상자가 다음 각호에 해당하는 고위공직자로서 부패혐의의 내용이 형사처벌을 위한 수사 및 공소제기의 필요성이 있는 경우에는 위원회의 명의로 검찰, 수사처, 경찰 등 관할 수사기관에 고발을 하여야 한다.
    1. 차관급 이상의 공직자

2. 특별시장, 광역시장, 특별자치시장, 도지사 및 특별자치도지사
　　3. 경무관급 이상의 경찰공무원
　　4. 법관 및 검사
　　5. 장성급(將星級) 장교
　　6. 국회의원
⑦ 관할 수사기관은 제6항에 따른 고발에 대한 수사결과를 위원회에 통보하여야 한다. 위원회가 고발한 사건이 이미 수사 중이거나 수사 중인 사건과 관련된 사건인 경우에도 또한 같다.
⑧ 위원회는 접수된 신고사항을 그 접수일부터 60일 이내에 처리하여야 한다. 이 경우 제1항제1호에 따른 사항을 확인하기 위한 보완 등이 필요하다고 인정되는 경우에는 그 기간을 30일 이내에서 연장할 수 있다.
⑨ 위원회는 국가기밀이 포함된 신고사항에 대해서는 대통령령으로 정하는 바에 따라 처리한다.

6] 제60조(조사결과의 처리)
① 조사기관은 신고를 이첩 또는 송부받은 날부터 60일 이내에 감사·수사 또는 조사를 종결하여야 한다. 다만, 정당한 사유가 있는 경우에는 그 기간을 연장할 수 있으며, 위원회에 그 연장사유 및 연장기간을 통보하여야 한다.
② 제59조제3항 또는 제4항에 따라 신고를 이첩 또는 송부받은 조사기관(조사기관이 이첩받은 신고사항에 대하여 다른 조사기관에 이첩·재이첩, 감사요구, 송치, 수사의뢰 또는 고발을 한 경우에는 이를 받은 조사기관을 포함한다)은 감사·수사 또는 조사결과를 감사·수사 또는 조사 종료 후 10일 이내에 위원회에 통보하여야 한다.
③ 위원회는 제2항에 따라 감사·수사 또는 조사결과를 통보받은 경우 즉시 신고자에게 그 요지를 통지하여야 하고, 필요한 경우 조사기관에 대하여 통보내용에 대한 설명을 요구할 수 있다.
④ 신고자는 제3항에 따른 통지를 받은 경우 위원회에 감사·수사 또는 조사결과에 대한 이의를 신청할 수 있다. 〈중략〉

정답 ②

09 코헨(Cohen)과 펠드버그(Feldberg)가 제시한 경찰활동의 윤리적 표준에 대한 설명으로 가장 적절하지 않은 것은? (22년 승진/실무종합)

① 경찰관이 절도범을 추격하던 중 도주하는 범인의 등 뒤에서 권총을 쏘아 사망하게 하는 경우는 '공공의 신뢰' 위반에 해당한다.
② 경찰관이 우범지역인 A지역과 B지역의 순찰업무를 맡았으나, A지역에 가족이 산다는 이유로 A지역에서 순찰 근무시간을 대부분 할애한 경우는 '공정한 접근' 위반에 해당한다.
③ 불법 개조한 오토바이를 단속하던 경찰관이 정지명령에 불응하는 오토바이를 향하여 과도하게 추격한 결과 운전자가 전신주를 들이받고 사망한 경우는 '시민의 생명과 재산의 안전' 위반에 해당한다.
④ 경찰이 사익을 위해 공권력을 사용하거나 필요한 최소한의 강제력을 초과하여 사용하였다면 '공정한 접근' 위반에 해당한다.

해설

④ 이는 공공의 신뢰 기준에 위배된다. 공공의 신뢰(public trust)는 사회계약설에 의하면, 시민들은 자신의 권리행사를 제한하여 경찰이 시민을 대신하여 시민을 위해서 수사상의 권한을 사용하고 질서의 유지를 위하여 힘을 사용하거나 강제적인 수단을 사용할 것으로 믿고 있다. 그러므로 시민들이 경찰에게 치안을 믿고 맡겼다는 것을 인식하고 거기에 부응하는 권한행사가 필요하다(대리인으로서의 역할). 이에 대하여 형법상의 정당방위나 자구행위 등은 시민에게 남아 있는 자기보호 권리의 표현이라 할 수 있다. 그러나 시민들은 이러한 특별한 경우 이외에는 자신의 권리보호를 위해 정부의 권력에 의존할 수밖에 없다.

주의할 것은 ①③은 보기에 따라서는, 각각 생명과 재산의 안전보호 및 과잉진압으로 공공의 신뢰 기준을 위배했다고 볼 수도 있다.

그리고 공정한 접근(fair access)은 경찰은 사회 전체의 필요에 의해서 생겨난 기구이고, 경찰의 서비스는 일종의 사회적 공공재로서 누구에게나 차별없이 제공되어야 한다는 것이다. 경찰서비스에 대한 공정한 접근은 상대적으로 동등한 서비스에 대한 필요를 가진 사람들이 상대적으로 동등하게 서비스를 받을 기회를 가져야 한다는 것을 의미한다.

정답 ④

10 인권과 관련한 다음 설명 중 가장 적절하지 <u>않은</u> 것은? *(22년 승진/실무종합)*

① 「경찰관 인권행동강령」상 경찰관은 직무를 수행하는 과정에서 합리적인 이유 없이 성별, 종교, 장애 등을 이유로 누구도 차별 하여서는 아니 되고, 신체적·정신적·경제적·문화적인 차이 등으로 특별한 보호가 필요한 사람의 인권을 보호하여야 한다.

② 「경찰 인권보호 규칙」상 인권보호담당관은 분기 1회 이상 인권 영향평가의 이행 여부를 점검하고, 이를 경찰청 인권위원회에 제출하여야 한다.

③ 참가인원, 내용, 동원 경력의 규모, 배치 장비 등을 고려하여 인권침해 가능성이 높다고 판단되는 집회 및 시위의 경우는 「경찰 인권보호 규칙」상 인권영향평가 실시 대상에 해당한다.

④ 「경찰 인권보호 규칙」상 인권침해사건 조사절차에서 사건이 종결되어 더 이상 물건을 보관할 필요가 없는 경우, 조사담당자는 사건 조사 과정에서 진정인이 임의로 제출한 물건을 제출자가 요구하지 않더라도 반환할 수 있다.

해설

② 인권보호담당관은 <u>반기 1회 이상</u> 인권영향평가의 이행 여부를 점검하고, 이를 경찰청 인권위원회에 제출하여야 한다(제24조).

| 보충 |

1] 인권영향평가의 실시(경찰 인권보호 규칙 제21조)
   ① 경찰청장은 인권침해를 예방하고, 인권친화적인 치안 행정이 구현되도록 다음 각호의 사항에 대하여 인권영향평가를 실시하여야 한다.
      1. 제·개정하려는 법령 및 행정규칙
      2. 국민의 인권에 영향을 미치는 정책 및 계획
      3. 참가인원, 내용, 동원 경력의 규모, 배치 장비 등을 고려하여 인권침해 가능성이 높다고 판단되는 집회 및 시위
   ② 제1항에도 불구하고 다음 각호의 어느 하나에 해당하는 경우 평가 대상에서 제외한다.
      1. 제·개정하려는 법령 및 행정규칙의 내용이 경미한 경우
      2. 사전에 청문, 공청회 등 의견 청취 절차를 거친 정책 및 계획

2] 평가절차(제23조)
   ① 경찰청장은 다음 각호의 구분에 따른 기한 내에 인권영향평가를 실시하여야 한다.
      1. 제21조제1항제1호 : 해당 안건을 경찰위원회에 상정하기 60일 이전
      2. 제21조제1항제2호 : 해당 사안이 확정되기 이전
      3. 제21조제1항제3호 : 집회 및 시위 종료일로부터 30일 이전
   ② 제1항에도 불구하고 제1항 각호의 기한에 평가를 실시할 수 없는 부득이한 사유가 발생한 경우에는 기한에 관계없이 평가를 실시할 수 있다.
   ③ 경찰청장은 인권영향평가를 실시하는 경우에 경찰청 인권위원회에 자문 할 수 있다.
   ④ 경찰청장은 제3항에 따라 경찰청 인권위원회가 제시한 의견을 존중하여야 한다.

3] 점검(제24조)
   인권보호담당관은 반기 1회 이상 인권영향평가의 이행 여부를 점검하고, 이를 경찰청 인권위원회에 제출하여야 한다.

4] 물건 등의 보관(제32조)
   ① 조사담당자는 사건 조사 과정에서 진정인·피진정인 또는 참고인 등이 임의로 제출한 물건 중 사건 조사에 필요한 물건은 보관할 수 있다.
   ② 조사담당자는 제1항에 따라 제출받은 물건의 목록을 작성하여 제출자에게 내주고 사건기록에 그 물건 등의 번호·명칭 및 내용, 제출자 및 소유자의 성명과 주소를 적고 서명 또는 기명날인하게 하여야 한다.
   ③ 조사담당자는 제출받은 물건에 사건번호와 표제, 제출자 성명, 물건 번호, 보관자 성명 등을 적은 표지를 붙인 후 봉투에 넣거나 포장하여 안전하게 보관하여야 한다.
   ④ 조사담당자는 제출자가 보관 중인 물건의 반환을 요구하는 경우에는 반환하여야 하며, 다음 각호의 어느 하나에 해당하는 경우에는 제출자가 요구하지 않더라도 반환할 수 있다.
      1. 진정인이 진정을 취소한 사건에서 진정인이 제출한 물건이 있는 경우
      2. 사건이 종결되어 더 이상 보관할 필요가 없는 경우
      3. 그 밖에 물건을 계속 보관하는 것이 적절하지 않은 경우

정답 ②

11. 「경찰 인권보호 규칙」상 인권침해사건 조사절차에 관한 설명으로 가장 적절하지 않은 것은?

(23년 승진/실무종합)

① 조사담당자는 사건 조사 과정에서 진정인·피진정인 또는 참고인 등이 임의로 제출한 물건 중 사건 조사에 필요한 물건은 보관할 수 있다.

② 조사담당자는 제출받은 물건에 사건번호와 표제, 제출자 성명, 물건 번호, 보관자 성명 등을 적은 표지를 붙인 후 봉투에 넣거나 포장하여 안전하게 보관하여야 한다.

③ 진정인이 진정을 취소한 사건에서 진정인이 제출한 물건이 있는 경우에는 진정인이 요구하는 경우에 한하여 반환할 수 있다.

④ 조사담당자는 사건을 조사하는 과정에서 동일한 사건에 대하여 경찰·검찰 등의 수사가 시작된 경우에는 사건 조사를 중지할 수 있다. 다만, 확인된 인권침해 사실에 대한 구제 절차는 계속하여 이행할 수 있다.

해설

1] 동규칙 제32조(물건 등의 보관 등)
① 조사담당자는 사건 조사 과정에서 진정인·피진정인 또는 참고인 등이 임의로 제출한 물건 중 사건 조사에 필요한 물건은 보관할 수 있다.
② 조사담당자는 제1항에 따라 제출받은 물건의 목록을 작성하여 제출자에게 내주고 사건기록에 그 물건 등의 번호·명칭 및 내용, 제출자 및 소유자의 성명과 주소를 적고 서명 또는 기명날인하게 하여야 한다.
③ 조사담당자는 제출받은 물건에 사건번호와 표제, 제출자 성명, 물건 번호, 보관자 성명 등을 적은 표지를 붙인 후 봉투에 넣거나 포장하여 안전하게 보관하여야 한다.
④ <u>조사담당자는 제출자가 보관 중인 물건의 반환을 요구하는 경우에는 반환하여야 하며, **다음 각호의 어느 하나에 해당하는 경우에는 제출자가 요구하지 않더라도 반환할 수 있다.**</u>
  1. 진정인이 진정을 취소한 사건에서 진정인이 제출한 물건이 있는 경우
  2. 사건이 종결되어 더 이상 보관할 필요가 없는 경우
  3. 그 밖에 물건을 계속 보관하는 것이 적절하지 않은 경우

2] 동규칙 제33조(사건의 분리 및 병합) 조사담당자는 필요하다고 인정하는 경우에는 진행 중인 사건들을 분리하거나 병합하여 처리할 수 있다.

3] 동규칙 제35조(조사중지)
① 조사담당자는 인권침해 사건을 조사하는 과정에서 다음 각호의 어느 하나에 해당하는 사유로 사건 조사를 진행할 수 없는 경우에는 조사를 중지할 수 있다. <u>다만, 확인된 인권침해 사실에 대한 구제 절차는 계속하여 이행할 수 있다.</u>
  1. 진정인이나 피해자의 소재를 알 수 없는 경우
  2. 사건 해결과 진상 규명에 핵심적인 중요 참고인의 소재를 알 수 없는 경우
  3. 그 밖에 제1호 또는 제2호와 유사한 사정으로 더 이상 사건 조사를 진행할 수 없는 경우
  4. 감사원의 조사, 경찰·검찰 등 수사기관에서 조사 또는 수사가 개시된 경우
② 조사중지 사유가 해소된 경우에는 조사담당자는 별지 제4호 서식의 사건 표지에 새롭게 사건을 재개한 사유를 적고 즉시 조사를 다시 시작하여야 한다.

| 보충 |

1] 설치(제3조)

경찰 활동 전반에 걸친 민주적 통제를 구현하여 경찰력 오·남용을 예방하고, 경찰 행정의 인권지향성을 높여 인권을 존중하는 경찰 활동을 정립하기 위해 경찰청장 및 시·도경찰청장의 자문기구로서 각각 경찰청 인권위원회, 시·도경찰청 인권위원회를 설치하여 운영한다.

2] 구성(제5조)
① 위원회는 위원장 1명을 포함하여 7명 이상 13명 이하의 위원으로 구성한다. 이때, 특정 성별이 전체 위원 수의 10분의 6을 초과하지 아니해야 한다.
② 위원장은 위원회에서 호선(互選)하며, 위원은 당연직 위원과 위촉 위원으로 구분한다.
③ 당연직 위원은 경찰청은 감사관, 시·도경찰청은 청문감사인권담당관으로 한다.
④ 위촉 위원은 인권 분야에 전문적인 지식과 경험이 있고 아래 각호의 어느 하나에 해당하는 사람 중에서 경찰청장 또는 시·도경찰청장이 위촉한다. 이때, 각호에 해당하는 사람이 반드시 1명 이상 포함되어야 한다.

3] 위촉 위원의 결격사유(제6조)
① 다음 각호의 어느 하나에 해당하는 사람은 위원이 될 수 없다.
　1. 「공직선거법」에 따라 실시하는 선거에 후보자(예비후보자 포함)로 등록한 사람
　2. 「공직선거법」에 따라 실시하는 선거에 의하여 취임한 공무원이거나 그 직에서 퇴직한 날부터 3년이 지나지 아니한 사람
　3. 경찰의 직에 있거나 그 직에서 퇴직한 날부터 3년이 지나지 아니한 사람
　4. 「공직선거법」에 따른 선거사무관계자 및 「정당법」에 따른 정당의 당원
② 위촉 위원이 제1항 각호의 어느 하나에 해당하게 된 때에는 당연히 퇴직한다.

4] 임기(제7조)
① 위원장과 위촉 위원의 임기는 위촉된 날로부터 2년으로 하며 위원장의 직은 연임할 수 없고, 위촉 위원은 두 차례만 연임할 수 있다.
② 위촉 위원에 결원이 생긴 경우 새로 위촉할 수 있고, 이 경우 새로 위촉된 위원의 임기는 위촉된 날부터 기산한다.

5] 경찰 인권정책 기본계획의 수립(제18조)

경찰청장은 국민의 인권보호와 증진을 위하여 경찰 인권정책 기본계획을 5년마다 수립해야 한다(제1항).

6] 경찰 인권교육계획의 수립(제18조의2)

경찰청장은 경찰관등(경찰공무원으로 신규 임용될 사람을 포함한다. 이하 이 조, 제20조, 제20조의2 및 제20조의3에서 같다)이 근무하는 동안 지속적·체계적으로 교육을 받을 수 있도록 3년 단위로 다음 각호의 사항을 포함한 인권교육종합계획을 수립하여 시행해야 한다(제1항).

7] 점검(제24조)

인권보호담당관은 반기 1회 이상 인권영향평가의 이행 여부를 점검하고, 이를 경찰청 인권위원회에 제출하여야 한다.

정답 ③

12. 「경찰 인권보호 규칙」에 관한 설명으로 가장 적절하지 않은 것은? (24년 승진/실무종합)

① 경찰청장은 국민의 인권보호와 증진을 위하여 경찰 인권정책 기본계획을 3년마다 수립해야 한다.
② 인권보호담당관은 반기 1회 이상 인권영향평가의 이행 여부를 점검하고, 이를 경찰청 인권위원회에 제출하여야 한다.
③ 경찰청 및 그 소속기관의 장은 진정의 원인이 된 사실이 공소시효, 징계시효 및 민사상 시효 등이 모두 완성된 경우에 그 진정을 각하할 수 있다.
④ 경찰 활동 전반에 걸친 민주적 통제를 구현하여 경찰력 오·남용을 예방하고, 경찰 행정의 인권지향성을 높여 인권을 존중하는 경찰 활동을 정립하기 위해 경찰청장 및 시·도경찰청장의 자문기구로서 각각 경찰청 인권위원회, 시·도경찰청 인권위원회를 설치하여 운영한다.

해설

1) **제3조**(설치)
   경찰 활동 전반에 걸친 민주적 통제를 구현하여 경찰력 오·남용을 예방하고, 경찰 행정의 인권지향성을 높여 인권을 존중하는 경찰 활동을 정립하기 위해 경찰청장 및 시·도경찰청장의 자문기구로서 각각 경찰청 인권위원회, 시·도경찰청 인권위원회를 설치하여 운영한다.

2) **제18조**(경찰 인권정책 기본계획의 수립)
   경찰청장은 국민의 인권보호와 증진을 위하여 경찰 인권정책 기본계획을 **5년마다** 수립해야 한다(제1항).

3) **제18조의2**(경찰 인권교육계획의 수립)
   ① 경찰청장은 경찰관등(경찰공무원으로 신규 임용될 사람을 포함한다)이 근무하는 동안 지속적·체계적으로 교육을 받을 수 있도록 **3년 단위로** 다음 각호의 사항을 포함한 인권교육종합계획을 수립하여 시행해야 한다.
   〈중략〉
   ② 경찰관서의 장은 제1항의 내용을 반영하여 **매년** 인권교육 계획을 수립하여 시행하여야 한다.

4) **제21조**(인권영향평가의 실시)
   ① 경찰청장은 인권침해를 예방하고, 인권친화적인 치안 행정이 구현되도록 다음 각호의 사항에 대하여 인권영향평가를 실시하여야 한다.
      1. 제·개정하려는 법령 및 행정규칙(해당 안건을 경찰위원회에 상정하기 60일 이전)
      2. 국민의 인권에 영향을 미치는 정책 및 계획(해당 사안이 확정되기 이전)
      3. 참가인원, 내용, 동원 경력의 규모, 배치 장비 등을 고려하여 인권침해 가능성이 높다고 판단되는 집회 및 시위(집회 및 시위 종료일로부터 30일 이전)
   ② 제1항에도 불구하고 다음 각호의 어느 하나에 해당하는 경우 평가 대상에서 제외한다.
      1. 제·개정하려는 법령 및 행정규칙의 내용이 경미한 경우
      2. 사전에 청문, 공청회 등 의견 청취 절차를 거친 정책 및 계획

5) **제24조**(점검)
   인권보호담당관은 반기 1회 이상 인권영향평가의 이행 여부를 점검하고, 이를 경찰청 인권위원회에 제출하여야 한다.

6] **제29조**(진정의 각하)
　① 경찰청 및 그 소속기관의 장은 다음 각호의 어느 하나에 해당할 경우에는 그 진정을 각하할 수 있다.
　　1. 진정 내용이 인권침해에 해당하지 아니하는 것이 명백한 경우
　　2. 진정 내용이 명백히 사실이 아니거나 이유가 없다고 인정되는 경우
　　3. 피해자가 아닌 사람이 한 진정으로서 피해자가 조사를 원하지 않는다는 의사표시를 명백하게 한 경우
　　4. 진정의 원인이 된 사실이 공소시효, 징계시효 및 민사상 시효 등이 모두 완성된 경우
　　5. 진정의 원인이 된 사실에 관하여 법원이나 헌법재판소의 재판, 수사기관의 수사 또는 그 밖에 법률에 따른 권리 구제절차가 진행 중이거나 종결된 경우(기간의 경과 등 형식 요건을 제대로 갖추지 못하여 종결된 경우는 제외한다)
　　6. 진정이 익명(匿名)이나 가명(假名)으로 제출된 경우
　　7. 진정인이 진정을 취소한 경우
　　8. 기각 또는 각하된 진정과 동일한 내용으로 다시 진정한 경우
　　9. 진정 내용이 추상적이거나 관계자를 근거 없이 비방하는 등 업무를 방해할 의도로 진정한 것으로 판단되는 경우
　　10. 진정의 취지가 그 진정의 원인이 된 사실에 관한 법원의 확정 판결이나 헌법재판소의 결정에 반대되는 경우
　　11. 국가인권위원회에서 진정서의 내용과 같은 사실을 이미 조사 중이거나 조사한 사실이 확인된 경우(진정인의 진정 취소를 이유로 각하 처리된 사건은 제외한다)
　② 제1항 각호의 어느 하나에 해당하더라도 인권침해를 방지하고 제도개선을 위한 사실관계 확인을 위하여 조사가 필요한 경우에는 각하하지 아니할 수 있다.
　③ 진정에 대해 조사를 시작한 후에도 제1항 각호의 어느 하나의 사유가 확인된 경우 해당 진정을 각하할 수 있다.

7] **제37조**(진정의 기각) 경찰청 및 그 소속기관의 장은 진정 내용을 조사한 결과 다음 각호의 어느 하나에 해당하는 경우에는 그 진정을 기각할 수 있다.
　1. 진정 내용이 사실이 아니거나 사실 여부를 확인하는 것이 불가능한 경우
　2. 진정 내용이 이미 피해회복이 이루어지는 등 따로 구제조치가 필요하지 아니하다고 인정되는 경우
　3. 진정 내용은 사실이나 인권침해에 해당하지 아니하는 경우

정답 ①

13 「경찰헌장」의 내용 중 괄호 안에 들어갈 가장 적절한 표현은? (23년 승진/실무종합)

> 우리는 조국 광복과 함께 태어나 나라와 겨레를 위하여 충성을 다하며 오늘의 자유민주 사회를 지켜온 대한민국 경찰이다.(중략)
> 1. 우리는 정의의 이름으로 진실을 추구하며 어떠한 불의나 불법과 타협하지 않는 (㉠) 경찰이다.
> 1. 우리는 국민의 신뢰를 바탕으로 오직 양심에 따라 법을 집행하는 (㉡) 경찰이다.
> 1. 우리는 화합과 단결 속에 항상 규율을 지키며 검소하게 생활하는 (㉢) 경찰이다.

① ㉠ 의로운 - ㉡ 공정한 - ㉢ 깨끗한
② ㉠ 의로운 - ㉡ 깨끗한 - ㉢ 친절한
③ ㉠ 공정한 - ㉡ 깨끗한 - ㉢ 근면한
④ ㉠ 공정한 - ㉡ 의로운 - ㉢ 깨끗한

해설

우리는, 모든 사람의 인격을 존중하고 누구에게나 따뜻하게 봉사하는 친절한 경찰이다.
우리는, 정의의 이름으로 진실을 추구하며, 어떠한 불의나 불법과도 타협하지 않는 의로운 경찰이다.
우리는, 국민의 신뢰를 바탕으로 오직 양심에 따라 법을 집행하는 공정한 경찰이다.
우리는, 건전한 상식 위에 전문지식을 갈고 닦아 맡은 일을 성실하게 수행하는 근면한 경찰이다.
우리는, 화합과 단결 속에 항상 규율을 지키며, 검소하게 생활하는 깨끗한 경찰이다.

참고로, 경찰윤리헌장(1966) → 새경찰신조(1980) → 경찰헌장(1991) → 경찰서비스헌장(1998) 등의 순으로 경찰윤리강령이 제정되었다.

정답 ①

14 「공직자의 이해충돌방지법」에 관한 내용 중 적절한 것은 모두 몇 개인가? (23년 승진/실무종합)

㉠ 공직자는 배우자가 공직자 자신의 직무관련자(「민법」 제777조에 따른 친족 제외)와 토지 또는 건축물 등 부동산을 거래하는 행위(다만, 공개모집에 의하여 이루어지는 분양이나 공매·경매·입찰을 통한 재산상 거래 행위는 제외)를 한다는 것을 사전에 안 경우에는 안 날부터 14일 이내에 소속기관장에게 그 사실을 서면으로 신고하여야 한다.
㉡ 공직자는 직무관련자에게 사적으로 노무 또는 조언·자문등을 제공하고 대가를 받는 행위를 해서는 아니 된다(단,「국가공무원법」 등 타 법령·기준에 따라 허용되는 경우는 제외).
㉢ 공직자는 사회상규에 따라 허용되는 경우라 할지라도 직무관련자인 소속 기관의 퇴직자(공직자가 아니게 된 날부터 2년이 지나지 아니한 사람만 해당)와 사적 접촉(골프, 여행, 사행성오락을 같이 하는 행위)시 소속기관장에게 신고해야 한다.
㉣ 사적이해관계자에 공직자 자신 또는 그 가족(「민법」 제779조에 따른 가족)도 해당된다.

① 1개   ② 2개
③ 3개   ④ 4개

해설

[O] ㉠㉡㉣
[X] ㉢

㉢ 공직자는 직무관련자인 소속 기관의 퇴직자(공직자가 아니게 된 날부터 2년이 지나지 아니한 사람만 해당한다)와 사적 접촉(골프, 여행, 사행성 오락을 같이 하는 행위)을 하는 경우 소속기관장에게 신고하여야 한다. 다만, 사회상규에 따라 허용되는 경우에는 그러하지 아니하다(제15조 제1항).

1] 사적이해관계자란 다음 각 목의 어느 하나에 해당하는 자를 말한다(제2조 제6호).
 가. 공직자 자신 또는 그 가족(「민법」 제779조에 따른 가족을 말한다. 이하 같다)
 나. 공직자 자신 또는 그 가족이 임원·대표자·관리자 또는 사외이사로 재직하고 있는 법인 또는 단체
 다. 공직자 자신이나 그 가족이 대리하거나 고문·자문 등을 제공하는 개인이나 법인 또는 단체
 라. 공직자로 채용·임용되기 전 2년 이내에 공직자 자신이 재직하였던 법인 또는 단체
 마. 공직자로 채용·임용되기 전 2년 이내에 공직자 자신이 대리하거나 고문·자문 등을 제공하였던 개인이나 법인 또는 단체
 바. 공직자 자신 또는 그 가족이 대통령령으로 정하는 일정 비율 이상의 주식·지분 또는 자본금 등을 소유하고 있는 법인 또는 단체
 사. 최근 2년 이내에 퇴직한 공직자로서 퇴직일 전 2년 이내에 제5조제1항 각 호의 어느 하나에 해당하는 직무를 수행하는 공직자와 국회규칙, 대법원규칙, 헌법재판소규칙, 중앙선거관리위원회규칙 또는 대통령령으로 정하는 범위의 부서에서 같이 근무하였던 사람
 아. 그 밖에 공직자의 사적 이해관계와 관련되는 자로서 국회규칙, 대법원규칙, 헌법재판소규칙, 중앙선거관리위원회규칙 또는 대통령령으로 정하는 자

2] 직무관련자와의 거래 신고(제9조)
 ① 공직자는 자신, 배우자 또는 직계존속·비속(배우자의 직계존속·비속으로 생계를 같이하는 경우를 포함) 또는 특수관계사업자(자신, 배우자 또는 직계존속·비속이 대통령령으로 정하는 일정 비율 이상의 주식·지분 등을 소유하고

있는 법인 또는 단체)가 공직자 자신의 직무관련자(「민법」 제777조에 따른 친족인 경우는 제외)와 다음 각호의 어느 하나에 해당하는 행위를 한다는 것을 사전에 안 경우에는 안 날부터 14일 이내에 소속기관장에게 그 사실을 서면으로 신고하여야 한다.
1. 금전을 빌리거나 빌려주는 행위 및 유가증권을 거래하는 행위. 다만, 「금융실명거래 및 비밀보장에 관한 법률」에 따른 금융회사등, 「대부업 등의 등록 및 금융이용자 보호에 관한 법률」에 따른 대부업자 등이나 그 밖의 금융회사로부터 통상적인 조건으로 금전을 빌리는 행위 및 유가증권을 거래하는 행위는 제외한다.
2. 토지 또는 건축물 등 부동산을 거래하는 행위. 다만, 공개모집에 의하여 이루어지는 분양이나 공매·경매·입찰을 통한 재산상 거래 행위는 제외한다.
3. 제1호 및 제2호의 거래 행위 외의 물품·용역·공사 등의 계약을 체결하는 행위. 다만, 공매·경매·입찰을 통한 계약 체결 행위 또는 거래관행상 불특정다수를 대상으로 반복적으로 행하여지는 계약 체결 행위는 제외한다.

② 공직자는 제1항 각호에 따른 행위가 있었음을 사후에 알게 된 경우에도 안 날부터 14일 이내에 소속기관장에게 그 사실을 서면으로 신고하여야 한다.
③ 소속기관장은 제1항 또는 제2항에 따라 공직자가 신고한 행위가 직무의 공정한 수행을 저해할 수 있다고 판단되는 경우에는 해당 공직자에게 제7조제1항 각 호 또는 같은 조 제2항의 조치를 할 수 있다.
④ 제1항부터 제3항까지에서 규정한 사항 외에 거래 신고의 기록·관리 등에 필요한 사항은 대통령령으로 정한다.

3] 직무 관련 외부활동의 제한(제10조)
공직자는 다음 각호의 행위를 하여서는 아니 된다. 다만,「국가공무원법」 등 다른 법령·기준에 따라 허용되는 경우는 그러하지 아니하다.
1. 직무관련자에게 사적으로 노무 또는 조언·자문 등을 제공하고 대가를 받는 행위
2. 소속 공공기관의 소관 직무와 관련된 지식이나 정보를 타인에게 제공하고 대가를 받는 행위. 다만, 「부정청탁 및 금품등 수수의 금지에 관한 법률」 제10조에 따른 외부강의등의 대가로서 사례금 수수가 허용되는 경우와 소속기관장이 허가한 경우는 제외한다.
3. 공직자가 소속된 공공기관이 당사자이거나 직접적인 이해관계를 가지는 사안에서 자신이 소속된 공공기관의 상대방을 대리하거나 그 상대방에게 조언·자문 또는 정보를 제공하는 행위
4. 외국의 기관·법인·단체 등을 대리하는 행위. 다만, 소속기관장이 허가한 경우는 제외한다.
5. 직무와 관련된 다른 직위에 취임하는 행위. 다만, 소속기관장이 허가한 경우는 제외한다.

정답 ③

15 경찰의 적극행정에 관한 내용 중 가장 적절하지 않은 것은? (23년 승진/실무종합)

① 「경찰청 적극행정 면책제도 운영규정」상 자체감사를 받는 사람은 적극행정 면책요건에 해당된다 하더라도 자의적인 법 해석 및 집행으로 법령의 본질적인 사항을 위반한 경우 면책대상에서 제외된다.
② 「공공감사에 관한 법률」상 자체감사를 받는 사람이 불합리한 규제의 개선 등 공공의 이익을 위하여 업무를 적극적으로 처리한 결과에 대하여 그의 행위에 고의나 중대한 과실이 없는 경우에는 징계 요구 또는 문책 요구 등 책임을 묻지 아니한다.
③ 「공무원 징계령 시행규칙」상 징계위원회는 징계등 혐의자와 비위 관련 직무 사이에 사적인 이해관계가 없었고 대상 업무를 처리하면서 중대한 절차상 하자가 없었을 경우 해당 비위가 고의 또는 중과실에 의하지 않은 것으로 추정한다.
④ 「적극행정 운영규정」상 "적극행정"이란, 공무원이 불합리한 규제를 개선하는 등 공공의 이익을 위해 창의성과 신속성을 바탕으로 적극적으로 업무를 처리하는 행위를 말한다.

해설

④ 적극행정이란 공무원이 불합리한 규제를 개선하는 등 공공의 이익을 위해 창의성과 전문성을 바탕으로 적극적으로 업무를 처리하는 행위를 말한다(「적극행정 운영규정」 제2조 제1호). 한편, 소극행정이란 공무원이 부작위 또는 직무태만 등 소극적 업무행태로 국민의 권익을 침해하거나 국가 재정상 손실을 발생하게 하는 행위를 말한다(제2호).

1. 「경찰청 적극행정 면책제도 운영규정」
    1] 적극행정 면책요건(제5조)
        ① 자체 감사를 받는 사람이 적극행정면책을 받기 위해서는 다음 각호의 요건을 모두 갖추어야 한다.
            1. 감사를 받는 사람의 업무처리가 불합리한 규제의 개선, 공익사업의 추진 등 공공의 이익을 위한 것일 것
            2. 감사를 받는 사람이 대상 업무를 적극적으로 처리한 결과일 것
            3. 감사를 받는 사람의 행위에 고의나 중대한 과실이 없을 것
        ② 제1항제3호의 요건을 적용하는 경우 자체감사를 받는 사람이 다음 각호의 요건을 모두 갖추어 업무를 처리한 것으로 인정되는 경우에는 그 행위에 고의나 중대한 과실이 없는 경우에 해당하는 것으로 추정한다.
            1. 자체감사를 받는 사람과 대상 업무 사이에 사적인 이해관계가 없을 것
            2. 대상 업무를 처리하면서 중대한 절차상의 하자가 없었을 것
    2] 면책 대상 제외(제6조)
        제5조에도 불구하고 업무처리과정에서 기본적으로 지켜야 할 의무를 다하지 않았거나 다음 각 호에 해당하는 경우에는 면책대상에서 제외한다.
            1. 금품을 수수한 경우
            2. 고의·중과실, 무사안일 및 업무태만의 경우
            3. 자의적인 법 해석 및 집행으로 법령의 본질적인 사항을 위반한 경우
            4. 위법·부당한 민원을 수용한 특혜성 업무처리를 한 경우
            5. 그 밖에 위 각호에 준하는 위법·부당한 행위를 한 경우

2. 「공공감사에 관한 법률」(적극행정에 대한 면책)
   자체감사를 받는 사람이 불합리한 규제의 개선 등 공공의 이익을 위하여 업무를 적극적으로 처리한 결과에 대하여 그의 행위에 고의나 중대한 과실이 없는 경우에는 이 법에 따른 징계 요구 또는 문책 요구 등 책임을 묻지 아니한다(제23조의2 제1항).

3. 「공무원 징계령 시행규칙」(적극행정 등에 대한 징계면제)
   ① 제2조에도 불구하고 징계위원회는 고의 또는 중과실에 의하지 않은 비위로서 다음 각호의 어느 하나에 해당되는 경우에는 징계의결 또는 징계부가금 부과 의결(징계의결등)을 하지 아니한다(제3조의2).
   1. 불합리한 규제의 개선 등 공공의 이익을 위한 정책, 국가적으로 이익이 되고 국민생활에 편익을 주는 정책 또는 소관 법령의 입법목적을 달성하기 위하여 필수적인 정책 등을 수립·집행하거나, 정책목표의 달성을 위하여 업무처리 절차·방식을 창의적으로 개선하는 등 성실하고 능동적으로 업무를 처리하는 과정에서 발생한 것으로 인정되는 경우
   2. 국가의 이익이나 국민생활에 큰 피해가 예견되어 이를 방지하기 위하여 정책을 적극적으로 수립·집행하는 과정에서 발생한 것으로서 정책을 수립·집행할 당시의 여건 또는 그 밖의 사회통념에 비추어 적법하게 처리될 것이라고 기대하기가 극히 곤란했던 것으로 인정되는 경우
   ② 징계위원회는 징계등 혐의자가 다음 각호의 사항에 모두 해당되는 경우에는 해당 비위가 고의 또는 중과실에 의하지 않은 것으로 추정한다.
   1. 징계등 혐의자와 비위 관련 직무 사이에 사적인 이해관계가 없을 것
   2. 대상 업무를 처리하면서 중대한 절차상의 하자가 없었을 것

정답 ④

16 경찰의 적극행정에 관한 내용으로 옳은 것을 모두 고른 것은? (24년 승진/실무종합)

> ㉠ 국가인권위원회는 중앙행정기관 소속 공무원의 소극행정 예방 및 근절을 위해 소극행정 신고센터를 운영하고, 중앙 행정기관의 장에게 신고사항에 대해 적절한 조치를 하도록 권고할 수 있다.
> ㉡ 「경찰청 적극행정 면책제도 운영규정」상 '적극행정'이란 경찰청 및 그 소속기관의 공무원 또는 산하단체의 임직원이 국가 또는 공공의 이익을 증진하기 위해 성실하고 능동적으로 업무를 처리하는 행위를 말한다.
> ㉢ 「적극행정 운영규정」상 '소극행정'이란 공무원이 부작위 또는 직무태만 등 소극적 업무행태로 국민의 권익을 침해하거나 국가 재정상 손실을 발생하게 하는 행위를 말한다.
> ㉣ '적당편의'는 법령이나 지침 등의 변화에도 불구하고 과거 규정에 따라 업무를 처리하거나, 기존의 불합리한 업무관행을 그대로 답습하는 형태를 말한다.

① ㉠㉡ ② ㉠㉣
③ ㉡㉢ ④ ㉢㉣

해설

[O] ⓒⓒ
[X] ⓒⓒ
ⓒ 국민권익위원회
ⓒ 소극 행정의 4가지 유형으로는 ㈎적당편의 - 문제해결을 위해 노력하지 않고, 적당히 형식만 갖추어 부실하게 처리하는 형태, ㈏업무해태 - 합리적인 이유없이 주어진 업무를 게을리하여 불이행하는 행태, ㈐탁상행정 - 법령이나 지침 등의 변화에도 불구하고 과거 규정에 따라 업무를 처리하거나, 기존의 불합리한 업무관행을 그대로 답습하는 행태, ㈑관중심의 행정 - 직무권한을 이용하여 부당하게 업무를 처리하거나, 국민 편익을 위해서가 아닌 자신과 소속기관의 이익을 위해 자의적으로 처리하는 행태 등으로 구분해 볼 수 있으나, 하나의 업무행태가 2가지 이상의 유형에 해당될 수도 있다.

1]「적극행정 운영규정」
 1) 제2조(정의)
  1. "적극행정"이란 공무원이 불합리한 규제를 개선하는 등 공공의 이익을 위해 창의성과 전문성을 바탕으로 적극적으로 업무를 처리하는 행위를 말한다.
  2. "소극행정"이란 공무원이 부작위 또는 직무태만 등 소극적 업무행태로 국민의 권익을 침해하거나 국가 재정상 손실을 발생하게 하는 행위를 말한다.
 2) 제18조의3(소극행정 신고)
  ① 누구든지 공무원의 소극행정을 소속 중앙행정기관의 장이나 제3항에 따른 소극행정 신고센터에 신고할 수 있다.
  ② 중앙행정기관의 장은 제1항에 따른 신고의 내용에 상당한 이유가 있다고 인정되는 경우에는 사실관계 확인을 위한 조사를 하여 신속한 업무처리를 하는 등 적절한 조치를 하고, 그 처리결과를 신고인에게 알려야 한다.
  ③ 국민권익위원회는 중앙행정기관 소속 공무원의 소극행정 예방 및 근절을 위해 소극행정 신고센터를 운영하고, 중앙행정기관의 장에게 제1항에 따른 신고사항에 대해 적절한 조치를 하도록 권고할 수 있다.
  ④ 제3항에 따른 소극행정 신고센터의 운영과 신고사항의 처리 절차 등에 관한 세부 사항은 국민권익위원회가 정한다.
2]「경찰청 적극행정 면책제도 운영규정」 제2조(정의)
  1. "적극행정"이란, 경찰청 및 그 소속기관의 공무원 또는 산하단체의 임·직원(경찰청 소속 공무원 등)이 국가 또는 공공의 이익을 증진하기 위해 성실하고 능동적으로 업무를 처리하는 행위를 말한다.
  2. "면책"이란, 적극행정 과정에서 발생한 부분적인 절차상 하자 또는 비효율, 손실 등과 관련하여 그 업무를 처리한 경찰청 소속 공무원 등에 대하여 다음 각 목의 어느 하나에 해당하는 책임을 묻지 않거나 감면하는 것을 말한다.
   가.「경찰청 감사규칙」제10조제1호부터 제3호까지 및 제6호
   나.「경찰공무원 징계령」에 따른 징계 및 징계부가금
  3. "감사 책임자"란, 현장에서 감사활동을 지휘하는 자를 말하여 감사단장 등 현장 지휘자가 없을 경우에는 감사담당관 또는 감찰담당관을 말한다.
  4. "사전컨설팅 감사"란 불합리한 제도 등으로 인해 적극적인 업무 수행이 어려운 경우, 해당 업무의 수행에 앞서 업무 처리 방향 등에 대하여 미리 감사의견을 듣고 이를 업무처리에 반영하여 적극행정을 추진하는 것을 말한다.
  5. "사전컨설팅 대상 기관 및 대상 부서의 장"이란 각 시·도경찰청장, 부속기관의 장, 산하 공직유관단체의 장 및 경찰청 관·국의 장을 말한다.

정답 ③

2025 경찰승진대비
경찰실무종합
최근 4개년 기출문제집

PART

03

각론 I

Chapter 01 생활안전론
Chapter 02 범죄수사
Chapter 03 경비경찰활동

Chapter 01 생활안전론

01 사회적 수준의 범죄원인론 중 '사회과정원인'에 해당하지 않는 것은? (21년 승진/실무종합)

① Sutherland의 차별적 접촉이론에 따르면, 범죄는 범죄적 전통을 가진 사회에서 많이 발생하며, 이러한 사회에서 개인은 범죄에 접촉·동조하면서 학습한다.
② Cohen은 하류계층의 청소년들이 목표달성의 어려움을 극복하기 위해 자신들만의 하위문화를 만들고, 범죄는 이러한 하위문화에 의해 저질러진다고 주장하였다.
③ Matza & Sykes에 따르면, 청소년은 비행 과정에서 '책임의 회피', '피해자의 부정', '피해 발생의 부인', '비난자에 대한 비난', '충성심에의 호소' 등 5가지 중화기술을 통해 규범, 가치관 등을 중화시킨다.
④ Hirshi에 따르면, 범죄는 사회적인 유대가 약화되어 통제되지 않기 때문에 발생하고, 사회적 결속은 애착, 참여, 전념, 신념의 4가지 요소에 영향을 받는다.

해설

② 하위문화이론은 사회적 수준의 사회구조에 범죄원인이 있다고 보는 범죄원인이론이다.
1) 개인적 수준 : 고전주의 억제이론, 실증주의 생물학적·심리학적 이론
2) 사회적 수준 :
① 구조원인-사회해체론, 긴장(아노미)이론, 하위문화이론, 문화갈등이론
② 과정원인-사회학습이론(차별적 접촉이론, 차별적 동일시이론, 차별적 강화이론, 중화기술이론), 사회통제이론(견제이론, 동조성전념이론, 사회유대이론), 낙인이론(범죄자로 만드는 것은 행위의 질적인 면이 아닌 사람들의 인식)

*하위문화이론 : Cohen은 하류계층의 청소년들이 목표와 수단의 괴리를 통해 중류계층에 대한 저항으로 비행을 저지르며 목표달성의 어려움을 극복하기 위해 자신들만의 하위문화를 만들게 되며 범죄는 이러한 하위문화에 의해 저질러지는 것이다. Miller는 범죄는 하위문화의 가치와 규범이 정상적으로 반영된 것이라고 한다.

*긴장이론 : Durkheim은 사회규범이 붕괴되어 제대로 작용하지 못하는 상태를 아노미상태라고 하면서 이러한 무규범 상태에서 범죄가 발생한다고 하였으며, 이런 상태의 범죄는 정상적인 것이라고 주장하였다.

*사회유대이론(Hirshi) : 범죄의 원인은 사회적인 유대가 약화되어 통제되지 않기 때문이라고 주장한다. 그리고 사회적 결속의 4요소로 애착, 참여, 전념, 신념을 든다.

*견제이론(Reckless) : 주변의 범죄적 환경에도 불구하고 비행행위에 가담하지 않도록 하는 중요한 요소인 좋은 자아관념을 발전시켜 강력한 내면적 통제와 이를 보강하는 외부적 통제가 사회적·법적 행위규범의 위반에 대한 하나의 절연체를 구성한다고 주장하였다.

*동조성 전념이론(브라이어와 필리아빈 ; Briar & Piliavin) : 관습적 목표를 지향하려는 노력으로 인해 인간의 범행

잠재력을 통제하게 되어 상황적 일탈을 감소시킨다는 이론을 말한다. 즉 사람들은 행위와 가치에 영향을 미치는 단기유혹에 노출되며 노출이 끝나면 다시 정상적인 상태로 돌아가고 범죄를 행했을 때 자신에게 돌아오는 처벌의 두려움, 자신의 이미지, 사회에서의 지위와 활동에 미치는 영향 등을 염려하는 동조성에 대한 전념을 가지고 있다.

* **차별적 동일시 이론**(Glaser) : 청소년들이 영화의 주인공을 모방하고 자신과 동일시하면서 범죄를 학습한다고 주장하였다.
* **차별적 강화이론**(Burgess & Akers) : 청소년의 비행행위는 처벌이 없거나 칭찬받게 되면 반복적으로 저질러진다고 주장
* **차별적 접촉이론**(Sutherland) : 범죄는 범죄적 전통을 가진 사회에서 많이 발생하며 이러한 사회에서 개인은 범죄에 접촉, 참가, 동조하면서 학습한다고 한다.
* **중화기술이론** : 싸이크스(G. Sykes)와 마짜(D. Matza)는 1957년 논문「중화(中和)의 기술(技術)」에서 비행화의 과정을 고찰하고 인간은 비행화의 과정에서 이미 내면화되어 있는 합법적 규범이나 가치관을 중화(마비)시킴으로써 범죄에 이르게 된다고 주장한다.

정답 ②

02 다음에서 설명하는 범죄원인론과 학자를 바르게 연결한 것은? (24년 승진/실무종합)

> 이 이론은 특정 지역에서의 범죄가 다른 지역에 비해서 많이 발생하는 이유를 규명하고자 하였으며, 연구결과 전이지역(transitional zone)은 타 지역에 비해 범죄율이 상대적으로 높게 나타났다. 또한 '낮은 경제적 지위', '민족적 이질성', '거주 불안정성'을 중요한 3요소로 제시하였으며, 이로 인해 지역 주민은 서로를 모르기 때문에 공동체 의식이 발달하지 못하고 사회적 통제가 약화된다고 보았다.

① 뒤르켐(Durkheim) - 아노미이론
② 코헨(Cohen) - 하위문화이론
③ 갓프레드슨과 허쉬(Gottfredson & Hirschi) - 자기통제이론
④ 쇼와 맥케이(Shaw & Mckay) - 사회해체이론

해설

위는 Shaw & Mckay의 사회해체이론에 대한 내용이다. 즉 도시의 특정지역에서 범죄가 일반화되는 이유는 인구의 유입보다는 지역사회의 내부에 있다고 규정하는 이론이다.

1] Durkheim/아노미이론 : 범죄는 아노미 상태에서 발생(Anomie : 급격한 사회변화로 인해 규범이 붕괴되고 작동치 않는 상태)
2] Cohen/하위문화이론 : 하류계층의 청소년들이 목표와 수단의 괴리를 통해 중류계층에 대한 저항으로 비행을 저지르며 목표달성의 어려움을 극복하기 위해 자신들만의 하위문화를 만들게 되며 범죄는 이러한 하위문화에 의해 저질러지는 것
3] Gottfredson & Hirschi/자기통제이론 : 낮은 자기통제력(잘못된 부모양육, 감독결핍, 자기중심적 사고)과 사회유대의

약화(애착, 전념, 참여, 신념)가 범죄적 기회(적절한 범행대상, 후견인 부족, 감독결핍)를 만나면 범죄행동을 한다는 것, 자기통제능력의 상대적 수준이 부모의 양육방법으로부터 큰 영향을 받는다고 주장하고 어린 시절 형성된 자기통제능력의 결핍이 모든 범죄의 원인이라고 주장한다. 범죄를 설명함에 있어 청소년기에 경험하는 다양한 환경적 영향요인을 충분히 고려하지 않는다는 비판이 제기된다.

정답 ④

03 환경설계를 통한 범죄예방(CPTED)의 기본원리에 관한 설명으로 가장 적절한 것은?

(24년 승진/실무종합)

① '활동의 활성화'는 주민들이 모여서 상호의견을 교환하고 유대감을 증대할 수 있는 공공장소를 설치하여 이를 이용하도록 함으로써, '거리의 눈'에 의한 자연적인 감시와 접근통제의 기능을 확대하는 것이다. 놀이터와 공원의 설치, 벤치·정자의 위치 및 활용성에 대한 설계를 예로 들 수 있다.

② '영역성의 강화'는 일정한 지역에 접근하는 사람들을 정해진 공간으로 유도하거나 외부인의 출입을 통제하도록 설계함으로써, 접근에 대한 심리적 부담을 증대시켜 범죄를 예방하는 것이다. 출입구의 최소화, 통행로의 설계, 울타리 및 표지판의 설치를 예로 들 수 있다.

③ '유지관리'는 시설물이나 공공장소의 기능을 처음 설계되거나 개선한 의도대로 지속적으로 이용될 수 있도록 관리함으로써, 범죄예방을 위한 환경설계의 장기적이고 지속적 효과를 유지하는 것이다. 청결유지, 파손의 즉시 보수, 체육시설의 접근성 및 이용의 증대를 예로 들 수 있다.

④ '자연적 접근통제'는 건축물이나 시설물의 설계 시 가시권을 최대한 확보하고 외부 침입에 대한 감시기능을 확대함으로써, 범죄 발각 위험을 증가시키고 범행 기회를 감소시키는 것이다. 가시권 확대를 위한 건물의 배치, 조명 및 조경 설치를 예로 들 수 있다.

 해설

② 출입구의 최소화, 통행로의 설계의 예는 자연적 접근의 통제
③ 체육시설의 접근성 및 이용의 증대의 예는 활동의 활성화
④ 자연적 감시에 대한 내용이다.

기본원리	기본내용	방법과 수단
자연적 감시	건축물이나 시설물의 설계시 가시권을 최대확보, 외부침입에 대한 감시기능을 확대함으로써 범죄행위의 발견 가능성을 증가시키고, 기회를 감소시킬 수 있다는 원리	조명·조경·가시권 확대를 위한 건물의 배치 등
자연적 접근통제	일정한 지역에 접근하는 사람들을 정해진 공간으로 유도하거나 외부인의 출입을 통제하도록 설계함으로써 접근에 대한 심리적 부담을 증대시켜 범죄를 예방	차단기, 방범창, 잠금장치, 통행로의 설계, 출입구의 최소화

영역성의 강화	사적 공간에 대한 경계를 표시하여 주민들의 책임의식과 소유의식을 증대함으로써 사적공간에 대한 관리권과 권리를 강화시키고, 외부인들에게는 침입에 대한 불법사실을 인식시켜 범죄기회를 차단하는 원리	울타리·펜스의 설치, 사적·공적 공간의 구분
활동의 활성화	지역사회의 설계시 주민들이 모여서 상호의견을 교환하고 유대감을 증대할 수 있는 공공장소를 설치하고 이용하도록 함으로써 거리의 눈을 활용한 자연적 감시와 접근통제의 기능을 확대하는 원리	놀이터·공원의 설치, 체육시설의 접근성과 이용의 증대, 벤치·정자의 위치 및 활용성에 대한 설계
유지 관리	처음 설계된 대로 혹은 개선된 의도대로 기능을 지속적으로 유지하도록 관리함으로써 범죄예방을 위한 환경설계의 장기적이고 지속적인 효과를 유지하는 원리	파손의 즉시 보수, 청결유지, 조명, 조경의 관리

 ①

04 경찰활동 전략별 주요 내용에 대한 설명으로 가장 적절하지 않은 것은? (22년 승진/실무종합)

① 지역중심 경찰활동(community-oriented policing)은 경찰이 지역사회 구성원과 함께 지역이 당면한 문제를 확인하고 우선순위를 정하여 해결하고자 노력하는 것을 의미한다.

② 지역중심 경찰활동과 문제지향적 경찰활동(problem-oriented policing)은 병행되어 실시될 때 효과성이 제고된다.

③ 무관용 경찰활동(zero tolerance policing)은 지역사회 문제해결을 위해 SARA모형이 강조되는데, 이 모형은 조사(Scanning) - 분석(Analysis) - 대응(Response) - 평가(Assessment)로 진행 된다.

④ 문제지향적 경찰활동은 지역문제들에 대한 효과적인 대응 전략들을 고려하면서, 필요시에는 경찰과 지역사회의 협력 전략에 보다 높은 가치를 부여한다.

해설

③ 무관용(Zero Tolerance)의 원칙은 사소한 규칙위반에도 관용을 베풀지 않겠다는 정책을 말한다. 유리창이 깨진 건물을 그대로 두면 사람들은 그 건물이 방치되어 있다고 여겨 다른 유리창을 부수면서까지 절도 등의 행위를 일삼게 된다는 것으로 범죄학자 죠지 켈링(G. Kelling)과 윌슨(J. Wilson)의 깨진 유리창 이론에 그 근거를 두고 있다. 1994년 루디 줄리아니 뉴욕시장과 브래튼 뉴욕 경찰국장은 가벼운 범죄라도 용납하지 않겠다며 무관용을 선포하였고, 이 정책은 일본 학원범죄의 대책으로 채택되기도 하였다. 우리나라에서도 불법시위 등에 무관용의 원칙을 도입·적용하고 있다. 이에 불법 집단행동사범에 대한 기소유예율이 대폭 감소하였다는 통계도 보여진다.

한편, 경찰활동을 전통적 경찰활동과 지역사회 경찰활동으로 구분했을 때, 지역사회 경찰활동은 다시 지역중심 경찰활동, 문제지향적 경찰활동, 이웃지향적 경찰활동으로 세분화할 수 있다.

그리고 골드슈타인의 문제지향적 경찰활동(Problem Oriented Policing) 프로그램에서, Eck과 Spelman은 경찰기관의 문제해결과정을 제시하였는데 흔히 'SARA 모델'이라고 불린다. 이는 문제해결은 '조사(Scanning/탐색:Screening) → 분석(Analysis) → 대응(Response) → 평가(Assessment)'의 과정을 통해 궁극적인 방안을 모색하게 된다는 것이다.

정답 ③

05 「지역경찰의 조직 및 운영에 관한 규칙」에 대한 설명으로 가장 적절하지 않은 것은?

(22년 승진/실무종합)

① 지역경찰 동원은 근무자 동원을 원칙으로 하되, 불가피한 경우에 한하여 휴무자를 동원할 수 있다.
② 지역경찰관리자는 신고출동태세 유지 등을 위해 필요한 경우에는 휴게 및 식사시간도 기타 근무로 지정할 수 있다.
③ 순찰팀장은 관리팀원에게 행정근무를 지정하고, 순찰팀원에게 상황 또는 순찰근무 지정하는 것을 원칙으로 하되, 필요한 경우에는 다른 근무를 지정하거나 병행하여 수행하도록 지정할 수 있다.
④ 상황근무를 지정받은 지역경찰은 지역경찰관서 및 치안센터 내에서 요보호자 또는 피의자에 대한 보호·감시, 방문민원 및 각종 신고사건의 접수 및 처리 등의 업무를 수행한다.

해설

1] 일일근무 지정(제29조)
① 지역경찰관서장은 지역경찰관서 및 치안센터의 설치목적, 근무인원, 치안수요, 기타 업무량 등을 고려하여 근무의 종류 및 실시 기준을 정한다.
② 순찰팀장은 제1항에 따라 지역경찰관서장이 정한 기준을 준수하여 당해 근무시간 내 관리팀원, 순찰팀원 및 치안센터 전담근무자의 개인별 근무 종류, 근무 장소, 중점 근무사항 등을 별지 제1호서식의 근무일지(갑지)에 구체적으로 지정하여야 한다.
③ 순찰팀장은 관리팀원에게 행정근무를 지정하고, 순찰팀원에게 상황 또는 순찰근무 지정하는 것을 원칙으로 하되, 필요한 경우에는 다른 근무를 지정하거나 병행하여 수행하도록 지정할 수 있다.
④ 순찰근무의 근무종류 및 근무구역은 지역 치안이 효율적으로 수행될 수 있도록 다음 각호의 사항을 고려하여 지정하여야 한다.
  1. 시간대별·장소별 치안수요
  2. 각종 사건사고 발생
  3. 순찰 인원 및 가용 장비
  4. 관할 면적 및 교통·지리적 여건
⑤ 삭제
⑥ 지역경찰관리자는 신고출동태세 유지 등을 위해 필요한 경우에는 휴게 및 식사시간도 <u>대기 근무</u>로 지정할 수 있다.

2) 근무내용의 변경(제30조) 관리팀원 및 순찰팀원이 물품구입, 등서 등 기타 사유로 지정된 근무종류 및 근무구역 등을 변경하고자 할 때에는 순찰팀장에게 보고하여야 한다.
3) 지역경찰의 동원(제31조)
  ① 시·도경찰청장 또는 경찰서장은 다음 각호에 정한 사유에 해당하는 경우로서 특히 필요하다고 인정되는 때에 한하여 지역경찰의 기본근무에 지장을 초래하지 않는 범위 내에서 지역경찰을 다른 근무에 동원할 수 있다.
    1. 다중범죄 진압, 대간첩작전 기타의 비상사태
    2. 경호경비 또는 각종 집회 및 행사의 경비
    3. 중요범인의 제포를 위한 긴급배치
    4. 화재, 폭발물, 풍수설해 등 중요사고의 발생
    5. 기타 다수 경찰관의 동원을 필요로 하는 행사 또는 업무
  ② 지역경찰 동원은 근무자 동원을 원칙으로 하되, 불가피한 경우에 한하여 비번자, 휴무자 순으로 동원할 수 있다.
  ③ 시·도경찰청장 또는 경찰서장은 비번자 또는 휴무자를 동원한 때에는 「경찰기관 상시근무 공무원의 근무시간 등에 관한 규칙」 제5조가 정하는 바에 따라 초과근무수당을 지급하거나 추가 휴무를 부여하여야 한다.

정답 ②

06 「지역경찰의 조직 및 운영에 관한 규칙」에 대한 설명 중 가장 적절한 것은?

(23년 승진/실무종합)

① "지역경찰관서"란 「국가경찰과 자치경찰의 조직 및 운영에 관한 법률」 제30조 제3항 및 「경찰청과 그 소속기관 직제」 제43조에 규정된 지구대, 파출소 및 치안센터를 말한다.
② 상황근무를 지정받은 지역경찰은 문서의 접수 및 처리와 중요사건·사고 발생 시 보고·전파 업무를 수행한다.
③ 지역경찰은 근무 중 주요사항을 근무일지(을지)에 기재하여야 하고 근무일지는 5년간 보관한다.
④ 대기근무를 지정받은 지역경찰은 지정된 장소에서 휴식을 취하되, 무전기를 청취하며 10분 이내 출동이 가능한 상태를 유지하여야 한다.

해설

① 지역경찰관서란 「국가경찰과 자치경찰의 조직 및 운영에 관한 법률」 제30조 제3항 및 「경찰청과 그 소속기관 직제」 제43조에 규정된 지구대 및 파출소를 말한다(동규칙 제2조 제1호).
② 사건의 접수 및 처리업무는 상황근무에 해당되고, 문서의 접수 및 처리업무는 행정근무에 포함된다(동규칙 제23조, 제24조).
③ 지역경찰은 근무 중 주요사항을 별지 제2호서식의 근무일지(을지)에 기재하여야 한다(동규칙 제42조 제1항). 그리고 근무일지는 3년간 보관한다(동조 제3항).
1) 동규칙 제22조(근무의 종류)
   지역경찰의 근무는 행정근무, 상황근무, 순찰근무, 경계근무, 대기근무, 기타근무로 구분한다.

2] 동규칙 제23조(행정근무)
　　행정근무를 지정받은 지역경찰은 지역경찰관서 내에서 다음 각호의 업무를 수행한다.
　　1. 문서의 접수 및 처리
　　2. 시설·장비의 관리 및 예산의 집행
　　3. 각종 현황, 통계, 자료, 부책 관리
　　4. 기타 행정업무 및 지역경찰관서장이 지시한 업무

3] 동규칙 제24조(상황근무)
　　① 상황근무를 지정받은 지역경찰은 지역경찰관서 및 치안센터 내에서 다음 각호의 업무를 수행한다.
　　1. 시설 및 장비의 작동여부 확인
　　2. 방문민원 및 각종 신고사건의 접수 및 처리
　　3. 요보호자 또는 피의자에 대한 보호·감시
　　4. 중요 사건·사고 발생시 보고 및 전파
　　5. 기타 필요한 문서의 작성

4] 동규칙 제25조(순찰근무)
　　① 순찰근무는 그 수단에 따라 112 순찰, 방범오토바이 순찰, 자전거 순찰 및 도보 순찰 등으로 구분한다.
　　② 112 순찰근무 및 야간 순찰근무는 반드시 2인 이상 합동으로 지정하여야 한다.
　　③ 순찰근무를 지정받은 지역경찰은 지정된 근무구역에서 다음 각호의 업무를 수행한다.
　　　　1. 주민여론 및 범죄첩보 수집
　　　　2. 각종 사건사고 발생시 초동조치 및 보고, 전파
　　　　3. 범죄 예방 및 위험발생 방지 활동
　　　　4. 범법자의 단속 및 검거
　　　　5. 경찰방문 및 방범진단
　　　　6. 통행인 및 차량에 대한 검문검색 등
　　④ 순찰근무를 할 때에는 다음 각호의 사항에 유의하여야 한다.
　　　　1. 문제의식을 가지고 면밀하게 관찰
　　　　2. 주민에 대한 정중하고 친절한 예우
　　　　3. 돌발 상황에 대한 대비 및 경계 철저
　　　　4. 지속적인 치안상황 확인 및 신속 대응

5] 동규칙 제26조(경계근무)
　　① 경계근무는 반드시 2인 이상 합동으로 지정하여야 한다.
　　② 경계근무를 지정받은 지역경찰은 지정된 장소에서 다음 각호의 업무를 수행한다.
　　　　1. 범법자 등을 단속·검거하기 위한 통행인 및 차량, 선박 등에 대한 검문검색 및 후속조치
　　　　2. 비상 및 작전사태 등 발생시 차량, 선박 등의 통행 통제

6] 동규칙 제27조(대기근무)
　　① 대기근무는 「경찰기관 상시근무 공무원의 근무시간 등에 관한 규칙」 제2조 제6호의 "대기"를 뜻한다.
　　② 대기근무의 장소는 지역경찰관서 및 치안센터 내로 한다. 단, 식사시간을 대기 근무로 지정한 경우에는 식사 장소를 대기 근무 장소로 지정할 수 있다.
　　③ 대기근무를 지정받은 지역경찰은 지정된 장소에서 휴식을 취하되, 무전기를 청취하며 10분 이내 출동이 가능한 상태를 유지하여야 한다.

7] 동규칙 제28조(기타근무)
　　① 기타근무란 제23조부터 제27조까지의 규정을 제외하고 치안상황에 효과적으로 대응하기 위하여 지역경찰 관리자가 지정하는 근무를 말한다.
　　② 기타근무의 근무내용 및 방법 등은 지역경찰관리자가 정한다.

정답 ④

07 「경범죄 처벌법」에 관한 설명 중 가장 적절하지 않은 것은? (23년 승진/실무종합)

① 경범죄를 짓도록 시키거나 도와준 사람은 죄를 지은 사람에 준하여 처벌한다.
② 범칙행위를 상습적으로 하는 사람은 범칙자에 해당하지 아니한다.
③ 음주소란, 지속적 괴롭힘, 거짓 인적사항을 사용한 사람은 10만원 이하의 벌금, 구류 또는 과료의 형으로 처벌한다.
④ 술에 취한 채로 관공서에서 몹시 거친 말과 행동으로 주정하거나 시끄럽게 한 사람은 100만원 이하의 벌금, 구류 또는 과료의 형으로 처벌한다.

해설

④ [X] 위와 같은 경우 60만원 이하의 벌금, 구류 또는 과료의 형으로 처벌한다.
① 죄를 짓도록 시키거나 도와준 사람은 죄를 지은 사람에 준하여 벌한다(제4조). 또한 사람을 벌할 때에는 그 사정과 형편을 헤아려서 그 형을 면제하거나 구류와 과료를 함께 과(科)할 수 있다(제5조).
② 동법 제6조 제2항 제1호
③ 동법 제3조 제1항(10만원 이하의 벌금, 구료 또는 과료) 제20호(음주소란), 제41호(지속적 괴롭힘), 제30호(거짓 인적사항 사용)

1] 다음 각호의 어느 하나에 해당하는 사람은 20만원 이하의 벌금, 구류 또는 과료의 형으로 처벌한다(동법 제3조 제2항).
1. (출판물의 부당게재 등) 올바르지 아니한 이익을 얻을 목적으로 다른 사람 또는 단체의 사업이나 사사로운 일에 관하여 신문, 잡지, 그 밖의 출판물에 어떤 사항을 싣거나 싣지 아니할 것을 약속하고 돈이나 물건을 받은 사람
2. (거짓 광고) 여러 사람에게 물품을 팔거나 나누어 주거나 일을 해주면서 다른 사람을 속이거나 잘못 알게 할 만한 사실을 들어 광고한 사람
3. (업무방해) 못된 장난 등으로 다른 사람, 단체 또는 공무수행 중인 자의 업무를 방해한 사람
4. (암표매매) 흥행장, 경기장, 역, 나루터, 정류장, 그 밖에 정하여진 요금을 받고 입장시키거나 승차 또는 승선시키는 곳에서 웃돈을 받고 입장권·승차권 또는 승선권을 다른 사람에게 되판 사람

2] 다음 각호의 어느 하나에 해당하는 사람은 60만원 이하의 벌금, 구류 또는 과료의 형으로 처벌한다(동법 제3조 제3항).
1. (관공서에서의 주취소란) 술에 취한 채로 관공서에서 몹시 거친 말과 행동으로 주정하거나 시끄럽게 한 사람
2. (거짓신고) 있지 아니한 범죄나 재해 사실을 공무원에게 거짓으로 신고한 사람

3] 동법 제6조(정의)
① 이 장에서 "범칙행위"란 제3조 제1항 각호 및 제2항 각호의 어느 하나에 해당하는 위반행위를 말하며, 그 구체적인 범위는 대통령령으로 정한다.
② 이 장에서 "범칙자"란 범칙행위를 한 사람으로서 다음 각호의 어느 하나에 해당하지 아니하는 사람을 말한다.
1. 범칙행위를 상습적으로 하는 사람
2. 죄를 지은 동기나 수단 및 결과를 헤아려볼 때 구류처분을 하는 것이 적절하다고 인정되는 사람
3. 피해자가 있는 행위를 한 사람
4. 18세 미만인 사람
③ 이 장에서 "범칙금"이란 범칙자가 제7조에 따른 통고처분에 따라 국고 또는 제주특별자치도의 금고에 납부하여야 할 금전을 말한다.

정답 ④

08 「경범죄 처벌법」에 대한 설명으로 가장 적절하지 않은 것은? (다툼이 있는 경우 판례에 의함)

(22년 승진/실무종합)

① 범칙행위를 한 사람이라도 18세 미만인 경우에는 범칙자에 해당하지 않는다.
② 주거지에서 음악 소리를 크게 내거나 큰 소리로 떠들어 이웃을 시끄럽게 하는 행위는 「경범죄 처벌법」상 '인근소란 등'에 해당한다.
③ '관공서에서의 주취소란'과 '거짓신고'의 법정형으로 볼 때, 두 경범죄의 경우에는 「형사소송법」 제214조(경미사건과 현행범인의 체포)에 해당되지 않아 범인의 주거가 분명하더라도 현행범인 체포가 가능하다.
④ '폭행 등 예비'와 '거짓 광고'는 10만원 이하의 벌금, 구류 또는 과료의 형으로 처벌한다.

 해설

④ [X] 거짓 광고의 경우에는 20만원 이하의 벌금, 구류 또는 과료의 형으로 처벌한다.
② 주거지에서 음악 소리를 크게 내거나 큰 소리로 떠들어 이웃을 시끄럽게 하는 행위는 경범죄 처벌법 제3조 제1항 제21호에서 경범죄로 정한 '인근소란 등'에 해당한다. 경찰관은 경찰관 직무집행법에 따라 경범죄에 해당하는 행위를 예방·진압·수사하고, 필요한 경우 제지할 수 있다. 또한 피고인이 자정에 가까운 한밤중에 음악을 크게 켜놓거나 소리를 지른 것은 경범죄 처벌법 제3조 제1항 제21호에서 금지하는 인근소란행위에 해당하고, 그로 인하여 인근 주민들이 잠을 이루지 못하게 될 수 있으며, 甲과 乙이 112신고를 받고 출동하여 눈앞에서 벌어지고 있는 범죄행위를 막고 주민들의 피해를 예방하기 위해 피고인을 만나려 하였으나 피고인은 문조차 열어주지 않고 소란행위를 멈추지 않았던 상황이라면 피고인의 행위를 제지하고 수사하는 것은 경찰관의 직무상 권한이자 의무라고 볼 수 있다. [대법원 2018. 12. 13. 선고, 2016도19417, 판결]

경/범/죄/의/종/류(동법 제3조)
① 다음 각호의 어느 하나에 해당하는 사람은 10만원 이하의 벌금, 구류 또는 과료(科料)의 형으로 처벌한다.
  1. (빈집 등에의 침입) 다른 사람이 살지 아니하고 관리하지 아니하는 집 또는 그 울타리·건조물(建造物)·배·자동차 안에 정당한 이유 없이 들어간 사람
  2. (흉기의 은닉휴대) 칼·쇠몽둥이·쇠톱 등 사람의 생명 또는 신체에 중대한 위해를 끼치거나 집이나 그 밖의 건조물에 침입하는 데에 사용될 수 있는 연장이나 기구를 정당한 이유 없이 숨겨서 지니고 다니는 사람
  3. (폭행 등 예비) 다른 사람의 신체에 위해를 끼칠 것을 공모(共謀)하여 예비행위를 한 사람이 있는 경우 그 공모를 한 사람
  4. 삭제 〈2013. 5. 22.〉
  5. (시체 현장변경 등) 사산아(死産兒)를 감추거나 정당한 이유 없이 변사체 또는 사산아가 있는 현장을 바꾸어 놓은 사람
  6. (도움이 필요한 사람 등의 신고불이행) 자기가 관리하고 있는 곳에 도움을 받아야 할 노인, 어린이, 장애인, 다친 사람 또는 병든 사람이 있거나 시체 또는 사산아가 있는 것을 알면서 이를 관계 공무원에게 지체 없이 신고하지 아니한 사람
  7. (관명사칭 등) 국내외의 공직(公職), 계급, 훈장, 학위 또는 그 밖에 법령에 따라 정하여진 명칭이나 칭호 등을 거짓으로 꾸며 대거나 자격이 없으면서 법령에 따라 정하여진 제복, 훈장, 기장 또는 기념장(記念章), 그 밖의 표장(標章) 또는 이와 비슷한 것을 사용한 사람
  8. (물품강매·호객행위) 요청하지 아니한 물품을 억지로 사라고 한 사람, 요청하지 아니한 일을 해주거나 재주 등을 부리고 그 대가로 돈을 달라고 한 사람 또는 여러 사람이 모이거나 다니는 곳에서 영업을 목적으로

떠들썩하게 손님을 부른 사람

9. (광고물 무단부착 등) 다른 사람 또는 단체의 집이나 그 밖의 인공구조물과 자동차 등에 함부로 광고물 등을 붙이거나 내걸거나 끼우거나 글씨 또는 그림을 쓰거나 그리거나 새기는 행위 등을 한 사람 또는 다른 사람이나 단체의 간판, 그 밖의 표시물 또는 인공구조물을 함부로 옮기거나 더럽히거나 훼손한 사람 또는 공공장소에서 광고물 등을 함부로 뿌린 사람

10. (마시는 물 사용방해) 사람이 마시는 물을 더럽히거나 사용하는 것을 방해한 사람

11. (쓰레기 등 투기) 담배꽁초, 껌, 휴지, 쓰레기, 죽은 짐승, 그 밖의 더러운 물건이나 못쓰게 된 물건을 함부로 아무 곳에나 버린 사람

12. (노상방뇨 등) 길, 공원, 그 밖에 여러 사람이 모이거나 다니는 곳에서 함부로 침을 뱉거나 대소변을 보거나 또는 그렇게 하도록 시키거나 개 등 짐승을 끌고 와서 대변을 보게 하고 이를 치우지 아니한 사람

13. (의식방해) 공공기관이나 그 밖의 단체 또는 개인이 하는 행사나 의식을 못된 장난 등으로 방해하거나 행사나 의식을 하는 자 또는 그 밖에 관계 있는 사람이 말려도 듣지 아니하고 행사나 의식을 방해할 우려가 뚜렷한 물건을 가지고 행사장 등에 들어간 사람

14. (단체가입 강요) 싫다고 하는데도 되풀이하여 단체 가입을 억지로 강요한 사람

15. (자연훼손) 공원·명승지·유원지나 그 밖의 녹지구역 등에서 풀·꽃·나무·돌 등을 함부로 꺾거나 캔 사람 또는 바위·나무 등에 글씨를 새기거나 하여 자연을 훼손한 사람

16. (타인의 가축·기계 등 무단조작) 다른 사람 또는 단체의 소나 말, 그 밖의 짐승 또는 매어 놓은 배·뗏목 등을 함부로 풀어 놓거나 자동차 등의 기계를 조작한 사람

17. (물길의 흐름 방해) 개천·도랑이나 그 밖의 물길의 흐름에 방해될 행위를 한 사람

18. (구걸행위 등) 다른 사람에게 구걸하도록 시켜 올바르지 아니한 이익을 얻은 사람 또는 공공장소에서 구걸을 하여 다른 사람의 통행을 방해하거나 귀찮게 한 사람

19. (불안감조성) 정당한 이유 없이 길을 막거나 시비를 걸거나 주위에 모여들거나 뒤따르거나 몹시 거칠게 겁을 주는 말이나 행동으로 다른 사람을 불안하게 하거나 귀찮고 불쾌하게 한 사람 또는 여러 사람이 이용하거나 다니는 도로·공원 등 공공장소에서 고의로 험악한 문신(文身)을 드러내어 다른 사람에게 혐오감을 준 사람

20. (음주소란 등) 공회당·극장·음식점 등 여러 사람이 모이거나 다니는 곳 또는 여러 사람이 타는 기차·자동차·배 등에서 몹시 거친 말이나 행동으로 주위를 시끄럽게 하거나 술에 취하여 이유 없이 다른 사람에게 주정한 사람

21. (인근소란 등) 악기·라디오·텔레비전·전축·종·확성기·전동기(電動機) 등의 소리를 지나치게 크게 내거나 큰소리로 떠들거나 노래를 불러 이웃을 시끄럽게 한 사람

22. (위험한 불씨 사용) 충분한 주의를 하지 아니하고 건조물, 수풀, 그 밖에 불붙기 쉬운 물건 가까이에서 불을 피우거나 휘발유 또는 그 밖에 불이 옮아붙기 쉬운 물건 가까이에서 불씨를 사용한 사람

23. (물건 던지기 등 위험행위) 다른 사람의 신체나 다른 사람 또는 단체의 물건에 해를 끼칠 우려가 있는 곳에 충분한 주의를 하지 아니하고 물건을 던지거나 붓거나 또는 쏜 사람

24. (인공구조물 등의 관리소홀) 무너지거나 넘어지거나 떨어질 우려가 있는 인공구조물이나 그 밖의 물건에 대하여 관계 공무원으로부터 고칠 것을 요구받고도 필요한 조치를 게을리하여 여러 사람을 위험에 빠트릴 우려가 있게 한 사람

25. (위험한 동물의 관리 소홀) 사람이나 가축에 해를 끼치는 버릇이 있는 개나 그 밖의 동물을 함부로 풀어놓거나 제대로 살피지 아니하여 나다니게 한 사람

26. (동물 등에 의한 행패 등) 소나 말을 놀라게 하여 달아나게 하거나 개나 그 밖의 동물을 시켜 사람이나 가축에게 달려들게 한 사람

27. (무단소등) 여러 사람이 다니거나 모이는 곳에 켜 놓은 등불이나 다른 사람 또는 단체가 표시를 하기 위하여 켜 놓은 등불을 함부로 끈 사람

28. (공중통로 안전관리소홀) 여러 사람이 다니는 곳에서 위험한 사고가 발생하는 것을 막을 의무가 있으면서도 등불을 켜 놓지 아니하거나 그 밖의 예방조치를 게을리한 사람
29. (공무원 원조불응) 눈·비·바람·해일·지진 등으로 인한 재해, 화재·교통사고·범죄, 그 밖의 급작스러운 사고가 발생하였을 때에 현장에 있으면서도 정당한 이유 없이 관계 공무원 또는 이를 돕는 사람의 현장출입에 관한 지시에 따르지 아니하거나 공무원이 도움을 요청하여도 도움을 주지 아니한 사람
30. (거짓 인적사항 사용) 성명, 주민등록번호, 등록기준지, 주소, 직업 등을 거짓으로 꾸며대고 배나 비행기를 타거나 인적사항을 물을 권한이 있는 공무원이 적법한 절차를 거쳐 묻는 경우 정당한 이유 없이 다른 사람의 인적사항을 자기의 것으로 거짓으로 꾸며댄 사람
31. (미신요법) 근거 없이 신기하고 용한 약방문인 것처럼 내세우거나 그 밖의 미신적인 방법으로 병을 진찰·치료·예방한다고 하여 사람들의 마음을 홀리게 한 사람
32. (야간통행제한 위반) 전시·사변·천재지변, 그 밖에 사회에 위험이 생길 우려가 있을 경우에 경찰청장이나 해양경찰청장이 정하는 야간통행제한을 위반한 사람
33. (과다노출) 공개된 장소에서 공공연하게 성기·엉덩이 등 신체의 주요한 부위를 노출하여 다른 사람에게 부끄러운 느낌이나 불쾌감을 준 사람
34. (지문채취 불응) 범죄 피의자로 입건된 사람의 신원을 지문조사 외의 다른 방법으로는 확인할 수 없어 경찰공무원이나 검사가 지문을 채취하려고 할 때에 정당한 이유 없이 이를 거부한 사람
35. (자릿세 징수 등) 여러 사람이 모이거나 쓸 수 있도록 개방된 시설 또는 장소에서 좌석이나 주차할 자리를 잡아 주기로 하거나 잡아주면서, 돈을 받거나 요구하거나 돈을 받으려고 다른 사람을 귀찮게 따라다니는 사람
36. (행렬방해) 공공장소에서 승차·승선, 입장·매표 등을 위한 행렬에 끼어들거나 떠밀거나 하여 그 행렬의 질서를 어지럽힌 사람
37. (무단출입) 출입이 금지된 구역이나 시설 또는 장소에 정당한 이유 없이 들어간 사람
38. (총포 등 조작장난) 여러 사람이 모이거나 다니는 곳에서 충분한 주의를 하지 아니하고 총포, 화약류, 그 밖에 폭발의 우려가 있는 물건을 다루거나 이를 가지고 장난한 사람
39. (무임승차 및 무전취식) 영업용 차 또는 배 등을 타거나 다른 사람이 파는 음식을 먹고 정당한 이유 없이 제 값을 치르지 아니한 사람
40. (장난전화 등) 정당한 이유 없이 다른 사람에게 전화·문자메시지·편지·전자우편·전자문서 등을 여러 차례 되풀이하여 괴롭힌 사람
41. (지속적 괴롭힘) 상대방의 명시적 의사에 반하여 지속적으로 접근을 시도하여 면회 또는 교제를 요구하거나 지켜보기, 따라다니기, 잠복하여 기다리기 등의 행위를 반복하여 하는 사람

② 다음 각호의 어느 하나에 해당하는 사람은 20만원 이하의 벌금, 구류 또는 과료의 형으로 처벌한다.
1. (출판물의 부당게재 등) 올바르지 아니한 이익을 얻을 목적으로 다른 사람 또는 단체의 사업이나 사사로운 일에 관하여 신문, 잡지, 그 밖의 출판물에 어떤 사항을 싣거나 싣지 아니할 것을 약속하고 돈이나 물건을 받은 사람
2. (거짓 광고) 여러 사람에게 물품을 팔거나 나누어 주거나 일을 해주면서 다른 사람을 속이거나 잘못 알게 할 만한 사실을 들어 광고한 사람
3. (업무방해) 못된 장난 등으로 다른 사람, 단체 또는 공무수행 중인 자의 업무를 방해한 사람
4. (암표매매) 흥행장, 경기장, 역, 나루터, 정류장, 그 밖에 정하여진 요금을 받고 입장시키거나 승차 또는 승선시키는 곳에서 웃돈을 받고 입장권·승차권 또는 승선권을 다른 사람에게 되판 사람

③ 다음 각호의 어느 하나에 해당하는 사람은 60만원 이하의 벌금, 구류 또는 과료의 형으로 처벌한다.
1. (관공서에서의 주취소란) 술에 취한 채로 관공서에서 몹시 거친 말과 행동으로 주정하거나 시끄럽게 한 사람
2. (거짓신고) 있지 아니한 범죄나 재해 사실을 공무원에게 거짓으로 신고한 사람

정답 ④

09 「경비업법」에 관한 설명으로 가장 적절하지 않은 것은? (24년 승진/실무종합)

① 주주총회와 관련하여 이해대립이 있어 다툼이 있는 장소, 100명 이상의 사람이 모이는 국제·문화·예술·체육 행사장, 「행정대집행법」에 따라 대집행을 하는 장소는 집단민원현장에 해당한다.

② 경비업을 영위하고자 하는 법인은 도급받아 행하고자 하는 경비업무를 특정하여 그 법인의 주사무소의 소재지를 관할하는 시·도경찰청장의 허가를 받아야 한다.

③ 금고 이상의 형의 선고유예를 받고 그 유예기간 중에 있는 자는 경비지도사의 결격사유에 해당한다.

④ 경비업의 허가를 받으려는 법인이 갖추어야 할 요건 중 시설 경비업무의 경비인력 요건은 경비원 10명 이상 및 경비지도사 1명 이상이다.

> 해설

③ 경비지도사 및 일반경비원은 금고 이상의 형의 집행유예를 받고 그 유예기간 중에 있는 자가 결격사유에 해당한다. 금고 이상의 형의 선고유예를 받고 그 유예기간중에 있는 자는 특수경비원의 결격사유에 해당한다.

1] **제2조**(정의) 이 법에서 사용하는 용어의 정의는 다음과 같다.
   1. "경비업"이라 함은 다음 각목의 1에 해당하는 업무(경비업무)의 전부 또는 일부를 도급받아 행하는 영업을 말한다.
      가. 시설경비업무 : 경비를 필요로 하는 시설 및 장소(경비대상시설)에서의 도난·화재 그 밖의 혼잡 등으로 인한 위험발생을 방지하는 업무
      나. 호송경비업무 : 운반중에 있는 현금·유가증권·귀금속·상품 그 밖의 물건에 대하여 도난·화재 등 위험발생을 방지하는 업무
      다. 신변보호업무 : 사람의 생명이나 신체에 대한 위해의 발생을 방지하고 그 신변을 보호하는 업무
      라. 기계경비업무 : 경비대상시설에 설치한 기기에 의하여 감지·송신된 정보를 그 경비대상시설외의 장소에 설치한 관제시설의 기기로 수신하여 도난·화재 등 위험발생을 방지하는 업무
      마. 특수경비업무 : 공항(항공기를 포함한다) 등 대통령령이 정하는 국가중요시설의 경비 및 도난·화재 그 밖의 위험발생을 방지하는 업무
   2. "경비지도사"라 함은 경비원을 지도·감독 및 교육하는 자를 말하며 일반경비지도사와 기계경비지도사로 구분한다.
   3. "경비원"이라 함은 제4조제1항의 규정에 의하여 경비업의 허가를 받은 법인(경비업자)이 채용한 고용인으로서 다음 각목의 1에 해당하는 자를 말한다.
      가. 일반경비원 : 제1호 가목 내지 라목의 경비업무를 수행하는 자
      나. 특수경비원 : 제1호 마목의 경비업무를 수행하는 자
   4. "무기"라 함은 인명 또는 신체에 위해를 가할 수 있도록 제작된 권총·소총 등을 말한다.
   5. "집단민원현장"이란 다음 각 목의 장소를 말한다.
      가. 「노동조합 및 노동관계조정법」에 따라 노동관계 당사자가 노동쟁의 조정신청을 한 사업장 또는 쟁의행위가 발생한 사업장
      나. 「도시 및 주거환경정비법」에 따른 정비사업과 관련하여 이해대립이 있어 다툼이 있는 장소
      다. 특정 시설물의 설치와 관련하여 민원이 있는 장소
      라. 주주총회와 관련하여 이해대립이 있어 다툼이 있는 장소

마. 건물·토지 등 부동산 및 동산에 대한 소유권·운영권·관리권·점유권 등 법적 권리에 대한 이해대립이 있어 다툼이 있는 장소
바. 100명 이상의 사람이 모이는 국제·문화·예술·체육 행사장
사. 「행정대집행법」에 따라 대집행을 하는 장소

2] **제3조**(법인) 경비업은 법인이 아니면 이를 영위할 수 없다.

3] **제4조**(경비업의 허가)
① 경비업을 영위하고자 하는 법인은 도급받아 행하고자 하는 경비업무를 특정하여 그 법인의 주사무소의 소재지를 관할하는 시·도경찰청장의 허가를 받아야 한다. 도급받아 행하고자 하는 경비업무를 변경하는 경우에도 또한 같다.
② 제1항에 따른 허가를 받으려는 법인은 다음 각호의 요건을 갖추어야 한다.
　1. 대통령령으로 정하는 1억원 이상의 자본금의 보유
　2. 다음 각 목의 경비인력 요건
　　가. 시설경비업무: 경비원 10명 이상 및 경비지도사 1명 이상
　　나. 시설경비업무 외의 경비업무: 대통령령으로 정하는 경비인력
　3. 제2호의 경비인력을 교육할 수 있는 교육장을 포함하여 대통령령으로 정하는 시설과 장비의 보유
　4. 그 밖에 경비업무 수행을 위하여 대통령령으로 정하는 사항

4] **제10조**(경비지도사 및 경비원의 결격사유)
① 다음 각호의 어느 하나에 해당하는 자는 경비지도사 또는 일반경비원이 될 수 없다.
　1. 18세 미만인 사람 또는 피성년후견인
　2. 파산선고를 받고 복권되지 아니한 자
　3. 금고 이상의 실형의 선고를 받고 그 집행이 종료(집행이 종료된 것으로 보는 경우를 포함한다)되거나 집행이 면제된 날부터 5년이 지나지 아니한 자
　4. **금고 이상의 형의 집행유예선고를 받고 그 유예기간중에 있는 자**
　5. 다음 각 목의 어느 하나에 해당하는 죄를 범하여 벌금형을 선고받은 날부터 10년이 지나지 아니하거나 금고 이상의 형을 선고받고 그 집행이 종료된(종료된 것으로 보는 경우를 포함한다) 날 또는 집행이 유예·면제된 날부터 10년이 지나지 아니한 자
　　가. 「형법」 제114조의 죄
　　나. 「폭력행위 등 처벌에 관한 법률」 제4조의 죄
　　다. 「형법」 제297조, 제297조의2, 제298조부터 제301조까지, 제301조의2, 제302조, 제303조, 제305조, 제305조의2의 죄
　　라. 「성폭력범죄의 처벌 등에 관한 특례법」 제3조부터 제11조까지 및 제15조(제3조부터 제9조까지의 미수범만 해당한다)의 죄
　　마. 「아동·청소년의 성보호에 관한 법률」 제7조 및 제8조의 죄
　　바. 다목부터 마목까지의 죄로서 다른 법률에 따라 가중처벌되는 죄
　6. 다음 각 목의 어느 하나에 해당하는 죄를 범하여 벌금형을 선고받은 날부터 5년이 지나지 아니하거나 금고 이상의 형을 선고받고 그 집행이 유예된 날부터 5년이 지나지 아니한 자
　　가. 「형법」 제329조부터 제331조까지, 제331조의2 및 제332조부터 제343조까지의 죄
　　나. 가목의 죄로서 다른 법률에 따라 가중처벌되는 죄
　7. 제5호 다목부터 바목까지의 어느 하나에 해당하는 죄를 범하여 치료감호를 선고받고 그 집행이 종료된 날 또는 집행이 면제된 날부터 10년이 지나지 아니한 자 또는 제6호 각 목의 어느 하나에 해당하는 죄를 범하여 치료감호를 선고받고 그 집행이 면제된 날부터 5년이 지나지 아니한 자
　8. 이 법이나 이 법에 따른 명령을 위반하여 벌금형을 선고받은 날부터 5년이 지나지 아니하거나 금고 이상의 형을 선고받고 그 집행이 유예된 날부터 5년이 지나지 아니한 자
② 다음 각호의 어느 하나에 해당하는 자는 특수경비원이 될 수 없다.

1. 18세 미만이거나 60세 이상인 사람 또는 피성년후견인
2. 심신상실자, 알코올 중독자 등 대통령령으로 정하는 정신적 제약이 있는 자
3. 제1항제2호부터 제8호까지의 어느 하나에 해당하는 자
4. **금고 이상의 형의 선고유예를 받고 그 유예기간중에 있는 자**
5. 행정안전부령으로 정하는 신체조건에 미달되는 자

 ③

10 실종아동등에 대한 설명으로 가장 적절하지 <u>않은</u> 것은? (22년 승진/실무종합)

① 「실종아동등 및 가출인 업무처리 규칙」상 '장기실종아동등'이란 보호자로부터 신고를 접수한 지 48시간이 경과한 후에도 발견되지 않은 찾는 실종아동등을 말한다.

② 「실종아동등 및 가출인 업무처리 규칙」상 '발견지'는 실종아동 등 또는 가출인을 발견하여 보호 중인 장소를 말하며, 발견한 장소와 보호 중인 장소가 서로 다른 경우에는 발견한 장소를 말한다.

③ 「실종아동등 및 가출인 업무처리 규칙」상 경찰관서의 장은 실종아동등 또는 가출인에 대한 신고를 접수한 후, 신고대상자가 수사기관으로부터 지명수배 또는 지명통보된 사람에 해당하는 경우에는 신고 내용을 실종아동등 프로파일링시스템에 입력하지 않을 수 있다.

④ 「실종아동등의 보호 및 지원에 관한 법률」상 경찰관서의 장은 실종아동등(범죄로 인한 경우 제외)의 조속한 발견을 위하여 「위치정보의 보호 및 이용 등에 관한 법률」에 따른 개인위치 정보사업자에게 실종아동등의 위치 확인에 필요한 개인위치정보 등의 제공을 요청할 수 있다.

해설

② 발견지란 실종아동등 또는 가출인을 발견하여 보호 중인 장소를 말하며, 발견한 장소와 보호 중인 장소가 서로 다른 경우에는 보호 중인 장소를 말한다. 그리고 발생지란 실종아동등 및 가출인이 실종·가출 전 최종적으로 목격되었거나 목격되었을 것으로 추정하여 신고자 등이 진술한 장소를 말하며, 신고자 등이 최종 목격 장소를 진술하지 못하거나, 목격되었을 것으로 추정되는 장소가 대중교통시설 등일 경우 또는 실종·가출 발생 후 1개월이 경과한 때에는 실종아동등 및 가출인의 실종 전 최종 주거지를 말한다.

| 보충 |

1] 정의(제2조) 이 규칙에서 사용하는 용어의 뜻은 다음과 같다.
1. "아동등"이란「실종아동등의 보호 및 지원에 관한 법률」제2조제1호에 따른 실종 당시 18세 미만 아동, 지적·자폐성·정신장애인, 치매환자를 말한다.
2. "실종아동등"이란 법 제2조제2호에 따른 사유로 인하여 보호자로부터 이탈된 아동등을 말한다.
3. "찾는실종아동등"이란 보호자가 찾고 있는 실종아동등을 말한다.
4. "보호실종아동등"이란 보호자가 확인되지 않아 경찰관이 보호하고 있는 실종아동등을 말한다.
5. "장기실종아동등"이란 보호자로부터 신고를 접수한 지 48시간이 경과한 후에도 발견되지 않은 찾는실종아동등을 말한다.
6. "가출인"이란 신고 당시 보호자로부터 이탈된 18세 이상의 사람을 말한다.
7. "발생지"란 실종아동등 및 가출인이 실종·가출 전 최종적으로 목격되었거나 목격되었을 것으로 추정하여

신고자 등이 진술한 장소를 말하며, 신고자 등이 최종 목격 장소를 진술하지 못하거나, 목격되었을 것으로 추정되는 장소가 대중교통시설 등일 경우 또는 실종·가출 발생 후 1개월이 경과한 때에는 실종아동등 및 가출인의 실종 전 최종 주거지를 말한다.
8. "발견지"란 실종아동등 또는 가출인을 발견하여 보호 중인 장소를 말하며, 발견한 장소와 보호 중인 장소가 서로 다른 경우에는 보호 중인 장소를 말한다.
9. "국가경찰 수사 범죄"란 「자치경찰사무와 시·도자치경찰위원회의 조직 및 운영 등에 관한 규정」 제3조제1호부터 제5호까지 또는 제6호나목의 범죄가 아닌 범죄를 말한다.
10. "실종·유괴경보 문자메시지"란 실종·유괴경보가 발령된 경우「실종아동등의 보호 및 지원에 관한 법률 시행령」제4조의5제7항에 따른 공개정보를 시민들에게 널리 알리기 위하여 휴대폰에 전달하는 문자메시지를 말한다.

2] 정보시스템의 운영(제6조)
① 경찰청 생활안전국장은 법(실종아동등 보호 및 지원에 관한 법률) 제8조의2 제1항에 따른 정보시스템으로 실종아동등 프로파일링시스템 및 실종아동찾기센터 홈페이지(인터넷 안전드림)를 운영한다.
② 실종아동등 프로파일링시스템은 경찰관서 내에서만 사용할 수 있도록 제한하고, 인터넷 안전드림은 누구든 사용할 수 있도록 공개하는 등 분리하여 운영한다. 다만, 자료의 전송 등을 위해 필요한 경우 상호 연계할 수 있다.
③ 경찰관서의 장은 실종아동등 프로파일링시스템에 업무담당자 등 필요하다고 인정되는 사람만 접근할 수 있도록 권한을 부여하는 등의 방법으로 통제·관리하여야 한다.
④ 인터넷 안전드림은 실종아동등의 신고 또는 예방·홍보 등과 관련된 정보를 제공한다.

3] 정보시스템 입력대상 및 정보 관리(제7조)
① 실종아동등 프로파일링시스템에 입력하는 대상은 다음 각호와 같다.
  1. 실종아동등
  2. 가출인
  3. 보호시설 입소자 중 보호자가 확인되지 않는 사람(보호시설 무연고자)
② 경찰관서의 장은 실종아동등 또는 가출인에 대한 신고를 접수한 후 신고대상자가 다음 각 호의 어느 하나에 해당하는 경우에는 신고 내용을 실종아동등 프로파일링시스템에 입력하지 않을 수 있다.
  1. 채무관계 해결, 형사사건 당사자 소재 확인 등 실종아동등 및 가출인 발견 외 다른 목적으로 신고된 사람
  2. <u>수사기관으로부터 지명수배 또는 지명통보된 사람</u>
  3. 허위로 신고된 사람
  4. 보호자가 가출 시 동행한 아동등
  5. 그 밖에 신고내용을 종합하였을 때 명백히 제1항에 따른 입력대상이 아니라고 판단되는 사람
③ 실종아동등 프로파일링시스템에 등록된 자료의 보존기간은 다음 각호와 같다. 다만, 대상자가 사망하거나 보호자가 삭제를 요구한 경우는 즉시 삭제하여야 한다.
  1. 발견된 18세 미만 아동 및 가출인 : 수배 해제 후로부터 5년간 보관
  2. 발견된 지적·자폐성·정신장애인 등 및 치매환자 : 수배 해제 후로부터 10년간 보관
  3. 미발견자 : 소재 발견 시까지 보관
  4. 보호시설 무연고자 : 본인 요청 시
④ 경찰관서의 장은 본인 또는 보호자의 동의를 받아 실종아동등 프로파일링시스템에서 데이터베이스로 관리하는 실종아동등 및 보호시설 무연고자 자료를 인터넷 안전드림에 공개할 수 있다.

⑤ 경찰관서의 장은 다음 각호의 어느 하나에 해당하는 때에는 지체 없이 인터넷 안전드림에 공개된 자료를 삭제하여야 한다.
  1. 찾는실종아동등을 발견한 때
  2. 보호실종아동등 또는 보호시설 무연고자의 보호자를 확인한 때
  3. 본인 또는 보호자가 공개된 자료의 삭제를 요청하는 때
⑥ 실종아동등 또는 가출인에 대한 신고를 접수하거나, 실종아동등 프로파일링시스템에 신고 내용이 입력되어 있는 것을 확인한 경찰관은 보호자가 요청하는 경우에는 별지 제1호서식의 신고접수증을 발급할 수 있다.

정답 ②

11 「아동·청소년의 성보호에 관한 법률」에 대한 설명으로 가장 적절하지 않은 것은? (다툼이 있는 경우 판례에 의함)
(21년 승진/실무종합)

① 아동·청소년이 이미 성매매 의사를 가지고 있었던 경우에도 그러한 아동·청소년에게 금품이나 그 밖의 재산상 이익, 직무·편의제공 등 대가를 제공하거나 약속하는 등의 방법으로 성을 팔도록 권유하는 행위는 동법에서 말하는 '성을 팔도록 권유하는 행위'에 포함된다.

② 아동·청소년의 '성을 사는 행위'를 알선하는 행위를 업으로 하는 사람이 알선의 대상이 아동·청소년임을 인식하면서 알선행위를 하였더라도, 아동·청소년의 성을 사는 행위를 한 사람이 상대방이 아동·청소년임을 인식하지 못하였다면 「아동·청소년의 성보호에 관한 법률」 위반으로 처벌할 수 없다.

③ 성을 사는 행위를 알선하는 행위를 업으로 하는 자가 성매매알선을 위한 종업원을 고용하면서 고용대상자에 대하여 연령확인의무 이행을 다하지 아니한 채 아동·청소년을 고용하였다면, 특별한 사정이 없는 한 적어도 아동·청소년의 성을 사는 행위의 알선에 관한 미필적 고의는 인정된다.

④ 아동·청소년의 성을 사기 위하여 아동·청소년을 유인하거나 성을 팔도록 권유한 행위(동법 제13조 제2항)는 미수범 처벌규정이 없다.

해설

① [O] [대법원 2011도3934]
② [X] 청소년성보호법은 성매매의 대상이 된 아동·청소년을 보호·구제하려는 데 입법 취지가 있고, 청소년성보호법에서 '아동·청소년의 성매매 행위'가 아닌 '아동·청소년의 성을 사는 행위'라는 용어를 사용한 것은 아동·청소년은 보호대상에 해당하고 성매매의 주체가 될 수 없어 아동·청소년의 성을 사는 사람을 주체로 표현한 것이다. 그리고 아동·청소년의 성을 사는 행위를 알선하는 행위를 업으로 하는 사람이 그 알선의 대상이 아동·청소년임을 인식하면서 위와 같은 알선행위를 하였다면, 그 알선행위로 아동·청소년의 성을 사는 행위를 한 사람이 그 행위의 상대방이 아동·청소년임을 인식하고 있었는지 여부는 위와 같은 알선행위를 한 사람의 책임에 영향을 미칠 이유가 없다. 따라서 아동·청소년의 성을 사는 행위를 알선하는 행위를 업으로 하여 청소년성보호법 제15조 제1항 제2호의 위반죄가 성립하기 위해서는 그러한 알선행위를 업으로 하는 사람이

아동·청소년을 알선의 대상으로 삼아 그 성을 사는 행위를 알선한다는 것을 인식하여야 하지만, 이에 더하여 위와 같은 알선행위로 아동·청소년의 성을 사는 행위를 한 사람이 그 행위의 상대방이 아동·청소년임을 인식하여야 한다고 볼 수는 없다. [대법원 2016. 2. 18. 선고, 2015도15664, 판결]
③ [O] [대법원 2014도5173]
④ [O] 하지만, 영업으로 아동·청소년을 아동·청소년의 성을 사는 행위의 상대방이 되도록 유인·권유한 자에 대한 미수범 처벌규정은 있다.

| 보충 |

1] 동법 제25조의2(아동·청소년대상 디지털 성범죄의 수사 특례)
  ① 사법경찰관리는 다음 각호의 어느 하나에 해당하는 범죄(디지털 성범죄)에 대하여 신분을 비공개하고 범죄현장(정보통신망을 포함) 또는 범인으로 추정되는 자들에게 접근하여 범죄행위의 증거 및 자료 등을 수집(신분비공개수사)할 수 있다.
    1. 제11조 및 제15조의2의 죄
    2. 아동·청소년에 대한「성폭력범죄의 처벌 등에 관한 특례법」제14조제2항 및 제3항의 죄
  ② 사법경찰관리는 디지털 성범죄를 계획 또는 실행하고 있거나 실행하였다고 의심할 만한 충분한 이유가 있고, 다른 방법으로는 그 범죄의 실행을 저지하거나 범인의 체포 또는 증거의 수집이 어려운 경우에 한정하여 수사 목적을 달성하기 위하여 부득이한 때에는 다음 각 호의 행위(신분위장수사)를 할 수 있다.
    1. 신분을 위장하기 위한 문서, 도화 및 전자기록 등의 작성, 변경 또는 행사
    2. 위장 신분을 사용한 계약·거래
    3. 아동·청소년성착취물 또는「성폭력범죄의 처벌 등에 관한 특례법」제14조제2항의 촬영물 또는 복제물(복제물의 복제물을 포함)의 소지, 판매 또는 광고
  ③ 제1항에 따른 수사의 방법 등에 필요한 사항은 대통령령으로 정한다.

2] 동법 제25조의3(아동·청소년대상 디지털 성범죄 수사 특례의 절차)
  ① 사법경찰관리가 신분비공개수사를 진행하고자 할 때에는 사전에 상급 경찰관서 수사부서의 장의 승인을 받아야 한다. 이 경우 그 수사기간은 3개월을 초과할 수 없다.
  ② 제1항에 따른 승인의 절차 및 방법 등에 필요한 사항은 대통령령으로 정한다.
  ③ 사법경찰관리는 신분위장수사를 하려는 경우에는 검사에게 신분위장수사에 대한 허가를 신청하고, 검사는 법원에 그 허가를 청구한다.
  ④ 제3항의 신청은 필요한 신분위장수사의 종류·목적·대상·범위·기간·장소·방법 및 해당 신분위장수사가 제25조의2제2항의 요건을 충족하는 사유 등의 신청사유를 기재한 서면으로 하여야 하며, 신청사유에 대한 소명자료를 첨부하여야 한다.
  ⑤ 법원은 제3항의 신청이 이유 있다고 인정하는 경우에는 신분위장수사를 허가하고, 이를 증명하는 서류(허가서)를 신청인에게 발부한다.
  ⑥ 허가서에는 신분위장수사의 종류·목적·대상·범위·기간·장소·방법 등을 특정하여 기재하여야 한다.
  ⑦ 신분위장수사의 기간은 3개월을 초과할 수 없으며, 그 수사기간 중 수사의 목적이 달성되었을 경우에는 즉시 종료하여야 한다.
  ⑧ 제7항에도 불구하고 제25조의2제2항의 요건이 존속하여 그 수사기간을 연장할 필요가 있는 경우에는 사법경찰관리는 소명자료를 첨부하여 3개월의 범위에서 수사기간의 연장을 검사에게 신청하고, 검사는 법원에 그 연장을 청구한다. 이 경우 신분위장수사의 총 기간은 1년을 초과할 수 없다.

3] 동법 제25조의4(아동·청소년대상 디지털 성범죄에 대한 긴급 신분위장수사)
  ① 사법경찰관리는 제25조의2제2항의 요건을 구비하고, 제25조의3제3항부터 제8항까지에 따른 절차를 거칠 수 없는 긴급을 요하는 때에는 법원의 허가 없이 신분위장수사를 할 수 있다.
  ② 사법경찰관리는 제1항에 따른 신분위장수사 개시 후 지체 없이 검사에게 허가를 신청하여야 하고, 사법경찰관리는 48시간 이내에 법원의 허가를 받지 못한 때에는 즉시 신분위장수사를 중지하여야 한다.

③ 제1항 및 제2항에 따른 신분위장수사 기간에 대해서는 제25조의3제7항 및 제8항을 준용한다.
4) 동법 제25조의5(아동·청소년대상 디지털 성범죄에 대한 신분비공개수사 또는 신분위장수사로 수집한 증거 및 자료 등의 사용제한) 사법경찰관리가 제25조의2부터 제25조의4까지에 따라 수집한 증거 및 자료 등은 다음 각호의 어느 하나에 해당하는 경우 외에는 사용할 수 없다.
  1. 신분비공개수사 또는 신분위장수사의 목적이 된 디지털 성범죄나 이와 관련되는 범죄를 수사·소추하거나 그 범죄를 예방하기 위하여 사용하는 경우
  2. 신분비공개수사 또는 신분위장수사의 목적이 된 디지털 성범죄나 이와 관련되는 범죄로 인한 징계절차에 사용하는 경우
  3. 증거 및 자료 수집의 대상자가 제기하는 손해배상청구소송에서 사용하는 경우
  4. 그 밖에 다른 법률의 규정에 의하여 사용하는 경우
5) 동법 제25조의6(국가경찰위원회와 국회의 통제)
  ① 「국가경찰과 자치경찰의 조직 및 운영에 관한 법률」 제16조제1항에 따른 국가수사본부장은 신분비공개수사가 종료된 즉시 대통령령으로 정하는 바에 따라 같은 법 제7조제1항에 따른 국가경찰위원회에 수사 관련 자료를 보고하여야 한다.
  ② 국가수사본부장은 대통령령으로 정하는 바에 따라 국회 소관 상임위원회에 신분비공개수사 관련 자료를 반기별로 보고하여야 한다.

정답 ②

12 「112치안종합상황실 운영 및 신고처리 규칙」에 관한 내용 중 가장 적절하지 않은 것은?

(23년 승진/실무종합)

① 즉각적인 현장조치는 불필요하나 수사, 전문상담 등이 필요한 경우 112신고의 분류 중 code 3 신고로 분류한다.
② 현장 출동 경찰관은 접수자가 112신고의 대응코드를 분류한 경우라도 추가 사실을 확인하여 코드를 변경할 수 있다.
③ 112요원은 사건이 해결된 경우라면 타 부서의 계속적 조치가 필요하더라도 별도의 인계없이 112신고처리를 종결할 수 있다.
④ 112신고의 처리와 관련하여 출동요소는 현장 상황이 급박하여 신속한 현장 조치가 필요한 경우 우선 조치 후 보고할 수 있다.

해설

1) 제9조(112신고의 분류)
  ① 112요원은 초기 신고내용을 최대한 합리적으로 판단하여 112신고를 분류하여 업무처리를 한다.
  ② 접수자는 신고내용을 토대로 사건의 긴급성과 출동필요성에 따라 다음 각 호와 같이 112신고의 대응코드를 분류한다.
    1. code 0 신고 : code 1 신고 중 이동성 범죄, 강력범죄 현행범인 등 실시간 전파가 필요한 경우
    2. code 1 신고 : 생명·신체에 대한 위험 발생이 임박, 진행 중, 직후인 경우 또는 현행범인인 경우
    3. code 2 신고 : 생명·신체에 대한 잠재적 위험이 있는 경우 또는 범죄예방 등을 위해 필요한 경우

4. code 3 신고 : 즉각적인 현장조치는 불필요하나 수사, 전문상담 등이 필요한 경우
5. code 4 신고 : 긴급성이 없는 민원·상담 신고

③ 접수자는 불완전 신고로 인해 정확한 신고내용을 파악하기 힘든 경우라도 신속한 처리를 위해 우선 임의의 코드로 분류하여 하달 할 수 있다.

④ 시·도경찰청·경찰서 지령자 및 현장 출동 경찰관은 접수자가 제2항부터 제3항과 같이 코드를 분류한 경우라도 추가 사실을 확인하여 코드를 변경할 수 있다.

2] 제10조(지령)

① 112요원은 접수한 신고 내용이 code 0 신고부터 code 3 신고의 유형에 해당하는 경우에는 1개 이상의 출동요소에 출동장소, 신고내용, 신고유형 등을 고지하고 처리하도록 지령해야 한다.

② 112요원은 접수한 신고의 내용이 code 4 신고의 유형에 해당하는 경우에는 출동요소에 지령하지 않고 자체 종결하거나, 소관기관이나 담당 부서에 신고내용을 통보하여 처리하도록 조치해야 한다.

3] 제14조(현장출동)

① 제10조제1항의 지령을 받은 출동요소는 신고유형에 따라 다음 각호의 기준에 따라 현장에 출동해야 한다.
1. code 0 신고, code 1 신고 : code 2 신고, code 3 신고의 처리 및 다른 업무에 우선하여 최우선 출동
2. code 2 신고 : code 0 신고, code 1 신고의 처리 및 다른 중요한 업무에 지장을 초래하지 않는 범위 내에서 출동
3. code 3 신고 : 당일 근무시간 내에 출동

② 제1항제1호에 따른 출동을 하는 출동요소는 소관업무나 관할 등을 이유로 출동을 거부하거나 지연 출동해서는 아니된다.

③ 모든 출동요소는 사건 장소와의 거리, 사건의 유형 등을 고려하여 신고 대응에 가장 적합한 상태에 있다고 판단될 경우 별도의 출동 지령이 없더라도 스스로 출동의사를 밝히고 출동하는 등 112신고에 적극적으로 대응해야 한다.

4] 제15조(현장보고)

① 112신고의 처리와 관련하여 출동요소는 다음의 기준에 따라 현장상황을 112치안종합상황실로 보고해야 한다.
1. 최초보고 : 출동요소가 112신고 현장에 도착한 즉시 도착 사실과 함께 간략한 현장의 상황을 보고
2. 수시보고 : 현장 상황에 변화가 발생하거나 현장조치에 지원이 필요한 경우 수시로 보고
3. 종결보고 : 현장 초동조치가 종결된 경우 확인된 사건의 진상, 사건의 처리내용 및 결과 등을 상세히 보고

② 제1항에도 불구하고 현장 상황이 급박하여 신속한 현장 조치가 필요한 경우 우선 조치 후 보고할 수 있다.

5] 제18조(112신고처리의 종결) 112요원은 다음 각 호의 경우 112신고처리를 종결할 수 있다. **다만, 타 부서의 계속적 조치가 필요한 경우 해당부서에 사건을 인계한 이후 종결해야 한다.**
1. 사건이 해결된 경우
2. 신고자가 신고를 취소한 경우. 다만, 신고자와 취소자가 동일인인지 여부 및 취소의 사유 등을 파악하여 신고취소의 진의 여부를 확인해야 한다.
3. 추가적 수사의 필요 등으로 사건 해결에 장시간이 소요되어 해당 부서로 인계하여 처리하는 것이 효과적인 경우
4. 허위·오인으로 인한 신고 또는 경찰 소관이 아닌 내용의 사건으로 확인된 경우
5. 현장에 출동하였으나 사건 내용을 확인할 수 없으며, 사건이 실제 발생하였다는 사실도 확인되지 않는 경우
6. 그 밖에 상황관리관, 112치안종합상황실(팀)장이 초동조치가 종결된 것으로 판단하는 경우

정답 ③

13 「112치안종합상황실 운영 및 신고처리 규칙」에 관한 설명으로 가장 적절한 것은?

(24년 승진/실무종합)

① 112신고 접수 및 무선지령내용 녹음자료는 24시간 녹음하고 2개월간 보존한다.
② 접수자는 신고내용을 토대로 강력범죄 현행범인 등 실시간 전파가 필요한 경우에는 112신고의 대응코드 중 code 1 신고로 분류한다.
③ 접수자는 불완전 신고로 인해 정확한 신고내용을 파악하기 힘든 경우라도 신속한 처리를 위해 우선 임의의 코드로 분류하여 하달할 수 있다.
④ 112요원은 접수한 신고의 내용이 code 3 신고의 유형에 해당하는 경우에는 출동요소에 지령하지 않고 자체 종결하거나, 소관기관이나 담당 부서에 신고내용을 통보하여 처리하도록 조치해야 한다.

해설

① 24시간 녹음하고 3개월간 보존
② code 0(실시간 전파가 필요한 경우)
④ code 4(긴급성이 없는 민원, 상담 신고)

「112치안종합상황실 운영 및 신고처리 규칙」
1] 제6조(근무자 선발 원칙 및 근무기간)
  ① 시·도경찰청장 및 경찰서장은 112요원을 배치할 때에는 관할구역 내 지리감각, 언어 능력 및 상황 대처능력이 뛰어난 경찰공무원을 선발·배치해야 한다.
  ② 112요원의 근무기간은 2년 이상으로 한다.
  ③ 시·도경찰청장 및 경찰서장은 보임·전출입 등 인사 시 112요원의 장기근무를 유도하기 위해 노력해야 한다.
2] 제9조(112신고의 분류)
  ① 112요원은 초기 신고내용을 최대한 합리적으로 판단하여 112신고를 분류하여 업무처리를 한다.
  ② 접수자는 신고내용을 토대로 사건의 긴급성과 출동필요성에 따라 다음 각호와 같이 112신고의 대응코드를 분류한다.
    1. **code 0 신고 : code 1 신고 중 이동성 범죄, 강력범죄 현행범인 등 실시간 전파가 필요한 경우**
    2. code 1 신고 : 생명·신체에 대한 위험 발생이 임박, 진행 중, 직후인 경우 또는 현행범인인 경우
    3. code 2 신고 : 생명·신체에 대한 잠재적 위험이 있는 경우 또는 범죄예방 등을 위해 필요한 경우
    4. code 3 신고 : 즉각적인 현장조치는 불필요하나 수사, 전문상담 등이 필요한 경우
    5. code 4 신고 : 긴급성이 없는 민원·상담 신고
  ③ 접수자는 불완전 신고로 인해 정확한 신고내용을 파악하기 힘든 경우라도 신속한 처리를 위해 우선 임의의 코드로 분류하여 하달 할 수 있다.
  ④ 시·도경찰청·경찰서 지령자 및 현장 출동 경찰관은 접수자가 제2항부터 제3항과 같이 코드를 분류한 경우라도 추가 사실을 확인하여 코드를 변경할 수 있다.
3] 제10조(지령)
  ① 112요원은 접수한 신고 내용이 code 0 신고부터 code 3 신고의 유형에 해당하는 경우에는 1개 이상의 출동요소에 출동장소, 신고내용, 신고유형 등을 고지하고 처리하도록 지령해야 한다.

② 112요원은 접수한 신고의 내용이 code 4 신고의 유형에 해당하는 경우에는 출동요소에 지령하지 않고 자체 종결하거나, 소관기관이나 담당 부서에 신고내용을 통보하여 처리하도록 조치해야 한다.

4] 제14조(현장출동)
① 제10조제1항의 지령을 받은 출동요소는 신고유형에 따라 다음 각호의 기준에 따라 현장에 출동해야 한다.
  1. code 0 신고, code 1 신고 : code 2 신고, code 3 신고의 처리 및 다른 업무에 우선하여 최우선 출동
  2. code 2 신고 : code 0 신고, code 1 신고의 처리 및 다른 중요한 업무에 지장을 초래하지 않는 범위 내에서 출동
  3. code 3 신고 : 당일 근무시간 내에 출동
② 제1항제1호에 따른 출동을 하는 출동요소는 소관업무나 관할 등을 이유로 출동을 거부하거나 지연 출동해서는 아니된다.
③ 모든 출동요소는 사건 장소와의 거리, 사건의 유형 등을 고려하여 신고 대응에 가장 적합한 상태에 있다고 판단될 경우 별도의 출동 지령이 없더라도 스스로 출동의사를 밝히고 출동하는 등 112신고에 적극적으로 대응해야 한다.

5] 제18조(112신고처리의 종결)
112요원은 다음 각호의 경우 112신고처리를 종결할 수 있다. 다만, 타 부서의 계속적 조치가 필요한 경우 해당부서에 사건을 인계한 이후 종결해야 한다.
  1. 사건이 해결된 경우
  2. 신고자가 신고를 취소한 경우. 다만, 신고자와 취소자가 동일인인지 여부 및 취소의 사유 등을 파악하여 신고취소의 진의 여부를 확인해야 한다.
  3. 추가적 수사의 필요 등으로 사건 해결에 장시간이 소요되어 해당 부서로 인계하여 처리하는 것이 효과적인 경우
  4. 허위·오인으로 인한 신고 또는 경찰 소관이 아닌 내용의 사건으로 확인된 경우
  5. 현장에 출동하였으나 사건 내용을 확인할 수 없으며, 사건이 실제 발생하였다는 사실도 확인되지 않는 경우
  6. 그 밖에 상황관리관, 112치안종합상황실(팀)장이 초동조치가 종결된 것으로 판단하는 경우

6] 제24조(자료보존기간)
① 112치안종합상황실 자료의 보존기간은 다음 각호의 기준에 따른다.
  1. 112신고 접수처리 입력자료는 1년간 보존
  2. **112신고 접수 및 무선지령내용 녹음자료는 24시간 녹음하고 3개월간 보존**
  3. 그 밖에 문서 및 일지는 「공공기관의 기록물 관리에 관한 법률」에서 정하는 바에 따라 보존
② 시·도경찰청장 또는 경찰서장은 문서 및 녹음자료의 보존기간을 연장할 특별한 사유가 있는 경우에는 제1항에도 불구하고 보존기간을 연장하여 특별 관리할 수 있다.

정답 ③

14 「스토킹범죄의 처벌 등에 관한 법률」상 잠정조치에 대한 설명으로 가장 적절하지 않은 것은?

(24년 승진/실무종합)

① 검사는 스토킹범죄가 재발될 우려가 있다고 인정하면 직권 또는 사법경찰관의 신청에 따라 법원에 스토킹행위자에 대한 잠정조치를 청구할 수 있다.
② 법원은 스토킹범죄의 원활한 조사·심리 또는 피해자 보호를 위하여 필요하다고 인정하는 경우에는 결정으로 스토킹행위자에게 피해자 또는 그의 동거인, 가족에 대한 「전기통신기본법」 제2조 제1호의 전기통신을 이용한 접근 금지조치를 할 수 있다.
③ 피해자 또는 그의 동거인, 가족이나 그 주거 등으로부터 100미터 이내의 접근을 금지하는 잠정조치를 이행하지 아니한 사람은 2년 이하의 징역 또는 2천만원 이하의 벌금에 처한다고 규정되어 있다.
④ 법원이 스토킹행위자에게 국가경찰관서의 유치장 또는 구치소의 유치의 잠정조치를 하는 경우 그 기간은 1개월을 초과할 수 없다. 다만, 법원은 피해자의 보호를 위하여 그 기간을 연장할 필요가 있다고 인정하는 경우에는 결정으로 두 차례에 한정하여 각 1개월의 범위에서 연장할 수 있다.

해설

④ 국가경찰관서의 유치장 또는 구치소에의 유치의 잠정조치는 그 기간을 1개월을 초과할 수 없다. 여기에 대해 기간 연장에 관한 규정은 없다.

1] 제8조(잠정조치의 청구)
  ① 검사는 스토킹범죄가 재발될 우려가 있다고 인정하면 직권 또는 사법경찰관의 신청에 따라 법원에 제9조 제1항 각호의 조치를 청구할 수 있다.
  ② 피해자 또는 그 법정대리인은 검사 또는 사법경찰관에게 제1항에 따른 조치의 청구 또는 그 신청을 요청하거나, 이에 관하여 의견을 진술할 수 있다.
  ③ 사법경찰관은 제2항에 따른 신청 요청을 받고도 제1항에 따른 신청을 하지 아니하는 경우에는 검사에게 그 사유를 보고하여야 하고, 피해자 또는 그 법정대리인에게 그 사실을 지체 없이 알려야 한다.
  ④ 검사는 제2항에 따른 청구 요청을 받고도 제1항에 따른 청구를 하지 아니하는 경우에는 피해자 또는 그 법정대리인에게 그 사실을 지체 없이 알려야 한다.

2] 제9조(스토킹행위자에 대한 잠정조치)
  ① 법원은 스토킹범죄의 원활한 조사·심리 또는 피해자 보호를 위하여 필요하다고 인정하는 경우에는 결정으로 스토킹행위자에게 다음 각호의 어느 하나에 해당하는 조치(잠정조치)를 할 수 있다.
    1. 피해자에 대한 스토킹범죄 중단에 관한 서면 경고
    2. 피해자 또는 그의 동거인, 가족이나 그 주거등으로부터 100미터 이내의 접근 금지
    3. 피해자 또는 그의 동거인, 가족에 대한 「전기통신기본법」 제2조제1호의 전기통신을 이용한 접근 금지
    3의2. 「전자장치 부착 등에 관한 법률」 제2조제4호의 위치추적 전자장치(이하 "전자장치"라 한다)의 부착
    4. 국가경찰관서의 유치장 또는 구치소에의 유치
  ② 제1항 각호의 잠정조치는 병과(倂科)할 수 있다.
  ③ 법원은 제1항제3호의2 또는 제4호의 조치에 관한 결정을 하기 전 잠정조치의 사유를 판단하기 위하여 필요하다고 인정하는 때에는 검사, 스토킹행위자, 피해자, 기타 참고인으로부터 의견을 들을 수 있다. 의견

을 듣는 방법과 절차, 그 밖에 필요한 사항은 대법원규칙으로 정한다.
④ 제1항제3호의2에 따라 전자장치가 부착된 사람은 잠정조치기간 중 전자장치의 효용을 해치는 다음 각호의 행위를 하여서는 아니된다.
  1. 전자장치를 신체에서 임의로 분리하거나 손상하는 행위
  2. 전자장치의 전파(電波)를 방해하거나 수신자료를 변조(變造)하는 행위
  3. 제1호 및 제2호에서 정한 행위 외에 전자장치의 효용을 해치는 행위
⑤ 법원은 잠정조치를 결정한 경우에는 검사와 피해자 또는 그의 동거인, 가족, 그 법정대리인에게 통지하여야 한다.
⑥ 법원은 제1항제4호에 따른 잠정조치를 한 경우에는 스토킹행위자에게 변호인을 선임할 수 있다는 것과 제12조에 따라 항고할 수 있다는 것을 고지하고, 다음 각호의 구분에 따른 사람에게 해당 잠정조치를 한 사실을 통지하여야 한다.
  1. 스토킹행위자에게 변호인이 있는 경우: 변호인
  2. 스토킹행위자에게 변호인이 없는 경우: 법정대리인 또는 스토킹행위자가 지정하는 사람
⑦ 제1항제2호·제3호 및 제3호의2에 따른 잠정조치기간은 3개월, 같은 항 **제4호**(국가경찰관서의 유치장 또는 구치소에의 유치)**에 따른 잠정조치기간은 1개월을 초과할 수 없다**. 다만, 법원은 피해자의 보호를 위하여 그 기간을 연장할 필요가 있다고 인정하는 경우에는 결정으로 제1항 제2호·제3호 및 제3호의2에 따른 잠정조치에 대하여 두 차례에 한정하여 각 3개월의 범위에서 연장할 수 있다.

정답 ④

Chapter 02 범죄수사

01 수사실행의 5대 원칙에 대한 설명으로 가장 적절한 것은? 〈21년 승진/실무종합〉

① 수사자료 감식·검토의 원칙 : 수사관의 상식적 검토·판단에만 의할 것이 아니라 감식과학이나 과학적 지식 또는 시설장비를 최대한 활용하여 수사를 해야 한다는 원칙으로, 수사의 기본방법 중 제1조건이다.
② 적절한 추리의 원칙 : 추측 시에 수집된 자료를 기초로 합리적인 판단을 하고, 추측은 수사결과에 대한 확정적 판단이므로, 신뢰성이 검증된 증거를 바탕으로 추측을 하여야 한다.
③ 검증적 수사의 원칙 : 여러 가지 추측 중에서 어떤 추측이 정당한 것인가를 가리기 위해서는 그 들 추측 하나를 모든 각도에서 검토해야 한다는 원칙으로, 수사방법의 결정 → 수사사항의 결정 → 수사실행이라는 순서에 따라 검토한다.
④ 사실판단 증명의 원칙 : 수사관이 한 판단의 진실성이 증명되기 위해서는 누구에게나 그 진위가 확인될 수 있어야 하며, 판단이 언어나 문자로 표현되고 근거의 제시로서 객관화되어야 한다는 원칙이다.

해설

① 수사실행의 5대 원칙 중 제1조건 : 수사자료 완전수집의 원칙
② 추측은 가상적인 판단일 뿐이므로 검증적 수사에 의해 진실성이 확립될 때까지는 진실이라고 주장하거나 확정해서는 안된다.
③ 수사사항의 결정 → 수사방법의 결정 → 수사실행의 순서에 따라 검토한다.

1] 수사자료 완전수집의 원칙
  수사실행의 제1조건은 그 사건에 주어진 모든 수사자료를 빠짐없이 완전히 수집하여야 한다는 원칙이다.
2] 수사자료감식·검토의 원칙
  수집된 수사자료는 면밀히 감식하고 분석·검토하여야 한다. 검토의 방법은 자료의 성격에 따라 차이는 있을 것이나, 단순한 수사관의 상식적인 검토나 판단에만 그칠 것이 아니라, 감식과학이나 과학적 지식 또는 그 시설장비를 효과적으로 활용하는 점이다.
3] 적정추리의 원칙
  수사자료의 감식·검토로 문제점이 명확히 추출되었으면, 적정한 추리로써 문제의 해결방법을 찾아야 한다는 원칙이다. 여기서 주의하여야 할 것은 추측은 어디까지나 가상적인 판단만으로는 진위를 파악할 수 없으므로, 검증적 수사에 의하여 그 진실성이 확립될 때까지 그것을 진실이라고 주장한다든가 또는 확신하여서는 안되고 합리적인 판단(추측)을 하여야 한다는 원칙이다.

4] **검증적 수사의 원칙**
모든 추측 하에서 과연 어느 추측이 정당한 것인가를 모든 각도에서 검토해야 하는데 다음과 같은 단계로 하여야 한다.

| 수사사항결정 ⇒ 수사방법결정 ⇒ 수사실행 |

5] **사실판단증명의 원칙**(객관적 증명의 원칙)
수사는 형사절차의 일환이므로 수사에 의해 얻어진 판단, 즉 심증은 수사가 종결되어 송치되고, 공판에 회부되어 심리 받게 되는 것이다. 즉, 수사관만의 주관적인 판단에 그쳐서는 안 된다. 따라서 수사관의 판단은 무엇보다 객관화가 되도록 매진해야 한다.
① 판단은 일정한 형식으로 표현하여 명제화를 함으로써 객관적인 자료가 되도록 한다.
② 판단이 진실이라는 이유와 증거를 제시하여야 한다.

정답 ④

02 「검사와 사법경찰관의 상호협력과 일반적 수사준칙에 관한 규정」에 대한 설명으로 가장 적절하지 않은 것은?

(24년 승진/실무종합)

① 검사는 「형사소송법」 제245조의8에 따라 사법경찰관에게 재수사를 요청하려는 경우에는 같은 법 제245조의5 제2호에 따라 관계 서류와 증거물을 송부받은 날부터 90일 이내에 해야 한다. 다만, 증거 등의 허위, 위조 또는 변조를 인정할 만한 상당한 정황이 있는 경우에는 관계 서류와 증거물을 송부받은 날부터 90일이 지난 후에도 재수사를 요청할 수 있다.

② 보완수사를 요구받은 사법경찰관은 「검사와 사법경찰관의 상호협력과 일반적 수사준칙에 관한 규정」 제60조 제1항 단서에 따라 검사로부터 송부받지 못한 관계 서류와 증거물이 보완수사를 위해 필요하다고 판단하면 검사에게 해당 서류와 증거물을 송부해 줄 것을 요청해야 한다.

③ 검사 또는 사법경찰관은 고소 또는 고발에 따라 범죄를 수사하는 경우에는 고소 또는 고발을 수리한 날부터 3개월 이내에 수사를 마쳐야 한다고 규정되어 있다.

④ 검사는 「형사소송법」 제197조의2 제1항에 따라 보완수사를 요구할 때에는 그 이유와 내용 등을 구체적으로 적은 서면과 관계 서류 및 증거물을 사법경찰관에게 함께 송부해야 한다. 다만, 보완수사 대상의 성질, 사안의 긴급성 등을 고려하여 관계 서류와 증거물을 송부할 필요가 없거나 송부하는 것이 적절하지 않다고 판단하는 경우에는 해당 관계 서류와 증거물을 송부하지 않을 수 있다.

해설

② 사법경찰관이 송부받지 못한 관계 서류와 증거물이 보완수사를 위해 필요하다고 판단하면 직접 해당 서류와 증거물을 대출하거나 그 전부 또는 일부를 등사할 수 있다.
1] 제16조의2(고소·고발 사건의 수리 등)

① 검사 또는 사법경찰관은 고소 또는 고발을 받은 경우에는 이를 수리해야 한다.
② 검사 또는 사법경찰관은 고소 또는 고발에 따라 범죄를 수사하는 경우에는 고소 또는 고발을 수리한 날부터 3개월 이내에 수사를 마쳐야 한다.

2] **제59조**(보완수사요구의 대상과 범위)

① 검사는 사법경찰관으로부터 송치받은 사건에 대해 보완수사가 필요하다고 인정하는 경우에는 직접 보완수사를 하거나 법 제197조의2제1항제1호에 따라 사법경찰관에게 보완수사를 요구할 수 있다. 다만, 송치사건의 공소제기 여부 결정에 필요한 경우로서 다음 각호의 어느 하나에 해당하는 경우에는 특별히 사법경찰관에게 보완수사를 요구할 필요가 있다고 인정되는 경우를 제외하고는 검사가 직접 보완수사를 하는 것을 원칙으로 한다.
   1. 사건을 수리한 날(이미 보완수사요구가 있었던 사건의 경우 보완수사 이행 결과를 통보받은 날을 말한다)부터 1개월이 경과한 경우
   2. 사건이 송치된 이후 검사가 해당 피의자 및 피의사실에 대해 상당한 정도의 보완수사를 한 경우
   3. 법 제197조의3제5항, 제197조의4제1항 또는 제198조의2제2항에 따라 사법경찰관으로부터 사건을 송치받은 경우
   4. 제7조 또는 제8조에 따라 검사와 사법경찰관이 사건 송치 전에 수사할 사항, 증거수집의 대상 및 법령의 적용 등에 대해 협의를 마치고 송치한 경우

② 검사는 법 제197조의2제1항에 따른 보완수사요구 여부를 판단하는 경우 필요한 보완수사의 정도, 수사 진행 기간, 구체적 사건의 성격에 따른 수사 주체의 적합성 및 검사와 사법경찰관의 상호 존중과 협력의 취지 등을 종합적으로 고려한다.

③ 검사는 법 제197조의2제1항제1호에 따라 사법경찰관에게 송치사건 및 관련사건(법 제11조에 따른 관련사건 및 법 제208조제2항에 따라 간주되는 동일한 범죄사실에 관한 사건을 말한다. 다만, 법 제11조제1호의 경우에는 수사기록에 명백히 현출(現出)되어 있는 사건으로 한정한다)에 대해 다음 각호의 사항에 관한 보완수사를 요구할 수 있다.
   1. 범인에 관한 사항
   2. 증거 또는 범죄사실 증명에 관한 사항
   3. 소송조건 또는 처벌조건에 관한 사항
   4. 양형 자료에 관한 사항
   5. 죄명 및 범죄사실의 구성에 관한 사항
   6. 그 밖에 송치받은 사건의 공소제기 여부를 결정하는 데 필요하거나 공소유지와 관련해 필요한 사항

④ 검사는 사법경찰관이 신청한 영장(「통신비밀보호법」 제6조 및 제8조에 따른 통신제한조치허가서 및 같은 법 제13조에 따른 통신사실 확인자료 제공 요청 허가서를 포함한다. 이하 이 항에서 같다)의 청구 여부를 결정하기 위해 필요한 경우 법 제197조의2제1항제2호에 따라 사법경찰관에게 보완수사를 요구할 수 있다. 이 경우 보완수사를 요구할 수 있는 범위는 다음 각호와 같다.
   1. 범인에 관한 사항
   2. 증거 또는 범죄사실 소명에 관한 사항
   3. 소송조건 또는 처벌조건에 관한 사항
   4. 해당 영장이 필요한 사유에 관한 사항
   5. 죄명 및 범죄사실의 구성에 관한 사항
   6. 법 제11조(법 제11조제1호의 경우는 수사기록에 명백히 현출되어 있는 사건으로 한정한다)와 관련된 사항
   7. 그 밖에 사법경찰관이 신청한 영장의 청구 여부를 결정하기 위해 필요한 사항

3] **제60조**(보완수사요구의 방법과 절차)

① 검사는 법 제197조의2제1항에 따라 보완수사를 요구할 때에는 그 이유와 내용 등을 구체적으로 적은 서면과 관계 서류 및 증거물을 사법경찰관에게 함께 송부해야 한다. 다만, 보완수사 대상의 성질, 사안의 긴급성 등을 고려하여 관계 서류와 증거물을 송부할 필요가 없거나 송부하는 것이 적절하지 않다고 판단

하는 경우에는 해당 관계 서류와 증거물을 송부하지 않을 수 있다.
② <u>보완수사를 요구받은 사법경찰관은 제1항 단서에 따라 송부받지 못한 관계 서류와 증거물이 보완수사를 위해 필요하다고 판단하면 해당 서류와 증거물을 대출하거나 그 전부 또는 일부를 등사할 수 있다.</u>
③ 사법경찰관은 법 제197조의2제1항에 따른 보완수사요구가 접수된 날부터 3개월 이내에 보완수사를 마쳐야 한다.
④ 사법경찰관은 법 제197조의2제2항에 따라 보완수사를 이행한 경우에는 그 이행 결과를 검사에게 서면으로 통보해야 하며, 제1항 본문에 따라 관계 서류와 증거물을 송부받은 경우에는 그 서류와 증거물을 함께 반환해야 한다. 다만, 관계 서류와 증거물을 반환할 필요가 없는 경우에는 보완수사의 이행 결과만을 검사에게 통보할 수 있다.
⑤ 사법경찰관은 법 제197조의2제1항제1호에 따라 보완수사를 이행한 결과 법 제245조의5제1호에 해당하지 않는다고 판단한 경우에는 제51조제1항제3호에 따라 사건을 불송치하거나 같은 항 제4호에 따라 수사중지할 수 있다.

4] **제63조**(재수사요청의 절차 등)
① <u>검사는 법 제245조의8에 따라 사법경찰관에게 재수사를 요청하려는 경우에는 법 제245조의5제2호에 따라 관계 서류와 증거물을 송부받은 날부터 90일 이내에 해야 한다.</u> 다만, 다음 각호의 어느 하나에 해당하는 경우에는 관계 서류와 증거물을 송부받은 날부터 90일이 지난 후에도 재수사를 요청할 수 있다.
  1. 불송치 결정에 영향을 줄 수 있는 명백히 새로운 증거 또는 사실이 발견된 경우
  2. <u>증거 등의 허위, 위조 또는 변조를 인정할 만한 상당한 정황이 있는 경우</u>
② 검사는 제1항에 따라 재수사를 요청할 때에는 그 내용과 이유를 구체적으로 적은 서면으로 해야 한다. 이 경우 법 제245조의5제2호에 따라 송부받은 관계 서류와 증거물을 사법경찰관에게 반환해야 한다.
③ 검사는 법 제245조의8에 따라 재수사를 요청한 경우 그 사실을 고소인등에게 통지해야 한다.
④ 사법경찰관은 법 제245조의8제1항에 따른 재수사의 요청이 접수된 날부터 3개월 이내에 재수사를 마쳐야 한다.

정답 ②

03 시체의 현상에 대한 설명으로 가장 적절한 것은? (21년 승진/실무종합)

① 적혈구 자체 중량에 의한 혈액 침전현상으로 시체 하부의 피부가 암적갈색으로 변화하는 시체 얼룩과 세포 가운데의 자가효소에 의해 세포 구성성분이 분해·변성되는 자가용해는 모두 시체의 초기현상에 해당된다.
② 시체얼룩의 경우, 일산화탄소 중독사는 선홍색을 띠고, 청산가리 중독사는 암갈색을 띤다.
③ 공기의 유통이 좋고 온도는 20~30도 사이에서 습도는 60~66%일 때 활발히 진행되는 부패와 피부에 대한 수분 보충이 정지되어 몸의 표면이 습윤성을 잃고 건조해지는 시체의 밀랍화는 모두 시체의 후기현상에 해당된다.
④ 총기에 의해 사망한 시체의 경우, 총알입구, 사출구, 사창관이 모두 있는 관통총창이 대부분이나, 발사각도 등에 따라 회선총창, 반도총창이 있을 수 있다.

해설

① [X] 통상 자가용해는 시체의 후기현상으로 본다. 하지만 초기현상으로 보는 견해도 있다.

② [X] 청산가리(사이안화칼륨) 중독은 선홍색의 시체얼룩이 생긴다.
③ [X] 피부에 대한 수분 보충이 정지되어 몸의 표면이 습윤성을 잃고 건조해지는 시체의 현상을 시체건조라고 하고, 이는 시체의 초기현상으로 분류한다. 시체밀랍은 시체내 지방분해 효소 또는 세균의 효소에 의해 고체 형태의 지방산 혹은 그 화합물로 변화한 상태, 비정형적 부패 형태로서 대부분은 수중 또는 수분이 많은 지중에서 형성되는 시체의 후기현상이다.
④ [O]

1] 시체현상이란 사람이 죽으면 생전의 생리작용이 사라지고 시체에만 나타나는 변화 혹은 현상이 나타나는데 이를 시체 현상이라 하며, 초기에 나타나는 현상과 후기에 나타나는 현상으로 나눠 볼 수 있다.

시체의 초기현상	① 체온의 하강 ④ 시체얼룩	② 시체 건조 ⑤ 시체 굳음	③ 각막의 혼탁
시체의 후기현상	① 자가융해(자가용해) ④ 시체밀랍(시랍화)	② 부패 ⑤ 백골화	③ 미라화

2] 시체얼룩의 색깔
  ㉠ 익사, 일산화탄소 중독, 저체온증, 청산가리(사이안화칼륨) : 선홍색의 시체얼룩
  ㉡ 염소산칼륨, 아질산소다(아질산나트륨, 아초산소다) : 암갈색(황갈색)의 시체얼룩
  ㉢ 황화수소(가스) : 녹갈색의 시체얼룩
  ㉣ 목맴사 등 특이사항이 없는 시체 : 암적갈색의 시체얼룩

3] 총알상처 형태(총상)
  ㉠ 관통총창 : 총알입구, 사출구, 사창관(wound tract)이 모두 있는 경우
  ㉡ 맹관총창 : 총알입구와 사창관만 있고 탄환이 체내에 남아있는 경우
  ㉢ 찰과총창 : 탄두가 체표(몸의 표면)만 찰과 하였을 경우
  ㉣ 반도총창 : 탄환의 속도가 떨어져 피부를 뚫지 못하고 피부까짐이나 피부밑 출혈만 형성하였을 경우
  ㉤ 회선총창 : 탄환이 골격에 맞았으나 천공시키지 못하고 뼈와 연부조직 사이를 우회하였을 경우

정답 ④

04 변사사건 및 지문에 대한 설명으로 가장 적절하지 않은 것은? (22년 승진/실무종합)

① 전당포, 금은방 등에 비치된 거래대장에 압날된 지문과 같이 준현장지문은 범죄현장 이외의 장소에서 채취한 지문을 말한다.
② 「경찰수사규칙」상 사법경찰관이 검시를 할 때에는 검시 조사관을 참여시켜야 하며, 검시에 참여한 검시 조사관은 변사자조사 결과 보고서를 작성해야 한다.
③ 「지문 및 수사자료표 등에 관한 규칙」상 '지문자동검색시스템(AFIS: Automated Fingerprint Identification System)'은 주민등록증발급신청서·외국인의 생체정보·수사자료표의 지문을 원본 그대로 암호화하여 데이터베이스에 저장하고, 채취한 지문과의 동일성 검색에 활용하는 전산시스템을 말한다.
④ 「경찰수사규칙」상 사법경찰관리는 검시에 특별한 지장이 없다고 인정하면 변사자의 가족·친족, 이웃사람 친구, 시·군·구·읍·면·동의 공무원이나 그 밖에 필요하다고 인정하는 사람을 검시에 참여시켜야 한다.

해설

② 사법경찰관은 「형사소송법」 제222조제1항 및 제3항에 따라 검시를 하는 경우에는 의사를 참여시켜야 하며, 그 의사로 하여금 검안서를 작성하게 해야 한다. 이 경우 사법경찰관은 검시 조사관을 참여시킬 수 있다(「경찰수사규칙」 제27조 제1항). 사법경찰관은 법 제222조에 따른 검시 또는 검증 결과 사망의 원인이 범죄로 인한 것으로 판단하는 경우에는 신속하게 수사를 개시해야 한다(제2항).

1] 변사사건 발생사실 통보(「경찰수사규칙」 제26조)
   ① 사법경찰관은 수사준칙 제17조제1항에 따라 변사사건 발생사실을 검사에게 통보하는 경우에는 별지 제14호서식의 변사사건 발생통보서 또는 별지 제15호서식의 교통사고 변사사건 발생통보서에 따른다.
   ② 사법경찰관은 긴급한 상황 등 제1항의 방식으로 통보하는 것이 불가능하거나 현저히 곤란한 경우에는 구두·전화·팩스·전자우편 등 간편한 방식으로 통보할 수 있다. 이 경우 사후에 지체 없이 서면으로 변사사건 발생사실을 통보해야 한다.

2] 변사자의 검시·검증(동규칙 제27조)
   ① <u>사법경찰관은 법 제222조제1항 및 제3항에 따라 검시를 하는 경우에는 의사를 참여시켜야 하며, 그 의사로 하여금 검안서를 작성하게 해야 한다. 이 경우 사법경찰관은 검시 조사관을 참여시킬 수 있다.</u>
   ② 사법경찰관은 법 제222조에 따른 검시 또는 검증 결과 사망의 원인이 범죄로 인한 것으로 판단하는 경우에는 신속하게 수사를 개시해야 한다.

3] 검시·검증조서(동규칙 제28조)
   ① 수사준칙 제17조제3항에 따른 검시조서는 별지 제16호서식에 따르고, 검증조서는 별지 제17호서식에 따른다.
   ② 사법경찰관은 수사준칙 제17조제3항에 따라 검사에게 제1항의 검시조서 또는 검증조서를 송부하는 경우에는 의사의 검안서, 감정서 및 촬영한 사진 등 관련 자료를 첨부해야 한다.
   ③ 사법경찰관은 수사준칙 제17조제4항에 따라 검시를 한 사건에 대해 검사와 의견을 제시·교환하는 경우에는 별지 제18호서식의 변사사건 처리 등에 관한 의견서에 따른다.

4] 검시의 주의사항(동규칙 제29조)
   사법경찰관리는 검시할 때에는 다음 각 호의 사항에 주의해야 한다.
   1. 검시에 착수하기 전에 변사자의 위치, 상태 등이 변하지 않도록 현장을 보존하고, 변사자 발견 당시 변사자의 주변 환경을 조사할 것
   2. 변사자의 소지품이나 그 밖에 변사자가 남겨 놓은 물건이 수사에 필요하다고 인정되는 경우에는 이를 보존하는 데 유의할 것
   3. 검시하는 경우에는 잠재지문 및 변사자의 지문 채취에 유의할 것
   4. 자살자나 자살로 의심되는 사체를 검시하는 경우에는 교사자(敎唆者) 또는 방조자의 유무와 유서가 있는 경우 그 진위를 조사할 것
   5. 등록된 지문이 확인되지 않거나 부패 등으로 신원확인이 곤란한 경우에는 디엔에이(DNA) 감정을 의뢰하고, 입양자로 확인된 경우에는 입양기관 탐문 등 신원확인을 위한 보강 조사를 할 것
   6. 신속하게 절차를 진행하여 유족의 장례 절차에 불필요하게 지장을 초래하지 않도록 할 것

5] 검시와 참여자(동규칙 제30조)
   사법경찰관리는 검시에 특별한 지장이 없다고 인정하면 변사자의 가족·친족·이웃사람·친구, 시·군·구·읍·면·동의 공무원이나 그 밖에 필요하다고 인정하는 사람을 검시에 참여시켜야 한다.

6] 사체의 인도(동규칙 제31조)
   ① 사법경찰관은 변사자에 대한 검시 또는 검증이 종료된 때에는 사체를 소지품 등과 함께 신속히 유족 등에게 인도한다. 다만, 사체를 인수할 사람이 없거나 변사자의 신원이 판명되지 않은 경우에는 사체가 현존하는 지역의 특별자치시장·특별자치도지사·시장·군수 또는 자치구의 구청장에게 인도해야 한다.

② 제1항 본문에서 검시 또는 검증이 종료된 때는 다음 각호의 구분에 따른 때를 말한다.
  1. 검시가 종료된 때: 다음 각 목의 어느 하나에 해당하는 때
    가. 수사준칙 제17조제2항에 따라 검사가 사법경찰관에게 검시조서를 송부한 때
    나. 수사준칙 제17조제3항에 따라 사법경찰관이 검사에게 검시조서를 송부한 이후 검사가 의견을 제시한 때
  2. 검증이 종료된 때: 부검이 종료된 때
③ 사법경찰관은 제1항에 따라 사체를 인도한 경우에는 인수자로부터 별지 제19호서식의 사체 및 소지품 인수서를 받아야 한다.

| 보충 |

1] 변사사건 발생보고(「범죄수사규칙」 제56조)
경찰관은 변사자 또는 변사로 의심되는 시체를 발견하거나 시체가 있다는 신고를 받았을 때에는 즉시 소속 경찰관서장에게 보고하여야 한다.

2] 변사자의 검시(동규칙 제57조)
① 「경찰수사규칙」 제27조제1항에 따라 검시에 참여한 검시조사관은 별지 제15호서식의 변사자조사결과보고서를 작성하여야 한다.
② 경찰관은 「형사소송법」 제222조제1항 및 제3항에 따라 검시를 한 때에는 의사의 검안서, 촬영한 사진 등을 검시조서에 첨부하여야 하며, 변사자의 가족, 친족, 이웃사람, 관계자 등의 진술조서를 작성한 때에는 그 조서도 첨부하여야 한다.
③ 경찰관은 검시를 한 경우에 범죄로 인한 사망이라 인식한 때에는 신속하게 수사를 개시하고 소속 경찰관서장에게 보고하여야 한다.

3] 검시의 요령과 주의사항(동규칙 제58조)
① 경찰관은 검시할 때에는 다음 각호의 사항을 면밀히 조사하여야 한다.
  1. 변사자의 등록기준지 또는 국적, 주거, 직업, 성명, 연령과 성별
  2. 변사장소 주위의 지형과 사물의 상황
  3. 변사체의 위치, 자세, 인상, 치아, 전신의 형상, 상처, 문신 그 밖의 특징
  4. 사망의 추정연월일
  5. 사인(특히 범죄행위에 기인 여부)
  6. 흉기 그 밖의 범죄행위에 사용되었다고 의심되는 물건
  7. 발견일시와 발견자
  8. 의사의 검안과 관계인의 진술
  9. 소지금품 및 유류품
  10. 착의 및 휴대품
  11. 참여인
  12. 중독사의 의심이 있을 때에는 증상, 독물의 종류와 중독에 이른 경우
② 경찰관은 변사자에 관하여 검시, 검증, 해부, 조사 등을 하였을 때에는 특히 인상·전신의 형상·착의 그 밖의 특징있는 소지품의 촬영, 지문의 채취 등을 하여 향후의 수사 또는 신원조사에 지장을 초래하지 않도록 하여야 한다.

4] 시체의 인도(동규칙 제59조)
① 「경찰수사규칙」 제31조제1항에 따라 시체를 인도하였을 때에는 인수자에게 별지 제16호서식의 검시필증을 교부해야 한다.
② 변사체는 후일을 위하여 매장함을 원칙으로 한다.

5] 「가족관계의 등록 등에 관한 법률」에 의한 통보(동규칙 제60조)
① 경찰관은 변사체의 검시를 한 경우에 사망자의 등록기준지가 분명하지 않거나 사망자를 인식할 수 없을

때에는 「가족관계의 등록 등에 관한 법률」 제90조제1항에 따라 지체 없이 사망지역의 시·구·읍·면의 장에게 검시조서를 첨부하여 별지 제17호서식의 사망통지서를 송부하여야 한다.
② 경찰관은 제1항에 따라 통보한 사망자가 등록이 되어 있음이 판명되었거나 사망자의 신원을 알 수 있게 된 때에는 「가족관계의 등록 등에 관한 법률」 제90조제2항에 따라 지체 없이 그 취지를 사망지역의 시·구·읍·면의 장에게 통보하여야 한다.

정답 ②

05 다음은 리드(REID) 테크닉을 활용한 신문기법의 순서이다. A부터 D까지 각 단계에 대한 설명으로 가장 적절하지 않은 것은?

(21년 승진/실무종합)

직접적 대면 → 신문 화제의 전개 → (A) → 반대논리 격파 → (B) → (C) → 양자택일적 질문하기 → (D) → 구두자백의 서면화

① A단계는 용의자가 수사관의 신문화제 전개를 방해하는 혐의를 부인하는 진술을 하지 못하게 억지한다.
② B단계는 전(前)단계가 효과적이라면 피의자가 수사관을 회피하기 쉬우므로 시선을 맞추고 화제를 계속 반복하는 동시에 피의자의 긍정적 측면을 부각한다.
③ C단계는 동정과 이해를 표시하고, 끝까지 피의자를 추궁하여 자백할 것을 촉구한다.
④ D단계는 용의자가 수사관의 질문에 선택적으로 답하는 단계를 지나 적극적으로 범행에 대하여 진술하도록 한다.

해설

③ [X] 6단계는 우울한 기분을 달래주는 단계로 사실대로 말할 것을 촉구하며 동정과 이해를 표시한다. 영국의 PEACE 모델과 더불어 대표적인 수사면담기법 중에 하나인 미국의 리드(Reid) 테크닉은 다른 수사면담기법처럼 피면담자와의 사이에 라포(친밀한 관계)를 형성한다. 라포형성(rapport building)은 의사소통에서 상대방과 형성되는 친밀감이나 신뢰관계를 쌓는 것을 의미하는 것으로, 라포가 형성되면 긴장과 불안이 감소하고 의사소통의 장벽이 제거되기 때문에 정확하고 풍부한 기억을 이끌어 낼 수 있으므로 범죄처럼 남들에게 감추고 싶은 것까지 말하기 쉬운 상태를 형성한다고 한다.

「리드(REID) 테크닉」 9단계 신문기법
리드(REID) 테크닉은 혐의자가 범인인지 여부에 대한 수사관의 확신이 있을 때 자백을 이끌어 내기 위한 효과적인 수사기법이다.

1단계 (직접적 대면)	수사관이 용의자가 범인이라는 심증을 갖고 있음을 명확하게 알려주는 과정
2단계 (신문 화제전개)	용의자에게 범행에 대한 합리화·정당화 사유를 제공하여 **비난가능성을 줄여주는 화제**를 언급하는 과정
3단계 (부인 다루기)	용의자가 수사관의 신문 화제 전개를 방해하는 혐의를 부인하는 진술을 하지 못하게 억지하는 과정

4단계 (반대논리 격파)	수사관이 주도하는 신문의 화제를 흐리는 **용의자의 진술을 압도하는** 과정
5단계 (관심 이끌어내기)	4단계가 효과적이라면 피의자가 수사관을 회피하기 쉬우므로 **시선을 맞추고 화제를 계속 반복**하는 동시에 피의자의 긍정적 측면을 부각하는 과정
6단계 (우울한 기분 달래주기)	사실대로 말할 것을 촉구하며 동정과 이해를 표시하는 과정
7단계 (양자택일적 질문하기)	어느 것을 선택해도 혐의가 인정되는 2가지 선택의 질문을 던지는 과정
8단계 (세부사항 질문)	용의자가 수사관의 질문에 선택적으로 답하는 단계를 지나 적극적으로 범행에 대하여 진술하도록 하는 과정
9단계 (구두 자백 서면화)	피의자가 진술로 자백한 내용을 서면으로 확보하는 과정

 ③

06 압수·수색의 절차에 대한 설명으로 가장 적절한 것은? (다툼이 있는 경우 판례에 의함)

(21년 승진/실무종합)

① 수색한 경우 증거물·몰수물이 없으면 수색증명서를 교부하고, 압수한 경우에는 목록을 작성하여 소유자, 소지자, 보관자 기타 이에 준할 자에게 교부하여야 한다.

② 압수·수색영장 집행 전에 피처분자에게 영장을 제시하는 것이 현실적으로 불가능하더라도 영장을 제시하지 아니한 채 압수·수색을 진행하면 위법하다.

③ 피의자를 신문하던 중 제출된 압수물에 대하여, 피의자신문조서에 압수의 취지를 기재함으로써 압수조서에 갈음할 수는 없다.

④ 압수·수색영장은 사법경찰리 명의로 검사에게 신청하고, 영장신청서에는 피의자의 인적사항, 죄명, 범죄사실의 요지, 압수·수색·검증의 사유 등을 기재하여야 한다.

해설

① [O] 수색한 경우에 증거물 또는 몰취할 물건이 없는 때에는 그 취지의 증명서를 교부하여야 한다(형사소송법 제128조). 그리고 압수한 경우에는 목록을 작성하여 소유자, 소지자, 보관자 기타 이에 준할 자에게 교부하여야 한다(동법 제129조).

② [X] 피처분자가 현장에 없거나 현장에서 그를 발견할 수 없는 경우 등 영장제시가 현실적으로 불가능한 경우에는 영장을 제시하지 아니한 채 압수·수색을 하더라도 위법하다고 볼 수 없다(대법원 2014도10978). 압수·수색영장은 처분을 받는 자에게 반드시 제시하여야 하고, 처분을 받는 자가 피고인인 경우에는 그 사본을 교부하여야 한다. 다만, 처분을 받는 자가 현장에 없는 등 영장의 제시나 그 사본의 교부가 현실적으로 불가능한 경우 또는 처분을 받는 자가 영장의 제시나 사본의 교부를 거부한 때에는 예외로 한다(동법 제118조). 〈개정 2022. 2. 3.〉

③ [X] 검사 또는 사법경찰관은 증거물 또는 몰수할 물건을 압수했을 때에는 압수의 일시·장소, 압수 경위 등을

적은 압수조서와 압수물건의 품종·수량 등을 적은 압수목록을 작성해야 한다. 다만, 피의자신문조서, 진술조서, 검증조서에 압수의 취지를 적은 경우에는 그렇지 않다(검사와 사법경찰관의 상호협력과 일반적 수사준칙에 관한 규정 제40조).
④ [X] 검사 또는 사법경찰관은 압수·수색 또는 검증영장을 청구하거나 신청할 때에는 압수·수색 또는 검증의 범위를 범죄혐의의 소명에 필요한 최소한으로 정해야 하고, 수색 또는 검증할 장소·신체·물건 및 압수할 물건 등을 구체적으로 특정해야 한다(수사준칙 제37조, 형사소송규칙 제107조, 형사소송법 제215조).

정답 ①

07 「디지털 증거의 처리 등에 관한 규칙」에 대한 설명으로 가장 적절하지 않은 것은?

(24년 승진/실무종합)

① 경찰관은 압수·수색·검증영장을 신청하는 때에는 전자정보와 정보저장매체등을 구분하여 판단하여야 한다.
② 경찰관은 압수·수색·검증 현장에서 전자정보를 압수하는 경우에는 범죄 혐의사실과 관련된 전자정보에 한하여 문서로 출력하거나 휴대한 정보저장매체에 해당 전자정보만을 복제하는 방식으로 하여야 한다. 이 경우 해시값 확인 등 디지털 증거의 동일성, 무결성을 담보할 수 있는 적절한 방법과 조치를 취하여야 한다.
③ 경찰관은 피압수자 등이 협조하지 않거나, 협조를 기대할 수 없어 압수·수색·검증 현장에서 선별압수 하는 방법이 불가능하거나 압수의 목적을 달성하기에 현저히 곤란한 경우에는 정보저장매체등 원본을 외부로 반출한 후 전자정보의 압수·수색·검증을 진행해야 한다.
④ 디지털 증거 처리의 각 단계에서 업무처리자 변동 등의 이력이 관리되어야 한다.

해설

③ 경찰관은 피압수자 등이 협조하지 않거나, 협조를 기대할 수 없는 경우 등의 사유로 인해 압수·수색·검증 현장에서 선별압수 하는 방법이 불가능하거나 압수의 목적을 달성하기에 현저히 곤란한 경우에는 <u>복제본을 획득하여 외부로 반출한 후 전자정보의 압수·수색·검증을 진행할 수 있다.</u>

1] 제2조(정의) 이 규칙에서 사용하는 용어의 뜻은 다음과 같다.
  1. "전자정보"란 전기적 또는 자기적 방법으로 저장되거나 네트워크 및 유·무선 통신 등을 통해 전송되는 정보를 말한다.
  2. "디지털포렌식"이란 전자정보를 수집·보존·운반·분석·현출·관리하여 범죄사실 규명을 위한 증거로 활용할 수 있도록 하는 과학적인 절차와 기술을 말한다.
  3. "디지털 증거"란 범죄와 관련하여 증거로서의 가치가 있는 전자정보를 말한다.
  4. "정보저장매체등"이란 전자정보가 저장된 컴퓨터용 디스크, 그 밖에 이와 비슷한 정보저장매체를 말한다.
  5. "정보저장매체등 원본"이란 전자정보 압수·수색·검증을 목적으로 반출의 대상이 된 정보저장매체등을 말한다.
  6. "복제본"이란 정보저장매체등에 저장된 전자정보 전부를 하드카피 또는 이미징 등의 기술적 방법으로 별도의 다른 정보저장매체에 저장한 것을 말한다.

7. "디지털 증거분석 의뢰물"이란 범죄사실을 규명하기 위해 디지털 증거분석관에게 분석의뢰된 전자정보, 정보저장매체등 원본, 복제본을 말한다.
8. "디지털 증거분석관"이란 제6조의 규정에 따라 선발된 사람으로서 디지털 증거분석 의뢰를 받고 이를 수행하는 사람을 말한다.
9. "디지털증거 통합관리시스템"이란 디지털 증거분석 의뢰와 분석결과 회신 등을 포함한 디지털포렌식 업무를 종합적으로 관리하기 위하여 구축된 전산시스템을 말한다.

2] 제5조(디지털 증거 처리의 원칙)
① 디지털 증거는 수집 시부터 수사 종결 시까지 변경 또는 훼손되지 않아야 하며, 정보저장매체등에 저장된 전자정보와 동일성이 유지되어야 한다.
② 디지털 증거 처리의 각 단계에서 업무처리자 변동 등의 이력이 관리되어야 한다.
③ 디지털 증거의 처리 시에는 디지털 증거 처리과정에서 이용한 장비의 기계적 정확성, 프로그램의 신뢰성, 처리자의 전문적인 기술능력과 정확성이 담보되어야 한다.

3] 제12조(압수·수색·검증영장의 신청)
① 경찰관은 압수·수색·검증영장을 신청하는 때에는 전자정보와 정보저장매체등을 구분하여 판단하여야 한다.
② 경찰관은 전자정보에 대한 압수·수색·검증영장을 신청하는 경우에는 혐의사실과의 관련성을 고려하여 압수·수색·검증할 전자정보의 범위 등을 명확히 하여야 한다. 이 경우 영장 집행의 실효성 확보를 위하여 다음 각호의 사항을 고려하여야 한다.
 1. 압수·수색·검증 대상 전자정보가 원격지의 정보저장매체등에 저장되어 있는 경우 등 특수한 압수·수색·검증방식의 필요성
 2. 압수·수색·검증영장에 반영되어야 할 압수·수색·검증 장소 및 대상의 특수성
③ 경찰관은 다음 각호의 어느 하나에 해당하여 필요하다고 판단하는 경우 전자정보와 별도로 정보저장매체등의 압수·수색·검증영장을 신청할 수 있다.
 1. 정보저장매체등이 그 안에 저장된 전자정보로 인하여 「형법」 제48조제1항의 몰수사유에 해당하는 경우
 2. 정보저장매체등이 범죄의 증명에 필요한 경우

4] 제14조(전자정보 압수·수색·검증의 집행)
① 경찰관은 압수·수색·검증 현장에서 전자정보를 압수하는 경우에는 범죄 혐의사실과 관련된 전자정보에 한하여 문서로 출력하거나 휴대한 정보저장매체에 해당 전자정보만을 복제하는 방식(선별압수)으로 하여야 한다. 이 경우 해시값 확인 등 디지털 증거의 동일성, 무결성을 담보할 수 있는 적절한 방법과 조치를 취하여야 한다.
② 압수가 완료된 경우 경찰관은 별지 제1호서식의 전자정보 확인서를 작성하여 피압수자 등의 확인·서명을 받아야 한다. 이 경우 피압수자 등의 확인·서명을 받기 곤란한 경우에는 그 사유를 해당 확인서에 기재하고 기록에 편철한다.
③ 경찰관은 별지 제1호서식의 전자정보 확인서 및 상세목록을 피압수자에게 교부한 경우 「경찰수사규칙」 제64조제2항의 압수목록교부서 및 「형사소송법」 제129조 압수목록의 교부에 갈음할 수 있다.
④ 경찰관은 압수한 전자정보의 상세목록을 피압수자 등에게 교부하는 때에는 출력한 서면을 교부하거나 전자파일 형태로 복사해 주거나 이메일을 전송하는 등의 방식으로 할 수 있다.
⑤ 그 외 압수·수색·검증과 관련된 서류의 작성은 「범죄수사규칙」(경찰청훈령)의 규정을 준용한다.

5] 제15조(복제본의 획득·반출)
① 경찰관은 다음 각호의 사유로 인해 압수·수색·검증 현장에서 제14조제1항 전단에 따라 선별압수 하는 방법이 불가능하거나 압수의 목적을 달성하기에 현저히 곤란한 경우에는 복제본을 획득하여 외부로 반출한 후 전자정보의 압수·수색·검증을 진행할 수 있다.

1. 피압수자 등이 협조하지 않거나, 협조를 기대할 수 없는 경우
2. 혐의사실과 관련될 개연성이 있는 전자정보가 삭제·폐기된 정황이 발견되는 경우
3. 출력·복제에 의한 집행이 피압수자 등의 영업활동이나 사생활의 평온을 침해한다는 이유로 피압수자 등이 요청하는 경우
4. 그 밖에 위 각호에 준하는 경우

② 경찰관은 제1항에 따라 획득한 복제본을 반출하는 경우에는 복제본의 해시값을 확인하고 피압수자 등에게 전자정보 탐색 및 출력·복제과정에 참여할 수 있음을 고지한 후 별지 제3호서식의 복제본 반출(획득) 확인서를 작성하여 피압수자 등의 확인·서명을 받아야 한다. 이 경우, 피압수자 등의 확인·서명을 받기 곤란한 경우에는 그 사유를 해당 확인서에 기재하고 기록에 편철한다.

6] 제16조(정보저장매체등 원본 반출)

① 경찰관은 압수·수색·검증현장에서 다음 각호의 사유로 인해 제15조제1항에 따라 복제본을 획득·반출하는 방법이 불가능하거나 압수의 목적을 달성하기에 현저히 곤란한 경우에는 정보저장매체등 원본을 외부로 반출한 후 전자정보의 압수·수색·검증을 진행할 수 있다.
1. 영장 집행현장에서 하드카피·이미징 등 복제본 획득이 물리적·기술적으로 불가능하거나 극히 곤란한 경우
2. 하드카피·이미징에 의한 집행이 피압수자 등의 영업활동이나 사생활의 평온을 침해한다는 이유로 피압수자 등이 요청하는 경우
3. 그 밖에 위 각 호에 준하는 경우

② 경찰관은 제1항에 따라 정보저장매체등 원본을 반출하는 경우에는 피압수자 등의 참여를 보장한 상태에서 정보저장매체등 원본을 봉인하고 봉인해제 및 복제본의 획득과정 등에 참여할 수 있음을 고지한 후 별지 제4호서식의 정보저장매체 원본 반출 확인서 또는 별지 제5호서식의 정보저장매체 원본 반출 확인서(모바일기기)를 작성하여 피압수자 등의 확인·서명을 받아야 한다. 이 경우, 피압수자 등의 확인·서명을 받기 곤란한 경우에는 그 사유를 해당 확인서에 기재하고 기록에 편철한다.

정답 ③

08 지명수배에 대한 설명으로 가장 적절하지 않은 것은? (22년 승진/실무종합)

① 「범죄수사규칙」상 경찰관이 검거한 지명수배자에 대하여 지명수배가 여러 건인 경우, 검거관서와 거리 또는 교통상 가장 인접한 수배관서가 법정형이 중한 죄명으로 지명수배한 수배관서보다 지명수배자를 먼저 인계받아 조사해야 한다.

② 「범죄수사규칙」상 국가수사본부장은 공개수배 위원회를 개최하여 중요지명피의자 종합 공개수배 대상자를 선정한다.

③ 「경찰수사규칙」상 사법경찰관리가 지명수배자를 발견하였으나 체포영장 또는 구속영장을 소지하지 않은 경우, 긴급하게 필요하면 지명수배자에게 영장이 발부되었음을 고지한 후 체포 또는 구속할 수 있으며 사후에 지체 없이 그 영장을 제시해야 한다.

④ 「범죄수사규칙」상 도서지역에서 지명수배자가 발견된 경우에 지명수배자 등이 발견된 관할 경찰관서의 경찰관은 지명수배자의 소재를 계속 확인하고, 수배관서와 협조하여 검거시기를 정함으로써 검거 후 구속영장청구시한(체포한 때부터 48시간)이 경과되지 않도록 하여야 한다.

1] **지명수배자의 인수 · 호송**(범죄수사규칙 제99조)
   ① 경찰관서장은 검거된 지명수배자에 대한 신속한 조사와 호송을 위하여 미리 출장조사 체계 및 자체 호송계획을 수립하여야 한다.
   ② 수배관서의 경찰관은 다음 각호의 어느 하나에 해당하는 경우를 제외하고는 검거관서로부터 검거된 지명수배자를 인수하여야 한다. 다만, 수배관서와 검거관서 간에 서로 합의한 때에는 이에 따른다.
      1. 수배대상 범죄의 죄종 및 죄질과 비교하여 동등하거나 그 이상에 해당하는 다른 범죄를 검거관서의 관할구역 내에서 범한 경우
      2. 검거관서에서 지명수배자와 관련된 범죄로 이미 정범이나 공동정범인 피의자의 일부를 검거하고 있는 경우
      3. 지명수배자가 단일 사건으로 수배되고 불구속 수사대상자로서 검거관서로 출장하여 조사한 후 신속히 석방함이 타당한 경우
   ③ 경찰관은 검거한 지명수배자에 대하여 지명수배가 여러 건인 경우에는 다음 각호의 수배관서 순위에 따라 검거된 지명수배자를 인계받아 조사하여야 한다.
      1. 공소시효 만료 3개월 이내이거나 공범에 대한 수사 또는 재판이 진행 중인 수배관서
      2. 법정형이 중한 죄명으로 지명수배한 수배관서
      3. 검거관서와 동일한 지방검찰청 또는 지청의 관할구역에 있는 수배관서
      4. <u>검거관서와 거리 또는 교통상 가장 인접한 수배관서</u>

2] **중요지명피의자 종합 공개수배**(동규칙 제101조)
   ① 시 · 도경찰청장은 지명수배를 한 후, 6월이 경과하여도 검거하지 못한 사람들 중 다음 각호에 해당하는 중요지명피의자를 매년 5월과 11월 연 2회 선정하여 국가수사본부장에게 별지 제36호서식의 중요지명피의자 종합 공개수배 보고서에 따라 보고하여야 한다.
      1. 강력범(살인, 강도, 성폭력, 마약, 방화, 폭력, 절도범을 말한다)
      2. 다액 · 다수피해 경제사범, 부정부패 사범
      3. 그밖에 신속한 검거를 위해 전국적 공개수배가 필요하다고 판단되는 자
   ② 국가수사본부장은 공개수배 위원회를 개최하여 제1항의 중요지명피의자 종합 공개수배 대상자를 선정하고, 매년 6월과 12월 중요지명피의자 종합 공개수배 전단을 별지 제37호서식의 중요지명피의자 종합 공개수배에 따라 작성하여 게시하는 방법으로 공개수배 한다.
   ③ 경찰서장은 제2항의 중요지명피의자 종합 공개수배 전단을 다음 각호에 따라 게시 · 관리하여야 한다.
      1. 관할 내 다중의 눈에 잘 띄는 장소, 수배자의 은신 또는 이용 · 출현 예상 장소 등을 선별하여 게시한다.
      2. 관할 내 교도소 · 구치소 등 교정시설, 읍 · 면사무소 · 주민센터 등 관공서, 병무관서, 군 부대 등에 게시한다.
      3. 검거 등 사유로 종합 공개수배를 해제한 경우 즉시 검거표시 한다.
      4. 신규 종합 공개수배 전단을 게시할 때에는 전회 게시 전단을 회수하여 폐기한다.
   ④ 중요지명피의자 종합 공개수배 전단은 언론매체 · 정보통신망 등에 게시할 수 있다.

정답 ①

09 「가정폭력범죄의 처벌 등에 관한 특례법」에 대한 설명으로 가장 적절하지 않은 것은?

(22년 승진/실무종합)

① 사법경찰관은 가정폭력범죄에 대한 응급조치에도 불구하고 가정폭력범죄가 재발될 우려가 있고, 긴급을 요하여 법원의 임시조치 결정을 받을 수 없을 때에는 직권 또는 피해자나 그 법정대리인의 신청에 의하여 긴급임시조치를 할 수 있다.

② 진행 중인 가정폭력범죄에 대하여 신고를 받은 사법경찰관리는 즉시 현장에 나가서 폭력행위의 제지, 가정폭력행위자 피해자의 분리, 현행범인의 체포 등 범죄수사, 피해자를 가정폭력 관련상담소 또는 보호시설로 인도(피해자가 동의한 경우만 해당), 긴급치료가 필요한 피해자를 의료기관으로 인도, 폭력행위 재발 시 제8조에 따라 임시조치를 신청할 수 있음을 통보, 제55조의2에 따른 피해자보호명령 또는 신변안전조치를 청구할 수 있음을 고지해야 한다.

③ 甲의 배우자였던 乙이 甲에게 폭행을 당한 것을 이유로 112종합상황실에 가정폭력으로 신고하여 순찰 중이던 경찰관이 출동한 경우, 그 경찰관은 해당 사건에 대해 가정폭력범죄 사건으로 처리할 수 없다.

④ 피해자 또는 그 법정대리인은 가정폭력행위자를 고소할 수 있고, 피해자의 법정대리인이 가정폭력행위자인 경우 또는 가정폭력행위자와 공동으로 가정폭력범죄를 범한 경우에는 피해자의 친족이 고소할 수 있다.

해설

동법(제2조 제2호)상 "가정구성원"이란 다음 각 목의 어느 하나에 해당하는 사람을 말한다. 그러므로 ③의 갑과 을의 관계도 동법상 가정구성원에 해당한다.

가. 배우자(사실상 혼인관계에 있는 사람을 포함) 또는 배우자였던 사람
나. 자기 또는 배우자와 직계존비속관계(사실상의 양친자관계를 포함)에 있거나 있었던 사람
다. 계부모와 자녀의 관계 또는 적모(嫡母)와 서자(庶子)의 관계에 있거나 있었던 사람
라. 동거하는 친족

1] 제5조(가정폭력범죄에 대한 응급조치)
진행 중인 가정폭력범죄에 대하여 신고를 받은 사법경찰관리는 즉시 현장에 나가서 다음 각 호의 조치를 하여야 한다.
1. 폭력행위의 제지, 가정폭력행위자 · 피해자의 분리
1의2. 「형사소송법」 제212조에 따른 현행범인의 체포 등 범죄수사
2. 피해자를 가정폭력 관련 상담소 또는 보호시설로 인도(피해자가 동의한 경우만 해당한다)
3. 긴급치료가 필요한 피해자를 의료기관으로 인도
4. 폭력행위 재발 시 제8조에 따라 임시조치를 신청할 수 있음을 통보
5. 제55조의2에 따른 피해자보호명령 또는 신변안전조치를 청구할 수 있음을 고지

2] 제6조(고소에 관한 특례)
① 피해자 또는 그 법정대리인은 가정폭력행위자를 고소할 수 있다. 피해자의 법정대리인이 가정폭력행위자인 경우 또는 가정폭력행위자와 공동으로 가정폭력범죄를 범한 경우에는 피해자의 친족이 고소할 수 있다.

② 피해자는 「형사소송법」 제224조에도 불구하고 가정폭력행위자가 자기 또는 배우자의 직계존속인 경우에도 고소할 수 있다. 법정대리인이 고소하는 경우에도 또한 같다.

③ 피해자에게 고소할 법정대리인이나 친족이 없는 경우에 이해관계인이 신청하면 검사는 10일 이내에 고소할 수 있는 사람을 지정하여야 한다.

3) 제7조(사법경찰관의 사건송치)

사법경찰관은 가정폭력범죄를 신속히 수사하여 사건을 검사에게 송치하여야 한다. 이 경우 사법경찰관은 해당 사건을 가정보호사건으로 처리하는 것이 적절한지에 관한 의견을 제시할 수 있다.

4) 제8조(임시조치의 청구 등)

① 검사는 가정폭력범죄가 재발될 우려가 있다고 인정하는 경우에는 직권으로 또는 사법경찰관의 신청에 의하여 법원에 제29조 제1항 제1호·제2호 또는 제3호의 임시조치를 청구할 수 있다.

② 검사는 가정폭력행위자가 제1항의 청구에 의하여 결정된 임시조치를 위반하여 가정폭력범죄가 재발될 우려가 있다고 인정하는 경우에는 직권으로 또는 사법경찰관의 신청에 의하여 법원에 제29조제1항제5호의 임시조치를 청구할 수 있다.

③ 제1항 및 제2항의 경우 피해자 또는 그 법정대리인은 검사 또는 사법경찰관에게 제1항 및 제2항에 따른 임시조치의 청구 또는 그 신청을 요청하거나 이에 관하여 의견을 진술할 수 있다.

④ 제3항에 따른 요청을 받은 사법경찰관은 제1항 및 제2항에 따른 임시조치를 신청하지 아니하는 경우에는 검사에게 그 사유를 보고하여야 한다.

5) 제8조의2(긴급임시조치)

① 사법경찰관은 제5조에 따른 응급조치에도 불구하고 가정폭력범죄가 재발될 우려가 있고, 긴급을 요하여 법원의 임시조치 결정을 받을 수 없을 때에는 직권 또는 피해자나 그 법정대리인의 신청에 의하여 제29조제1항제1호부터 제3호까지의 어느 하나에 해당하는 조치(긴급임시조치)를 할 수 있다.

② 사법경찰관은 제1항에 따라 긴급임시조치를 한 경우에는 즉시 긴급임시조치결정서를 작성하여야 한다.

③ 제2항에 따른 긴급임시조치결정서에는 범죄사실의 요지, 긴급임시조치가 필요한 사유 등을 기재하여야 한다.

6) 제8조의3(긴급임시조치와 임시조치의 청구)

① 사법경찰관이 제8조의2제1항에 따라 긴급임시조치를 한 때에는 지체 없이 검사에게 제8조에 따른 임시조치를 신청하고, 신청받은 검사는 법원에 임시조치를 청구하여야 한다. 이 경우 임시조치의 청구는 긴급임시조치를 한 때부터 48시간 이내에 청구하여야 하며, 제8조의2제2항에 따른 긴급임시조치결정서를 첨부하여야 한다.

② 제1항에 따라 임시조치를 청구하지 아니하거나 법원이 임시조치의 결정을 하지 아니한 때에는 즉시 긴급임시조치를 취소하여야 한다.

7) 제29조(임시조치)

① 판사는 가정보호사건의 원활한 조사·심리 또는 피해자 보호를 위하여 필요하다고 인정하는 경우에는 결정으로 가정폭력행위자에게 다음 각호의 어느 하나에 해당하는 임시조치를 할 수 있다.

  1. 피해자 또는 가정구성원의 주거 또는 점유하는 방실(房室)로부터의 퇴거 등 격리

  2. 피해자 또는 가정구성원이나 그 주거·직장 등에서 100미터 이내의 접근 금지

  3. 피해자 또는 가정구성원에 대한 「전기통신기본법」 제2조제1호의 전기통신을 이용한 접근 금지

  4. 의료기관이나 그 밖의 요양소에의 위탁

  5. 국가경찰관서의 유치장 또는 구치소에의 유치

  6. 상담소등에의 상담위탁

② 동행영장에 의하여 동행한 가정폭력행위자 또는 제13조에 따라 인도된 가정폭력행위자에 대하여는 가정폭력행위자가 법원에 인치된 때부터 24시간 이내에 제1항의 조치 여부를 결정하여야 한다.

③ 법원은 제1항에 따른 조치를 결정한 경우에는 검사와 피해자에게 통지하여야 한다.

④ 법원은 제1항제4호 또는 제5호의 조치를 한 경우에는 그 사실을 가정폭력행위자의 보조인이 있는 경우에는 보조인에게, 보조인이 없는 경우에는 법정대리인 또는 가정폭력행위자가 지정한 사람에게 통지하여야 한다. 이 경우 제1항제5호의 조치를 하였을 때에는 가정폭력행위자에게 변호사 등 보조인을 선임할 수 있으며 제49조제1항의 항고를 제기할 수 있음을 고지하여야 한다.
⑤ 제1항제1호부터 제3호까지의 임시조치기간은 2개월, 같은 항 제4호부터 제6호까지의 임시조치기간은 1개월을 초과할 수 없다. 다만, 피해자의 보호를 위하여 그 기간을 연장할 필요가 있다고 인정하는 경우에는 결정으로 제1항제1호부터 제3호까지의 임시조치는 두 차례만, 같은 항 제4호부터 제6호까지의 임시조치는 한 차례만 각 기간의 범위에서 연장할 수 있다.

정답 ③

10 「가정폭력범죄의 처벌 등에 관한 특례법」에 대한 설명 중 가장 적절한 것은? (23년 승진/실무종합)

① "가정구성원"이란 배우자(사실상 혼인관계에 있는 사람은 제외한다) 또는 배우자였던 사람을 의미한다.
② 가정폭력범죄의 형사처벌 절차에 관한 특례를 정하고 가정폭력범죄를 범한 사람에 대하여 환경의 조정과 성행(性行)의 교정을 위한 보호처분을 함으로써 가정폭력범죄로 파괴된 가정의 평화와 안정을 회복하고 건강한 가정을 가꾸며 피해자와 가족구성원의 인권을 보호함을 목적으로 한다.
③ "가정폭력행위자"는 가정폭력범죄를 범한 사람만을 의미하고 가정구성원인 공범은 포함되지 않는다.
④ "가정폭력"이란 가정구성원 사이의 신체적, 정신적 피해를 수반하는 행위를 말하며, 재산상 피해를 수반하는 행위는 "가정폭력"에 해당하지 않는다.

 해설

1] 목적(제1조)
　이 법은 가정폭력범죄의 형사처벌 절차에 관한 특례를 정하고 가정폭력범죄를 범한 사람에 대하여 환경의 조정과 성행(性行)의 교정을 위한 보호처분을 함으로써 가정폭력범죄로 파괴된 가정의 평화와 안정을 회복하고 건강한 가정을 가꾸며 피해자와 가족구성원의 인권을 보호함을 목적으로 한다.
2] 정의(제2조)
　1. "가정폭력"이란 가정구성원 사이의 신체적, 정신적 또는 재산상 피해를 수반하는 행위를 말한다.
　2. "가정구성원"이란 다음 각 목의 어느 하나에 해당하는 사람을 말한다.
　　가. 배우자(사실상 혼인관계에 있는 사람을 포함) 또는 배우자였던 사람
　　나. 자기 또는 배우자와 직계존비속관계(사실상의 양친자관계를 포함)에 있거나 있었던 사람
　　다. 계부모와 자녀의 관계 또는 적모(嫡母)와 서자(庶子)의 관계에 있거나 있었던 사람
　　라. 동거하는 친족
　4. "가정폭력행위자"란 가정폭력범죄를 범한 사람 및 가정구성원인 공범을 말한다.

정답 ②

11 「아동학대범죄의 처벌 등에 관한 특례법」에 대한 설명으로 가장 적절하지 않은 것은?

(21년 승진/실무종합)

① 동법 제12조 제1항에 따라 응급조치상 아동학대행위자를 피해아동등으로부터 격리할 경우 48시간을 넘을 수 없으나, 검사가 임시조치를 법원에 청구한 경우에는 법원의 임시조치 결정시까지 연장된다.

② 응급조치에도 불구하고 아동학대범죄의 재발이 우려되고, 긴급을 요하여 법원의 임시조치 결정을 받을 수 없을 때에는 사법경찰관의 직권으로 긴급임시조치를 할 수 있다.

③ 판사는 아동학대범죄의 원활한 조사·심리 또는 피해아동등의 보호를 위하여 필요하다고 인정하는 경우에는 결정으로 아동학대행위자에게 임시조치를 할 수 있다.

④ 임시조치 결정을 통해 아동학대행위자를 경찰관서의 유치장 또는 구치소에의 유치 등을 할 수 있다.

해설

① 응급조치는 72시간을 넘을 수 없다. 다만, 본문의 기간에 공휴일이나 토요일이 포함되는 경우로서 피해아동등의 보호를 위하여 필요하다고 인정되는 경우에는 48시간의 범위에서 그 기간을 연장할 수 있다. 또한 검사가 임시조치를 법원에 청구한 경우에는 법원의 임시조치 결정 시까지 응급조치 기간이 연장된다.

1] 제10조의4(고소에 대한 특례)

① 피해아동 또는 그 법정대리인은 아동학대행위자를 고소할 수 있다. 피해아동의 법정대리인이 아동학대행위자인 경우 또는 아동학대행위자와 공동으로 아동학대범죄를 범한 경우에는 피해아동의 친족이 고소할 수 있다.

② 피해아동은 「형사소송법」 제224조에도 불구하고 아동학대행위자가 자기 또는 배우자의 직계존속인 경우에도 고소할 수 있다. 법정대리인이 고소하는 경우에도 또한 같다.

③ 피해아동에게 고소할 법정대리인이나 친족이 없는 경우에 이해관계인이 신청하면 검사는 10일 이내에 고소할 수 있는 사람을 지정하여야 한다.

2] 제11조(현장출동)

① 아동학대범죄 신고를 접수한 사법경찰관리나 「아동복지법」 제22조제4항에 따른 아동학대전담공무원은 지체 없이 아동학대범죄의 현장에 출동하여야 한다. 이 경우 수사기관의 장이나 시·도지사 또는 시장·군수·구청장은 서로 동행하여 줄 것을 요청할 수 있으며, 그 요청을 받은 수사기관의 장이나 시·도지사 또는 시장·군수·구청장은 정당한 사유가 없으면 사법경찰관리나 아동학대전담공무원이 아동학대범죄 현장에 동행하도록 조치하여야 한다.

② 아동학대범죄 신고를 접수한 사법경찰관리나 아동학대전담공무원은 아동학대범죄가 행하여지고 있는 것으로 신고된 현장 또는 피해아동을 보호하기 위하여 필요한 장소에 출입하여 아동 또는 아동학대행위자 등 관계인에 대하여 조사를 하거나 질문을 할 수 있다. 다만, 아동학대전담공무원은 다음 각호를 위한 범위에서만 아동학대행위자 등 관계인에 대하여 조사 또는 질문을 할 수 있다.

1. 피해아동의 보호
2. 「아동복지법」 제22조의4의 사례관리계획에 따른 사례관리

③ 시·도지사 또는 시장·군수·구청장은 제1항에 따른 현장출동 시 아동보호 및 사례관리를 위하여 필요한 경우 아동보호전문기관의 장에게 아동보호전문기관의 직원이 동행할 것을 요청할 수 있다. 이 경우 아동보호전문기관의 직원은 피해아동의 보호 및 사례관리를 위한 범위에서 아동학대전담공무원의 조사에 참

여할 수 있다.
④ 제2항 및 제3항에 따라 출입이나 조사를 하는 사법경찰관리, 아동학대전담공무원 또는 아동보호전문기관의 직원은 그 권한을 표시하는 증표를 지니고 이를 관계인에게 내보여야 한다.
⑤ 제2항에 따라 조사 또는 질문을 하는 사법경찰관리 또는 아동학대전담공무원은 피해아동, 아동학대범죄신고자등, 목격자 등이 자유롭게 진술할 수 있도록 아동학대행위자로부터 분리된 곳에서 조사하는 등 필요한 조치를 하여야 한다.
⑥ 누구든지 제1항부터 제3항까지의 규정에 따라 현장에 출동한 사법경찰관리, 아동학대전담공무원 또는 아동보호전문기관의 직원이 제2항 및 제3항에 따른 업무를 수행할 때에 폭행·협박이나 현장조사를 거부하는 등 그 업무 수행을 방해하는 행위를 하여서는 아니 된다.
⑦ 제1항에 따른 현장출동이 동행하여 이루어지지 아니한 경우 수사기관의 장이나 시·도지사 또는 시장·군수·구청장은 현장출동에 따른 조사 등의 결과를 서로에게 통지하여야 한다.

3] 제11조의2(조사)
① 아동학대전담공무원은 피해아동의 보호 및 사례관리를 위한 조사를 할 수 있다. 이 경우 아동학대전담공무원은 아동학대행위자 및 관계인에 대하여 출석·진술 및 자료제출을 요구할 수 있으며, 아동학대행위자 및 관계인은 정당한 사유가 없으면 이에 따라야 한다.
② 제1항에 관하여는 「행정조사기본법」 제4조, 제5조, 제9조, 제10조, 제17조, 제21조를 준용한다. 이 경우 "행정조사"는 "제1항에 따른 아동학대전담공무원의 조사"로, "행정기관"은 "시·도 또는 시·군·구"로, "조사대상자"는 "아동학대행위자 및 관계인"으로 본다.

4] 제12조(피해아동 등에 대한 응급조치)
① 제11조제1항에 따라 현장에 출동하거나 아동학대범죄 현장을 발견한 경우 또는 학대현장 이외의 장소에서 학대피해가 확인되고 재학대의 위험이 급박·현저한 경우, 사법경찰관리 또는 아동학대전담공무원은 피해아동, 피해아동의 형제자매인 아동 및 피해아동과 동거하는 아동(피해아동등)의 보호를 위하여 즉시 다음 각호의 조치(응급조치)를 하여야 한다. 이 경우 제3호의 조치를 하는 때에는 피해아동등의 이익을 최우선으로 고려하여야 하며, 피해아동등을 보호하여야 할 필요가 있는 등 특별한 사정이 있는 경우를 제외하고는 피해아동등의 의사를 존중하여야 한다.
  1. 아동학대범죄 행위의 제지
  2. 아동학대행위자를 피해아동등으로부터 격리
  3. 피해아동등을 아동학대 관련 보호시설로 인도
  4. 긴급치료가 필요한 피해아동을 의료기관으로 인도
② 사법경찰관리나 아동학대전담공무원은 제1항제3호 및 제4호 규정에 따라 피해아동등을 분리·인도하여 보호하는 경우 지체 없이 피해아동등을 인도받은 보호시설·의료시설을 관할하는 시·도지사 또는 시장·군수·구청장에게 그 사실을 통보하여야 한다.
③ 제1항제2호부터 제4호까지의 규정에 따른 응급조치는 72시간을 넘을 수 없다. 다만, 본문의 기간에 공휴일이나 토요일이 포함되는 경우로서 피해아동등의 보호를 위하여 필요하다고 인정되는 경우에는 48시간의 범위에서 그 기간을 연장할 수 있다.
④ 제3항에도 불구하고 검사가 제15조제2항에 따라 임시조치를 법원에 청구한 경우에는 법원의 임시조치 결정 시까지 응급조치 기간이 연장된다.
⑤ 사법경찰관리 또는 아동학대전담공무원이 제1항에 따라 응급조치를 한 경우에는 즉시 응급조치결과보고서를 작성하여야 한다. 이 경우 사법경찰관리가 응급조치를 한 경우에는 관할 경찰관서의 장이 시·도지사 또는 시장·군수·구청장에게, 아동학대전담공무원이 응급조치를 한 경우에는 소속 시·도지사 또는 시장·군수·구청장이 관할 경찰관서의 장에게 작성된 응급조치결과보고서를 지체 없이 송부하여야 한다.
⑥ 제5항에 따른 응급조치결과보고서에는 피해사실의 요지, 응급조치가 필요한 사유, 응급조치의 내용 등을 기재하여야 한다.

⑦ 누구든지 아동학대전담공무원이나 사법경찰관리가 제1항에 따른 업무를 수행할 때에 폭행·협박이나 응급조치를 저지하는 등 그 업무수행을 방해하는 행위를 하여서는 아니 된다.

⑧ 사법경찰관리는 제1항제1호 또는 제2호의 조치를 위하여 다른 사람의 토지·건물·배 또는 차에 출입할 수 있다.

5) 제13조(아동학대행위자에 대한 긴급임시조치)

① 사법경찰관은 제12조제1항에 따른 응급조치에도 불구하고 아동학대범죄가 재발될 우려가 있고, 긴급을 요하여 제19조제1항에 따른 법원의 임시조치 결정을 받을 수 없을 때에는 직권이나 피해아동등, 그 법정대리인(아동학대행위자를 제외), 변호사(제16조에 따른 변호사를 말한다. 제48조 및 제49조를 제외), 시·도지사, 시장·군수·구청장 또는 아동보호전문기관의 장의 신청에 따라 제19조제1항제1호부터 제3호까지의 어느 하나에 해당하는 조치를 할 수 있다.

② 사법경찰관은 제1항에 따른 조치(긴급임시조치)를 한 경우에는 즉시 긴급임시조치결정서를 작성하여야 하고, 그 내용을 시·도지사 또는 시장·군수·구청장에게 지체 없이 통지하여야 한다.

③ 제2항에 따른 긴급임시조치결정서에는 범죄사실의 요지, 긴급임시조치가 필요한 사유, 긴급임시조치의 내용 등을 기재하여야 한다.

6) 제14조(임시조치의 청구)

① 검사는 아동학대범죄가 재발될 우려가 있다고 인정하는 경우에는 직권으로 또는 사법경찰관이나 보호관찰관의 신청에 따라 법원에 제19조제1항 각 호의 임시조치를 청구할 수 있다.

② 피해아동등, 그 법정대리인, 변호사, 시·도지사, 시장·군수·구청장 또는 아동보호전문기관의 장은 검사 또는 사법경찰관에게 제1항에 따른 임시조치의 청구 또는 그 신청을 요청하거나 이에 관하여 의견을 진술할 수 있다.

③ 제2항에 따른 요청을 받은 사법경찰관은 제1항에 따른 임시조치를 신청하지 아니하는 경우에는 검사 및 임시조치를 요청한 자에게 그 사유를 통지하여야 한다.

7) 제15조(응급조치·긴급임시조치 후 임시조치의 청구)

① 사법경찰관이 제12조제1항제2호부터 제4호까지의 규정에 따른 응급조치 또는 제13조제1항에 따른 긴급임시조치를 하였거나 시·도지사 또는 시장·군수·구청장으로부터 제12조제1항제2호부터 제4호까지의 규정에 따른 응급조치가 행하여졌다는 통지를 받은 때에는 지체 없이 검사에게 제19조에 따른 임시조치의 청구를 신청하여야 한다.

② 제1항의 신청을 받은 검사는 임시조치를 청구하는 때에는 응급조치가 있었던 때부터 72시간(제12조제3항 단서에 따라 응급조치 기간이 연장된 경우에는 그 기간을 말한다) 이내에, 긴급임시조치가 있었던 때부터 48시간 이내에 하여야 한다. 이 경우 제12조제5항에 따라 작성된 응급조치결과보고서 및 제13조제2항에 따라 작성된 긴급임시조치결정서를 첨부하여야 한다.

③ 사법경찰관은 검사가 제2항에 따라 임시조치를 청구하지 아니하거나 법원이 임시조치의 결정을 하지 아니한 때에는 즉시 그 긴급임시조치를 취소하여야 한다.

8) 제19조(아동학대행위자에 대한 임시조치)

① 판사는 아동학대범죄의 원활한 조사·심리 또는 피해아동등의 보호를 위하여 필요하다고 인정하는 경우에는 결정으로 아동학대행위자에게 다음 각 호의 어느 하나에 해당하는 조치(임시조치)를 할 수 있다.

1. 피해아동등 또는 가정구성원(「가정폭력범죄의 처벌 등에 관한 특례법」 제2조제2호에 따른 가정구성원을 말한다. 이하 같다)의 주거로부터 퇴거 등 격리
2. 피해아동등 또는 가정구성원의 주거, 학교 또는 보호시설 등에서 100미터 이내의 접근 금지
3. 피해아동등 또는 가정구성원에 대한 「전기통신기본법」 제2조제1호의 전기통신을 이용한 접근 금지
4. 친권 또는 후견인 권한 행사의 제한 또는 정지
5. 아동보호전문기관 등에의 상담 및 교육 위탁
6. 의료기관이나 그 밖의 요양시설에의 위탁

7. 경찰관서의 유치장 또는 구치소에의 유치
② 제1항 각호의 처분은 병과할 수 있다.
③ 판사는 피해아동등에 대하여 제12조제1항제2호부터 제4호까지의 규정에 따른 응급조치가 행하여진 경우에는 임시조치가 청구된 때로부터 24시간 이내에 임시조치 여부를 결정하여야 한다.
④ 제1항 각호의 규정에 따른 임시조치기간은 2개월을 초과할 수 없다. 다만, 피해아동등의 보호를 위하여 그 기간을 연장할 필요가 있다고 인정하는 경우에는 결정으로 제1항제1호부터 제3호까지의 규정에 따른 임시조치는 두 차례만, 같은 항 제4호부터 제7호까지의 규정에 따른 임시조치는 한 차례만 각 기간의 범위에서 연장할 수 있다.

정답 ①

12 「아동학대범죄의 처벌 등에 관한 특례법」에 대한 설명으로 가장 적절하지 않은 것은?

(22년 승진/실무종합)

① 아동학대범죄 신고를 접수한 사법경찰관리나 아동학대전담공무원이 동행하여 현장출동하지 아니한 경우, 수사기관의 장이나 시·도지사 또는 시장·군수·구청장은 현장출동에 따른 조사 등의 결과를 서로에게 통지할 수 있다.
② 사법경찰관은 피해아동 등에 대한 응급조치에도 불구하고, 아동학대범죄가 재발될 우려가 있고 긴급을 요하여 법원의 임시조치결정을 받을 수 없을 때에는 직권으로 아동학대행위자에 대한 긴급임시조치를 할 수 있다.
③ 검사는 아동학대범죄사건의 증인이 피고인 또는 그 밖의 사람으로부터 생명·신체에 해를 입거나 입을 염려가 있다고 인정될 때에는 관할 경찰서장에게 증인의 신변안전을 위하여 필요한 조치를 할 것을 요청하여야 한다.
④ 판사가 아동학대범죄의 원활한 조사·심리 또는 피해아동등의 보호를 위하여 필요하다고 인정하는 경우에는 결정으로 아동학대행위자에게 경찰관서의 유치장 또는 구치소에 유치하는 조치를 할 수 있다.

해설

① 현장출동이 동행하여 이루어지지 아니한 경우 수사기관의 장이나 시·도지사 또는 시장·군수·구청장은 현장출동에 따른 조사 등의 결과를 서로에게 통지하여야 한다(제11조 제7항).

|보충|
증인에 대한 신변안전조치(제17조의2)
① 검사는 아동학대범죄사건의 증인이 피고인 또는 그 밖의 사람으로부터 생명·신체에 해를 입거나 입을 염려가 있다고 인정될 때에는 관할 경찰서장에게 증인의 신변안전을 위하여 필요한 조치를 할 것을 요청하여야 한다.
② 증인은 검사에게 제1항의 조치를 하도록 청구할 수 있다.
③ 재판장은 검사에게 제1항의 조치를 하도록 요청할 수 있다.
④ 제1항의 요청을 받은 관할 경찰서장은 즉시 증인의 신변안전을 위하여 필요한 조치를 하고 그 사실을 검사에게 통보하여야 한다.

정답 ①

13 통신수사에 대한 설명으로 가장 적절하지 않은 것은? (다툼이 있는 경우 판례에 의함)

(21년 승진/실무종합)

① 「형법」 제283조 제2항의 '존속협박'으로는 통신제한조치허가서를 청구할 수 없다.
② 통신자료에는 이용자의 성명, 주민등록번호, 주소, 가입일 또는 해지일, 전화번호, ID 등이 포함된다.
③ 통신사실확인자료 중 수사를 위한 정보통신기기 관련 실시간 추적자료, 컴퓨터 통신·인터넷 로그기록 자료는 다른 방법으로 범행 저지, 범인의 발견·확보, 증거의 수집·보전이 어려운 경우에만 해당 자료의 열람이나 제출 요청이 가능하다.
④ 통신제한조치는 당사자의 동의 없이 개봉 등의 방법으로 우편물의 내용을 지득·채록·유치하는 것을 의미하는 우편물의 검열과 당사자의 동의 없이 전자장치 등을 사용하여 전기통신의 음향·문언·부호·영상을 청취·공독하여 그 내용을 지득·채록하거나 전기통신의 송·수신을 방해하는 전기통신의 감청이 있다.

해설

③ [X] 수사를 위하여 통신사실확인자료 중 실시간 추적자료 또는 특정한 기지국에 대한 통신사실확인자료에 해당하는 자료가 필요한 경우에는 다른 방법으로는 범죄의 실행을 저지하기 어렵거나 범인의 발견·확보 또는 증거의 수집·보전이 어려운 경우에만 전기통신사업자에게 해당 자료의 열람이나 제출을 요청할 수 있다(통신비밀보호법 제13조 제2항).
① [O] 총 282개 범죄가 해당되나, 형법 제8장 공무방해에 관한 죄, 제25장 상해와 폭행의 죄, 제30장 협박의 죄 중 존속협박죄, 업무방해죄(제314조), 미성년자 등에 대한 간음죄(제302조) 등은 제외된다(동법 제5조 제1항).
② [O] 「전기통신사업법」 제83조 제3항
④ [O] 검열이란 우편물에 대하여 당사자의 동의없이 이를 개봉하거나 기타의 방법으로 그 내용을 지득 또는 채록하거나 유치하는 것을 말하고(통신비밀보호법 제2조 제6호), 감청은 전기통신에 대하여 당사자의 동의없이 전자장치·기계장치등을 사용하여 통신의 음향·문언·부호·영상을 청취·공독하여 그 내용을 지득 또는 채록하거나 전기통신의 송·수신을 방해하는 것을 말한다(동조 제7호).

1] 「통신비밀보호법」 제13조(범죄수사를 위한 통신사실 확인자료제공의 절차)
① 검사 또는 사법경찰관은 수사 또는 형의 집행을 위하여 필요한 경우 전기통신사업법에 의한 전기통신사업자에게 통신사실 확인자료의 열람이나 제출(통신사실 확인자료제공)을 요청할 수 있다.
② 검사 또는 사법경찰관은 제1항에도 불구하고 수사를 위하여 통신사실확인자료 중 다음 각 호의 어느 하나에 해당하는 자료가 필요한 경우에는 다른 방법으로는 범죄의 실행을 저지하기 어렵거나 범인의 발견·확보 또는 증거의 수집·보전이 어려운 경우에만 전기통신사업자에게 해당 자료의 열람이나 제출을 요청할 수 있다. 다만, 제5조제1항 각호의 어느 하나에 해당하는 범죄 또는 전기통신을 수단으로 하는 범죄에 대한 통신사실확인자료가 필요한 경우에는 제1항에 따라 열람이나 제출을 요청할 수 있다.
  1. 제2조제11호바목·사목 중 실시간 추적자료
  2. 특정한 기지국에 대한 통신사실확인자료
③ 제1항 및 제2항에 따라 통신사실 확인자료제공을 요청하는 경우에는 요청사유, 해당 가입자와의 연관성 및 필요한 자료의 범위를 기록한 서면으로 관할 지방법원(군사법원을 포함) 또는 지원의 허가를 받아야 한다. 다만, 관할 지방법원 또는 지원의 허가를 받을 수 없는 긴급한 사유가 있는 때에는 통신사실 확인자료제공을 요청한

후 지체 없이 그 허가를 받아 전기통신사업자에게 송부하여야 한다.
④ 제3항 단서에 따라 긴급한 사유로 통신사실확인자료를 제공받았으나 지방법원 또는 지원의 허가를 받지 못한 경우에는 지체 없이 제공받은 통신사실확인자료를 폐기하여야 한다.
⑤ 검사 또는 사법경찰관은 제3항에 따라 통신사실 확인자료제공을 받은 때에는 해당 통신사실 확인자료제공요청 사실 등 필요한 사항을 기재한 대장과 통신사실 확인자료제공요청서 등 관련자료를 소속기관에 비치하여야 한다.
⑥ 지방법원 또는 지원은 제3항에 따라 통신사실 확인자료제공 요청허가청구를 받은 현황, 이를 허가한 현황 및 관련된 자료를 보존하여야 한다.
⑦ 전기통신사업자는 검사, 사법경찰관 또는 정보수사기관의 장에게 통신사실 확인자료를 제공한 때에는 자료제공현황 등을 연 2회 과학기술정보통신부장관에게 보고하고, 해당 통신사실 확인자료 제공사실등 필요한 사항을 기재한 대장과 통신사실 확인자료제공요청서등 관련자료를 통신사실확인자료를 제공한 날부터 7년간 비치하여야 한다.

2] 「전기통신사업법」 제83조(통신비밀의 보호)
① 누구든지 전기통신사업자가 취급 중에 있는 통신의 비밀을 침해하거나 누설하여서는 아니 된다.
② 전기통신업무에 종사하는 사람 또는 종사하였던 사람은 그 재직 중에 통신에 관하여 알게 된 타인의 비밀을 누설하여서는 아니 된다.
③ 전기통신사업자는 법원, 검사 또는 수사관서의 장(군 수사기관의 장, 국세청장 및 지방국세청장을 포함), 정보수사기관의 장이 재판, 수사(「조세범 처벌법」 제10조제1항·제3항·제4항의 범죄 중 전화, 인터넷 등을 이용한 범칙사건의 조사를 포함), 형의 집행 또는 국가안전보장에 대한 위해를 방지하기 위한 정보수집을 위하여 다음 각호의 자료의 열람이나 제출(통신자료제공)을 요청하면 그 요청에 따를 수 있다.
  1. 이용자의 성명
  2. 이용자의 주민등록번호
  3. 이용자의 주소
  4. 이용자의 전화번호
  5. 이용자의 아이디(컴퓨터시스템이나 통신망의 정당한 이용자임을 알아보기 위한 이용자 식별부호를 말한다)
  6. 이용자의 가입일 또는 해지일
④ 제3항에 따른 통신자료제공 요청은 요청사유, 해당 이용자와의 연관성, 필요한 자료의 범위를 기재한 서면(자료제공요청서)으로 하여야 한다. 다만, 서면으로 요청할 수 없는 긴급한 사유가 있을 때에는 서면에 의하지 아니하는 방법으로 요청할 수 있으며, 그 사유가 없어지면 지체 없이 전기통신사업자에게 자료제공요청서를 제출하여야 한다.
⑤ 전기통신사업자는 제3항과 제4항의 절차에 따라 통신자료제공을 한 경우에는 해당 통신자료제공 사실 등 필요한 사항을 기재한 대통령령으로 정하는 대장과 자료제공요청서 등 관련 자료를 갖추어 두어야 한다.
⑥ 전기통신사업자는 대통령령으로 정하는 방법에 따라 통신자료제공을 한 현황 등을 연 2회 과학기술정보통신부장관에게 보고하여야 하며, 과학기술정보통신부장관은 전기통신사업자가 보고한 내용의 사실 여부 및 제5항에 따른 관련 자료의 관리 상태를 점검할 수 있다.

정답 ③

14 통신수사에 대한 설명으로 가장 적절하지 않은 것은? (22년 승진/실무종합)

① 「전기통신사업법」상 전기통신사업자는 법원, 검사 또는 수사관서의 장, 정보수사기관의 장이 재판, 수사, 형의 집행 또는 국가안전보장에 대한 위해를 방지하기 위한 정보수집을 위하여 통신자료제공을 요청하면 그 요청에 따를 수 있다.

② 「통신비밀보호법」상 검사 또는 사법경찰관은 수사 또는 형의 집행을 위하여 필요한 경우 「전기통신사업법」에 의한 전기통신사업자에게 '통신사실확인자료'의 열람이나 제출을 요청할 수 있다.

③ 「통신비밀보호법」 제3조(통신 및 대화비밀의 보호)의 규정에 위반하여, 불법검열에 의하여 취득한 우편물이나 그 내용 및 불법감청에 의하여 지득 또는 채록된 전기통신의 내용은 재판 또는 징계절차에서 증거로 사용할 수 없다.

④ 「통신비밀보호법」상 발·착신 통신번호 등 상대방의 가입자번호는 '통신사실확인자료'에 해당되지 않는다.

> **해설**
>
> ④ 통신사실확인자료는 가. 가입자의 전기통신일시, 나. 전기통신개시·종료시간, 다. 발·착신 통신번호 등 상대방의 가입자번호, 라. 사용도수, 마. 컴퓨터통신 또는 인터넷의 사용자가 전기통신역무를 이용한 사실에 관한 컴퓨터통신 또는 인터넷의 로그기록자료, 바. 정보통신망에 접속된 정보통신기기의 위치를 확인할 수 있는 발신기지국의 위치추적자료, 사. 컴퓨터통신 또는 인터넷의 사용자가 정보통신망에 접속하기 위하여 사용하는 정보통신기기의 위치를 확인할 수 있는 접속지의 추적자료 등 전기통신사실에 관한 자료를 말한다(통신비밀보호법 제2조 제11호).
>
> ① 「전기통신사업법」 제83조 제3항
>
> ② 「통신비밀보호법」 제13조 제1항
>
> ③ 「통신비밀보호법」 제4조, 즉 누구든지 이 법과 형사소송법 또는 군사법원법의 규정에 의하지 아니하고는 우편물의 검열·전기통신의 감청 또는 통신사실확인자료의 제공을 하거나 공개되지 아니한 타인간의 대화를 녹음 또는 청취하지 못하고(동법 제3조 제1항), 제3조의 규정에 위반하여, 불법검열에 의하여 취득한 우편물이나 그 내용 및 불법감청에 의하여 지득 또는 채록된 전기통신의 내용은 재판 또는 징계절차에서 증거로 사용할 수 없다(제4조).

관련판례

수사기관은 위치정보 추적자료를 통해 특정 시간대 정보주체의 위치 및 이동상황에 대한 정보를 취득할 수 있으므로 위치정보 추적자료는 충분한 보호가 필요한 민감한 정보에 해당되는 점, 그럼에도 이 사건 요청조항은 수사기관의 광범위한 위치정보 추적자료 제공요청을 허용하여 정보주체의 기본권을 과도하게 제한하는 점, 위치정보 추적자료의 제공요청과 관련하여서는 실시간 위치추적 또는 불특정 다수에 대한 위치추적의 경우 보충성 요건을 추가하거나 대상범죄의 경중에 따라 보충성 요건을 차등적으로 적용함으로써 수사에 지장을 초래하지 않으면서도 정보주체의 기본권을 덜 침해하는 수단이 존재하는 점, 수사기관의 위치정보 추적자료 제공요청에 대해 법원의 허가를 거치도록 규정하고 있으나 수사의 필요성만을 그 요건으로 하고 있어 절차적 통제마저도 제대로 이루어지기 어려운 현실인 점 등을 고려할 때, 이 사건 요청조항은 과잉금지원칙에 반하여 청구인들의 개인정보자기결정권과 통신의 자유를 침해한다. [전원재판부 2012헌마191, 2018. 6. 28. 헌법불합치]

정답 ④

15 「마약류 관리에 관한 법률」상 '대마'의 정의에 해당하지 않은 것은? (23년 승진/실무종합)

① 대마초와 그 수지(樹脂)
② 대마초와 그 수지(樹脂)와 동일한 화학적 합성품으로서 대통령령으로 정하는 것
③ 대마초 또는 그 수지를 원료로 하여 제조된 모든 제품
④ 대마초의 종자(種子)·뿌리 및 성숙한 대마초의 줄기

해설

마약류의 정의(「마약류 관리에 관한 법률」 제2조)
1. "마약류"란 마약·향정신성의약품 및 대마를 말한다.
2. "마약"이란 다음 각 목의 어느 하나에 해당하는 것을 말한다.
   가. 양귀비: 양귀비과(科)의 파파베르 솜니페룸 엘(Papaver somniferum L.), 파파베르 세티게룸 디시(Papaver setigerum DC.) 또는 파파베르 브락테아툼(Papaver bracteatum)
   나. 아편: 양귀비의 액즙(液汁)이 응결(凝結)된 것과 이를 가공한 것. 다만, 의약품으로 가공한 것은 제외한다.
   다. 코카 잎[엽]: 코카 관목[灌木: 에리드록시론속(屬)의 모든 식물을 말한다]의 잎. 다만, 엑고닌·코카인 및 엑고닌 알칼로이드 성분이 모두 제거된 잎은 제외한다.
   라. 양귀비, 아편 또는 코카 잎에서 추출되는 모든 알카로이드 및 그와 동일한 화학적 합성품으로서 대통령령으로 정하는 것
   마. 가목부터 라목까지에 규정된 것 외에 그와 동일하게 남용되거나 해독(害毒) 작용을 일으킬 우려가 있는 화학적 합성품으로서 대통령령으로 정하는 것
   바. 가목부터 마목까지에 열거된 것을 함유하는 혼합물질 또는 혼합제제. 다만, 다른 약물이나 물질과 혼합되어 가목부터 마목까지에 열거된 것으로 다시 제조하거나 제제(製劑)할 수 없고, 그것에 의하여 신체적 또는 정신적 의존성을 일으키지 아니하는 것으로서 총리령으로 정하는 것[이하 "한외마약"(限外麻藥)이라 한다]은 제외한다.
3. "향정신성의약품"이란 인간의 중추신경계에 작용하는 것으로서 이를 오용하거나 남용할 경우 인체에 심각한 위해가 있다고 인정되는 다음 각 목의 어느 하나에 해당하는 것으로서 대통령령으로 정하는 것을 말한다.
   가. 오용하거나 남용할 우려가 심하고 의료용으로 쓰이지 아니하며 안전성이 결여되어 있는 것으로서 이를 오용하거나 남용할 경우 심한 신체적 또는 정신적 의존성을 일으키는 약물 또는 이를 함유하는 물질
   나. 오용하거나 남용할 우려가 심하고 매우 제한된 의료용으로만 쓰이는 것으로서 이를 오용하거나 남용할 경우 심한 신체적 또는 정신적 의존성을 일으키는 약물 또는 이를 함유하는 물질
   다. 가목과 나목에 규정된 것보다 오용하거나 남용할 우려가 상대적으로 적고 의료용으로 쓰이는 것으로서 이를 오용하거나 남용할 경우 그리 심하지 아니한 신체적 의존성을 일으키거나 심한 정신적 의존성을 일으키는 약물 또는 이를 함유하는 물질
   라. 다목에 규정된 것보다 오용하거나 남용할 우려가 상대적으로 적고 의료용으로 쓰이는 것으로서 이를 오용하거나 남용할 경우 다목에 규정된 것보다 신체적 또는 정신적 의존성을 일으킬 우려가 적은 약물 또는 이를 함유하는 물질
   마. 가목부터 라목까지에 열거된 것을 함유하는 혼합물질 또는 혼합제제. 다만, 다른 약물 또는 물질과 혼합되어 가목부터 라목까지에 열거된 것으로 다시 제조하거나 제제할 수 없고, 그것에 의하여 신체적 또는 정신적 의존성을 일으키지 아니하는 것으로서 총리령으로 정하는 것은 제외한다.
4. "대마"란 다음 각 목의 어느 하나에 해당하는 것을 말한다. 다만, 대마초[칸나비스 사티바 엘(Cannabis sativa L.)을 말한다. 이하 같다]의 종자(種子)·뿌리 및 성숙한 대마초의 줄기와 그 제품은 제외한다.

가. 대마초와 그 수지(樹脂)
나. 대마초 또는 그 수지를 원료로 하여 제조된 모든 제품
다. 가목 또는 나목에 규정된 것과 동일한 화학적 합성품으로서 대통령령으로 정하는 것
라. 가목부터 다목까지에 규정된 것을 함유하는 혼합물질 또는 혼합제제

정답 ④

16. 마약류에 관한 설명으로 가장 적절하지 않은 것은? (다툼이 있는 경우 판례에 의함)

(24년 승진/실무종합)

① 마약류 매매 여부가 쟁점이 된 사건에서 매도인으로 지목된 피고인이 수수사실을 부인하고 있고 이를 뒷받침할 금융자료 등 객관적 물증이 없는 경우, 마약류를 매수하였다는 사람의 진술만으로 유죄를 인정하기 위해서는 그 사람의 진술이 증거능력이 있어야 함은 물론 합리적인 의심을 배제할 만한 신빙성이 있어야 한다.

② 「마약류 관리에 관한 법률」 제2조에 따르면 '원료물질'이란 마약류가 아닌 물질 중 마약 또는 향정신성의약품의 제조에 사용되는 물질로서 대통령령으로 정하는 것을 말한다.

③ 프로포폴은 페놀계 화합물로 흔히 수면마취제라고 불리는 정맥마취제로서 수면내시경 등에 사용되나, 환각제 대용으로 오남용되는 사례가 있으며, 정신적 의존성을 유발하기도 하여 향정신성의약품으로 지정되어 관리되고 있다.

④ GHB는 사용 후 통상적으로 15분 후에 효과가 발현되고 그 효과는 3시간 정도 지속되며 무색, 무취, 무미의 액체로 유럽 등지에서 데이트 강간약물로도 불린다.

해설

① 마약류 매매 여부가 쟁점이 된 사건에서, 매도인으로 지목된 피고인이 수수사실을 부인하고 있고 이를 뒷받침할 금융자료 등 객관적 물증이 없는 경우, 마약류를 매수하였다는 사람의 진술만으로 유죄를 인정하기 위해서는, 그 사람의 진술이 증거능력이 있어야 함은 물론, 합리적인 의심을 배제할 만한 신빙성이 있어야 한다. 신빙성 유무를 판단할 때에는 그 진술 내용 자체의 합리성, 객관적 상당성, 전후의 일관성뿐만 아니라 그의 인간됨, 그 진술로 얻게 되는 이해관계 유무 등을 아울러 살펴보아야 한다. 특히, 그에게 어떤 범죄의 혐의가 있고 그 혐의에 대하여 수사가 개시될 가능성이 있거나 수사가 진행 중인 경우에는, 이를 이용한 협박이나 회유 등의 의심이 있어 그 진술의 증거능력이 부정되는 정도에까지 이르지 않는 경우에도, 그로 인한 궁박한 처지에서 벗어나려는 노력이 진술에 영향을 미칠 수 있는지 여부 등을 살펴보아야 한다. [대법원 2018. 7. 11. 선고 2018도6352 판결]

② 「마약류 관리에 관한 법률」 제2조(정의) 제6호

④ GHB(물뽕)는 미국, 캐나다, 유럽 등지에서 성범죄용으로 악용되어 "데이트 강간약물(Date Rape Drug)"로도 불리며, 짠맛이 나는 액체로 근육강화 호르몬 분비효과가 있는 신종마약류. 무색무취로서 소다수 등에 음료에 타서 복용하여 "물같은 히로뽕"이라는 뜻으로 일명 "물뽕"으로 불린다. 사용 후 15분에 효과가 발현되고, 3시간 정도 지속된다.

1] L.S.D
   ① 환각제 중 가장 강력한 효과를 나타내며, 곡물의 곰팡이/보리 맥각에서 추출한 물질을 인공적으로 합성시켜 만들어 낸 것이다.
   ② L.S.D는 무색·무취·무미이며, 효과가 강력하여 우표/종이 등의 표면에 묻혔다가 뜯어먹는 방법으로 복용하거나 미량을 유당, 각설탕, 과자, 빵 등에 첨가하여 복용한다.
   ③ 동공확대/심박동 및 혈압상승/수전증/오한 등의 현상을 수반하고, 내성이나 심리적 의존성을 일으키지만 금단현상은 없다고 알려져 있다.

2] propofol(프로포폴)
   흔히 수면마취제로 불리는 정맥마취제로 수면내시경 등에 사용된다. 환각제 대용으로 오/남용되는 사례가 있어 향정신성의약품으로 지정되어 관리되고 있다.

3] MDMA(엑스터시)
   ① 독일에서 식욕감퇴제로 개발
   ② 기분이 좋아지는 약·포옹마약(Hug Drug)·클럽마약·도리도리 등으로 지칭되었으며, MDMA는 환각성과 암페타민과 같은 특성을 지닌 합성 향정신성의약품이다.
   ③ 육체적 증상으로는 근육 긴장, 무의식적으로 이를 꼭 물음, 구역질, 희미해진 시야, 빠른 눈 움직임, 심약함(실신), 오한이나 땀을 흘림 등이다. 심장박동과 혈압이 증가하며 순환기 질환이나 심장질환이 있는 사람에게 특히 위험하다.
   ④ MDMA 복용자는 테크노, 라이브, 파티장 등에서 막대사탕을 물고 있거나 물을 자주 마시는 등의 행위를 한다.

정답 ④

17 「경찰수사규칙」상 송치서류의 편철순서가 바르게 나열된 것은? (23년 승진/실무종합)

① 사건송치서, 압수물 총목록, 기록목록, 송치 결정서, 그 밖의 서류
② 사건송치서, 기록목록, 압수물 총목록, 그 밖의 서류, 송치 결정서
③ 사건송치서, 기록목록, 압수물 총목록, 송치 결정서, 그 밖의 서류
④ 사건송치서, 압수물 총목록, 기록목록, 그 밖의 서류, 송치 결정서

 해설

1] 송치서류(제103조)
   ① 수사준칙 제58조제1항에 따른 송치 결정서는 별지 제114호서식에 따르고, 압수물 총목록은 별지 제115호서식에 따르며, 기록목록은 별지 제116호서식에 따른다.
   ② 송치서류는 다음 순서에 따라 편철한다.
      1. 별지 제117호서식의 사건송치서
      2. 압수물 총목록
      3. 법 제198조제3항에 따라 작성된 서류 또는 물건 전부를 적은 기록목록
      4. 송치 결정서
      5. 그 밖의 서류
   ③ 수사준칙 제58조에 따라 사건을 송치하는 경우에는 소속경찰서장 또는 소속수사부서장의 명의로 한다.
   ④ 제1항의 송치 결정서는 사법경찰관이 작성해야 한다.

2] 불송치 서류(제109조)
  ① 수사준칙 제62조제1항에 따른 불송치 결정서는 별지 제122호서식에 따르고, 압수물 총목록은 별지 제115호서식에 따르며, 기록목록은 별지 제116호서식에 따른다.
  ② 불송치 서류는 다음 순서에 따라 편철한다.
    1. 별지 제123호서식의 불송치 사건기록 송부서
    2. 압수물 총목록
    3. 법 제198조제3항에 따라 작성된 서류 또는 물건 전부를 적은 기록목록
    4. 불송치 결정서
    5. 그 밖의 서류
  ③ 불송치 사건기록 송부서 명의인 및 불송치 결정서 작성인에 관하여는 제103조제3항 및 제4항을 준용한다.

 ①

18 「피의자 유치 및 호송 규칙」상 피의자 유치 및 호송에 대한 설명 중 가장 적절하지 않은 것은?

(22년 승진/실무종합)

① 간이검사란 일반적으로 유치인에 대하여는 탈의막 안에서 속옷은 벗지 않고 신체검사의를 착용(유치인의 의사에 따른다)하도록 한 상태에서 위험물 등의 은닉여부를 검사하는 것을 말한다.
② 피의자를 유치장에 입감시키거나 출감시킬 때에는 유치인보호주무자가 발부하는 피의자(출)감지휘서에 의하여야 하며 동시에 3명 이상의 피의자를 입감시킬 때에는 경위 이상 경찰관이 입회하여 순차적으로 입감시켜야 한다.
③ 호송관은 호송중 피호송자가 도망하였을 때 도주한 자에 관한 호송관계서류 및 금품을 인수관서에 보관해야 한다.
④ 피호송자의 금전, 유가증권은 호송관서에서 인수관서에 직접 송부하나, 소액의 금전·유가증권 또는 당일로 호송을 마칠 수 있을 때에는 호송관에게 탁송할 수 있다.

해설

③ 피호송자가 도망하였을 때 도주한 자에 관한 호송관계서류 및 금품은 호송관서에 보관하여야 한다(제65조 제1호 다목).
1] 제8조(신체 등의 검사)
  ① 유치인보호관은 피의자를 유치하는 과정에서 유치인의 생명 신체에 대한 위해를 방지하고, 유치장내의 안전과 질서를 유지하기 위하여 필요하다고 인정될 때에는 유치인의 신체, 의류, 휴대품 및 유치실을 검사할 수 있다.
  ② 신체, 의류, 휴대품(신체 등)의 검사는 동성의 유치인보호관이 실시하여야 한다. 다만, 여성유치인보호관이 없을 경우에는 미리 지정하여 신체 등의 검사방법을 교양 받은 여성경찰관으로 하여금 대신하게 할 수 있다.
  ③ 유치인보호관은 신체 등의 검사를 하기 전에 유치인에게 신체 등의 검사 목적과 절차를 설명하고, 제9조의 위험물 등을 제출할 것을 고지하여야 한다.
  ④ 신체 등의 검사는 유치인보호주무자가 제7조제1항의 피의자입(출)감지휘서에 지정하는 방법으로 유치장내 신체검사실에서 하여야 하며, 그 종류와 기준 및 방법은 다음 각호와 같다.

1. 외표검사 : 죄질이 경미하고 동작과 언행에 특이사항이 없으며 위험물 등을 은닉하고 있지 않다고 판단되는 유치인에 대하여는 신체 등의 외부를 눈으로 확인하고 손으로 가볍게 두드려 만져 검사한다.
2. 간이검사 : 일반적으로 유치인에 대하여는 탈의막 안에서 속옷은 벗지 않고 신체검사의를 착용(유치인의 의사에 따른다)하도록 한 상태에서 위험물 등의 은닉여부를 검사한다.
3. 정밀검사 : 살인, 강도, 절도, 강간, 방화, 마약류, 조직폭력 등 죄질이 중하거나 근무자 및 다른 유치인에 대한 위해 또는 자해할 우려가 있다고 판단되는 유치인에 대하여는 탈의막 안에서 속옷을 벗고 신체검사의로 갈아입도록 한 후 정밀하게 위험물 등의 은닉여부를 검사하여야 한다.

⑤ 제4항제1호와 제2호의 신체 등의 검사를 통하여 위험물 등을 은닉하고 있을 상당한 개연성이 있다고 판단되는 유치인에 대하여는 유치인보호주무자에게 보고하고 제4항제3호의 정밀검사를 하여야 한다. 다만, 위험물 등의 제거가 즉시 필요한 경우에는 정밀검사 후 유치인보호주무자에게 신속히 보고하여야 한다.
⑥ 제4항과 제5항에 의한 신체 등의 검사를 하는 경우에는 부당하게 이를 지연하거나 신체에 대한 굴욕감을 주는 언행 등으로 유치인의 고통이나 수치심을 유발하는 일이 없도록 주의하여야 하며, 그 결과를 근무일지에 기재하고 특이사항에 대하여는 경찰서장과 유치인보호주무자에게 즉시 보고하여야 한다.
⑦ 유치인보호 주무자는 제1항에 따라 검사한 결과 제9조의 위험물 등이 발견되면 제9조제1항에 따른 조치를 취하여야 한다.

2] 제65조(사고발생시의 조치)
호송관은 호송중 피호송자가 도주, 자살, 기타의 사고가 발생하였을 때에는 다음 각호의 조치를 신속하게 취하여야 한다.
1. 피호송자가 도망하였을 때
  가. 즉시 사고발생지 관할 경찰서에 신고하고 도주 피의자 수배 및 수사에 필요한 사항을 알려주어야 하며, 소속장에게 전화, 전보 기타 신속한 방법으로 보고하여 그 지휘를 받아야 한다. 이 경우에 즉시 보고할 수 없는 때에는 신고 관서에 보고를 의뢰할 수 있다.
  나. 호송관서의 장은 보고받은 즉시 상급경찰관서에 보고 및 인수관서에 통지하고 도주 피의자의 수사에 착수하여야 하며, 사고발생지 관할 경찰서장에게 수사를 의뢰하여야 한다.
  다. 도주한 자에 관한 호송관계서류 및 금품은 호송관서에 보관하여야 한다.
2. 피호송자가 사망하였을 때
  가. 즉시 사망시 관할 경찰관서에 신고하고 시체와 서류 및 영치금품은 신고 관서에 인도하여야 한다. 다만, 부득이한 경우에는 다른 도착지의 관할 경찰관서에 인도할 수 있다.
  나. 인도를 받은 경찰관서는 즉시 호송관서와 인수관서에 사망일시, 원인 등을 통지하고, 서류와 금품은 호송관서에 송부한다.
  다. 호송관서의 장은 통지받은 즉시 상급경찰관서에 보고하고 사망자의 유족 또는 연고자에게 이를 통지하여야 한다.
  라. 통지받을 가족이 없거나, 통지를 받은 가족이 통지를 받은 날부터 3일 내에 그 시신을 인수하지 않으면 구, 시, 읍, 면장에게 가매장을 하도록 의뢰하여야 한다.
3. 피호송자가 발병하였을 때
  가. 경증으로서 호송에 큰 지장이 없고 당일로 호송을 마칠 수 있을 때에는 호송관이 적절한 응급조치를 취하고 호송을 계속하여야 한다.
  나. 중증으로써 호송을 계속하거나 곤란하다고 인정될 때에 피호송자 및 그 서류와 금품을 발병지에서 가까운 경찰관서에 인도하여야 한다.
  다. 전 "나"호에 의하여 인수한 경찰관서는 즉시 질병을 치료하여야 하며, 질병의 상태를 호송관서 및 인수관서에 통지하고 질병이 치유된 때에는 호송관서에 통지함과 동시에 치료한 경찰관서에서 지체없이 호송하여야 한다. 다만, 진찰한 결과 24시간 이내에 치유될 수 있다고 진단되었을 때에는 치료후 호송관서의 호송관이 호송을 계속하게 하여야 한다.

정답 ③

19 「특정중대범죄 피의자 등 신상정보 공개에 관한 법률」상 특정중대범죄사건의 피의자 등 신상에 관한 정보공개의 요건으로 가장 적절하지 않은 것은? (23년 승진/실무종합 변형)

① 피의자가 미성년자에 해당하지 아니할 것
② 국민의 알권리 보장, 피의자의 재범방지 및 범죄예방 등 오로지 공공의 이익을 위하여 필요할 것
③ 범행수단이 잔인하고 중대한 피해가 발생한 특정강력범죄사건일 것
④ 피의자가 그 죄를 범하였다고 믿을 만한 충분한 의심이 있을 것

 해설

피/의/자/의/신/상/정/보/공/개(제4조)
① 검사와 사법경찰관은 다음 각호의 요건을 모두 갖춘 특정중대범죄사건의 피의자의 얼굴, 성명 및 나이(신상정보)를 공개할 수 있다. 다만, 피의자가 미성년자인 경우에는 공개하지 아니한다.
   1. 범행수단이 잔인하고 중대한 피해가 발생하였을 것(제2조제3호부터 제6호까지의 죄에 한정한다)
   2. 피의자가 그 죄를 범하였다고 믿을 만한 충분한 증거가 있을 것
   3. 국민의 알권리 보장, 피의자의 재범 방지 및 범죄예방 등 오로지 공공의 이익을 위하여 필요할 것
② 검사와 사법경찰관은 제1항에 따라 신상정보 공개를 결정할 때에는 범죄의 중대성, 범행 후 정황, 피해자 보호 필요성, 피해자(피해자가 사망한 경우 피해자의 유족을 포함한다)의 의사 등을 종합적으로 고려하여야 한다.
③ 검사와 사법경찰관은 제1항에 따라 신상정보를 공개할 때에는 피의자의 인권을 고려하여 신중하게 결정하고 이를 남용하여서는 아니 된다.
④ 제1항에 따라 공개하는 피의자의 얼굴은 특별한 사정이 없으면 공개 결정일 전후 30일 이내의 모습으로 한다. 이 경우 검사와 사법경찰관은 다른 법령에 따라 적법하게 수집·보관하고 있는 사진, 영상물 등이 있는 때에는 이를 활용하여 공개할 수 있다.
⑤ 검사와 사법경찰관은 제1항에 따라 피의자의 얼굴을 공개하기 위하여 필요한 경우 피의자를 식별할 수 있도록 피의자의 얼굴을 촬영할 수 있다. 이 경우 피의자는 이에 따라야 한다.
⑥ 검사와 사법경찰관은 제1항에 따라 피의자의 신상정보 공개를 결정하기 전에 피의자에게 의견을 진술할 기회를 주어야 한다. 다만, 신상정보공개심의위원회에서 피의자의 의견을 청취한 경우에는 이를 생략할 수 있다.
⑦ 검사와 사법경찰관은 피의자에게 신상정보 공개를 통지한 날부터 5일 이상의 유예기간을 두고 신상정보를 공개하여야 한다. 다만, 피의자가 신상정보 공개 결정에 대하여 서면으로 이의 없음을 표시한 때에는 유예기간을 두지 아니할 수 있다.
⑧ 검사와 사법경찰관은 정보통신망을 이용하여 그 신상정보를 30일간 공개한다.
⑨ 신상정보의 공개 등에 관한 절차와 방법 등 그 밖에 필요한 사항은 대통령령으로 정한다.

정답 ④

Chapter 03 경비경찰활동

01 경비경찰의 종류 및 특징에 대한 설명으로 가장 적절하지 <u>않은</u> 것은? (21년 승진/실무종합)

① 경비경찰의 종류 중 치안경비란 공안을 해하는 다중범죄 등 집단적인 범죄사태가 발생하거나 발생할 우려가 있는 경우 적절한 조치로 사태를 예방·경계·진압하는 경찰을 내용으로 한다.
② 경비경찰의 종류 중 혼잡경비란 기념행사·경기대회·경축제례 등에 수반하는 조직화되지 않은 군중에 의하여 발생하는 자연적·인위적 혼란상태를 예방·경계·진압하는 경찰을 내용으로 한다.
③ 경비경찰은 다중범죄, 테러, 경호상 위해나 경찰작전상황 등이 발생하였을 경우 즉시 출동하여 신속하게 조기 진압해야 하는 복합기능적인 활동이라는 특징을 갖는다.
④ 경비경찰은 지휘관의 하향적 명령에 의한 활동으로 부대원의 재량은 상대적으로 적고, 활동 결과에 대한 책임은 지휘관이 지는 경우가 많다는 특징을 갖는다.

해설

③ 다중범죄·테러·경호상 위해나 경찰작전상황 등이 발생하였을 경우 즉시 출동하여 신속하게 조기 진압해야 한다는 경비경찰의 특징은 즉응적 활동을 말한다.

경비경찰활동의 특성
1] **처리의 신속을 요하는 즉응적 활동**(처리기한이 없는 활동)
  경비상태는 항상 긴급을 요하고 국가적으로나 사회적으로 중대한 영향을 주므로 신속한 처리가 요망되는 것이다. 예를 들어, 생활안전이나 수사업무는 통상의 처리기간 내에 처리한다면 좀처럼 별다른 문제가 발생하지 않을 것이다. 그러나 다중범죄진압경비(치안)·테러·경호상 위해나 경찰작전상황 등이 발생한 경우 즉시적 대처가 가능하지 않다면 진압할 수 없으므로 즉응적이고 신속한 제압이 필요하다.
2] **범죄예방·경계·진압 등 복합 기능적 활동수행**
  경찰업무를 예방과 진압으로 크게 나누면, 경비경찰은 양자를 아울러 수행한다. 보통의 경우 경비경찰은 특정한 사태가 발생한 후에 진압하는 사후 진압적 측면이 있으나, 사태의 발생을 미연에 방지하는 예방진압에 더 큰 비중을 두어야 한다. 또한 경비경찰은 교통경찰의 협조는 물론, 정보·수사·보안 등 다른 기능과 밀접한 관련을 맺고 있으므로 경비경찰활동은 다른 업무보다도 종합업무성이 강하다.

3) 직접적인 사회공공의 안녕·질서유지활동
생활안전경찰활동이나 수사경찰이 국민의 생명과 신체 그리고 재산을 침해하는 범죄를 예방하거나 범죄를 수사하고, 안전관리를 함으로써 공공의 안녕과 질서를 유지하는데 비하여, 경비경찰은 직접적으로 공공의 안녕과 질서를 파괴하는 범죄가 대상이라는 점에서 경비경찰의 임무를 국가목적적 치안의 수행이라 일컫는다.

4) 현상유지적 활동
경비경찰활동은 기본적으로 현재의 질서상태를 보존하는 것에 가치를 둔다. 그러나 정태적이고 소극적인 질서유지가 아니라 새로운 변화와 발전을 보장하기 위한 동태적·적극적인 의미의 질서유지작용이어야 한다.

5) 조직적인 부대활동
단순한 개인단위로 활동하는 것이 아니고, 보통 부대단위의 조직적 활동이라는 점이다. 따라서 체계적인 훈련과 행정상의 운영관리가 중요하다. 조직적 부대활동이라는 특성으로 인하여 지휘관과 부하간의 관계는 하향적 명령체계질서가 확보되어야 한다(하향적 명령에 의한 활동).

정답 ③

02 경비경찰 활동의 특징에 관한 설명으로 가장 적절하지 않은 것은? (24년 승진/실무종합)

① 경비사태에 대해 기한을 정하여 진압할 수 없고 즉시 출동하여 신속하게 조기대응해야 한다는 점에서 즉시적(즉응적) 활동이다.
② 현재의 질서상태를 유지하는 것에 가치를 두는 현상유지적 활동으로 정태적이고 소극적인 특성을 가지나 질서유지를 통해 새로운 변화와 발전을 보장하기 위한 동태적이고 적극적인 특성은 갖지 않는다.
③ 경비사태가 발생한 후의 진압뿐만 아니라 특정한 사태가 발생하기 전의 경계·예방의 역할을 수행한다는 점에서 복합기능적 활동이다.
④ 경비사태가 발생할 때 조직적이고 집단적인 대응이 요구되므로 조직적 부대 활동에 중점을 둔 체계적인 부대편성과 관리 및 운영이 필요하다.

해설

② 경비경찰활동은 기본적으로 현재의 질서상태를 보존하는 것에 가치를 두나, 정태적이고 소극적인 질서유지가 아니라 새로운 변화와 발전을 보장하기 위한 동태적·적극적 의미의 질서유지작용이어야 한다.

정답 ②

03 경비수단에 대한 설명 중 가장 적절한 것은?

(21년 승진/실무종합)

① 경비부대를 전면에 배치 또는 진출시켜 위력을 과시하거나 경고하여 범죄실행의 의사를 자발적으로 포기하도록 하는 '경고'는 「경찰관 직무집행법」 제5조에 근거를 두고 있다.
② 경비수단의 원칙 중 '위치의 원칙'은 상대방의 저항력이 가장 허약한 시점을 포착하여 집중적이고 강력한 실력행사를 하여야 한다는 원칙이다.
③ 직접적 실력행사인 '제지'와 '체포'는 경비사태를 예방·진압하거나 상대방의 신체를 구속하는 강제처분으로서 모두 「경찰관 직무집행법」 제6조에 근거를 두고 있다.
④ 경비수단의 원칙 중 '균형의 원칙'은 작전시의 변수의 발생은 사회적으로 큰 파장을 미칠 수 있으므로 경찰병력이나 군중들을 사고 없이 안전하게 진압하여야 한다는 원칙이다.

해설

① 경고는 주의를 환기는 간접적 실력행사 작용으로 「경찰관 직무집행법」 제5조에 근거한다.
② [X] 경비수단의 원칙 중 적시의 원칙(적시타의 묘)을 말한다.
③ [X] 제지는 「경찰관 직무집행법」 제6조(범죄의 예방과 제지)에 근거하고, 체포는 「형사소송법」 제212조(현행범인의 체포)에 근거한다.
④ [X] 경비수단의 원칙 중 안전의 원칙에 대한 내용이다.

1] 경비수단의 원칙

균형의 원칙	경비수단으로 실력을 행사할 때, 경비세력운용을 균형 있게 하여야 한다는 원칙. 즉, 경비사태의 상황에 따라 주력부대와 예비부대를 적절하게 활용하여 한정된 경력으로 최대의 성과를 올릴 수 있어야 한다.
위치의 원칙	경비사태에 실력을 행사할 경우 유리한 지점과 위치를 확보함으로써 경비경찰의 목적달성을 꾀하려는 원칙이다.
적시의 원칙	시점의 원칙이라고도 한다. 적시의 원칙이란 가장 상대의 기세를 제압할 최적의 시점을 노리라는 것이다(적시타의 묘). 이때, 상대의 허점을 잘 파악하는 것은 매우 중요하다.
안전의 원칙	경비사태 발생시 경비하는 경찰력이나 군중들이 안전하게 진압되어야 한다는 원칙이다. 경비경찰활동을 하다보면 그 현장에서 신체의 손상과 더불어 기물의 파괴 등 위험사태에 직면하는 경우가 많다. 따라서 때에 따라서는 국가배상의 문제나, 그 자체가 새로운 변수로 떠올라 국가적·사회적으로 물의를 야기할 수도 있다.

2] 경비수단의 종류

방법	종류	내용 및 근거
간접적 실력행사 (임의처분)	경고	㉠ 경비부대를 전면에 배치 또는 진출시켜 위력을 과시하거나 경고하여 범죄실행의 의사를 자발적으로 포기하도록 하는 간접적 실력행사이다. ㉡ 경찰관 직무집행법(제5조)에 근거를 두고 있으며, 경비사태를 예방·경계·진압하기 위하여 발할 수 있는 조치이다. ㉢ 법의 일반원칙으로서 비례의 원칙은 당연히 적용된다.
직접적 실력행사	제지	㉠ 경비사태를 예방·진압하기 위한 강제처분으로 세력분산·통제파괴·주동자 및 주모자의 격리 등을 실시하는 직접적 실력행사이다. ㉡ 경찰관 직무집행법(제6조)에 근거하고 있으며, 경찰상 즉시강제에 해당하는 경찰강제처분이다.
	체포	직접적 실력행사이고, 상대방의 신체를 구속하는 강제처분이므로 명백한 위법이 필요하다. 형사소송법(제212조)에 그 근거를 두고 있다.

 정답 ①

04 경비경찰의 경비수단 종류 및 원칙에 관한 설명으로 가장 적절하지 않은 것은?

(23년 승진/실무종합)

① 경고와 제지는 간접적 실력행사로서 「경찰관 직무집행법」에 근거를 두고 있다.
② 위치의 원칙이란 사태 진압시의 실력행사에 있어서 가장 유리한 지형·지물·위치 등을 확보하여 작전수행이나 진압을 용이하게 한다는 원칙이다.
③ 균형의 원칙이란 주력부대와 예비대를 적절하게 활용하여 한정된 경력으로 최대의 효과를 얻도록 해야 한다는 원칙이다.
④ 안전의 원칙이란 작전 때의 변수 발생은 사회적으로 큰 파장을 미칠 수 있으므로 사고 없는 안전한 진압을 실시해야 한다는 원칙이다.

해설

① 경비수단의 종류 중 경고는 주의를 환기시키는 간접적 실력행사로서 「경찰관 직무집행법」 제5조 근거를 두고 있고, 제지는 직접적 실력행사로서 「경찰관 직무집행법」 제6조 근거를 두고 있다.

정답 ①

05 경비경찰 조직운영의 원칙에 관한 설명으로 가장 적절하지 않은 것은? (23년 승진/실무종합)

① 치안협력성 원칙 : 경비경찰이 업무수행과정에서 국민의 협력을 구해야 하고, 국민이 스스로 협조를 할 때 효과적인 업무수행이 가능하다.
② 지휘관단일성 원칙 : 지시는 한 사람에 의해서 행해져야 하고, 보고도 한 사람을 통해서 이루어져야 한다.
③ 부대단위활동 원칙 : 부대에는 지휘관, 직원 및 대원, 지휘권과 장비가 편성되며 임무수행을 위한 보급지원체제를 갖추고 있어야 한다.
④ 체계통일성 원칙 : 경비업무를 효과적으로 수행하기 위해 복수의 지휘관을 두어야 한다.

 해설

경비경찰조직운영의 원리(원칙)
1] **부대단위활동의 원칙**
경비경찰은 업무의 성격상 개인적 활동보다는 부대단위활동으로 이루어지는 경우가 대부분이다. 일반적으로 부대에는 항상 그 부대를 지휘하는 지휘관이 있고, 지휘를 받는 직원 및 대원이 있으며 하급 부대원들을 관리하기 위한 지휘권과 장비가 편성되며 임무수행을 위한 보급지원체제를 갖추고 있어야 한다.
2] **지휘관단일성의 원칙**
지휘관 단일성은 성공적인 조직운영의 전제조건 중의 하나이다. 지휘관이 단일해야 한다는 것은 경비경찰은 한 사람의 지휘 하에 움직여야 한다는 것이며, 위원회나 또는 집단지휘체제를 구성해서는 효율적인 업무수행이 어렵다는 것을 의미한다. 그러나 의사결정의 과정에서까지 단일해야 한다는 의미는 결코 아니다. 즉, 결정은 다수에 의하여 신중히 검토된 후에 가장 효과적, 합리적으로 결정하되 그 집행에 있어서 만일 지휘관이 여러 명 존재할 경우에 의견이 합치되기 어렵고 조직의 행동이 통일될 수 없는 것이므로 업무수행에 차질이 따를 수밖에 없는 것이다. 또 다른 의미에서의 지휘관 단일성이란 「하나의 기관에 하나의 지휘관」이란 의미 외에 「하급조직원은 하나의 상급조직에 대해서만 책임을 진다」는 의미도 내포한다고 할 수 있다. 예컨대, 조직적인 업무수행은 지휘체계의 일원화가 확립됨으로써 신속, 정확하게 진행될 수 있다는 점에서 경비경찰의 조직운영상 필요 불가결한 원칙인 것이다.
3] **체계통일성의 원칙**
경비경찰조직의 체계통일성이라 함은 경찰기관의 상하맥박이 일관되어 있음을 말한다. 즉, 조직의 정점으로부터 말단에 이르는 계선을 통하여 상하 계급 간에 일정한 관계가 형성되어 책임과 임무의 분담이 명확히 이루어지고 명령과 복종의 체계가 통일되어야 함을 의미한다.
4] **치안협력성의 원칙**
치안협력성이란 경찰조직과 국민의 결합을 의미한다. 다시 말하면 경비경찰이 업무수행과정에서 국민의 협력을 구해야 하고 국민이 스스로 협조를 해줄 때 효과적인 업무수행이 가능한 것이다. 현대사회는 기계문명의 발달과 인구의 증가로 인하여 인위적인 다중범죄나 자연적인 재해 및 문명의 이기(利器)로 인한 대형사고나 산업재해 등 경비경찰업무의 대상이 점점 더 증가하고 있는 현상에 직면해 있다.
이러한 협력체계를 조성하는 것은 어디까지나 임의적이어야 하고 강제성을 띠어서는 아니되며, 가장 중요한 핵심은 국민이 경찰을 신뢰하는 믿음의 바탕 위에서만 가능하다는 사실이다.

정답 ④

06 다음 행사장 경호에 대한 설명과 명칭을 바르게 연결한 것은?

(21년 승진/실무종합)

㉠ 주경비지역으로, 바리케이트 등 장애물을 설치, 돌발사태를 대비한 예비대 운영 및 구급차, 소방차 대기가 필요하다.
㉡ 절대안전 확보구역으로, 출입자 통제관리, MD 설치 운용, 비표 확인 및 출입자 감시가 필요하다.
㉢ 조기경보지역으로, 감시조 운용, 도보 등 원거리 기동순찰조 운영, 원거리 불심자 검문·차단이 필요하다.

① ㉠ 안전구역 ㉡ 경비구역 ㉢ 경계구역
② ㉠ 경비구역 ㉡ 경계구역 ㉢ 안전구역
③ ㉠ 경비구역 ㉡ 안전구역 ㉢ 경계구역
④ ㉠ 경계구역 ㉡ 안전구역 ㉢ 경비구역

해설

㉠ 경비구역 : 주경비지역으로, 바리케이트 등 장애물을 설치, 돌발사태를 대비한 예비대 운영 및 구급차, 소방차 대기가 필요하다. / 2선 : 경찰주관(군부대 내일 때에는 군)
㉡ 안전구역 : 절대안전 확보구역으로, 출입자 통제관리, MD 설치 운용, 비표 확인 및 출입자 감시가 필요하다. / 1선 : 경호처 주관
㉢ 경계구역 : 조기경보지역으로, 감시조 운용, 도보 등 원거리 기동순찰조 운영, 원거리 불심자 검문·차단이 필요하다. / 3선 : 경찰주관

정답 ③

07 다중범죄의 정책적 치료법 및 진압의 기본원칙에 대한 설명으로 가장 적절하지 않은 것은?

(22년 승진/실무종합)

① 전이법은 불만집단과 이에 반대하는 대중의견을 크게 부각시켜 불만집단이 자진해산 및 분산하게 하는 정책적 치료법이다.
② 봉쇄·방어는 군중이 중요시설이나 기관 등 보호대상물의 점거를 기도할 경우, 사전에 부대가 선점하여 바리케이트 등으로 봉쇄하는 방어조치로 충돌없이 효과적으로 무산시키는 진압의 기본원칙이다.
③ 세력분산은 일단 시위대가 집단을 형성한 이후에 부대가 대형으로 진입하거나 장비를 사용하여 시위집단의 지휘·통제력을 차단하며, 수개의 소집단으로 분할시켜 시위의사를 약화시키는 진압의 기본원칙이다
④ 지연정화법은 시간을 지연시킴으로써 불만집단의 고조된 주장을 이성적으로 사고할 기회를 부여하고 정서적으로 감정을 둔화시켜서 흥분을 가라앉게 하는 정책적 치료법이다.

해설

① 경쟁행위법은 불만집단과 이에 반대하는 대중의견을 크게 부각시켜 불만집단이 자진해산 및 분산하게 하는 정책적 치료법이다. 전이법은 다중범죄의 발생징후나 이슈가 있을 때 집단이나 국민들의 관심을 집중시킬 수 있는 경이적인 사건을 폭로하거나 규모가 큰 행사를 개최하여 그 발생징후나 이슈가 상대적으로 약화되도록 하는 방법이다.

1] **진압이론의 유형**(정책적 치료법)

선수 승화법	특정사안의 불만집단에 대한 정보활동을 강화하여 사전에 불만 및 분쟁요인을 찾아내어 해소시켜 주는 방법
전이법	다중범죄의 발생징후나 이슈가 있을 때 집단이나 국민들의 관심을 집중시킬 수 있는 경이적인 사건(issue)을 폭로하거나 규모가 큰 행사를 개최함으로써 원래의 이슈가 상대적으로 약화되도록 하는 방법
지연 정화법	불만집단의 고조된 주장을 시간을 끌어 이성적으로 사고할 기회를 부여하고 정서적으로 감정을 둔화시켜 흥분을 가라앉게 하는 방법
경쟁 행위법	불만집단과 이에 반대하는 대중의견을 크게 부각시켜 불만집단이 위압되어 자동해산 및 분산되도록 하는 방법

2] **진압의 기본원칙**

(1) 봉쇄와 방어
군중들이 중요시설이나 기관 등 보호대상물의 점거를 기도(企圖)할 경우, 사전에 진압부대가 점령하거나 바리케이트 등으로 봉쇄하여 방어조치를 취하는 방법인데, 이러한 일련의 조치는 단독적으로 이루어지는 것보다 수 개의 조치가 복합적으로 위해짐으로써 군중들의 의도를 사전에 봉쇄하여 시위 계획을 충돌 없이 효과적으로 무산시키는 방법이다.

(2) 차단과 배제
다중범죄는 다중이 모일 수 있는 교통상 편리한 특정장소에서 시도되는 경우가 많다. 이러한 경우 군중이 목적지에 집결하기 전에 중간에서 차단하여 집합을 못하게 하는 방법인데, 차단·배제를 위해서는 중요 목지점에 경력을 배치하고 검문검색을 실시하여 불법시위가담자를 사전에 색출, 검거하거나 귀가조치 시킴으로써

시위 군중의 집합을 사전에 차단하는 것이다.

(3) 세력분산

일단 시위대가 집단을 형성한 이후에 진압부대가 대형으로 공격하거나 가스탄을 사용하여 시위집단의 지휘 통제력을 차단시키며 수 개의 소집단으로 분할시켜 시위의사를 약화시킴으로써 그 세력을 분산시키는 방법이다.

(4) 주동자격리

다중범죄는 특정한 지도자나 주동자의 선동에 의하여 이루어지므로 그 주모자(主謀者)를 사전에 검거하거나 군중과 격리시킴으로써 군중의 집단적 결속력을 약화시켜 계속된 행동을 못하게 진압하는 방법이다.

3] 진압활동시 3대 원칙

(1) 신속한 해산

시위군중은 군중심리의 영향으로 격화, 확대되기 쉽고 파급성이 강하므로 초기 단계에서 신속, 철저히 해산시켜야 한다.

(2) 주모자 체포

시위군중은 주모자를 잃으면 무기력해져 쉽게 해산되는 것이 보통이므로 주모자부터 체포하여 분리시켜야 한다.

(3) 재집결 방지

시위군중은 일단 해산되었다가도 다시 집결하기 쉬우므로 재집결할 만한 곳에 경력을 배치하고 순찰과 검문검색을 강화하여 재집결을 방지하여야 한다.

정답 ①

08 「집회 등 채증활동규칙」에 관한 설명으로 가장 적절하지 않은 것은? (24년 승진/실무종합)

① 채증요원은 사진 촬영 담당, 동영상 촬영 담당, 신변보호원 등 3명을 1개조로 편성하는 것을 원칙으로 하되, 현장 상황 등을 고려하여 증감 편성할 수 있다.

② 범죄혐의자의 인적사항이 확인되어 범죄수사의 필요성이 있는 채증자료는 지체 없이 경비부서에 송부하여야 한다.

③ 20분 이상 채증을 계속하는 경우에는 20분이 경과할 때마다 채증 중임을 고지하거나 알려야 한다.

④ 채증은 폭력 등 범죄행위가 행하여지고 있거나 행하여진 직후에 하여야 한다. 단, 범죄행위로 인하여 타인의 생명·신체 또는 재산에 대한 위해가 임박한 때에 범죄에 이르게 된 경위나 그 전후 사정에 관하여 긴급히 증거를 확보하여야 할 필요가 있는 경우에는 범죄행위가 행하여지기 이전이라도 채증을 할 수 있다.

해설

② 범죄혐의자의 인적사항이 확인되어 범죄수사의 필요성이 있는 채증자료는 지체 없이 수사부서에 송부하여야 한다(제11조). 또한 범죄수사 필요성이 없는 채증자료는 해당 집회등의 상황 종료 후 즉시 삭제·폐기하여야 한다(제12조).

정답 ②

09 선거경비에 대한 설명으로 가장 적절하지 않은 것은?
(22년 승진/실무종합)

① 개표소 경비에 대한 3선 개념 중 제3선은 울타리 외곽으로 검문조·순찰조를 운영하여 위해 기도자의 접근을 차단한다.
② 「공직선거법」상 구·시·군선거관리위원회위원장이나 위원이 개표소의 질서유지를 위하여 정복을 한 경찰공무원 또는 경찰관서장에게 원조를 요구할 수 있으며, 이와 같은 요구에 의해 개표소안에 들어간 경찰공무원 또는 경찰관서장은 질서가 회복되거나 위원장의 요구 시 개표소에서 퇴거할 수 있다.
③ 「공직선거법」상 투표소 안에서 또는 투표소로부터 100미터 안에서 소란한 언동을 하거나 특정 정당이나 후보자를 지지 또는 반대하는 언동을 하는 자가 있는 때에는 투표관리관 또는 투표사무원은 이를 제지하고, 그 명령에 불응하는 때에는 투표소 또는 그 제한거리 밖으로 퇴거하게 할 수 있다.
④ 「공직선거법」상 투표관리관 또는 투표사무원은 투표소의 질서가 심히 문란하여 공정한 투표가 실시될 수 없다고 인정하는 때에는 투표소의 질서를 유지하기 위하여 정복을 한 경찰공무원 또는 경찰관서장에게 원조를 요구할 수 있다.

 해설

② 질서가 회복되거나 위원장의 요구가 있는 때에는 즉시 개표소에서 퇴거하여야 한다(제183조 제5항).

개표소의 출입제한과 질서유지(제183조)
① 구·시·군선거관리위원회와 그 상급선거관리위원회의 위원·직원, 개표사무원·개표사무협조요원 및 개표참관인을 제외하고는 누구든지 개표소에 들어갈 수 없다. 다만, 관람증을 배부받은 자와 방송·신문·통신의 취재·보도요원이 일반관람인석에 들어가는 경우는 그러하지 아니하다.
② 선거관리위원회의 위원·직원, 개표사무원·개표사무협조요원 및 개표참관인이 개표소에 출입하는 때에는 중앙선거관리위원회규칙이 정하는 바에 따라 표지를 달거나 붙여야 하며, 이를 다른 사람에게 양도·양여할 수 없다.
③ 구·시·군선거관리위원회위원장이나 위원은 개표소의 질서가 심히 문란하여 공정한 개표가 진행될 수 없다고 인정하는 때에는 개표소의 질서유지를 위하여 정복을 한 경찰공무원 또는 경찰관서장에게 원조를 요구할 수 있다.
④ 제3항의 규정에 의하여 원조요구를 받은 경찰공무원 또는 경찰관서장은 즉시 이에 따라야 한다.
⑤ 제3항의 요구에 의하여 개표소안에 들어간 경찰공무원 또는 경찰관서장은 구·시·군선거관리위원회위원장의 지시를 받아야 하며, 질서가 회복되거나 위원장의 요구가 있는 때에는 즉시 개표소에서 퇴거하여야 한다.
⑥ 제3항의 경우를 제외하고는 누구든지 개표소안에서 무기나 흉기 또는 폭발물을 지닐 수 없다.

정답 ②

10 「재난 및 안전관리 기본법」에 관한 설명으로 가장 적절하지 않은 것은? (24년 승진/실무종합)

① 특별재난지역의 선포는 재난관리 체계상 대응단계에 해당한다.
② 행정안전부장관은 국가 및 지방자치단체가 행하는 재난 및 안전관리 업무를 총괄·조정한다.
③ '재난관리'란 재난의 예방·대비·대응 및 복구를 위하여 하는 모든 활동을 말한다.
④ '재난'이란 국민의 생명·신체·재산과 국가에 피해를 주거나 줄 수 있는 것이며, 화재·붕괴·폭발·교통사고는 '사회재난'으로 구분한다.

해설

① 재난관리의 단계를 재난의 예방·대비·대응 및 복구 등으로 구분하면, 대통령의 특별재난지역의 선포는 재난관리 체계상 복구단계에 해당한다.

1] 제3조(정의) 이 법에서 사용하는 용어의 뜻은 다음과 같다.
  1. "재난"이란 국민의 생명·신체·재산과 국가에 피해를 주거나 줄 수 있는 것으로서 다음 각 목의 것을 말한다.
     가. 자연재난 : 태풍, 홍수, 호우(豪雨), 강풍, 풍랑, 해일(海溢), 대설, 한파, 낙뢰, 가뭄, 폭염, 지진, 황사(黃砂), 조류(藻類) 대발생, 조수(潮水), 화산활동, 「우주개발 진흥법」에 따른 자연우주물체의 추락·충돌, 그 밖에 이에 준하는 자연현상으로 인하여 발생하는 재해
     나. 사회재난 : 화재·붕괴·폭발·교통사고(항공사고 및 해상사고를 포함한다)·화생방사고·환경오염사고·다중운집인파사고 등으로 인하여 발생하는 대통령령으로 정하는 규모 이상의 피해와 국가핵심기반의 마비, 「감염병의 예방 및 관리에 관한 법률」에 따른 감염병 또는 「가축전염병예방법」에 따른 가축전염병의 확산, 「미세먼지 저감 및 관리에 관한 특별법」에 따른 미세먼지, 「우주개발 진흥법」에 따른 인공우주물체의 추락·충돌 등으로 인한 피해
  2. "해외재난"이란 대한민국의 영역 밖에서 대한민국 국민의 생명·신체 및 재산에 피해를 주거나 줄 수 있는 재난으로서 정부차원에서 대처할 필요가 있는 재난을 말한다.
  3. "재난관리"란 재난의 예방·대비·대응 및 복구를 위하여 하는 모든 활동을 말한다.
  4. "안전관리"란 재난이나 그 밖의 각종 사고로부터 사람의 생명·신체 및 재산의 안전을 확보하기 위하여 하는 모든 활동을 말한다.
  5. "재난관리책임기관"이란 재난관리업무를 하는 다음 각 목의 기관을 말한다.
     가. 중앙행정기관 및 지방자치단체(「제주특별자치도 설치 및 국제자유도시 조성을 위한 특별법」 제10조제2항에 따른 행정시를 포함한다)
     나. 지방행정기관·공공기관·공공단체(공공기관 및 공공단체의 지부 등 지방조직을 포함한다) 및 재난관리의 대상이 되는 중요시설의 관리기관 등으로서 대통령령으로 정하는 기관
  5의2. "재난관리주관기관"이란 재난이나 그 밖의 각종 사고에 대하여 그 유형별로 예방·대비·대응 및 복구 등의 업무를 주관하여 수행하도록 대통령령으로 정하는 관계 중앙행정기관을 말한다.
  6. "긴급구조"란 재난이 발생할 우려가 현저하거나 재난이 발생하였을 때에 국민의 생명·신체 및 재산을 보호하기 위하여 긴급구조기관과 긴급구조지원기관이 하는 인명구조, 응급처치, 그 밖에 필요한 모든 긴급한 조치를 말한다.
  7. "긴급구조기관"이란 소방청·소방본부 및 소방서를 말한다. 다만, 해양에서 발생한 재난의 경우에는 해양경찰청·지방해양경찰청 및 해양경찰서를 말한다.
  8. "긴급구조지원기관"이란 긴급구조에 필요한 인력·시설 및 장비, 운영체계 등 긴급구조능력을 보유한 기관

이나 단체로서 대통령령으로 정하는 기관과 단체를 말한다. 〈중략〉

2) 제6조(재난 및 안전관리 업무의 총괄·조정)
   행정안전부장관은 국가 및 지방자치단체가 행하는 재난 및 안전관리 업무를 총괄·조정한다.
3) 제60조(특별재난지역의 선포)
   ① 중앙대책본부장은 대통령령으로 정하는 규모의 재난이 발생하여 국가의 안녕 및 사회질서의 유지에 중대한 영향을 미치거나 피해를 효과적으로 수습하기 위하여 특별한 조치가 필요하다고 인정하거나 제3항에 따른 지역대책본부장의 요청이 타당하다고 인정하는 경우에는 중앙위원회의 심의를 거쳐 해당 지역을 특별재난지역으로 선포할 것을 대통령에게 건의할 수 있다.
   ② 제1항에 따라 대통령령으로 재난의 규모를 정할 때에는 다음 각호의 사항을 고려하여야 한다.
      1. 인명 또는 재산의 피해 정도
      2. 재난지역 관할 지방자치단체의 재정 능력
      3. 재난으로 피해를 입은 구역의 범위
   ③ 제1항에 따라 특별재난지역의 선포를 건의받은 대통령은 해당 지역을 특별재난지역으로 선포할 수 있다.
   ④ 지역대책본부장은 관할지역에서 발생한 재난으로 인하여 제1항에 따른 사유가 발생한 경우에는 중앙대책본부장에게 특별재난지역의 선포 건의를 요청할 수 있다.

정답 ①

11 재난 및 대테러 경비활동에 대한 설명으로 가장 적절하지 않은 것은? (22년 승진/실무종합)

① 「재난 및 안전관리 기본법」상 '재난'은 '자연재난'과 '사회재난'으로 구분된다.
② 「테러 취약시설 안전활동에 관한 규칙」상 C급 다중이용건축물 등은 테러에 의하여 파괴되거나 기능 마비 시 제한된 지역에서 단기간 대테러진압작전이 요구되고, 국민생활에 상당한 영향을 미칠 수 있는 건축물 또는 시설을 말한다.
③ 「국민보호와 공공안전을 위한 테러방지법」상 '테러위험인물'이란 테러단체의 조직원이거나 테러단체 선전, 테러자금 모금·기부, 그 밖에 테러 예비·음모·선전·선동을 하였거나 하였다고 의심할 상당한 이유가 있는 사람을 말한다.
④ 「경찰 재난관리 규칙」상 시도경찰청등의 장은 관할 지역 내에서 재난이 발생하였거나 발생할 우려가 있는 경우 재난상황실을 설치·운영할 수 있으나, 시도경찰청등에 재난대책본부가 설치되었거나, 「재난 및 안전관리 기본법」상 '경계' 단계의 위기경보가 발령된 경우에는 재난상황실을 설치·운영하여야 한다.

해설

④ 시·도경찰청등의 장은 관할 지역 내에서 재난이 발생하였거나 발생할 우려가 있는 경우 재난상황실을 설치·운영할 수 있다. 다만, 시·도경찰청등에 재난대책본부가 설치되었거나, 법 제38조에 따라 '심각' 단계의 위기경보가 발령된 경우에는 재난상황실을 설치·운영하여야 한다(「경찰 재난관리규칙」 제9조). 위기경보는 관심, 주의, 경계, 심각 단계로 발령된다.

| 보충 |

1] 테러 취약시설 안전활동에 관한 규칙

1) 다중이용건축물등의 분류(제9조)
   ① 다중이용건축물등은 기능·역할의 중요성과 가치의 정도에 따라 "A"등급, "B"등급, "C"등급으로 구분하며, 그 기준은 다음 각호와 같다.
      1. A급 : 테러에 의하여 파괴되거나 기능 마비시 광범위한 지역의 대테러진압작전이 요구되고, 국민생활에 결정적인 영향을 미칠 수 있는 건축물 또는 시설
      2. B급 : 테러에 의하여 파괴되거나 기능 마비시 일부 지역의 대테러진압작전이 요구되고, 국민생활에 중대한 영향을 미칠 수 있는 건축물 또는 시설
      3. C급 : 테러에 의하여 파괴되거나 기능 마비시 제한된 지역에서 단기간 대테러진압작전이 요구되고, 국민생활에 상당한 영향을 미칠 수 있는 건축물 또는 시설
   ② 제2조제1호마목의 시설의 경우 제1항 각호의 기준에 따라 구분 및 관리한다.

2) 국가중요시설 지도·점검(제21조)
   ① 경찰서장은 관할 내에 있는 국가중요시설 전체에 대하여 연 1회 이상 지도·점검을 실시하여야 한다.
   ② 시·도경찰청장은 관할 내 국가중요시설 중 선별하여 연 1회 이상 지도·점검을 실시한다.
   ③ 경찰청장은 경찰관서장이 국가중요시설에 대해 적절한 지도·점검을 실시하는지 감독하고, 선별적으로 지도·점검을 실시한다.
   ④ 경찰관서장이「통합방위지침」에 의한 경·군 합동으로 지도·점검을 실시한 경우에는 해당 기간에 자체 지도·점검을 실시한 것으로 본다.

3) 다중이용건축물등 지도·점검(제22조)
   ① 경찰서장은 관할 내에 있는 다중이용건축물등 전체에 대해 해당 시설 관리자의 동의를 받아 다음 각 호와 같이 지도·점검을 실시하여야 한다.
      1. A급 : 분기 1회 이상
      2. B급, C급 : 반기 1회 이상
   ② 시·도경찰청장은 관할 내 다중이용건축물등 중 일부를 선별하여 해당 시설 관리자의 동의를 받아 반기 1회 이상 지도·점검을 실시하여야 한다.
   ③ 경찰청장은 경찰관서장이 다중이용건축물등에 대해 적절한 지도·점검을 실시하는지 감독하고, 해당 시설 관리자의 동의를 받아 선별적으로 지도·점검을 실시하여야 한다.
   ④ 테러경보 상향에 따른 다중이용건축물등 지도·점검 기준은 별표4와 같다.

4) 심의위원회 구성 및 운영(제14조)
   ① 심의위원회는 위기관리센터에 비상설로 두며, 다음 각호와 같이 구성한다.
      1. 위원장 : 경찰청 경비국장
      2. 부위원장 : 위기관리센터장
      3. 위원
         가. 경비국 경비과장, 경호과장 등등

2] 경찰 재난관리 규칙

1) 치안상황관리관은 재난이 발생하였거나 재난이 발생할 우려가 있는 경우에는 위기관리센터 또는 치안종합상황실에 재난상황실을 설치·운영할 수 있다. 다만, 제11조의 재난대책본부가 설치되었거나「재난 및 안전관리 기본법」제38조에 따라 '심각' 단계의 위기경보가 발령된 경우에는 재난상황실을 설치·운영하여야 한다(제4조).

2) 재난상황실에는 재난상황실장(상황실장) 1명을 두며 상황실장은 위기관리센터장으로 한다. 다만, 일과시간 외 또는 토요일·공휴일에는 상황관리관(상황관리관의 임무를 수행하는 자를 포함)이 상황실장의 임무를 대행할 수 있다(동 규칙 제5조 제1항).

3) 시도경찰청등의 장은 관할 지역 내에서 재난이 발생하였거나 발생할 우려가 있는 경우 재난상황실을 설치·운영

할 수 있다. 다만, 시도경찰청등에 재난대책본부가 설치되었거나, 법 제38조에 따라 '심각' 단계의 위기경보가 발령된 경우에는 재난상황실을 설치·운영하여야 한다(동 규칙 제9조 제1항).

4) 시도경찰청등의 상황실장은 재난의 발생일시·장소 및 원인, 인적·물적 피해 현황, 초동 조치 사항, 대응 및 복구활동 사항, 그밖에 재난관리를 위해 필요한 사항을 경찰청 치안상황관리관에게 수시 보고하여야 한다(동 규칙 제10조 제1항).

5) 경찰청 재난대책본부의 설치(제11조)

경찰청장은 인명 또는 재산의 피해정도가 매우 큰 재난 또는 사회적, 경제적으로 광범위한 영향이 있는 재난이 발생하였거나 발생할 우려가 있어 이에 대한 전국적인 관리가 필요하다고 인정하는 경우 경찰청에 재난대책본부를 설치할 수 있다.

6) 재난대책본부의 구성(제12조)

재난대책본부는 치안상황관리관이 본부장이 되고 위기관리센터장, 혁신기획조정담당관, 경무담당관, 범죄예방정책과장, 교통기획과장, 경비과장, 정보관리과장, 외사기획정보과장, 수사운영지원담당관, 경제범죄수사과장, 강력범죄수사과장, 사이버수사기획과장, 안보기획관리과장, 홍보담당관, 감사담당관, 정보화장비기획담당관, 과학수사담당관 및 그 밖에 본부장이 지정하는 사람으로 구성한다(제1항).

7) 재난대책본부의 격상(제15조)

① 제12조에도 불구하고 재난에 대한 범정부적 차원의 통합대응이 필요하다고 인정되는 경우 본부장을 경찰청장 또는 경찰청 차장으로 격상하여 운영할 수 있다.

② 제1항의 경우 재난대책본부를 구성하는 사람은 제12조제1항에 해당하는 사람의 상급자인 국·관으로 한다. 이 경우, 총괄운영단장은 치안상황관리관이 되고 대책실행단장과 대책지원단장은 경찰청장 또는 경찰청 차장이 지정하는 사람으로 한다.

8) 시·도경찰청등 재난대책본부의 설치 및 운영(제16조)

① 시·도경찰청등의 장은 경찰청에 재난대책본부가 설치되었거나, 관할 지역 내 재난이 발생하였거나 발생할 우려가 있는 경우 시·도경찰청등에 재난대책본부를 설치할 수 있고 그 운영은 제12조부터 제14조의 규정을 준용한다. 이 경우, 시·도경찰청등의 장은 재난대책본부의 설치 사항을 바로 위 상급기관의 장에게 보고한다.

② 시·도경찰청의 본부장은 시·도경찰청장이 지정하는 차장 또는 부장으로 한다.

③ 경찰서의 본부장은 재난업무를 주관하는 부서의 장으로 한다.

④ 제2항 및 제3항에도 불구하고, 시·도경찰청등의 장은 재난의 규모가 광범위하여 효과적인 대응이 필요한 경우 본부장을 시·도경찰청등의 장으로 격상하여 운영할 수 있다.

정답 ④

12 「국민보호와 공공안전을 위한 테러방지법」에서 규정하는 내용 중 적절한 것은 모두 몇 개인가?

(23년 승진/실무종합)

> ㉠ 테러위험인물이란 테러를 실행·계획·준비하거나 테러에 참가할 목적으로 국적국이 아닌 국가의 테러단체에 가입하거나 가입하기 위하여 이동 또는 이동을 시도하는 내국인·외국인을 말한다.
> ㉡ 대테러활동에 관한 정책의 중요사항을 심의·의결하기 위하여 국가테러대책위원회를 두고 위원장은 국가정보원장으로 한다.
> ㉢ 관계기관의 장은 테러의 계획 또는 실행에 관한 사실을 관계기관에 신고하여 테러를 사전에 예방할 수 있게 하였거나, 테러에 가담 또는 지원한 사람을 신고하거나 체포한 사람에 대하여 대통령령으로 정하는 바에 따라 포상금을 지급하여야 한다.
> ㉣ 국가정보원장은 대테러활동에 필요한 정보나 자료를 수집하기 위하여 대테러조사 및 테러위험인물에 대한 추적을 할 수 있다. 이 경우 사전 또는 사후에 대책위원회 위원장에게 보고하여야 한다.

① 1개 ② 2개
③ 3개 ④ 4개

 해설

[O] ㉣ 동법 제9조 제4항
[X] ㉠㉡㉢

㉠ 테러위험인물이란 테러단체의 조직원이거나 테러단체 선전, 테러자금 모금·기부, 그 밖에 테러 예비·음모·선전·선동을 하였거나 하였다고 의심할 상당한 이유가 있는 사람을 말한다. 또한, 외국인테러전투원이란 테러를 실행·계획·준비하거나 테러에 참가할 목적으로 국적국이 아닌 국가의 테러단체에 가입하거나 가입하기 위하여 이동 또는 이동을 시도하는 내국인·외국인을 말한다.

㉡ 대테러활동에 관한 정책의 중요사항을 심의·의결하기 위하여 국가테러대책위원회를 둔다(제5조 제1항). 그리고 대책위원회는 국무총리 및 관계기관의 장 중 대통령령으로 정하는 사람으로 구성하고 위원장은 국무총리로 한다(제2항).

㉢ 관계기관의 장은 테러의 계획 또는 실행에 관한 사실을 관계기관에 신고하여 테러를 사전에 예방할 수 있게 하였거나, 테러에 가담 또는 지원한 사람을 신고하거나 체포한 사람에 대하여 대통령령으로 정하는 바에 따라 포상금을 지급할 수 있다(제14조 제2항).

1) "테러"란 국가·지방자치단체 또는 외국 정부(외국 지방자치단체와 조약 또는 그 밖의 국제적인 협약에 따라 설립된 국제기구를 포함)의 권한행사를 방해하거나 의무 없는 일을 하게 할 목적 또는 공중을 협박할 목적으로 하는 사람을 살해하거나 사람의 신체를 상해하여 생명에 대한 위험을 발생하게 하는 행위 또는 사람을 체포·감금·약취·유인하거나 인질로 삼는 행위 등등의 행위를 말한다(제2조 제1호).

2) "테러단체"란 국제연합(UN)이 지정한 테러단체를 말한다(제2호).

3) "테러위험인물"이란 테러단체의 조직원이거나 테러단체 선전, 테러자금 모금·기부, 그 밖에 테러 예비·음모·선전·선동을 하였거나 하였다고 의심할 상당한 이유가 있는 사람을 말한다(제3호).

4) "외국인테러전투원"이란 테러를 실행·계획·준비하거나 테러에 참가할 목적으로 국적국이 아닌 국가의 테러단체에 가입하거나 가입하기 위하여 이동 또는 이동을 시도하는 내국인·외국인을 말한다(제4호).
5) "테러자금"이란 「공중 등 협박목적 및 대량살상무기확산을 위한 자금조달행위의 금지에 관한 법률」 제2조제1호에 따른 공중 등 협박목적을 위한 자금을 말한다(제5호).
6) "대테러활동"이란 제1호의 테러 관련 정보의 수집, 테러위험인물의 관리, 테러에 이용될 수 있는 위험물질 등 테러수단의 안전관리, 인원·시설·장비의 보호, 국제행사의 안전확보, 테러위협에의 대응 및 무력진압 등 테러 예방과 대응에 관한 제반 활동을 말한다(제6호).
7) "관계기관"이란 대테러활동을 수행하는 국가기관, 지방자치단체, 그 밖에 대통령령으로 정하는 기관을 말한다(제7호).
8) "대테러조사"란 대테러활동에 필요한 정보나 자료를 수집하기 위하여 현장조사·문서열람·시료채취 등을 하거나 조사대상자에게 자료제출 및 진술을 요구하는 활동을 말한다(제8호).
9) 테러위험인물에 대한 정보수집(제9조)
   ① 국가정보원장은 테러위험인물에 대하여 출입국·금융거래 및 통신이용 등 관련 정보를 수집할 수 있다. 이 경우 출입국·금융거래 및 통신이용 등 관련 정보의 수집은 「출입국관리법」, 「관세법」, 「특정 금융거래정보의 보고 및 이용 등에 관한 법률」, 「통신비밀보호법」의 절차에 따른다.
   ② 국가정보원장은 제1항에 따른 정보 수집 및 분석의 결과 테러에 이용되었거나 이용될 가능성이 있는 금융거래에 대하여 지급정지 등의 조치를 취하도록 금융위원회 위원장에게 요청할 수 있다.
   ③ 국가정보원장은 테러위험인물에 대한 개인정보(「개인정보 보호법」상 민감정보를 포함한다)와 위치정보를 「개인정보 보호법」 제2조의 개인정보처리자와 「위치정보의 보호 및 이용 등에 관한 법률」 제5조제7항에 따른 개인위치정보사업자 및 같은 법 제5조의2제3항에 따른 사물위치정보사업자에게 요구할 수 있다.
   ④ 국가정보원장은 대테러활동에 필요한 정보나 자료를 수집하기 위하여 대테러조사 및 테러위험인물에 대한 추적을 할 수 있다. 이 경우 사전 또는 사후에 대책위원회 위원장에게 보고하여야 한다.

정답 ①

13 「통합방위법」에 관한 설명 중 가장 적절하지 않은 것은? (23년 승진/실무종합)

① "갑종사태"란 일정한 조직체계를 갖춘 적의 대규모 병력 침투 또는 대량살상무기 공격 등의 도발로 발생한 비상사태로서 통합방위본부장 또는 지역군사령관의 지휘·통제하에 통합방위작전을 수행하여야 할 사태를 말한다.
② "을종사태"란 적의 침투·도발 위협이 예상되거나 소규모의 적이 침투하였을 때에 시·도경찰청장, 지역군사령관 또는 함대사령관의 지휘·통제 하에 통합방위작전을 수행하여 단기간 내에 치안이 회복될 수 있는 사태를 말한다.
③ 국무총리 소속으로 중앙 통합방위협의회를 둔다.
④ 국가중요시설은 국방부장관이 관계 행정기관의 장 및 국가정보원장과 협의하여 지정한다.

해설

② [X] 병종사태에 대한 내용
① 동법 제2조 제6호
③ 동법 제4조 제1항
④ 동법 제21조 제4항

1] "갑종사태"란 일정한 조직체계를 갖춘 적의 대규모 병력 침투 또는 대량살상무기(大量殺傷武器) 공격 등의 도발로 발생한 비상사태로서 통합방위본부장 또는 지역군사령관의 지휘·통제 하에 통합방위작전을 수행하여야 할 사태를 말한다.
2] "을종사태"란 일부 또는 여러 지역에서 적이 침투·도발하여 단기간 내에 치안이 회복되기 어려워 지역군사령관의 지휘·통제 하에 통합방위작전을 수행하여야 할 사태를 말한다.
3] "병종사태"란 적의 침투·도발 위협이 예상되거나 소규모의 적이 침투하였을 때에 시·도경찰청장, 지역군사령관 또는 함대사령관의 지휘·통제 하에 통합방위작전을 수행하여 단기간 내에 치안이 회복될 수 있는 사태를 말한다.

정답 ②

14 「경찰 비상업무 규칙」에 대한 설명으로 가장 적절하지 않은 것은? (21년 승진/실무종합)

① "지휘선상 위치 근무"란 비상연락체계를 유지하며 유사시 1시간 이내에 현장지휘 및 현장근무가 가능한 장소에 위치하는 것을 말한다.
② "정착근무"란 사무실 또는 상황과 관련된 현장에 위치하는 것을 말한다.
③ "일반요원"이란 필수요원을 포함한 경찰관 등으로 비상소집시 2시간 이내에 응소하여야 할 자를 말한다.
④ "가용경력"이란 총원에서 휴가·출장·교육·파견 등을 제외하고 실제 동원될 수 있는 모든 인원을 말한다.

해설

1] "비상상황"이라 함은 대간첩·테러, 대규모 재난 등의 긴급 상황이 발생하거나 발생할 우려가 있는 경우 또는 다수의 경력을 동원해야 할 치안수요가 발생하여 치안활동을 강화할 필요가 있는 때를 말한다(동규칙 제2조 제1호).
2] "지휘선상 위치 근무"라 함은 비상연락체계를 유지하며 유사시 1시간 이내에 현장지휘 및 현장근무가 가능한 장소에 위치하는 것을 말한다(동조 제2호).
3] "정위치 근무"라 함은 감독순시·현장근무 및 사무실 대기 등 관할구역 내에 위치하는 것을 말한다(동조 제3호).
4] "정착근무"라 함은 사무실 또는 상황과 관련된 현장에 위치하는 것을 말한다(동조 제4호).
5] "필수요원"이라 함은 전 경찰공무원 및 일반직공무원(경찰관 등) 중 경찰기관의 장이 지정한 자로 비상소집시 1시간 이내에 응소하여야 할 자를 말한다(동조 제5호).

6) "일반요원"이라 함은 필수요원을 제외한 경찰관 등으로 비상소집 시 2시간 이내에 응소하여야 할 자를 말한다(동조 제6호).
7) "가용경력"이라 함은 총원에서 휴가·출장·교육·파견 등을 제외하고 실제 동원될 수 있는 모든 인원을 말한다(동조 제7호).
8) "소집관"이라 함은 비상근무발령권자로부터 권한을 위임받아 비상근무발령에 따른 비상소집을 지휘·감독하는 주무 참모 또는 상황관리관(상황관리관의 임무를 수행하는 자를 포함한다. 이하 같다)을 말한다(동조 제8호).
9) "작전준비태세"라 함은 '경계강화'단계를 발령하기 이전에 별도의 경력동원 없이 경찰작전부대의 출동태세 점검, 지휘관 및 참모의 비상연락망 구축 및 신속한 응소체제를 유지하며, 작전상황반을 운영하는 등 필요한 작전 사항을 미리 조치하는 것을 말한다(동조 제9호).

정답 ③

15 「경찰 비상업무 규칙」상 비상근무의 종류별 정황에 대한 설명이다. 아래 ㉠부터 ㉣까지의 설명 중 옳고 그름의 표시(O, X)가 바르게 된 것은?

(22년 승진/실무종합)

㉠ 작전비상 – 갑호 – 대규모 적정이 발생하였거나 발생 징후가 현저한 경우
㉡ 교통비상 – 을호 – 농무, 풍수설해 및 화재로 극도의 교통혼란 및 사고발생시
㉢ 경비비상 – 병호 – 국제행사·기념일 등을 전후하여 치안수요가 증가하여 가용경력의 50%를 동원할 필요가 있는 경우
㉣ 수사비상 – 갑호 – 사회이목을 집중시킬만한 중대범죄 발생시

① ㉠(O) ㉡(X) ㉢(X) ㉣(O)
② ㉠(O) ㉡(X) ㉢(O) ㉣(O)
③ ㉠(X) ㉡(X) ㉢(O) ㉣(X)
④ ㉠(O) ㉡(O) ㉢(X) ㉣(X)

 해설

㉡ [X] 교통비상 – 갑호 – 농무, 풍수설해 및 화재로 극도의 교통혼란 및 사고발생시
㉢ [X] 경비비상 – 을호 – 국제행사·기념일 등을 전후하여 치안수요가 증가하여 가용경력의 50%를 동원할 필요가 있는 경우

비상근무의 종류별 정황

경비비상	
갑호	1. 계엄이 선포되기 전의 치안상태 2. 대규모 집단사태·테러 등의 발생으로 치안질서가 극도로 혼란하게 되었거나 그 징후가 현저한 경우 3. 국제행사·기념일 등을 전후하여 치안수요의 급증으로 가용경력을 100% 동원할 필요가 있는 경우

을호	1. 대규모 집단사태·테러 등의 발생으로 치안질서가 혼란하게 되었거나 그 징후가 예견되는 경우	
	2. 국제행사·기념일 등을 전후하여 치안수요가 증가하여 가용경력의 50%를 동원할 필요가 있는 경우	
병호	1. 집단사태·테러 등의 발생으로 치안질서의 혼란이 예견되는 경우	
	2. 국제행사·기념일 등을 전후하여 치안수요가 증가하여 가용경력의 30%를 동원할 필요가 있는 경우	

작전비상

갑호	대규모 적정이 발생하였거나 발생 징후가 현저한 경우
을호	적정이 발생하였거나 일부 적의 침투가 예상되는 경우
병호	정·첩보에 의해 적 침투에 대비한 고도의 경계강화가 필요한 경우

안보비상

갑호	간첩 또는 정보사범 색출을 위한 경계지역 내 검문검색 필요시
을호	상기 상황하에서 특정지역·요지에 대한 검문검색 필요시

수사비상

갑호	사회이목을 집중시킬만한 중대범죄 발생시
을호	중요범죄 사건발생시

교통비상

갑호	농무, 풍수설해 및 화재로 극도의 교통혼란 및 사고발생시
을호	상기 징후가 예상될 시

재난비상

갑호	대규모 재난의 발생으로 치안질서가 극도로 혼란하게 되었거나 그 징후가 현저한 경우
을호	대규모 재난의 발생으로 치안질서가 혼란하게 되었거나 그 징후가 예견되는 경우
병호	재난의 발생으로 치안질서의 혼란이 예견되는 경우

경계강화(기능 공통)
"병호"비상보다는 낮은 단계로, 별도의 경력동원없이 평상시보다 치안활동을 강화할 필요가 있을 때

작전준비태세(작전비상시 적용)
"경계강화"를 발령하기 이전에 별도의 경력동원 없이 필요한 작전사항을 미리 조치할 필요가 있을 때

정답 ①

2025 경찰승진대비

경찰실무종합
최근 4개년 기출문제집

PART 04

각론 Ⅱ

Chapter 04 교통경찰활동
Chapter 05 정보경찰활동
Chapter 06 안보경찰활동
Chapter 07 외사경찰활동

Chapter 04 교통경찰활동

01 「도로교통법」및 「도로교통법 시행령」상 교통안전교육에 대한 설명으로 가장 적절하지 않은 것은?

(21년 승진/실무종합)

① 교통안전교육은 운전면허를 받고자 하는 사람이 학과시험 응시 전 받아야 하는 1시간의 교통안전교육으로, 자동차운전 전문학원에서 학과교육을 수료한 사람은 제외된다.

② 특별교통안전교육 중 의무교육 대상은 운전면허효력 정지처분을 받게 되거나 받은 초보운전자로서 그 정지기간이 끝나지 아니한 사람 등이다.

③ 특별교통안전교육 중 권장교육 대상은 운전면허를 받은 사람 중 교육을 받으려는 날에 65세 이상인 사람 등으로, 권장교육을 받기 전 1년 이내에 해당 교육을 받지 아니한 사람에 한정한다.

④ 긴급자동차 교통안전교육 중 신규 교통안전교육은 긴급자동차를 운전하는 사람을 대상으로 3년마다 정기적으로 실시하는 교육이다.

> **해설**
>
> ④ [X] 긴급자동차를 운전하는 사람을 대상으로 실시하는 교통안전교육은 3년마다 정기적으로 실시하는 정기 교통안전교육과 최초로 긴급자동차를 운전하려는 사람을 대상으로 실시하는 교육인 신규 교통안전교육으로 구분하여 실시한다(동법 시행령 제38조의2 제2항).
> ① 동법 제73조 제1항, 동법 시행령 제37조 제1항
> ② 동법 제73조 제2항 제4호
> ③ 동법 제73조 제3항 제4호
>
> 1] **법 제73조**(교통안전교육)
> ① 운전면허를 받으려는 사람은 대통령령으로 정하는 바에 따라 제83조 제1항제2호와 제3호에 따른 시험에 응시하기 전에 다음 각호의 사항에 관한 교통안전교육을 받아야 한다. 다만, 제2항 제1호에 따라 특별교통안전 의무교육을 받은 사람 또는 제104조 제1항에 따른 자동차운전 전문학원에서 학과교육을 수료한 사람은 그러하지 아니하다.
>   1. 운전자가 갖추어야 하는 기본예절
>   2. 도로교통에 관한 법령과 지식
>   3. 안전운전 능력
>   3의2. 교통사고의 예방과 처리에 관한 사항
>   4. 어린이·장애인 및 노인의 교통사고 예방에 관한 사항

5. 친환경 경제운전에 필요한 지식과 기능
6. 긴급자동차에 길 터주기 요령
7. 그 밖에 교통안전의 확보를 위하여 필요한 사항

② 다음 각호의 어느 하나에 해당하는 사람은 대통령령으로 정하는 바에 따라 특별교통안전 의무교육을 받아야 한다. 이 경우 제2호부터 제5호까지에 해당하는 사람으로서 부득이한 사유가 있으면 대통령령으로 정하는 바에 따라 의무교육의 연기(延期)를 받을 수 있다.
  1. 운전면허 취소처분을 받은 사람(제93조제1항제9호 또는 제20호에 해당하여 운전면허 취소처분을 받은 사람은 제외한다)으로서 운전면허를 다시 받으려는 사람
  2. 제93조제1항제1호·제5호·제5호의2·제10호 및 제10호의2에 해당하여 운전면허효력 정지처분을 받게 되거나 받은 사람으로서 그 정지기간이 끝나지 아니한 사람
  3. 운전면허 취소처분 또는 운전면허효력 정지처분(제93조제1항제1호·제5호·제5호의2·제10호 및 제10호의2에 해당하여 운전면허효력 정지처분 대상인 경우로 한정한다)이 면제된 사람으로서 면제된 날부터 1개월이 지나지 아니한 사람
  4. 운전면허효력 정지처분을 받게 되거나 받은 초보운전자로서 그 정지기간이 끝나지 아니한 사람
  5. 제12조제1항에 따른 어린이 보호구역에서 운전 중 어린이를 사상하는 사고를 유발하여 제93조제2항에 따른 벌점을 받은 날부터 1년 이내의 사람

③ 다음 각호의 어느 하나에 해당하는 사람이 시·도경찰청장에게 신청하는 경우에는 대통령령으로 정하는 바에 따라 특별교통안전 권장교육을 받을 수 있다. 이 경우 권장교육을 받기 전 1년 이내에 해당 교육을 받지 아니한 사람에 한정한다.
  1. 교통법규 위반 등 제2항제2호 및 제4호에 따른 사유 외의 사유로 인하여 운전면허효력 정지처분을 받게 되거나 받은 사람
  2. 교통법규 위반 등으로 인하여 운전면허효력 정지처분을 받을 가능성이 있는 사람
  3. 제2항제2호부터 제4호까지에 해당하여 제2항에 따른 특별교통안전 의무교육을 받은 사람
  4. 운전면허를 받은 사람 중 교육을 받으려는 날에 65세 이상인 사람

④ 긴급자동차의 운전업무에 종사하는 사람으로서 대통령령으로 정하는 사람은 대통령령으로 정하는 바에 따라 정기적으로 긴급자동차의 안전운전 등에 관한 교육을 받아야 한다.

⑤ 75세 이상인 사람으로서 운전면허를 받으려는 사람은 제83조제1항제2호와 제3호에 따른 시험에 응시하기 전에, 운전면허증 갱신일에 75세 이상인 사람은 운전면허증 갱신기간 이내에 각각 다음 각호의 사항에 관한 교통안전교육을 받아야 한다.
  1. 노화와 안전운전에 관한 사항
  2. 약물과 운전에 관한 사항
  3. 기억력과 판단능력 등 인지능력별 대처에 관한 사항
  4. 교통관련 법령 이해에 관한 사항

2] **시행령 제37조**(교통안전교육)
법 제73조 제1항에 따른 교통안전교육은 같은 항 각호의 사항에 관하여 시청각교육 등의 방법으로 1시간 실시한다(제1항).

3] **시행령 제38조의2**(긴급자동차 운전자에 대한 교통안전교육)
① 법 제73조 제4항에서 "대통령령으로 정하는 사람"이란 다음 각호의 어느 하나에 해당하는 사람을 말한다.
  1. 법 제2조제22가목부터 다목까지의 규정에 해당하는 자동차의 운전자
  2. 제2조제1항 각호에 해당하는 자동차의 운전자
② 법 제73조 제4항에 따른 긴급자동차의 안전운전 등에 관한 교육(긴급자동차 교통안전교육)은 다음 각호의 구분에 따라 실시한다.
  1. 신규 교통안전교육: 최초로 긴급자동차를 운전하려는 사람을 대상으로 실시하는 교육
  2. 정기 교통안전교육: 긴급자동차를 운전하는 사람을 대상으로 3년마다 정기적으로 실시하는 교육. 이

경우 직전에 긴급자동차 교통안전교육을 받은 날부터 기산하여 3년이 되는 날이 속하는 해의 1월 1일부터 12월 31일 사이에 교육을 받아야 한다.

③ 긴급자동차 교통안전교육은 도로교통공단에서 실시한다. 다만, 긴급자동차 교통안전교육 대상자가 국가기관 및 지방자치단체에 소속된 사람인 경우에는 소속 기관에서 실시하는 교육훈련의 방법으로 실시할 수 있다.

④ 긴급자동차 교통안전교육은 다음 각호의 사항에 대하여 강의·시청각교육 등의 방법으로 제2항제1호에 따른 신규 교통안전교육은 3시간 이상, 같은 항 제2호에 따른 정기 교통안전교육은 2시간 이상 실시한다.
1. 긴급자동차와 관련된 도로교통법령
2. 긴급자동차의 주요 특성
3. 긴급자동차 교통사고의 주요 사례
4. 교통사고 예방 및 방어운전
5. 긴급자동차 운전자의 마음가짐

⑤ 긴급자동차 교통안전교육의 과목·내용·방법·시간, 그 밖에 필요한 사항은 행정안전부령으로 정한다.

정답 ④

02
「도로교통법 시행규칙」'별표2'에서 규정하는 '차량신호등' 중, 원형등화의 신호의 종류와 그 신호의 뜻에 대한 설명으로 가장 적절하지 않은 것은? (23년 승진/실무종합)

① 녹색의 등화 : 비보호좌회전표지 또는 비보호좌회전표시가 있는 곳에서는 좌회전할 수 있다.
② 황색등화의 점멸 : 차마는 다른 교통 또는 안전표지의 표시에 주의하면서 진행할 수 있다.
③ 황색의 등화 : 차마는 정지선이 있거나 횡단보도가 있을 때에는 그 직전이나 교차로의 직전에 정지하여야 하며, 이미 교차로에 차마의 일부라도 진입한 경우에는 신속히 교차로 밖으로 진행하여야 한다.
④ 적색등화의 점멸 : 차마는 정지선이나 횡단보도가 있을 때에는 그 직전이나 교차로의 직전에 서행하여 다른 교통에 주의하면서 진행할 수 있다.

해설

④ 적색등화의 점멸 시 차마는 정지선이나 횡단보도가 있을 때에는 그 직전이나 교차로의 직전에 일시정지한 후 다른 교통에 주의하면서 진행할 수 있다.

구분		신호의 종류	신호의 뜻
차량신호등	원형등화	녹색의 등화	1. 차마는 직진 또는 우회전할 수 있다. 2. 비보호좌회전표지 또는 비보호좌회전표시가 있는 곳에서는 좌회전할 수 있다.
		황색의 등화	1. 차마는 정지선이 있거나 횡단보도가 있을 때에는 그 직전이나 교차로의 직전에 정지하여야 하며, 이미 교차로에 차마의 일부라도 진입한 경우에는

구분	신호의 종류	신호의 뜻
		신속히 교차로 밖으로 진행하여야 한다. 2. 차마는 우회전할 수 있고 우회전하는 경우에는 보행자의 횡단을 방해하지 못한다.
	적색의 등화	1. 차마는 정지선, 횡단보도 및 교차로의 직전에서 정지해야 한다. 2. 차마는 우회전하려는 경우 정지선, 횡단보도 및 교차로의 직전에서 정지한 후 신호에 따라 진행하는 다른 차마의 교통을 방해하지 않고 우회전할 수 있다. 3. 제2호에도 불구하고 차마는 우회전 삼색등이 적색의 등화인 경우 우회전할 수 없다.
	황색등화의 점멸	차마는 다른 교통 또는 안전표지의 표시에 주의하면서 진행할 수 있다.
	적색등화의 점멸	차마는 정지선이나 횡단보도가 있을 때에는 그 직전이나 교차로의 직전에 일시정지한 후 다른 교통에 주의하면서 진행할 수 있다.

정답 ④

03 「도로교통법」 및 「도로교통법 시행령」 상 주·정차에 대한 설명으로 가장 적절하지 않은 것은?

(22년 승진/실무종합)

① 경찰서장, 도지사 또는 시장 등은 차를 견인하였을 때부터 24시간이 경과되어도 이를 인수하지 아니하는 때에는 해당 차의 보관장소 등 행정안전부령이 정하는 사항을 해당 차의 사용자 또는 운전자에게 등기우편으로 통지할 수 있다.
② 도로공사를 하고 있는 경우에 그 공사 구역의 양쪽 가장자리로부터 5미터 이내인 곳은 주차금지 장소에 해당한다.
③ 도로 또는 노상주차장에 정차하거나 주차하려고 하는 차의 운전자는 차를 차도의 우측 가장자리에 정차하는 등 대통령령으로 정하는 정차 또는 주차의 방법·시간과 금지사항 등을 지켜야 한다.
④ 경사진 곳에 정차하거나 주차(도로 외의 경사진 곳에서 정차하거나 주차하는 경우를 포함한다)하려는 자동차의 운전자는 대통령령으로 정하는 바에 따라 고임목을 설치하거나 조향장치(操向裝置)를 도로의 가장자리 방향으로 돌려놓는 등 미끄럼 사고의 발생을 방지하기 위한 조치를 취하여야 한다.

해설

1] 정차 및 주차의 금지(법 제32조)

모든 차의 운전자는 다음 각 호의 어느 하나에 해당하는 곳에서는 차를 정차하거나 주차하여서는 아니 된다. 다만, 이 법이나 이 법에 따른 명령 또는 경찰공무원의 지시를 따르는 경우와 위험방지를 위하여 일시정지하는 경우에는 그러하지 아니하다.

1. 교차로·횡단보도·건널목이나 보도와 차도가 구분된 도로의 보도(「주차장법」에 따라 차도와 보도에 걸쳐서 설치된 노상주차장은 제외한다)
2. 교차로의 가장자리나 도로의 모퉁이로부터 5미터 이내인 곳
3. 안전지대가 설치된 도로에서는 그 안전지대의 사방으로부터 각각 10미터 이내인 곳
4. 버스여객자동차의 정류지(停留地)임을 표시하는 기둥이나 표지판 또는 선이 설치된 곳으로부터 10미터 이내인 곳. 다만, 버스여객자동차의 운전자가 그 버스여객자동차의 운행시간 중에 운행노선에 따르는 정류장에서 승객을 태우거나 내리기 위하여 차를 정차하거나 주차하는 경우에는 그러하지 아니하다.
5. 건널목의 가장자리 또는 횡단보도로부터 10미터 이내인 곳
6. 다음 각 목의 곳으로부터 5미터 이내인 곳
   가. 「소방기본법」 제10조에 따른 소방용수시설 또는 비상소화장치가 설치된 곳
   나. 「소방시설 설치 및 관리에 관한 법률」 제2조제1항제1호에 따른 소방시설로서 대통령령으로 정하는 시설이 설치된 곳
7. 시·도경찰청장이 도로에서의 위험을 방지하고 교통의 안전과 원활한 소통을 확보하기 위하여 필요하다고 인정하여 지정한 곳
8. 시장등이 제12조제1항에 따라 지정한 어린이 보호구역

2] 주차금지의 장소(법 제33조)

모든 차의 운전자는 다음 각 호의 어느 하나에 해당하는 곳에 차를 주차해서는 아니 된다.

1. 터널 안 및 다리 위
2. 다음 각 목의 곳으로부터 5미터 이내인 곳
   가. 도로공사를 하고 있는 경우에는 그 공사 구역의 양쪽 가장자리
   나. 「다중이용업소의 안전관리에 관한 특별법」에 따른 다중이용업소의 영업장이 속한 건축물로 소방본부장의 요청에 의하여 시·도경찰청장이 지정한 곳
3. 시·도경찰청장이 도로에서의 위험을 방지하고 교통의 안전과 원활한 소통을 확보하기 위하여 필요하다고 인정하여 지정한 곳

3] 정차 또는 주차의 방법 및 시간의 제한(법 제34조)

도로 또는 노상주차장에 정차하거나 주차하려고 하는 차의 운전자는 <u>차를 차도의 우측 가장자리에 정차하는 등 대통령령으로 정하는 정차 또는 주차의 방법·시간과 금지사항 등을 지켜야 한다</u>.

4] 정차 또는 주차를 금지하는 장소의 특례(법 제34조의2)

① 다음 각 호의 어느 하나에 해당하는 경우에는 제32조제1호·제4호·제5호·제7호·제8호 또는 제33조제3호에도 불구하고 정차하거나 주차할 수 있다.
   1. 「자전거 이용 활성화에 관한 법률」 제2조제2호에 따른 자전거이용시설 중 전기자전거 충전소 및 자전거주차장치에 자전거를 정차 또는 주차하는 경우
   2. 시장 등의 요청에 따라 시도경찰청장이 안전표지로 자전거등의 정차 또는 주차를 허용한 경우
② 시도경찰청장이 안전표지로 구역·시간·방법 및 차의 종류를 정하여 정차나 주차를 허용한 곳에서는 제32조제7호·제8호 또는 제33조제3호에도 불구하고 정차하거나 주차할 수 있다.

5] 경사진 곳에서의 정차 또는 주차의 방법(법 제34조의3)

경사진 곳에 정차하거나 주차(도로 외의 경사진 곳에서 정차하거나 주차하는 경우를 포함)하려는 자동차의 운전자는 대통령령으로 정하는 바에 따라 고임목을 설치하거나 조향장치(操向裝置)를 도로의 가장자리 방향으로 돌려놓

는 등 미끄럼 사고의 발생을 방지하기 위한 조치를 취하여야 한다.

6] 주차위반에 대한 조치(법 제35조)

① 다음 각호의 어느 하나에 해당하는 사람은 제32조·제33조 또는 제34조를 위반하여 주차하고 있는 차가 교통에 위험을 일으키게 하거나 방해될 우려가 있을 때에는 차의 운전자 또는 관리 책임이 있는 사람에게 주차 방법을 변경하거나 그 곳으로부터 이동할 것을 명할 수 있다.
  1. 경찰공무원
  2. 시장 등(도지사를 포함)이 대통령령으로 정하는 바에 따라 임명하는 공무원(시·군공무원)

② 경찰서장이나 시장 등은 제1항의 경우 차의 운전자나 관리 책임이 있는 사람이 현장에 없을 때에는 도로에서 일어나는 위험을 방지하고 교통의 안전과 원활한 소통을 확보하기 위하여 필요한 범위에서 그 차의 주차방법을 직접 변경하거나 변경에 필요한 조치를 할 수 있으며, 부득이한 경우에는 관할 경찰서나 경찰서장 또는 시장 등이 지정하는 곳으로 이동하게 할 수 있다.

③ 경찰서장이나 시장 등은 제2항에 따라 주차위반 차를 관할 경찰서나 경찰서장 또는 시장 등이 지정하는 곳으로 이동시킨 경우에는 선량한 관리자로서의 주의의무를 다하여 보관하여야 하며, 그 사실을 차의 사용자(소유자 또는 소유자로부터 차의 관리에 관한 위탁을 받은 사람을 말한다)나 운전자에게 신속히 알리는 등 반환에 필요한 조치를 하여야 한다.

④ 제3항의 경우 차의 사용자나 운전자의 성명·주소를 알 수 없을 때에는 대통령령으로 정하는 방법에 따라 공고하여야 한다.

⑤ 경찰서장이나 시장 등은 제3항과 제4항에 따라 차의 반환에 필요한 조치 또는 공고를 하였음에도 불구하고 그 차의 사용자나 운전자가 조치 또는 공고를 한 날부터 1개월 이내에 그 반환을 요구하지 아니할 때에는 대통령령으로 정하는 바에 따라 그 차를 매각하거나 폐차할 수 있다.

⑥ 제2항부터 제5항까지의 규정에 따른 주차위반 차의 이동·보관·공고·매각 또는 폐차 등에 들어간 비용은 그 차의 사용자가 부담한다. 이 경우 그 비용의 징수에 관하여는 「행정대집행법」 제5조 및 제6조를 적용한다.

⑦ 제5항에 따라 차를 매각하거나 폐차한 경우 그 차의 이동·보관·공고·매각 또는 폐차 등에 들어간 비용을 충당하고 남은 금액이 있는 경우에는 그 금액을 그 차의 사용자에게 지급하여야 한다. 다만, 그 차의 사용자에게 지급할 수 없는 경우에는 「공탁법」에 따라 그 금액을 공탁하여야 한다.

7] 주차위반 차의 견인·보관 및 반환 등을 위한 조치(동법 시행령 제13조)

① 경찰서장, 도지사 또는 시장 등은 법 제35조제2항에 따라 차를 견인하려는 경우에는 행정안전부령으로 정하는 바에 따라 과태료 또는 범칙금 부과 및 견인 대상 차임을 알리는 표지(과태료부과대상차표지)를 그 차의 보기 쉬운 곳에 부착하여 견인 대상 차임을 알 수 있도록 하여야 한다.

② 경찰서장, 도지사 또는 시장 등은 법 제35조제2항에 따라 차를 견인한 경우에는 행정안전부령으로 정하는 바에 따라 그 차의 사용자(소유자나 소유자로부터 차의 관리를 위탁받은 사람을 말한다. 이하 같다) 또는 운전자가 그 차의 소재를 쉽게 알 수 있도록 조치하여야 한다.

③ 경찰서장, 도지사 또는 시장 등은 차를 견인하였을 때부터 24시간이 경과되어도 이를 인수하지 아니하는 때에는 해당 차의 보관장소 등 행정안전부령이 정하는 사항을 해당 차의 사용자 또는 운전자에게 등기우편으로 통지하여야 한다.

④ 경찰서장, 도지사 또는 시장 등은 견인하여 보관하고 있는 차의 사용자나 운전자를 알 수 없는 경우에는 법 제35조제4항에 따라 차를 견인한 날부터 14일간 해당 기관의 게시판에 다음 각 호의 사항을 공고하고, 행정안전부령으로 정하는 바에 따라 열람부를 작성·비치하여 관계자가 열람할 수 있도록 하여야 한다.
  1. 보관하고 있는 차의 종류 및 형상
  2. 보관하고 있는 차가 있던 장소 및 그 차를 견인한 일시
  3. 차를 보관하고 있는 장소
  4. 그 밖에 차를 보관하기 위하여 필요하다고 인정되는 사항

⑤ 경찰서장, 도지사 또는 시장등은 제4항에 따른 공고기간이 지나도 차의 사용자나 운전자를 알 수 없는

경우에는 제4항 각 호의 내용을 일간신문, 관보, 공보 중 하나 이상에 공고하고, 인터넷 홈페이지에도 공고해야 한다. 다만, 일간신문 등에 공고할 만한 재산적 가치가 없다고 인정되는 경우에는 그렇지 않다.

정답 ①

04 「도로교통법」 및 같은 법 시행령상 자전거의 운전에 관한 설명으로 가장 적절하지 <u>않은</u> 것은?

(24년 승진/실무종합)

① 자전거 운전자는 안전표지로 통행이 허용된 경우를 제외하고는 2대 이상이 나란히 차도를 통행하여서는 아니 된다.
② 술에 취한 상태에서 자전거를 운전했을 경우의 범칙금은 3만원이며, 술에 취한 상태에 있다고 인정할 만한 상당한 이유가 있는 자전거 운전자가 경찰공무원의 호흡조사 측정에 불응한 경우의 범칙금은 10만원에 해당된다.
③ 자전거 운전자는 길가장자리구역(안전표지로 자전거등의 통행을 금지한 구간은 제외한다)을 통행할 수 있다. 이 경우 자전거 운전자는 보행자의 통행에 방해가 될 때에는 서행하거나 일시 정지하여야 한다.
④ 자전거 운전자는 서행하거나 정지한 다른 차를 앞지르려면 앞차의 좌측으로만 통행하여야 한다. 이 경우 자전거 운전자는 정지한 차에서 승차하거나 하차하는 사람의 안전에 유의하여 서행하거나 필요한 경우 일시정지하여야 한다.

 해설

1] 제13조의2(자전거등의 통행방법의 특례)
① 자전거등의 운전자는 자전거도로(제15조제1항에 따라 자전거만 통행할 수 있도록 설치된 전용차로를 포함한다)가 따로 있는 곳에서는 그 자전거도로로 통행하여야 한다.
② 자전거등의 운전자는 자전거도로가 설치되지 아니한 곳에서는 도로 우측 가장자리에 붙어서 통행하여야 한다.
③ <u>자전거등의 운전자는 길가장자리구역(안전표지로 자전거등의 통행을 금지한 구간은 제외한다)을 통행할 수 있다. 이 경우 자전거등의 운전자는 보행자의 통행에 방해가 될 때에는 서행하거나 일시정지하여야 한다.</u>
④ 자전거등의 운전자는 제1항 및 제13조제1항에도 불구하고 다음 각호의 어느 하나에 해당하는 경우에는 보도를 통행할 수 있다. 이 경우 자전거등의 운전자는 보도 중앙으로부터 차도 쪽 또는 안전표지로 지정된 곳으로 서행하여야 하며, 보행자의 통행에 방해가 될 때에는 일시정지하여야 한다.
  1. 어린이, 노인, 그 밖에 행정안전부령으로 정하는 신체장애인이 자전거를 운전하는 경우. 다만, 「자전거 이용 활성화에 관한 법률」 제2조제1호의2에 따른 전기자전거의 원동기를 끄지 아니하고 운전하는 경우는 제외한다.
  2. 안전표지로 자전거등의 통행이 허용된 경우
  3. 도로의 파손, 도로공사나 그 밖의 장애 등으로 도로를 통행할 수 없는 경우
⑤ <u>자전거등의 운전자는 안전표지로 통행이 허용된 경우를 제외하고는 2대 이상이 나란히 차도를 통행하여서는 아니 된다.</u>
⑥ 자전거등의 운전자가 횡단보도를 이용하여 도로를 횡단할 때에는 자전거등에서 내려서 자전거등을 끌거나 들고 보행하여야 한다.

2] 제21조(앞지르기 방법 등)
① 모든 차의 운전자는 다른 차를 앞지르려면 앞차의 좌측으로 통행하여야 한다.
② **자전거등의 운전자는 서행하거나 정지한 다른 차를 앞지르려면 제1항에도 불구하고 앞차의 우측으로 통행할 수 있다.** 이 경우 자전거등의 운전자는 정지한 차에서 승차하거나 하차하는 사람의 안전에 유의하여 서행하거나 필요한 경우 일시정지하여야 한다.
③ 제1항과 제2항의 경우 앞지르려고 하는 모든 차의 운전자는 반대방향의 교통과 앞차 앞쪽의 교통에도 주의를 충분히 기울여야 하며, 앞차의 속도·진로와 그 밖의 도로상황에 따라 방향지시기·등화 또는 경음기(警音機)를 사용하는 등 안전한 속도와 방법으로 앞지르기를 하여야 한다.
④ 모든 차의 운전자는 제1항부터 제3항까지 또는 제60조제2항에 따른 방법으로 앞지르기를 하는 차가 있을 때에는 속도를 높여 경쟁하거나 그 차의 앞을 가로막는 등의 방법으로 앞지르기를 방해하여서는 아니 된다.

3] 「도로교통법 시행령」 [별표 8]

64의2. 술에 취한 상태에서의 자전거등 운전	1) 개인형 이동장치 : 10만원 2) 자전거 : 3만원
64의3. 술에 취한 상태에 있다고 인정할만한 상당한 이유가 있는 자전거등 운전자가 경찰공무원의 호흡조사 측정에 불응	1) 개인형 이동장치 : 13만원 2) 자전거 : 10만원

정답 ④

05 어린이 보호구역 및 어린이 통학버스에 대한 설명으로 가장 적절하지 않은 것은?

(22년 승진/실무종합)

① 「도로교통법」상 모든 차의 운전자는 어린이나 영유아를 태우고 있다는 표시를 한 상태로 도로를 통행하는 어린이통학버스를 앞지르지 못한다.
② 「어린이·노인 및 장애인 보호구역의 지정 및 관리에 관한 규칙」상 시·도경찰청장이나 경찰서장은 「도로교통법」 제12조 제1항 또는 제12조의2 제1항에 따라 보호구역에서 구간별·시간대별로 도시지역의 간선도로를 일방통행로로 지정·운영할 수 있다.
③ 「도로교통법 시행령」상 어린이 통학버스는 교통사고로 인한 피해를 전액 배상할 수 있도록 「보험업법」에 따른 보험 또는 「여객자동차 운수사업법」에 따른 공제조합에 가입되어 있어야 한다.
④ 「어린이·노인 및 장애인 보호구역의 지정 및 관리에 관한 규칙」상 시장등은 조사 결과 보호구역으로 지정·관리할 필요가 인정되는 경우에 관할 시·도경찰청장 또는 경찰서장과 협의하여 해당보호구역 지정대상시설의 주(主) 출입문을 중심으로 반경 300미터이내의 도로 중 일정구간을 보호구역으로 지정하나, 해당 지역의 교통여건 및 효과성 등을 면밀히 검토하여 필요한 경우에 보호구역 지정대상시설의 주 출입문을 중심으로 반경 500미터 이내의 도로에 대해서도 보호구역으로 지정할 수 있다.

② [X] 동규칙 제1항 제4호 : 이면도로(도시지역에 있어서 간선도로가 아닌 도로로서 일반의 교통에 사용되는 도로를 말한다)를 일방통행로로 지정·운영하는 것
① 동법 제51조 제3항
③ 동법 시행령 제31조 제3호
④ 동규칙 제3조 제6항 : 시장 등은 제4항에 따른 조사 결과 보호구역으로 지정·관리할 필요가 인정되는 경우에는 관할 시·도경찰청장 또는 경찰서장과 협의하여 해당 보호구역 지정대상 시설 또는 장소의 주(主) 출입문(출입문이 없는 장소의 경우에는 해당 장소)을 기준으로 반경 300미터 이내의 도로 중 일정구간을 보호구역으로 지정한다. 다만, 시장등은 해당 지역의 교통여건 및 효과성 등을 면밀히 검토하여 필요한 경우 보호구역 지정대상 시설 또는 장소의 주 출입문을 기준으로 반경 500미터 이내의 도로에 대해서도 보호구역으로 지정할 수 있다(동규칙 제3조 제6항).

정답 ②

06 「도로교통법」 제26조(교통정리가 없는 교차로에서의 양보운전)에 관한 설명으로 가장 적절하지 않은 것은?

(23년 승진/실무종합)

① 교통정리를 하고 있지 아니하는 교차로에 들어가려고 하는 차의 운전자는 이미 교차로에 들어가 있는 다른 차가 있을 때에는 그 차에 진로를 양보하여야 한다.
② 교통정리를 하고 있지 아니하는 교차로에 들어가려고 하는 차의 운전자는 그 차가 통행하고 있는 도로의 폭보다 교차하는 도로의 폭이 넓은 경우에는 서행하여야 하며, 폭이 넓은 도로로부터 교차로에 들어가려고 하는 다른 차가 있을 때에는 그 차에 진로를 양보하여야 한다.
③ 교통정리를 하고 있지 아니하는 교차로에 동시에 들어가려고 하는 차의 운전자는 좌측도로의 차에 진로를 양보하여야 한다.
④ 교통정리를 하고 있지 아니하는 교차로에서 좌회전하려고 하는 차의 운전자는 그 교차로에서 직진하거나 우회전하려는 다른 차가 있을 때에는 그 차에 진로를 양보하여야 한다.

교통정리가 없는 교차로에서의 양보운전(제26조)
① 교통정리를 하고 있지 아니하는 교차로에 들어가려고 하는 차의 운전자는 이미 교차로에 들어가 있는 다른 차가 있을 때에는 그 차에 진로를 양보하여야 한다. *선진입 차량 우선
② 교통정리를 하고 있지 아니하는 교차로에 들어가려고 하는 차의 운전자는 그 차가 통행하고 있는 도로의 폭보다 교차하는 도로의 폭이 넓은 경우에는 서행하여야 하며, 폭이 넓은 도로로부터 교차로에 들어가려고 하는 다른 차가 있을 때에는 그 차에 진로를 양보하여야 한다. *대로 > 소로
③ 교통정리를 하고 있지 아니하는 교차로에 동시에 들어가려고 하는 차의 운전자는 우측도로의 차에 진로를 양보하여야 한다. *우측도로 우선(진입 전 일시정지 차량 우선)

④ 교통정리를 하고 있지 아니하는 교차로에서 좌회전하려고 하는 차의 운전자는 그 교차로에서 직진하거나 우회전하려는 다른 차가 있을 때에는 그 차에 진로를 양보하여야 한다.
*직진 〉 좌/우회전 차량, 우회전 차량 〉 좌회전 차량

정답 ③

07 「도로교통법」상 음주운전에 대한 설명으로 가장 적절하지 않은 것은? (다툼이 있는 경우 판례에 의함)

(21년 승진/실무종합)

① 경찰공무원은 교통의 안전과 위험방지를 위하여 필요하다고 인정하거나, 술에 취한 상태에서 자동차 등을 운전하였다고 인정할 만한 상당한 이유가 있는 경우에는 음주측정을 할 수 있다.
② 무면허인데다가 술이 취한 상태에서 오토바이를 운전하였다면 무면허운전죄와 음주운전죄는 실체적 경합관계에 있다.
③ 음주감지기에서 음주반응이 나온 경우, 그것만으로 술에 취한 상태에 있다고 인정할 만한 상당한 이유가 있다고 볼 수 없다.
④ 주차장, 학교 경내 등 「도로교통법」상 도로가 아닌 곳에서의 음주운전, 약물운전, 사고 후 미조치에 대하여 형사처벌이 가능하다.

해설

② [X] 형법 제40조에서 말하는 1개의 행위란 법적 평가를 떠나 사회관념상 행위가 사물자연의 상태로서 1개로 평가되는 것을 말하는 바, 무면허인데다가 술이 취한 상태에서 오토바이를 운전하였다는 것은 위의 관점에서 분명히 1개의 운전행위라 할 것이고 이 행위에 의하여 도로교통법 제111조 제2호, 제40조와 제109조 제2호, 제41조 제1항의 각 죄에 동시에 해당하는 것이니 두 죄는 형법 제40조의 상상적 경합관계에 있다고 할 것이다. [대법원 86도2731]
① 경찰공무원은 교통의 안전과 위험방지를 위하여 필요하다고 인정하거나 제1항을 위반하여 술에 취한 상태에서 자동차 등, 노면전차 또는 자전거를 운전하였다고 인정할 만한 상당한 이유가 있는 경우에는 운전자가 술에 취하였는지를 호흡조사로 측정할 수 있다. 이 경우 운전자는 경찰공무원의 측정에 응하여야 한다(동법 제44조 제2항).
③ 호흡측정기에 의한 음주측정을 요구하기 전에 사용되는 음주감지기 시험에서 음주반응이 나왔다고 할지라도 현재 사용되는 음주감지기가 혈중알코올농도 0.02%인 상태에서부터 반응하게 되어 있는 점을 감안하면 그것만으로 바로 운전자가 혈중알코올농도 0.05% 이상의 술에 취한 상태에 있다고 인정할 만한 상당한 이유가 있다고 볼 수는 없고, 거기에다가 운전자의 외관·태도·운전행태 등의 객관적 사정을 종합하여 술에 취한 상태에 있다고 인정할 만한 상당한 이유가 있는지 여부를 판단하여야 한다. [대법원 2002도6632]
④ 동법상 "운전"이란 도로(제27조제6항제3호(보행자의 보호)·제44조(음주운전)·제45조(과로/질병/약물운전)·제54조제1항(뺑소니)·제148조(뺑소니 벌칙)·제148조의2(음주운전벌칙) 및 제156조제10호(물피야기 뺑소니)의 경우에는 도로 외의 곳을 포함한다)에서 차마 또는 노면전차를 그 본래의 사용방법에 따라 사용하는 것(조종 또는 자율주행시스템을 사용하는 것을 포함한다)을 말한다(제2조 제26호).

정답 ②

08 음주측정거부에 대한 설명으로 가장 적절하지 않은 것은? (다툼이 있는 경우 판례에 의함)

(21년 승진/실무종합)

① 명시적인 의사표시를 하지 않으면서 경찰관이 음주측정 불응에 따른 불이익을 5분 간격으로 3회 이상 고지(최초 측정요구시로부터 15분 경과)했음에도 계속 음주측정에 응하지 않은 때에는 음주측정거부자로 처리한다.
② 음주측정거부 시 1년 이상 5년 이하의 징역이나 5백만원 이상 2천만원 이하의 벌금에 처한다.
③ 흉골골절 등으로 인한 통증으로 깊은 호흡을 할 수 없어 이십여차례 음주측정기를 불었으나 끝내 음주측정이 되지 아니한 경우 음주측정불응죄가 성립하지 아니한다.
④ 여러차례에 걸쳐 호흡측정기의 빨대를 입에 물고 형식적으로 숨을 부는 시늉만 하였을 뿐 숨을 제대로 불지 아니하여 호흡측정기에 음주측정수치가 나타나지 아니하도록 한 행위는 음주측정불응죄에 해당하지 않는다.

해설

④ [X] 판례는 운전자가 경찰공무원으로부터 음주측정을 요구받고 호흡측정기에 숨을 내쉬는 시늉만 하는 등 형식적으로 음주측정에 응하였을 뿐 경찰공무원의 거듭된 요구에도 불구하고 **호흡 측정기에 음주측정수치가 나타날 정도로 숨을 제대로 불어넣지 아니하였다면 이는 실질적으로 음주측정에 불응한 것과 다를 바 없다** 할 것이고, 운전자가 정당한 사유 없이 호흡측정기에 의한 음주측정에 불응한 이상 그로써 음주측정불응의 죄는 성립하는 것이며, 그 후 경찰공무원이 혈액채취 등의 방법으로 음주여부를 조사하지 아니하였다고 하여 달리 볼 것은 아니라는 입장이다. [대법원 99도5210]
① 「교통단속처리지침」 제31조 제5항 제3호
② 「도로교통법」 제148조의2 제2항, 23년 4월 4일 시행
③ 「도로교통법」(2005. 5. 31. 법률 제7545호로 전문 개정되기 전의 것) 제41조 제2항, 제3항의 해석상, 술에 취한 상태에서 자동차 등을 운전하였다고 인정할 만한 상당한 이유가 있는 경우에 경찰공무원은 운전자가 술에 취하였는지 여부를 호흡측정기에 의하여 측정할 수 있고 운전자는 그 측정에 응할 의무가 있으나, 운전자의 신체 이상 등의 사유로 호흡측정기에 의한 측정이 불가능 내지 심히 곤란한 경우에까지 그와 같은 방식의 측정을 요구할 수는 없으며(이와 같은 상황이라면 경찰공무원으로서는 호흡측정기에 의한 측정의 절차를 생략하고 운전자의 동의를 얻거나 판사로부터 영장을 발부받아 혈액채취에 의한 측정으로 나아가야 할 것이다), 이와 같은 경우 **경찰공무원이 운전자의 신체 이상에도 불구하고 호흡측정기에 의한 음주측정을 요구하여 운전자가 음주측정수치가 나타날 정도로 숨을 불어넣지 못한 결과 호흡측정기에 의한 음주측정이 제대로 되지 아니하였다고 하더라도 음주측정에 불응한 것으로 볼 수는 없다.** [대법원 2005도7125]

| 보충 |

벌칙(「도로교통법」 제148조의2)
① 제44조제1항 또는 제2항을 위반(자동차등 또는 노면전차를 운전한 경우로 한정한다. 다만, 개인형 이동장치를 운전한 경우는 제외한다. 이하 이 조에서 같다)하여 벌금 이상의 형을 선고받고 <u>그 형이 확정된 날부터 10년 내에 다시 같은 조 제1항 또는 제2항(재측정거부)을</u> 위반한 사람(형이 실효된 사람도 포함한다)은 다음 각호의 구분에 따라 처벌한다.

1. 제44조제2항을 위반한 사람은 1년 이상 6년 이하의 징역이나 500만원 이상 3천만원 이하의 벌금에 처한다.
2. 제44조제1항을 위반한 사람 중 혈중알코올농도가 0.2퍼센트 이상인 사람은 2년 이상 6년 이하의 징역이나 1천만원 이상 3천만원 이하의 벌금에 처한다.
3. 제44조제1항을 위반한 사람 중 혈중알코올농도가 0.03퍼센트 이상 0.2퍼센트 미만인 사람은 1년 이상 5년 이하의 징역이나 500만원 이상 2천만원 이하의 벌금에 처한다.

② 술에 취한 상태에 있다고 인정할 만한 상당한 이유가 있는 사람으로서 제44조제2항에 따른 경찰공무원의 측정에 응하지 아니하는 사람(자동차등 또는 노면전차를 운전한 경우로 한정한다)은 <u>1년 이상 5년 이하의 징역이나 500만원 이상 2천만원 이하의 벌금에 처한다.</u>

③ 제44조제1항을 위반하여 술에 취한 상태에서 자동차등 또는 노면전차를 운전한 사람은 다음 각호의 구분에 따라 처벌한다.

1. 혈중알코올농도가 0.2퍼센트 이상인 사람은 2년 이상 5년 이하의 징역이나 1천만원 이상 2천만원 이하의 벌금
2. 혈중알코올농도가 0.08퍼센트 이상 0.2퍼센트 미만인 사람은 1년 이상 2년 이하의 징역이나 500만원 이상 1천만원 이하의 벌금
3. 혈중알코올농도가 0.03퍼센트 이상 0.08퍼센트 미만인 사람은 1년 이하의 징역이나 500만원 이하의 벌금

④ 제45조를 위반하여 약물로 인하여 정상적으로 운전하지 못할 우려가 있는 상태에서 자동차등 또는 노면전차를 운전한 사람은 3년 이하의 징역이나 1천만원 이하의 벌금에 처한다.

정답 ④

09 「교통사고조사규칙」상 교통사고 및 현장도면 작성에 대한 설명으로 가장 적절하지 않은 것은?

(22년 승진/실무종합)

① 교통조사관이 교통사고 현장도면 작성 시 교통사고의 발생지점과 사고차량의 정차지점을 표시하는 때에는 사고발생 지점을 도면의 중앙에 배치하고 가해차량의 진행방향이 위로 향하도록 하여 이동지점과 정차지점을 실선으로 표시한다.

② 교통조사관이 교통사고 현장도면 작성 시 거리를 측정하거나 지점을 확정하는 경우에는 각각의 지점에 대한 명칭을 붙여 특정지어야 한다.

③ 교통사고 현장에 사망한 사람이 있는 경우에는 단순히 의식이 없거나 호흡이 정지하였다는 사유로 사망한 것으로 판단하지 말고, 의료전문가의 판단이 있을 때까지는 중상자와 동일하게 취급해야 한다.

④ 경찰공무원이 교통사고 현장에서 사상자 구호, 현장보존 등 부득이한 경우에 일시적으로 교통을 통제하거나 일방통행의 조치를 취할 때에는 '교통사고 조사 중' 표지판을 사고현장 전·후 적합한 위치에 설치하고 반드시 1명 이상의 경찰공무원이 차량과 군중을 정리하여 2차 사고를 예방하여야 한다.

① [X] 교통사고의 발생지점과 사고차량의 정차지점을 표시하는 때에는 사고발생 지점을 도면의 중앙에 배치하고 가해차량의 진행방향이 위로 향하도록 하여 이동지점을 점선으로 표시하고 정차지점은 실선으로 표시한다(동규칙 제14조 제7항).
② 동규칙 제14조 제4항
③ 동규칙 제5조 제2항 제1호
④ 동규칙 제6조 제2항

정답 ①

10 다음 ㉠부터 ㉣까지 중 「교통사고처리 특례법」 제3조 제2항(처벌의 특례) 단서 각호에 해당하는 것은 모두 몇 개인가?   (22년 승진/실무종합)

㉠ 「도로교통법」 제39조 제4항을 위반하여 자동차의 화물이 떨어지지 아니하도록 필요한 조치를 하지 아니하고 운전한 경우
㉡ 「도로교통법」 제17조 제1항 또는 제2항에 따른 제한속도를 시속 20킬로미터 초과하여 운전한 경우
㉢ 「도로교통법」 제13조 제3항을 위반하여 중앙선을 침범하거나 같은 법 제62조를 위반하여 횡단, 유턴 또는 후진한 경우
㉣ 「도로교통법」 제24조에 따른 철길건널목 통과방법을 위반하여 운전한 경우

① 1개   ② 2개
③ 3개   ④ 4개

위 ㉠㉡㉢㉣ 사례는 모두 「교통사고처리 특례법」상 12개 처벌의 특례에 해당한다.
1) 「도로교통법」 제5조에 따른 신호기가 표시하는 신호 또는 교통정리를 하는 경찰공무원등의 신호를 위반하거나 통행금지 또는 일시정지를 내용으로 하는 안전표지가 표시하는 지시를 위반하여 운전한 경우(제3조 제2항 제1호)
2) 「도로교통법」 제13조제3항을 위반하여 중앙선을 침범하거나 같은 법 제62조를 위반하여 횡단, 유턴 또는 후진한 경우(제2호)
3) 「도로교통법」 제17조제1항 또는 제2항에 따른 제한속도를 시속 20킬로미터 초과하여 운전한 경우(제3호)
4) 「도로교통법」 제21조제1항, 제22조, 제23조에 따른 앞지르기의 방법·금지시기·금지장소 또는 끼어들기의 금지를 위반하거나 같은 법 제60조제2항에 따른 고속도로에서의 앞지르기 방법을 위반하여 운전한 경우(제4호)
5) 「도로교통법」 제24조에 따른 철길건널목 통과방법을 위반하여 운전한 경우(제5호)
6) 「도로교통법」 제27조제1항에 따른 횡단보도에서의 보행자 보호의무를 위반하여 운전한 경우(제6호)
7) 「도로교통법」 제43조, 「건설기계관리법」 제26조 또는 「도로교통법」 제96조를 위반하여 운전면허 또는 건설기계조종사면허를 받지 아니하거나 국제운전면허증을 소지하지 아니하고 운전한 경우(제7호) 이 경우 운전면허 또는 건설기계조종사면허의 효력이 정지 중이거나 운전의 금지 중인 때에는 운전면허 또는 건설기계조종사면허

를 받지 아니하거나 국제운전면허증을 소지하지 아니한 것으로 본다.
8) 「도로교통법」 제44조제1항을 위반하여 술에 취한 상태에서 운전을 하거나 같은 법 제45조를 위반하여 약물의 영향으로 정상적으로 운전하지 못할 우려가 있는 상태에서 운전한 경우(제8호)
9) 「도로교통법」 제13조제1항을 위반하여 보도(步道)가 설치된 도로의 보도를 침범하거나 같은 법 제13조제2항에 따른 보도 횡단방법을 위반하여 운전한 경우(제9호)
10) 「도로교통법」 제39조제3항에 따른 승객의 추락 방지의무를 위반하여 운전한 경우(제10호)
11) 「도로교통법」 제12조제3항에 따른 어린이 보호구역에서 같은 조 제1항에 따른 조치를 준수하고 어린이의 안전에 유의하면서 운전하여야 할 의무를 위반하여 어린이의 신체를 상해(傷害)에 이르게 한 경우(제11호)
12) 「도로교통법」 제39조제4항을 위반하여 자동차의 화물이 떨어지지 아니하도록 필요한 조치를 하지 아니하고 운전한 경우(제12호)

정답 ④

11 다음 설명 중 가장 적절하지 않은 것은? (다툼이 있는 경우 판례에 의함) (24년 승진/실무종합)

① 「교통사고처리 특례법」 제2조 제2호는 '교통사고'란 차의 교통으로 인하여 사람을 사상하거나 물건을 손괴하는 것을 말한다고 규정하고 있는데, 여기서 '차의 교통'은 차량을 운전하는 행위 및 그와 동일하게 평가할 수 있을 정도로 밀접하게 관련된 행위를 모두 포함한다.

② 음주운전 신고를 받고 출동한 경찰관이 만취한 상태로 시동이 걸린 차량 운전석에 앉아 있는 甲을 발견하고 음주측정을 위해 하차를 요구하는 것만으로는 「도로교통법」 제44조 제2항이 정한 음주측정에 관한 직무에 착수하였다고 할 수 없다.

③ 술에 취한 乙이 자동차 안에서 잠을 자다가 추위를 느껴 히터를 가동시키기 위하여 시동을 걸었고, 실수로 기어 등 자동차의 발진에 필요한 장치를 건드려 원동기의 추진력에 의하여 자동차가 움직이거나 또는 불안전한 주차상태나 도로여건 등으로 인하여 자동차가 움직이게 된 경우는 자동차의 운전에 해당하지 아니한다.

④ 모든 차의 운전자는 보행자보다 먼저 횡단보행자용 신호기가 설치되지 않은 횡단보도에 진입한 경우에도, 보행자의 횡단을 방해하지 않거나 통행에 위험을 초래하지 않을 상황이 아니고서는, 차를 일시정지하는 등으로 보행자의 통행이 방해되지 않도록 할 의무가 있다.

해설

② 음주운전 신고를 받고 출동한 경찰관이 만취한 상태로 시동이 걸린 차량 운전석에 앉아있는 피고인을 발견하고 음주측정을 위해 하차를 요구함으로써 도로교통법 제44조 제2항이 정한 음주측정에 관한 직무에 착수하였다고 할 것이고, 피고인이 차량을 운전하지 않았다고 다투자 경찰관이 지구대로 가서 차량 블랙박스를 확인하자고 한 것은 음주측정에 관한 직무 중 '운전' 여부 확인을 위한 임의동행 요구에 해당하고, 피고인이 차량에서 내리자마자 도주한 것을 임의동행 요구에 대한 거부로 보더라도, 경찰관이 음주측정에 관한 직무를 계속하기 위하여 피고인을 추격하여 도주를 제지한 것은 앞서 본 바와 같이 도로교통법상 음주측정에 관한 일련의

직무집행 과정에서 이루어진 행위로써 정당한 직무집행에 해당한다. [대법원 2020. 8. 20. 2020도7193]
③ 어떤 사람이 자동차를 움직이게 할 의도 없이 다른 목적을 위하여 자동차의 원동기(모터)의 시동을 걸었는데, 실수로 기어 등 자동차의 발진에 필요한 장치를 건드려 원동기의 추진력에 의하여 자동차가 움직이거나 또는 불안전한 주차상태나 도로여건 등으로 인하여 자동차가 움직이게 된 경우는 자동차의 운전에 해당하지 아니한다. 즉 술에 취해 자동차 안에서 잠을 자다가 추위를 느껴 히터를 가동시키기 위하여 시동을 걸었고, 실수로 자동차의 제동장치 등을 건드렸거나 처음 주차할 때 안전조치를 제대로 취하지 아니한 탓으로 원동기의 추진력에 의하여 자동차가 약간 경사진 길을 따라 앞으로 움직여 피해자의 차량 옆면을 충격한 사실은 엿볼 수 있으나 이를 두고 피고인이 자동차를 운전하였다고 할 수는 없다. [대법원 2004.4.23. 2004도1109]

정답 ②

Chapter 05 정보경찰활동

01 「경찰관의 정보수집 및 처리 등에 관한 규정」에 대한 설명으로 가장 적절하지 않은 것은?

(23년 승진/실무종합)

① 경찰관의 정보수집·작성·배포에 있어 정보의 구체적인 범위에는 범죄의 예방과 대응에 필요한 정보가 포함된다.
② 경찰관은 정보를 수집하거나 정보의 수집·작성·배포에 수반되는 사실을 확인하려는 경우에는 상대방에게 자신의 신분을 밝히고 정보수집 또는 사실 확인의 목적을 설명해야 한다.
③ ②의 경우 강제적인 방법을 사용할 수 있다.
④ 범죄의 대응을 위한 정보활동에 현저한 지장을 초래할 우려가 있는 경우에는 ②의 절차를 생략할 수 있다.

해설

③ 정보수집의 법적 성격은 비권력적 사실행위이고, 또한 동법의 명문상 규정에 의해 강제적인 수단과 방법은 사용할 수 없다.

1] 정보의 수집 및 사실의 확인 절차(제4조)
　① 경찰관은 법 제8조의2제1항에 따라 정보를 수집하거나 정보의 수집·작성·배포에 수반되는 사실을 확인하려는 경우에는 상대방에게 자신의 신분을 밝히고 정보 수집 또는 사실 확인의 목적을 설명해야 한다. 이 경우 강제적인 방법을 사용해서는 안 된다.
　② 제1항 전단에도 불구하고 다음 각호의 어느 하나에 해당하는 경우에는 같은 항 전단에서 규정한 절차를 생략할 수 있다.
　　1. 국민의 생명·신체의 안전이나 국가안보에 긴박한 위험이 발생할 우려가 있는 경우
　　2. 범죄의 대응을 위한 정보활동에 현저한 지장을 초래할 우려가 있는 경우
　③ 경찰관은 정보를 제공하거나 사실을 확인해 준 자가 신분이나 처우와 관련하여 불이익을 받지 않도록 비밀유지 등 필요한 조치를 해야 한다.

2] 정보수집 등을 위한 출입의 한계(제5조)
　경찰관은 다음 각호의 장소에 상시적으로 출입해서는 안 되며, 정보활동을 위해 필요한 경우에 한정하여 일시적으로만 출입해야 한다.
　1. 언론·교육·종교·시민사회 단체 등 민간단체
　2. 민간기업
　3. 정당의 사무소

정답 ③

02 「경찰관의 정보수집 및 처리 등에 관한 규정」에 대한 설명으로 가장 적절하지 않은 것은?

(24년 승진/실무종합)

① 경찰관이 「경찰관 직무집행법」 제8조의2 제1항에 따라 수집·작성·배포할 수 있는 정보의 범위에는 국가중요시설의 안전 및 주요 인사(人士)의 보호에 필요한 정보가 포함된다.
② 경찰관은 정보활동과 관련하여 직무와 무관한 비공식적 직함을 사용하는 행위를 해서는 안 된다.
③ 경찰관은 언론·교육·종교·시민사회 단체 등 민간단체, 지방자치 단체, 정당의 사무소에 상시적으로 출입해서는 안 되며 정보활동을 위해 필요한 경우에 한정하여 일시적으로만 출입해야 한다고 규정되어 있다.
④ 경찰관은 명백히 위법한 지시라고 판단되는 경우에는 그 집행을 거부할 수 있다.

해설

③ 동 규정상 상시적으로 출입해서는 안 되며 정보활동을 위해 필요한 경우에 한정하여 일시적으로만 출입해야 한다고 규정되어 있는 장소에 지방자치단체는 해당하지 않는다.

1] **제2조**(정보활동의 기본원칙 등)
 ① 공공안녕에 대한 위험의 예방과 대응을 위한 정보의 수집·작성·배포와 이에 수반되는 사실의 확인을 위해 경찰관이 수행하는 활동(정보활동)은 국민의 자유와 권리를 보호하는 것을 목적으로 해야 하며, 필요 최소한의 범위에 그쳐야 한다.
 ② 경찰관은 정보활동과 관련하여 다음 각호의 행위를 해서는 안 된다.
  1. 정치에 관여하기 위해 정보를 수집·작성·배포하는 행위
  2. 법령의 직무 범위를 벗어나 개인의 동향 등을 파악하기 위해 사생활에 관한 정보를 수집·작성·배포하는 행위
  3. 상대방의 명시적 의사에 반해 자료 제출이나 의견 표명을 강요하는 행위
  4. 부당한 민원이나 청탁을 직무 관련자에게 전달하는 행위
  5. 직무상 알게 된 정보를 누설하거나 개인의 이익을 위해 사용하는 행위
  6. <u>직무와 무관한 비공식적 직함을 사용하는 행위</u>
 ③ 경찰청장 또는 해양경찰청장은 정보활동이 적법하게 이루어지도록 현장점검·교육 강화 방안 등을 수립·시행해야 한다.

2] **제3조**(수집 등 대상 정보의 구체적인 범위) 경찰관이 「경찰관 직무집행법」 제8조의2제1항에 따라 수집·작성·배포할 수 있는 정보의 구체적인 범위는 다음 각호와 같다.
 1. 범죄의 예방과 대응에 필요한 정보
 2. 「형의 집행 및 수용자의 처우에 관한 법률」 제126조의2 또는 「보호관찰 등에 관한 법률」 제55조의3에 따라 통보되는 정보의 대상자인 수형자·가석방자의 재범방지 및 피해자의 보호에 필요한 정보
 3. <u>국가중요시설의 안전 및 주요 인사(人士)의 보호에 필요한 정보</u>
 4. 방첩·대테러활동 등 국가안전을 위한 활동에 필요한 정보
 5. 재난·안전사고 등으로부터 국민안전을 확보하기 위한 정보
 6. 집회·시위 등으로 인한 공공갈등과 다중운집에 따른 질서 및 안전 유지에 필요한 정보

7. 국민의 생명·신체·재산의 보호와 공공안녕에 대한 위험의 예방과 대응을 위한 정책에 관한 정보[해당 정책의 입안·집행·평가를 위해 객관적이고 필요한 사항에 관한 정보로 한정하며, 이와 직접적·구체적으로 관련이 없는 사생활·신조(信條) 등에 관한 정보는 제외한다]
8. 도로 교통의 위해(危害) 방지·제거 및 원활한 소통 확보를 위한 정보
9. 「보안업무규정」 제45조제1항에 따라 경찰청장이 위탁받은 신원조사 또는 「공공기관의 정보공개에 관한 법률」 제2조제3호에 따른 공공기관의 장이 법령에 근거하여 요청한 사실의 확인을 위한 정보
10. 그 밖에 제1호부터 제9호까지에서 규정한 사항에 준하는 정보

3) **제4조**(정보의 수집 및 사실의 확인 절차)
① 경찰관은 법 제8조의2제1항에 따라 정보를 수집하거나 정보의 수집·작성·배포에 수반되는 사실을 확인하려는 경우에는 상대방에게 자신의 신분을 밝히고 정보수집 또는 사실 확인의 목적을 설명해야 한다. 이 경우 강제적인 방법을 사용해서는 안 된다.
② 제1항 전단에도 불구하고 다음 각호의 어느 하나에 해당하는 경우에는 같은 항 전단에서 규정한 절차를 생략할 수 있다.
  1. 국민의 생명·신체의 안전이나 국가안보에 긴박한 위험이 발생할 우려가 있는 경우
  2. 범죄의 대응을 위한 정보활동에 현저한 지장을 초래할 우려가 있는 경우
③ 경찰관은 정보를 제공하거나 사실을 확인해 준 자가 신분이나 처우와 관련하여 불이익을 받지 않도록 비밀유지 등 필요한 조치를 해야 한다.

4) **제5조**(정보수집 등을 위한 출입의 한계) 경찰관은 다음 각호의 장소에 상시적으로 출입해서는 안 되며, 정보활동을 위해 필요한 경우에 한정하여 일시적으로만 출입해야 한다.
1. 언론·교육·종교·시민사회 단체 등 민간단체
2. 민간기업
3. 정당의 사무소

5) **제6조**(정보의 작성) 경찰관은 수집한 정보를 작성할 때 객관적 사실에 기초해 중립적으로 작성해야 하며, 정치에 관여하는 등 특정한 목적을 가지고 그 내용을 왜곡해서는 안 된다.

6) **제7조**(수집·작성한 정보의 처리)
① 경찰관은 수집·작성한 정보를 그 목적 외의 용도로 사용해서는 안 된다.
② 경찰관은 공공안녕에 대한 위험의 예방과 대응을 위해 필요한 경우에는 수집·작성한 정보를 관계 기관 등에 통보할 수 있다.
③ 경찰관은 수집·작성한 정보가 그 목적이 달성되어 불필요하게 되었을 때에는 지체 없이 그 정보를 폐기해야 한다. 다만, 다른 법령에 따라 보존해야 하는 경우는 제외한다.

7) **제8조**(위법한 지시의 금지 및 거부)
① 누구든지 정보활동과 관련하여 경찰관에게 이 영과 그 밖의 법령에 반하여 지시해서는 안 된다.
② 경찰관은 명백히 위법한 지시라고 판단되는 경우에는 그 집행을 거부할 수 있다.
③ 경찰관은 명백히 위법한 지시를 거부했다는 이유로 인사·직무 등과 관련한 어떠한 불이익도 받지 않는다.

정답 ③

03 「집회 및 시위에 관한 법률」상 집회 및 시위에 대한 설명으로 가장 적절하지 않은 것은? (다툼이 있는 경우 판례에 의함)

(21년 승진/실무종합)

① 「집회 및 시위에 관한 법률」 제2조 제2호가 규정한 '시위'에 해당하려면 '공중이 자유로이 통행할 수 있는 장소'라는 요건을 반드시 충족하여야 한다.
② 외형상 기자회견이라는 형식을 띠었지만, 용산철거를 둘러싸고 철거민의 입장을 옹호하면서 검찰에 수사기록을 공개하라는 내용의 공동 의견을 형성하여 이를 대외적으로 표명할 목적 아래 일시적으로 일정한 장소에 모인 것은 「집회 및 시위에 관한 법률」상 집회에 해당한다.
③ 「집회 및 시위에 관한 법률」은 옥외집회와 시위를 구분하여 개념을 규정하고 있고, 순수한 1인 시위는 동법의 적용 대상에 해당하지 않는다.
④ 집회가 성립하기 위한 최소한의 인원에 대해 종래의 학계와 실무에서는 2인설과 3인설이 대립하고 있었으나 대법원은 '2인이 모인 집회도 「집회 및 시위에 관한 법률」의 규제대상'이라고 판시한 바 있다.

해설

① [X] 판례는 시위의 개념에 반드시 '공중이 자유로이 통행할 수 있는 장소'가 충족되어야 하는 것은 아니라고 한다. 즉 집회·시위에 관한 법률상의 "시위"는 여러 사람이 공동의 목적을 가지고 도로, 광장, 공원 등 일반인이 자유로이 통행할 수 있는 장소를 행진하거나 위력(威力) 또는 기세(氣勢)를 보여, 불특정 여러 사람의 의견에 영향을 주거나 제압(制壓)을 가하는 행위를 말하므로, 위력이나 기세를 보이는 형태의 시위는 반드시 '일반인이 자유로이 통행할 수 있는 장소'에서 이루어져야 한다거나 '행진' 등 장소 이동을 동반해야만 성립하는 것은 아니라고 한다. [헌재 91 헌바14]
② 외형상 기자회견을 띠었지만, 공동 의견을 형성, 공동의 목적 아래 일시적으로 일정한 장소에 모인 것은 집회·시위에 관한 법률상 집회에 해당한다. [대법원 2011도6301]
③ 1인 시위는 다수인을 전제로 한 집회 및 시위에 관한 법률 제2조 제2호의 '시위' 개념에는 포함된다고 볼 수 없다. 또한 시위는 옥외집회의 한 형태이긴 하나 집회와 시위가 동일한 개념은 아니며, 집회·시위에 관한 법률에서는 두 개념을 구분하고 있다.
④ 옛 집회 및 시위에 관한 법률(2007. 5. 11. 법률 제8424호로 전부 개정되기 전의 것)에 의하여 보장 및 규제의 대상이 되는 집회란 '특정 또는 불특정 다수인이 공동의 의견을 형성하여 이를 대외적으로 표명할 목적 아래 일시적으로 일정한 장소에 모이는 것'을 말하고, 모이는 장소나 사람의 다과에 제한이 있을 수 없으므로, 2인이 모인 집회도 위 법의 규제 대상이 된다고 보아야 한다. [대법원 2010도11381]

정답 ①

04 「집회 및 시위에 관한 법률」상 제한·금지·보완통고에 대한 설명으로 가장 적절하지 않은 것은?

(21년 승진/실무종합)

① 관할경찰관서장은 「집회 및 시위에 관한 법률」 제8조 제5항 각호의 어느 하나에 해당하는 경우로서 거주자나 관리자가 시설이나 장소의 보호를 요청하는 경우에는 집회나 시위의 금지 또는 제한을 통고할 수 있으며, 제한 통고의 경우 시한에 대한 규정은 없다.

② 관할경찰관서장은 금지 사유에 해당하는 집회 및 시위의 경우에 신고서를 접수한 때로부터 48시간 이내에 금지통고를 할 수 있다.

③ 관할경찰관서장은 「집회 및 시위에 관한 법률」 제6조 제1항에 따른 신고서의 기재사항에 미비한 점을 발견하면 접수증을 교부한 때로부터 12시간 이내에 주최자에게 24시간을 기한으로 그 기재사항을 보완할 것을 통고할 수 있다.

④ 보완통고는 보완할 사항을 분명히 밝혀 서면 또는 문자 메시지(SMS)로 주최자 또는 연락책임자에게 전달하여야 한다.

🖐 해설 ──

④ [X] 관할경찰관서장은 제6조제1항에 따른 신고서의 기재 사항에 미비한 점을 발견하면 접수증을 교부한 때부터 12시간 이내에 주최자에게 24시간을 기한으로 그 기재 사항을 보완할 것을 통고할 수 있고(동법 제7조 제1항), 제1항에 따른 보완 통고는 보완할 사항을 분명히 밝혀 <u>서면으로 주최자 또는 연락책임자에게 송달하여야</u> 한다(동조 제2항).

① 동법 제8조 제5항
② 동법 제8조 제1항
③ 동법 제7조 제1항

1] **동법 제7조**(신고서의 보완 등)
① 관할경찰관서장은 제6조제1항에 따른 신고서의 기재 사항에 미비한 점을 발견하면 접수증을 교부한 때부터 12시간 이내에 주최자에게 24시간을 기한으로 그 기재 사항을 보완할 것을 통고할 수 있다.
② 제1항에 따른 보완 통고는 보완할 사항을 분명히 밝혀 서면으로 주최자 또는 연락책임자에게 송달하여야 한다.

2] **동법 제8조**(집회 및 시위의 금지 또는 제한 통고)
① 제6조제1항에 따른 신고서를 접수한 관할경찰관서장은 신고된 옥외집회 또는 시위가 다음 각호의 어느 하나에 해당하는 때에는 신고서를 접수한 때부터 48시간 이내에 집회 또는 시위를 금지할 것을 주최자에게 통고할 수 있다. 다만, 집회 또는 시위가 집단적인 폭행, 협박, 손괴, 방화 등으로 공공의 안녕 질서에 직접적인 위험을 초래한 경우에는 남은 기간의 해당 집회 또는 시위에 대하여 신고서를 접수한 때부터 48시간이 지난 경우에도 금지 통고를 할 수 있다.
　1. 제5조제1항, 제10조 본문 또는 제11조에 위반된다고 인정될 때
　2. 제7조제1항에 따른 신고서 기재 사항을 보완하지 아니한 때
　3. 제12조에 따라 금지할 집회 또는 시위라고 인정될 때
② 관할경찰관서장은 집회 또는 시위의 시간과 장소가 중복되는 2개 이상의 신고가 있는 경우 그 목적으로 보아 서로 상반되거나 방해가 된다고 인정되면 각 옥외집회 또는 시위 간에 시간을 나누거나 장소를 분할하여 개최하도록 권유하는 등 각 옥외집회 또는 시위가 서로 방해되지 아니하고 평화적으로 개최·진행될

수 있도록 노력하여야 한다.
③ 관할경찰관서장은 제2항에 따른 권유가 받아들여지지 아니하면 뒤에 접수된 옥외집회 또는 시위에 대하여 제1항에 준하여 그 집회 또는 시위의 금지를 통고할 수 있다.
④ 제3항에 따라 뒤에 접수된 옥외집회 또는 시위가 금지 통고된 경우 먼저 신고를 접수하여 옥외집회 또는 시위를 개최할 수 있는 자는 집회 시작 1시간 전에 관할경찰관서장에게 집회 개최 사실을 통지하여야 한다.
⑤ 다음 각호의 어느 하나에 해당하는 경우로서 그 거주자나 관리자가 시설이나 장소의 보호를 요청하는 경우에는 집회나 시위의 금지 또는 제한을 통고할 수 있다. 이 경우 집회나 시위의 금지 통고에 대하여는 제1항을 준용한다.
  1. 제6조제1항의 신고서에 적힌 장소(신고장소)가 다른 사람의 주거지역이나 이와 유사한 장소로서 집회나 시위로 재산 또는 시설에 심각한 피해가 발생하거나 사생활의 평온(平穩)을 뚜렷하게 해칠 우려가 있는 경우
  2. 신고장소가 「초·중등교육법」 제2조에 따른 학교의 주변 지역으로서 집회 또는 시위로 학습권을 뚜렷이 침해할 우려가 있는 경우
  3. 신고장소가 「군사기지 및 군사시설 보호법」 제2조제2호에 따른 군사시설의 주변 지역으로서 집회 또는 시위로 시설이나 군 작전의 수행에 심각한 피해가 발생할 우려가 있는 경우
⑥ 집회 또는 시위의 금지 또는 제한 통고는 그 이유를 분명하게 밝혀 서면으로 주최자 또는 연락책임자에게 송달하여야 한다.

정답 ④

05 「집회 및 시위에 관한 법률」에 대한 설명으로 가장 적절하지 않은 것은? (24년 승진/실무종합)

① 관할경찰관서장은 옥외집회 및 시위의 신고서를 접수하면 신고자에게 접수 일시를 적은 접수증을 즉시 내주어야 한다.
② 주최자는 신고한 옥외집회 또는 시위를 하지 아니하게 된 경우에는 신고서에 적힌 집회 일시 24시간 전에 그 철회사유 등을 적은 철회신고서를 관할경찰관서장에게 제출하여야 한다.
③ 관할경찰관서장은 신고서의 기재 사항에 미비한 점을 발견하면 접수증을 교부한 때부터 12시간 이내에 주최자에게 24시간을 기한으로 그 기재 사항을 보완할 것을 통고할 수 있다.
④ 관할경찰관서장이 신고서의 보완 통고를 할 때에는 보완할 사항을 분명히 밝혀 서면 또는 구두로 주최자 또는 연락책임자에게 통보해야 한다.

해설

④ 관할경찰관서장은 제6조제1항에 따른 신고서의 기재 사항에 미비한 점을 발견하면 접수증을 교부한 때부터 12시간 이내에 주최자에게 24시간을 기한으로 그 기재 사항을 보완할 것을 통고할 수 있다(제7조 제1항). 이에 따른 보완 통고는 보완할 사항을 분명히 밝혀 서면으로 주최자 또는 연락책임자에게 송달하여야 한다(제2항).

정답 ④

06 집회 현장에서의 확성기 사용에 대한 설명으로 가장 적절하지 않은 것은? (22년 승진/실무종합)

① 중앙행정기관이 개최하는 국경일 행사의 경우 행사 개최시간에 한정하여 행사 진행에 영향을 미치는 소음에 대해서는, 「집회 및 시위에 관한 법률 시행령」 별표2에 따른 확성기 등의 소음기준을 '그 밖의 지역'의 소음기준으로 적용한다.

② 「집회 및 시위에 관한 법률 시행령」 별표2에 따른 소음측정장소에서 확성기 등의 대상소음이 있을 때 측정한 소음도를 측정소음도로 하고, 같은 장소에서 확성기 등의 대상소음이 없을 때 5분간 측정한 소음도를 배경소음도로 한다.

③ 「집회 및 시위에 관한 법률」상 관할경찰관서장은 집회 또는 시위의 주최자가 확성기 등의 소음기준을 초과하는 소음을 발생시켜 타인에게 피해를 주는 경우에 그 기준 이하의 소음 유지 또는 확성기 등의 사용 중지를 명하거나 확성기 등의 일시보관 등 필요한 조치를 할 수 있다.

④ 「집회 및 시위에 관한 법률 시행령」 별표2에 따른 확성기 등의 소음기준에서 주거지역의 주간(07:00 ~ 해지기 전)시간대 등가소음도(Leq)는 65dB 이하이다.

 해설

「시행령」 별표2 제7호
다음 각 목에 해당하는 행사(중앙행정기관이 개최하는 행사만 해당한다)의 진행에 영향을 미치는 소음에 대해서는 그 행사의 개최시간에 한정하여 표의 주거지역의 소음기준을 적용한다.
가. 「국경일에 관한 법률」 제2조에 따른 국경일의 행사
나. 「각종 기념일 등에 관한 규정」 별표에 따른 각종 기념일 중 주관 부처가 국가보훈처인 기념일의 행사

확성기등의 소음기준

[단위: dB(A)]

소음도 구분		대상 지역	시간대		
			주간 (07:00~해지기 전)	야간 (해진 후~24:00)	심야 (00:00~07:00)
대상 소음도	등가소음도 (Leq)	주거지역, 학교, 종합병원	65 이하	60 이하	55 이하
		공공도서관	65 이하	60 이하	
		그 밖의 지역	75 이하	65 이하	
	최고소음도 (Lmax)	주거지역, 학교, 종합병원	85 이하	80 이하	75 이하
		공공도서관	85 이하	80 이하	
		그 밖의 지역	95 이하		

| 비고 |

1. 확성기등의 소음은 관할 경찰서장(현장 경찰공무원)이 측정한다.
2. 소음 측정 장소는 피해자가 위치한 건물의 외벽에서 소음원 방향으로 1 ~ 3.5m 떨어진 지점으로 하되, 소음도가 높을 것으로 예상되는 지점의 지면 위 1.2 ~ 1.5m 높이에서 측정한다. 다만, 주된 건물의 경비 등을 위하여 사용되는 부속 건물, 광장·공원이나 도로상의 영업시설물, 공원의 관리사무소 등은 소음 측정 장소에서 제외한다.
3. 제2호의 장소에서 확성기등의 대상소음이 있을 때 측정한 소음도를 측정소음도로 하고, 같은 장소에서 확성기등의 대상소음이 없을 때 5분간 측정한 소음도를 배경소음도로 한다.
4. 측정소음도가 배경소음도보다 10dB 이상 크면 배경소음의 보정 없이 측정소음도를 대상소음도로 하고, 측정소음도가 배경소음도보다 3.0 ~ 9.9dB 차이로 크면 아래 표의 보정치에 따라 측정소음도에서 배경소음을 보정한 소음도를 대상소음도로 하며, 측정소음도가 배경소음도보다 3dB 미만으로 크면 다시 한 번 측정소음도를 측정하고, 다시 측정하여도 3dB 미만으로 크면 확성기등의 소음으로 보지 아니한다.
5. 등가소음도는 10분간(소음 발생 시간이 10분 이내인 경우에는 그 발생 시간 동안을 말한다) 측정한다. 다만, 다음 각 목에 해당하는 대상 지역의 경우에는 등가소음도를 5분간(소음 발생 시간이 5분 이내인 경우에는 그 발생 시간 동안을 말한다) 측정한다.
   가. 주거지역, 학교, 종합병원
   나. 공공도서관
6. 최고소음도는 확성기등의 대상소음에 대해 매 측정 시 발생된 소음도 중 가장 높은 소음도를 측정하며, 동일한 집회·시위에서 측정된 최고소음도가 1시간 내에 3회 이상 위 표의 최고소음도 기준을 초과한 경우 소음기준을 위반한 것으로 본다. 다만, 다음 각 목에 해당하는 대상 지역의 경우에는 1시간 내에 2회 이상 위 표의 최고소음도 기준을 초과한 경우 소음기준을 위반한 것으로 본다.
   가. 주거지역, 학교, 종합병원
   나. 공공도서관
7. 다음 각 목에 해당하는 행사(중앙행정기관이 개최하는 행사만 해당한다)의 진행에 영향을 미치는 소음에 대해서는 그 행사의 개최시간에 한정하여 위 표의 주거지역의 소음기준을 적용한다.
   가. 「국경일에 관한 법률」 제2조에 따른 국경일의 행사
   나. 「각종 기념일 등에 관한 규정」 별표에 따른 각종 기념일 중 주관 부처가 국가보훈부인 기념일의 행사

정답 ①

07 집회 및 시위에 대한 설명으로 가장 적절하지 않은 것은? (다툼이 있는 경우 판례에 의함)

(22년 승진/실무종합)

① 집회참가자들이 망인에 대한 추모의 목적과 그 범위 내에서 이루어지는 노제 등을 위한 이동·행진의 수준을 넘어서서 그 기회를 이용하여 다른 공동의 목적을 가지고 일반인이 자유로이 통행할 수 있는 장소를 행진하거나 위력 또는 기세를 보여, 불특정한 여러 사람의 의견에 영향을 주거나 제압을 하는 행위에까지 나아가는 경우에는, 이미 「집회 및 시위에 관한 법률」이 정한 시위에 해당하므로 「집회 및 시위에 관한 법률」 제6조에 따라 사전에 신고서를 관할 경찰서장에게 제출할 것이 요구된다.
② 옥외집회 또는 시위 참가자들이 교통혼잡이 야기되었다고 볼만한 사정은 없으나 이미 신고한 행진 경로를 따라 행진로인 하위 1개 차로에서 약 3시간 30분 동안 이루어진 집회시간 동안 2회에 걸쳐 약 15분 동안 연좌하였다는 사실만으로도 주최행위가 신고한 목적, 일시, 방법 등의 범위를 뚜렷이 벗어나는 경우에 해당한다고 볼 수 있다.
③ 집회란 '특정 또는 불특정 다수인이 공동의 의견을 형성하여 이를 대외적으로 표명할 목적 아래 일시적으로 일정한 장소에 모이는 것'을 말한다.

④ 옥외집회 또는 시위 당시의 구체적인 상황에 비추어 볼 때 옥외집회 또는 시위의 신고사항 미비점이나 신고범위 일탈로 인하여 타인의 법익 기타 공공의 안녕질서에 대하여 직접적인 위험이 초래된 경우에 비로소 그 위험의 방지·제거에 적합한 제한 조치를 취할 수 있되, 그 조치는 법령에 의하여 허용되는 범위 내에서 필요한 최소한도에 그쳐야 한다.

해설

② 위 사례에서 판례는 신고한 집회방법의 범위를 벗어난 것이 아니라는 입장이다. 피고인들은 이미 신고한 행진 경로를 따라 행진로인 하위 1개 차로에서 2회에 걸쳐 각 약 5분, 약 10분 등 총 약 15분에 걸쳐 연좌를 하였는바, 연좌하였다는 사실 외에는 이미 신고한 집회방법의 범위를 벗어난 사항은 없고, 약 3시간 30분 동안 이루어진 집회시간 동안 신고한 방법을 벗어나 이루어진 연좌시간도 불과 약 15분에 불과하며, 이와 같이 2회에 걸쳐 연좌를 한 이유 또한 교통에 방해를 초래할 행진을 빨리 끝내 시위를 조속하게 종료하고자 하였던 것이고, 2회에 걸쳐 하위 1개 차로에 연좌함으로 인하여 더 큰 교통혼잡이 야기되었다고 볼 만한 사정도 없으므로....[대법원 2010. 3.11.2009도10425]

정답 ②

08 집회 및 시위에 관한 설명 중 옳고 그름의 표시(O, X)가 바르게 된 것은? (다툼이 있는 경우 판례에 의함) (24년 승진/실무종합)

㉠ 헌법에 따르면 집회에 대한 허가제는 인정되지 아니한다.
㉡ 집회 금지통고는 관할 경찰서장이 집회신고를 접수한 후「집회 및 시위에 관한 법률」상 집회 사전 금지조항에 근거하여 집회 주최자 등에게 해당 집회를 금지한다는 사실을 알리는 행정처분이므로 그 자체를 헌법에 위배되는 제도라고 볼 수 없다.
㉢ 집회의 금지와 해산은 원칙적으로 공공의 안녕질서에 대한 직접적인 위협이 명백하게 존재하는 경우에 한하여 허용될 수 있고, 집회의 자유를 보다 적게 제한하는 다른 수단, 예컨대 시위 참가자수의 제한, 시위 대상과의 거리 제한, 시위 방법, 시기, 소요시간의 제한 등 조건을 붙여 집회를 허용하는 가능성을 모두 소진한 후에 비로소 고려될 수 있는 최종적인 수단이다.
㉣ 사전 금지 또는 제한된 집회라 하더라도 실제 이루어진 집회가 당초 신고내용과 달리 평화롭게 개최되거나 집회 규모를 축소하여 이루어지는 등 타인의 법익 침해나 기타 공공의 안녕질서에 대하여 직접적이고 명백한 위험을 초래하지 않은 경우에는 이에 대하여 사전 금지 또는 제한을 위반하여 집회를 한 점을 들어 처벌하는 것 이외에 더 나아가 이에 대한 해산을 명하고 이에 불응하였다 하여 처벌할 수는 없다.

① ㉠(O) ㉡(O) ㉢(O) ㉣(O)
② ㉠(X) ㉡(X) ㉢(O) ㉣(X)
③ ㉠(O) ㉡(O) ㉢(X) ㉣(O)
④ ㉠(O) ㉡(X) ㉢(X) ㉣(X)

해설

1] 「집회 및 시위에 관한 법률」(집시법) 제8조 제1항, 제3항 제1호는 집회 신고장소가 다른 사람의 주거지역이나 이와 유사한 장소에 해당하기만 하면 무조건 집회를 사전 제한 또는 금지하는 것이 아니라 '집회나 시위로 재산 또는 시설에 심각한 피해가 발생하거나 사생활의 평온을 뚜렷하게 해칠 우려'가 있고, 그에 더하여 '그 거주자나 관리자가 시설이나 장소의 보호를 요청하는 때'에 한하여 집회를 제한 또는 금지하도록 하는 등 집회 제한 또는 금지의 요건 및 절차를 한정하여 집회의 자유와 집회 신고장소 주변 지역 주민의 법익을 합리적인 범위 내에서 조정하고 있으므로, 집회의 자유의 본질적 내용을 침해하거나 집회의 허가제를 허용하지 않는 헌법 제21조 제2항에 위배된다고 볼 수 없다. 나아가 집회 금지통고는 관할 경찰서장이 집회신고를 접수한 후 집시법상 집회 사전금지조항에 근거하여 집회 주최자 등에게 해당 집회를 금지한다는 사실을 알리는 행정처분이므로 그 자체를 헌법에 위배되는 제도라고 볼 수 없고, 이를 운용할 때에도 경찰의 자의적 판단에 따라 집회의 자유가 침해되는 것을 방지하기 위하여 집시법 제9조에서 금지통고에 대한 이의신청을 할 수 있다고 규정하고 있으므로, 이를 헌법에 위배된다고 볼 수 없다.

2] 「집회 및 시위에 관한 법률」상 일정한 경우 집회의 자유가 사전 금지 또는 제한된다 하더라도 이는 다른 중요한 법익의 보호를 위하여 반드시 필요한 경우에 한하여 정당화되는 것이며, 특히 집회의 금지와 해산은 원칙적으로 공공의 안녕질서에 대한 직접적인 위협이 명백하게 존재하는 경우에 한하여 허용될 수 있고, 집회의 자유를 보다 적게 제한하는 다른 수단, 예컨대 시위 참가자수의 제한, 시위 대상과의 거리 제한, 시위 방법, 시기, 소요시간의 제한 등 조건을 붙여 집회를 허용하는 가능성을 모두 소진한 후에 비로소 고려될 수 있는 최종적인 수단이다. 따라서 사전 금지 또는 제한된 집회라 하더라도 실제 이루어진 집회가 당초 신고 내용과 달리 평화롭게 개최되거나 집회 규모를 축소하여 이루어지는 등 타인의 법익 침해나 기타 공공의 안녕질서에 대하여 직접적이고 명백한 위험을 초래하지 않은 경우에는 이에 대하여 사전 금지 또는 제한을 위반하여 집회를 한 점을 들어 처벌하는 것 이외에 더 나아가 이에 대한 해산을 명하고 이에 불응하였다 하여 처벌할 수는 없다.

3] 피고인들이 금지통고된 옥외집회(이 사건 집회)를 진행하면서 3회에 걸쳐 자진 해산명령을 받고도 지체없이 해산하지 아니하였다고 하여 「집회 및 시위에 관한 법률」(집시법) 위반으로 기소된 사안에서, 이 사건 집회 및 동종의 집회가 개최된 기간, 집회 장소 주변 거주자들의 피해 정도 및 항의 수준, 동종 집회에 대한 제한 및 금지조치의 경과, 이 사건 집회의 실제 진행상황 등을 종합하면, 이 사건 집회가 집시법 제8조 제3항 제1호에서 정하는 '사생활의 평온을 뚜렷하게 해칠 우려가 있는 경우'에 해당된다고 판단하여 이를 사전에 금지통고한 것은 적법하고, 실제 이루어진 이 사건 집회 역시 당초 신고 내용과 달리 평화롭게 개최되는 등 타인의 법익 침해나 기타 공공의 안녕질서에 대하여 직접적이고 명백한 위험을 초래하지 않은 경우로 볼 수 없으므로, 원심이 이 사건 집회가 사전에 금지통고된 집회라는 이유만으로 해산을 명할 수 있다고 전제한 부분은 적절하지 아니하나, 해산명령을 적법한 것으로 보고 이에 불응한 피고인들에게 유죄를 인정한 원심판단의 결론은 정당하다. [대법원 2011. 10. 13. 선고 2009도13846 판결]

정답 ①

09 「집회 및 시위에 관한 법률」 및 동법 시행령상 '질서유지선'에 관한 설명으로 가장 적절하지 않은 것은? *(23년 승진/실무종합)*

① 질서유지선을 경찰관의 경고에도 불구하고 정당한 사유 없이 상당 시간 침범하거나 손괴·은닉·이동 또는 제거하거나 그 밖의 방법으로 그 효용을 해친 자는 6개월 이하의 징역 또는 50만원이하의 벌금·구류 또는 과료에 처한다.
② 옥외집회 및 시위의 신고를 받은 경찰관서장이 질서유지선을 설정할 때에는 주최자 또는 연락책임자에게 이를 알려야 한다.
③ 질서유지선의 설정 고지는 구두 또는 서면으로 할 수 있다. 다만 집회 또는 시위 장소의 상황에 따라 질서유지선을 새로 설정하거나 변경하는 경우에는 집회 또는 시위의 장소에 있는 경찰공무원이 서면으로 알려야 한다.
④ 옥외집회나 시위의 신고를 받은 관할경찰관서장은 집회 및 시위의 보호와 공공의 질서유지를 위하여 필요하다고 인정하면 최소한의 범위를 정하여 질서유지선을 설정할 수 있다.

해설

③ 원칙적으로 질서유지선 설정 고지는 서면으로 해야 한다. 하지만, 집회 또는 시위 장소의 상황에 따라 질서유지선을 새로 설정하거나 변경하는 경우에는 집회 또는 시위의 장소에 있는 경찰공무원이 구두로 고지할 수 있다.

1] **법 제13조**(질서유지선의 설정)
   ① 제6조제1항에 따른 신고를 받은 관할경찰관서장은 집회 및 시위의 보호와 공공의 질서 유지를 위하여 필요하다고 인정하면 최소의 범위를 정하여 질서유지선을 설정할 수 있다.
   ② 제1항에 따라 경찰관서장이 질서유지선을 설정할 때에는 주최자 또는 연락책임자에게 이를 알려야 한다.

2] **동법 시행령 제13조**(질서유지선의 설정·고지 등)
   ① 관할 경찰관서장은 집회 및 시위의 보호와 공공의 질서유지를 위하여 다음 각호의 어느 하나에 해당하는 경우에는 법 제13조제1항에 따라 질서유지선을 설정할 수 있다.
      1. 집회·시위의 장소를 한정하거나 집회·시위의 참가자와 일반인을 구분할 필요가 있을 경우
      2. 집회·시위의 참가자를 일반인이나 차량으로부터 보호할 필요가 있을 경우
      3. 일반인의 통행 또는 교통 소통 등을 위하여 필요할 경우
      4. 다음 각 목의 어느 하나의 시설 등에 접근하거나 행진하는 것을 금지하거나 제한할 필요가 있을 경우
         가. 법 제11조에 따른 집회 또는 시위가 금지되는 장소
         나. 통신시설 등 중요시설
         다. 위험물시설
         라. 그 밖에 안전 유지 또는 보호가 필요한 재산·시설 등
      5. 집회·시위의 행진로를 확보하거나 이를 위한 임시횡단보도를 설치할 필요가 있을 경우
      6. 그 밖에 집회·시위의 보호와 공공의 질서 유지를 위하여 필요할 경우
   ② 법 제13조제2항에 따른 질서유지선의 설정 고지는 서면으로 하여야 한다. 다만, 집회 또는 시위 장소의 상황에 따라 질서유지선을 새로 설정하거나 변경하는 경우에는 집회 또는 시위의 장소에 있는 경찰공무원이 구두로 알릴 수 있다.

3] **벌칙**(법 제24조 제3호)
설정한 질서유지선(법 제13조)을 경찰관의 경고에도 불구하고 정당한 사유 없이 상당 시간 침범하거나 손괴·은닉·이동 또는 제거하거나 그 밖의 방법으로 그 효용을 해친 자는 6개월 이하의 징역 또는 50만원 이하의 벌금·구류 또는 과료에 처한다.

정답 ③

10 「집회 및 시위에 관한 법률 시행령」상 집회시위의 해산절차로 가장 적절한 것은?

(23년 승진/실무종합)

① 자진 해산의 요청 → 해산명령 → 종결선언의 요청 → 직접해산
② 자진 해산의 요청 → 종결선언의 요청 → 해산명령 → 직접해산
③ 종결선언의 요청 → 자진 해산의 요청 → 해산명령 → 직접해산
④ 종결선언의 요청 → 해산명령 → 자진 해산의 요청 → 직접해산

 해설

「시행령」 제17조(집회 또는 시위의 자진 해산의 요청 등)
법 제20조에 따라 집회 또는 시위를 해산시키려는 때에는 관할 경찰관서장 또는 관할 경찰관서장으로부터 권한을 부여받은 경찰공무원은 다음 각호의 순서에 따라야 한다. 다만, 법 제20조제1항제1호·제2호 또는 제4호에 해당하는 집회·시위의 경우와 주최자·주관자·연락책임자 및 질서유지인이 집회 또는 시위 장소에 없는 경우에는 종결선언의 요청을 생략할 수 있다.

1. 종결선언의 요청
   주최자에게 집회 또는 시위의 종결선언을 요청하되, 주최자의 소재를 알 수 없는 경우에는 주관자·연락책임자 또는 질서유지인을 통하여 종결선언을 요청할 수 있다.
2. 자진 해산의 요청
   제1호의 종결 선언 요청에 따르지 아니하거나 종결 선언에도 불구하고 집회 또는 시위의 참가자들이 집회 또는 시위를 계속하는 경우에는 직접 참가자들에 대하여 자진 해산할 것을 요청한다.
3. 해산명령 및 직접 해산
   제2호에 따른 자진 해산 요청에 따르지 아니하는 경우에는 3번 이상 자진 해산할 것을 명령하고, 참가자들이 해산명령에도 불구하고 해산하지 아니하면 직접 해산시킬 수 있다.

| 보충 |

1] 동법 제2조(정의) 이 법에서 사용하는 용어의 뜻은 다음과 같다.
   1. "옥외집회"란 천장이 없거나 사방이 폐쇄되지 아니한 장소에서 여는 집회를 말한다.
   2. "시위"란 여러 사람이 공동의 목적을 가지고 도로, 광장, 공원 등 일반인이 자유로이 통행할 수 있는 장소를 행진하거나 위력(威力) 또는 기세(氣勢)를 보여, 불특정한 여러 사람의 의견에 영향을 주거나 제압(制壓)을 가하는 행위를 말한다.
   3. "주최자(主催者)"란 자기 이름으로 자기 책임 아래 집회나 시위를 여는 사람이나 단체를 말한다. 주최자는 주관자(主管者)를 따로 두어 집회 또는 시위의 실행을 맡아 관리하도록 위임할 수 있다. 이 경우 주관자는

그 위임의 범위 안에서 주최자로 본다.
4. "질서유지인"이란 주최자가 자신을 보좌하여 집회 또는 시위의 질서를 유지하게 할 목적으로 임명한 자를 말한다.
5. "질서유지선"이란 관할 경찰서장이나 시·도경찰청장이 적법한 집회 및 시위를 보호하고 질서유지나 원활한 교통 소통을 위하여 집회 또는 시위의 장소나 행진 구간을 일정하게 구획하여 설정한 띠, 방책(防柵), 차선(車線) 등의 경계 표지(標識)를 말한다.
6. "경찰관서"란 국가경찰관서를 말한다.

2] 동법 제11조(옥외집회와 시위의 금지장소)
누구든지 다음 각 호의 어느 하나에 해당하는 청사 또는 저택의 경계 지점으로부터 100 미터 이내의 장소에서는 옥외집회 또는 시위를 하여서는 아니 된다.
1. 국회의사당. 다만, 다음 각 목의 어느 하나에 해당하는 경우로서 국회의 기능이나 안녕을 침해할 우려가 없다고 인정되는 때에는 그러하지 아니하다.
   가. 국회의 활동을 방해할 우려가 없는 경우
   나. 대규모 집회 또는 시위로 확산될 우려가 없는 경우
2. 각급 법원, 헌법재판소. 다만, 다음 각 목의 어느 하나에 해당하는 경우로서 각급 법원, 헌법재판소의 기능이나 안녕을 침해할 우려가 없다고 인정되는 때에는 그러하지 아니하다.
   가. 법관이나 재판관의 직무상 독립이나 구체적 사건의 재판에 영향을 미칠 우려가 없는 경우
   나. 대규모 집회 또는 시위로 확산될 우려가 없는 경우
3. 대통령 관저(官邸), 국회의장 공관, 대법원장 공관, 헌법재판소장 공관
4. 국무총리 공관. 다만, 다음 각 목의 어느 하나에 해당하는 경우로서 국무총리 공관의 기능이나 안녕을 침해할 우려가 없다고 인정되는 때에는 그러하지 아니하다.
   가. 국무총리를 대상으로 하지 아니하는 경우
   나. 대규모 집회 또는 시위로 확산될 우려가 없는 경우
5. 국내 주재 외국의 외교기관이나 외교사절의 숙소. 다만, 다음 각 목의 어느 하나에 해당하는 경우로서 외교기관 또는 외교사절 숙소의 기능이나 안녕을 침해할 우려가 없다고 인정되는 때에는 그러하지 아니하다.
   가. 해당 외교기관 또는 외교사절의 숙소를 대상으로 하지 아니하는 경우
   나. 대규모 집회 또는 시위로 확산될 우려가 없는 경우
   다. 외교기관의 업무가 없는 휴일에 개최하는 경우

[헌법불합치, 2018헌바48 2018헌바48,2019헌가1(병합), 2022.12.22.집회 및 시위에 관한 법률(2020. 6. 9. 법률 제17393호로 개정된 것) 제11조 제3호 중 '대통령 관저(官邸)' 부분 및 제23조 제1호 중 제11조 제3호 가운데 '대통령 관저(官邸)'에 관한 부분은 헌법에 합치되지 아니한다. 위 법률조항은 2024. 5. 31.을 시한으로 개정될 때까지 계속 적용된다] 이후 국회의장 공관에 대해서도 소규모집회의 제한은 과잉금지원칙에 위반되고 집회·시위 장소의 선택은 집회 자유의 핵심이라는 이유로 헌법불합치결정을 하였다(2023.3.23.).

정답 ③

안보경찰활동

01 다음 비밀공작의 순환과정에 대한 설명으로 가장 적절한 것은? (21년 승진/실무종합)

① '모집'은 임무수행에 필요한 능력을 배양시키고, 지식과 기술을 습득케 하는 과정이다.
② '브리핑'은 공작에 영향을 주는 새로운 상황과 임무에 대한 상세한 지시를 하는 단계로, 공작원에게 공작수행에 대한 최종적인 설명이 이루어진다.
③ '파견 및 귀환'은 공작계획에 따라 공작을 진행할 사람을 채용하는 과정이다.
④ '보고서 작성'은 지령을 수행하기 위한 수단과 방법을 조직화하는 과정이다.

 해설

통상 비밀공작의 순환과정은 지령→계획→모집과 훈련→브리핑→파견 및 귀환→디브리핑→보고서 작성→해고의 순을 거친다. 위에서 올바른 내용은 ②이다. ① 훈련, ③ 모집, ④ 계획에 관한 내용이다.

지령	비밀공작은 공작관이 임의로 수행하는 것이 아니라, 상부의 지령에 의하여 수행한다. 상부에서 공작관의 보고서에 의하여 공작의 계속성 여부 및 공작방향을 결정하여 지령
계획	지령을 수행하기 위한 수단과 방법을 조직화하는 것
모집	공작계획에 따라 공작을 진행할 사람을 채용하는 것
훈련	임무수행에 필요한 능력을 배양시키고, 지식과 기술을 습득케 하는 과정
브리핑	공작에 영향을 주는 새로운 상황과 임무에 대한 상세한 지시를 하는 단계로, 공작원에게 공작수행에 대한 최종적인 설명(파견 전에 공작원에게 구체적인 공작임무를 부여하는 과정)
파견/귀환	공작원을 공작대상 지역에 파견하고, 공작임무를 수행한 후 귀환
디브리핑	공작원이 귀환하면 즉시 디브리핑이 시작되며, 공작임무를 마치고 귀환한 공작원이 공작관에게 공작상황을 있는 그대로 보고하는 단계
보고서 작성	보고서를 작성, 제출
해고	공작임무가 끝났거나 공작활동을 계속할 필요가 없을 때 공작원을 공작에서 이탈시키는 단계로, 해고의 경우에는 보안 및 비밀유지에 특히 유의

정답 ②

02 보안관찰에 대한 설명 중 가장 적절하지 않은 것은?

(22년 승진/실무종합)

① 「보안관찰법」상 법무부장관은 보안관찰처분대상자 또는 피보안관찰자 중 국내에 가족이 없거나 가족이 있어도 인수를 거절하는 자에 대하여는 대통령령이 정하는 바에 의하여 거소를 제공할 수 있다.
② 「형법」상 일반이적죄는 「보안관찰법」상 보안관찰해당범죄에 해당된다.
③ 「보안관찰법 시행규칙」에서 규정하는 '사안'에는 보안관찰처분 기간갱신청구에 관한 사안도 해당된다.
④ 「보안관찰법」상 피보안관찰자가 주거지를 이전하거나 국외여행 또는 10일 이상 주거를 이탈하여 여행하고자 할 때에는 미리 거주예정지, 여행예정지 기타 대통령령이 정하는 사항을 지구대 · 파출소장을 거쳐 관할경찰서장에게 신고하여야 한다.

해설

② [X] 형법상 내란죄, 일반이적죄, 전시군수계약불이행죄 제외, 국가보안법상 반국가단체구성 · 가입 · 권유(제3조), 찬양 · 고무죄(제7조), 회합 · 통신죄(제8조), 불고지죄(제10조) 제외, 군형법상 반란불보고죄(적을 이롭게 할 목적)는 포함되고 단순반란불고지죄 제외된다.
③ 보안관찰법 시행규칙(제2조 제1호)상 사안이란 보안관찰처분청구, 보안관찰처분취소청구, 보안관찰처분 기간갱신 청구, 보안관찰처분면제결정청구, 보안관찰처분면제결정취소청구 및 보안관찰처분면제결정신청에 관한 사안을 말한다.

1] **제3조**(보안관찰처분대상자)
   이 법에서 "보안관찰처분대상자"라 함은 보안관찰해당범죄 또는 이와 경합된 범죄로 금고 이상의 형의 선고를 받고 그 형기합계가 3년 이상인 자로서 형의 전부 또는 일부의 집행을 받은 사실이 있는 자를 말한다.

2] **제4조**(보안관찰처분)
   ① 제3조에 해당하는 자중 보안관찰해당범죄를 다시 범할 위험성이 있다고 인정할 충분한 이유가 있어 재범의 방지를 위한 관찰이 필요한 자에 대하여는 보안관찰처분을 한다.
   ② 보안관찰처분을 받은 자는 이 법이 정하는 바에 따라 소정의 사항을 주거지 관할경찰서장에게 신고하고, 재범방지에 필요한 범위안에서 그 지시에 따라 보안관찰을 받아야 한다.

3] **제5조**(보안관찰처분의 기간)
   ① 보안관찰처분의 기간은 2년으로 한다.
   ② 법무부장관은 검사의 청구가 있는 때에는 보안관찰처분심의위원회의 의결을 거쳐 그 기간을 갱신할 수 있다.

4] **제6조**(보안관찰처분대상자의 신고)
   ① 보안관찰처분대상자는 대통령령이 정하는 바에 따라 그 형의 집행을 받고 있는 교도소, 소년교도소, 구치소, 유치장 또는 군교도소에서 출소전에 거주예정지 기타 대통령령으로 정하는 사항을 교도소등의 장을 경유하여 거주예정지 관할경찰서장에게 신고하고, 출소후 7일이내에 그 거주예정지 관할경찰서장에게 출소사실을 신고하여야 한다. 제20조제3항에 해당하는 경우에는 법무부장관이 제공하는 거주할 장소(거소)를 거주예정지로 신고하여야 한다.
   ② 보안관찰처분대상자는 교도소등에서 출소한 후 제1항의 신고사항에 변동이 있을 때에는 변동이 있는 날부터 7일이내에 그 변동된 사항을 관할경찰서장에게 신고하여야 한다. 다만, 제20조제3항에 의하여 거소제공을 받은 자가 주거지를 이전하고자 할 때에는 미리 관할경찰서장에게 제18조제4항 단서에 의한 신고를

하여야 한다. *변동신고 조항 및 위반시 처벌규정은 과잉금지원칙 위반 및 사생활 비밀과 자유, 개인정보 자기결정권 등을 침해하였다고 한다.

③ 교도소등의 장은 제3조에 해당하는 자가 생길 때에는 지체없이 보안관찰처분심의위원회와 거주예정지를 관할하는 검사 및 경찰서장에게 통고하여야 한다.

5] 제7조(보안관찰처분의 청구) 보안관찰처분청구는 검사가 행한다.

[헌법불합치, 2017헌바479, 2021.6.24, 보안관찰법(1989. 6. 16. 법률 제4132호로 전부개정된 것) 제6조 제2항 전문 및 제27조 제2항 중 제6조 제2항 전문에 관한 부분은 각 헌법에 합치되지 아니한다. 위 법률조항들은 2023. 6. 30.을 시한으로 개정될 때까지 계속 적용한다.]

정답 ②

03 「보안관찰법」에 관한 설명으로 가장 적절하지 않은 것은? (24년 승진/실무종합)

① '보안관찰처분대상자'라 함은 보안관찰해당범죄 또는 이와 경합된 범죄로 금고 이상의 형의 선고를 받고 그 형기합계가 3년 이상인 자로서 형의 전부 또는 일부의 집행을 면제받은 사실이 있는 자를 말한다.

② 보안관찰처분의 기간은 2년으로 하되, 법무부장관은 검사의 청구가 있는 때에는 보안관찰처분심의위원회의 의결을 거쳐 그 기간을 갱신할 수 있다.

③ 보안관찰처분대상자는 대통령령이 정하는 바에 따라 그 형의 집행을 받고 있는 교도소, 소년교도소, 구치소, 유치장 또는 군교도소에서 출소 전에 거주예정지 기타 대통령령으로 정하는 사항을 교도소등의 장을 경유하여 거주예정지 관할 경찰서장에게 신고하고, 출소 후 7일 이내에 그 거주예정지 관할 경찰 서장에게 출소사실을 신고하여야 한다.

④ 보안관찰처분청구는 검사가 보안관찰처분청구서를 법무부장관에게 제출함으로써 행한다.

해설

① 이 법에서 "보안관찰처분대상자"라 함은 보안관찰해당범죄 또는 이와 경합된 범죄로 금고 이상의 형의 선고를 받고 그 형기합계가 3년 이상인 자로서 형의 전부 또는 일부의 집행을 받은 사실이 있는 자를 말한다(제3조).

1] 제4조(보안관찰처분)
  ① 제3조에 해당하는 자중 보안관찰해당범죄를 다시 범할 위험성이 있다고 인정할 충분한 이유가 있어 재범의 방지를 위한 관찰이 필요한 자에 대하여는 보안관찰처분을 한다.
  ② 보안관찰처분을 받은 자는 이 법이 정하는 바에 따라 소정의 사항을 주거지 관할경찰서장에게 신고하고, 재범방지에 필요한 범위안에서 그 지시에 따라 보안관찰을 받아야 한다.

2] 제5조(보안관찰처분의 기간)
  ① 보안관찰처분의 기간은 2년으로 한다.
  ② 법무부장관은 검사의 청구가 있는 때에는 보안관찰처분심의위원회의 의결을 거쳐 그 기간을 갱신할 수 있다.

3] 제6조(보안관찰처분대상자의 신고)
① 보안관찰처분대상자는 대통령령이 정하는 바에 따라 그 형의 집행을 받고 있는 교도소, 소년교도소, 구치소, 유치장 또는 군교도소(矯導所)등에서 출소전에 거주예정지 기타 대통령령으로 정하는 사항을 교도소등의 장을 경유하여 거주예정지 관할경찰서장에게 신고하고, 출소후 7일이내에 그 거주예정지 관할경찰서장에게 출소사실을 신고하여야 한다. 제20조제3항에 해당하는 경우에는 법무부장관이 제공하는 거주할 장소(居所)를 거주예정지로 신고하여야 한다.
② 보안관찰처분대상자는 교도소등에서 출소한 후 제1항의 신고사항에 변동이 있을 때에는 변동이 있는 날부터 7일이내에 그 변동된 사항을 관할경찰서장에게 신고하여야 한다. 다만, 제20조제3항에 의하여 거소제공을 받은 자가 주거지를 이전하고자 할 때에는 미리 관할경찰서장에게 제18조제4항 단서에 의한 신고를 하여야 한다.
③ 교도소등의 장은 제3조에 해당하는 자가 생길 때에는 지체없이 보안관찰처분심의위원회와 거주예정지를 관할하는 검사 및 경찰서장에게 통고하여야 한다.

[헌법불합치, 2017헌바479, 2021.6.24, 보안관찰법(1989. 6. 16. 법률 제4132호로 전부개정된 것) 제6조 제2항 전문 및 제27조 제2항 중 제6조 제2항 전문에 관한 부분은 각 헌법에 합치되지 아니한다. 위 법률조항들은 2023. 6. 30.을 시한으로 개정될 때까지 계속 적용한다.] *변동신고조항 및 위반시 처벌조항은 과잉금지원칙 위배, 사생활 비밀과 자유 및 개인정보자기결정권 침해

4] 제7조(보안관찰처분의 청구) 보안관찰처분청구는 검사가 행한다.
5] 제8조(청구의 방법)
제7조의 규정에 의한 보안관찰처분청구는 검사가 보안관찰처분청구서를 법무부장관에게 제출함으로써 행한다(제1항).

정답 ①

04 「북한이탈주민의 보호 및 정착지원에 관한 법률」에 대한 설명으로 적절한 것은?

(21년 승진/실무종합)

① "북한이탈주민"이란 군사분계선 이북지역에 주소, 직계가족, 배우자, 직장 등을 두고 있는 사람으로서 북한을 벗어난 후 외국 국적을 취득하지 아니한 사람을 말한다.
② 위장탈출 혐의자, 국내 입국 후 3년이 지나서 보호 신청한 사람, 체류국에 5년 이상 생활 근거지를 두고 있는 사람은 보호 대상자로 결정하지 않을 수 있다.
③ "구호물품"이란 이 법에 따라 보호대상자에게 지급하거나 빌려주는 금전 또는 물품을 말한다.
④ 북한이탈주민으로 보호를 받으려는 사람은 재외공관이나 그 밖의 행정기관의 장에게 보호를 직접 신청해야 하고, 국가정보원장은 '북한이탈주민 대책협의회'의 심의를 거쳐 보호여부를 결정한다.

해설

① 동법 제2조 제1호
② [X] 법 개정으로, 〈체류국(滯留國)에 10년 이상 생활 근거지를 두고 있는 사람〉 삭제

③ [X] 보호금품이란 이 법에 따라 보호대상자에게 지급하거나 빌려주는 금전 또는 물품을 말한다(제2조 제4호).
④ [X] 통일부장관은 제7조 제3항에 따른 통보를 받으면 협의회의 심의를 거쳐 보호 여부를 결정한다(제8조 제1항).

1] **제2조**(정의)
1. "북한이탈주민"이란 군사분계선 이북지역(북한)에 주소, 직계가족, 배우자, 직장 등을 두고 있는 사람으로서 북한을 벗어난 후 외국 국적을 취득하지 아니한 사람을 말한다.
2. "보호대상자"란 이 법에 따라 보호 및 지원을 받는 북한이탈주민을 말한다.
3. "정착지원시설"이란 보호대상자의 보호 및 정착지원을 위하여 제10조제1항에 따라 설치·운영하는 시설을 말한다.
4. "보호금품"이란 이 법에 따라 보호대상자에게 지급하거나 빌려주는 금전 또는 물품을 말한다.

2] **제4조**(기본원칙)
① 대한민국은 보호대상자를 인도주의에 입각하여 특별히 보호한다.
② 대한민국은 외국에 체류하고 있는 북한이탈주민의 보호 및 지원 등을 위하여 외교적 노력을 다하여야 한다.
③ 보호대상자는 대한민국의 자유민주적 법질서에 적응하여 건강하고 문화적인 생활을 할 수 있도록 노력하여야 한다.
④ 통일부장관은 북한이탈주민에 대한 보호 및 지원 등을 위하여 북한이탈주민의 실태를 파악하고, 그 결과를 정책에 반영하여야 한다.

3] **제4조의3**(기본계획 및 시행계획)
통일부장관은 제6조에 따른 북한이탈주민 보호 및 정착지원협의회의 심의를 거쳐 보호대상자의 보호 및 정착지원에 관한 기본계획을 3년마다 수립·시행하여야 한다(제1항).

4] **제5조**(보호기준 등)
① 보호대상자에 대한 보호 및 지원 기준은 나이, 성별, 세대 구성, 학력, 경력, 자활 능력, 건강 상태 및 재산 등을 고려하여 합리적으로 정하여야 한다.
② 이 법에 따른 보호 및 정착지원은 원칙적으로 개인을 단위로 하되, 필요하다고 인정하는 경우에는 대통령령으로 정하는 바에 따라 세대를 단위로 할 수 있다.
③ 보호대상자를 정착지원시설에서 보호하는 기간은 1년 이내로 하고, 거주지에서 보호하는 기간은 5년으로 한다. 다만, 특별한 사유가 있는 경우에는 제6조에 따른 북한이탈주민 보호 및 정착지원협의회의 심의를 거쳐 그 기간을 단축하거나 연장할 수 있다.

5] **제7조**(보호신청 등)
① 북한이탈주민으로서 이 법에 따른 보호를 받으려는 사람은 재외공관이나 그 밖의 행정기관의 장(각급 군부대의 장을 포함, 재외공관장 등)에게 보호를 직접 신청하여야 한다. 다만, 보호를 직접 신청하지 아니할 수 있는 대통령령으로 정하는 사유가 있는 경우에는 그러하지 아니하다.
② 제1항 본문에 따른 보호신청을 받은 재외공관장등은 지체 없이 그 사실을 소속 중앙행정기관의 장을 거쳐 통일부장관과 국가정보원장에게 통보하여야 한다.
③ 제2항에 따라 통보를 받은 국가정보원장은 보호신청자에 대하여 보호결정 등을 위하여 필요한 조사 및 일시적인 신변안전조치 등 임시보호조치를 한 후 지체 없이 그 결과를 통일부장관에게 통보하여야 한다.
④ 국가정보원장은 제3항에 따른 조사 및 임시보호조치를 하기 위한 시설을 설치·운영하여야 한다.
⑤ 제3항에 따른 조사 및 임시보호조치의 내용 및 방법과 제4항에 따른 임시보호시설의 설치·운영에 필요한 사항은 대통령령으로 정한다.

6] **제8조**(보호 결정 등)
① 통일부장관은 제7조제3항에 따른 통보를 받으면 협의회의 심의를 거쳐 보호 여부를 결정한다. 다만, 국가안전보장에 현저한 영향을 줄 우려가 있는 사람에 대하여는 국가정보원장이 그 보호 여부를 결정하고, 그 결과를 지체 없이 통일부장관과 보호신청자에게 통보하거나 알려야 한다.

② 제1항 본문에 따라 보호 여부를 결정한 통일부장관은 그 결과를 지체 없이 관련 중앙행정기관의 장을 거쳐 재외공관장등에게 통보하여야 하고, 통보를 받은 재외공관장등은 이를 보호신청자에게 즉시 알려야 한다.

7] 제9조(보호 결정의 기준)

① 제8조제1항 본문에 따라 보호 여부를 결정할 때 다음 각 호의 어느 하나에 해당하는 사람은 보호대상자로 결정하지 아니할 수 있다.
1. 항공기 납치, 마약거래, 테러, 집단살해 등 국제형사범죄자
2. 살인 등 중대한 비정치적 범죄자
3. 위장탈출 혐의자
4. 삭제 〈2020. 12. 8.〉 *체류국에 10년 이상 생활 근거지를 두고 있는 사람
5. 국내 입국 후 3년이 지나서 보호신청한 사람
6. 그 밖에 국가안전보장·질서유지·공공복리에 대한 중대한 위해 발생 우려, 보호신청자의 경제적 능력 및 해외체류 여건 등을 고려하여 보호대상자로 정하는 것이 부적당하거나 보호 필요성이 현저히 부족하다고 대통령령으로 정하는 사람

② 제1항제5호의 경우 북한이탈주민에게 대통령령으로 정하는 부득이한 사정이 있는 경우에는 그러하지 아니하다.

③ 통일부장관은 국가안전보장·질서유지 등을 위하여 필요한 경우에는 협의회의 심의를 거쳐 제1항제1호 또는 제2호에 해당하는 사람을 관할 수사기관에 수사의뢰하거나 그 밖의 필요한 조치를 할 수 있다. 〈신설 2024. 1. 9.〉

④ 통일부장관은 북한이탈주민으로서 제1항 각 호의 어느 하나에 해당하여 보호대상자로 결정되지 아니한 사람에게는 필요한 경우 다음 각호의 어느 하나에 해당하는 보호 및 지원을 할 수 있다. 〈개정 2024. 1. 9.〉
1. 제11조·제13조·제14조·제16조·제17조의3·제19조·제19조의2·제20조(이 조 제1항제5호에 해당하여 보호대상자로 결정되지 아니한 경우만 해당한다)·제22조·제22조의2 및 제26조의2에 따른 보호 및 특례
2. 그 밖에 사회정착에 필요하다고 대통령령으로 정하는 보호 및 지원

⑤ 제4항에 따른 보호 및 지원에 관하여 필요한 사항은 대통령령으로 정한다.

정답 ①

05 「북한이탈주민의 보호 및 정착지원에 관한 법률」에 대한 내용으로 가장 적절하지 않은 것은?

(24년 승진/실무종합)

① 통일부장관은 보호대상자가 거주지로 전입한 후 그의 신변안전을 위하여 국방부장관이나 경찰청장에게 협조를 요청할 수 있으며, 협조요청을 받은 국방부장관이나 경찰청장은 이에 협조한다.
② '보호대상자'란 이 법에 따라 보호 및 지원을 받는 북한이탈 주민을 말한다.
③ 통일부장관은 보호대상자가 정착지원시설로부터 그의 거주지로 전입한 후 정착하여 스스로 생활하는 데 장애가 되는 사항을 해결하거나 그 밖에 자립·정착에 필요한 보호를 할 수 있다.
④ '북한이탈주민'이란 군사분계선 이북지역에 주소, 직계가족, 배우자, 직장 등을 두고 있는 사람으로서 북한을 벗어난 후 외국 국적을 취득한 사람을 말한다.

해설

④ 북한을 벗어난 후 외국 국적을 취득하지 아니한 사람을 말한다.
① 동법 제22조의2 제1항
② 동법 제2조 제2호
③ 동법 제22조 제1항

1] **제2조**(정의) 이 법에서 사용하는 용어의 뜻은 다음과 같다.
1. "북한이탈주민"이란 군사분계선 이북지역(북한)에 주소, 직계가족, 배우자, 직장 등을 두고 있는 사람으로서 북한을 벗어난 후 외국 국적을 취득하지 아니한 사람을 말한다.
2. "보호대상자"란 이 법에 따라 보호 및 지원을 받는 북한이탈주민을 말한다.
3. "정착지원시설"이란 보호대상자의 보호 및 정착지원을 위하여 제10조제1항에 따라 설치·운영하는 시설을 말한다.
4. "보호금품"이란 이 법에 따라 보호대상자에게 지급하거나 빌려주는 금전 또는 물품을 말한다.

2] **제22조의2**(거주지에서의 신변보호)
① 통일부장관은 제22조에 따라 보호대상자가 거주지로 전입한 후 그의 신변안전을 위하여 국방부장관이나 경찰청장에게 협조를 요청할 수 있으며, 협조요청을 받은 국방부장관이나 경찰청장은 이에 협조한다.
② 제1항에 따른 신변보호에 필요한 사항은 통일부장관이 국방부장관, 국가정보원장 및 경찰청장과 협의하여 정한다. 이 경우 해외여행에 따른 신변보호에 관한 사항은 외교부장관과 법무부장관의 의견을 들을 수 있다.
③ 통일부장관은 협의회의 심의를 거쳐 5년의 범위에서 신변보호기간을 정한다. 이 경우 통일부장관은 보호대상자의 의사를 고려하여야 한다.
④ 통일부장관은 보호대상자의 의사, 신변보호의 지속 필요성 등을 고려하여 협의회의 심의를 거쳐 신변보호기간을 연장할 수 있다. 다만, 통일부장관은 연장된 기간의 종료 전이라도 보호대상자가 요청하는 경우에는 협의회의 심의를 거쳐 신변보호를 종료할 수 있다. 〈신설 2024. 1. 9.〉
⑤ 신변보호기간 및 연장된 기간이 종료된 이후 보호대상자는 통일부장관에게 신변보호 재실시를 요청할 수 있다. 이 경우 통일부장관은 신변보호의 필요성 등을 고려하여 협의회의 심의를 거쳐 5년의 범위에서 신변보호 재실시 여부를 결정한다. 〈신설 2024. 1. 9.〉
⑥ 제5항에 따른 신변보호 재실시 기간의 연장 및 종료에 관하여는 제4항을 준용한다. 〈신설 2024. 1. 9.〉
⑦ 제1항, 제3항부터 제6항까지에 따른 신변보호 협조요청, 신변보호 및 신변보호 재실시의 기간·연장·종료 등에 관하여 필요한 사항은 대통령령으로 정한다. 〈신설 2024. 1. 9.〉

정답 ④

Chapter 07 외사경찰활동

01 여행경보단계 중 해외체류자는 신변안전에 특별히 유의하여야 하고, 해외여행 예정자는 불필요한 여행을 자제해야 하는 단계는? (21년 승진/실무종합)

① 남색경보 ② 황색경보
③ 적색경보 ④ 흑색경보

해설

1] 여행경보단계(외교부에서 발령하는 여행경보는 다음의 4종으로 구분한다)

제1단계	여행유의(남색경보)	신변안전 위험요인 숙지·대비
제2단계	여행자제(황색경보)	여행예정자 : 불필요한 여행자제 해외체류자 : 신변안전 특별 유의
제3단계	출국권고(적색경보)	여행예정자 : 여행취소·연기 해외체류자 : 긴요한 용무가 아닌 한 출국
제4단계	여행금지(흑색경보)	여행예정자 : 여행금지준수 해외체류자 : 즉시 대피·철수

2] 특별여행주의보
이는 여행자들에 대한 중/장기적인 여행안전정보 제공에 초점을 둔 여행경보와는 달리 특별여행주의보는 단기적인 위험 상황이 발생하는 경우에 발령하고 있다(단기적으로 긴급한 위험이 있는 국가/지역에 대하여 발령).
1) 발령기준 : 단기적으로 긴급한 위험이 있는 경우
2) 행동요령 : 여행경보 2단계 이상 3단계 이하에 준함
3) 기간 : 발령일로부터 최대 90일까지 유효(통상 1개월 단위로 발령)

정답 ②

02 「출입국관리법」상 외국인의 강제퇴거에 관한 설명으로 가장 적절하지 않은 것은?

(23년 승진/실무종합)

① 강제퇴거명령서는 출입국관리공무원이 집행한다. 지방출입국·외국인관서의 장은 사법경찰관리에게 강제퇴거명령서의 집행을 의뢰할 수 있다.
② 대통령령으로 정하는 금액 이상의 국세·관세 또는 지방세를 정당한 사유 없이 그 납부기한까지 내지 아니한 사람은 강제퇴거 대상자에 해당한다.
③ 금고 이상의 형을 선고받고 석방된 사람은 강제퇴거의 대상이 된다.
④ 지방출입국·외국인관서의 장은 강제퇴거명령을 받은 사람을 보호할 때 그 기간이 3개월이 넘는 경우에는 3개월마다 미리 법무부장관의 승인을 얻어야 한다.

해설

② 출국정지의 대상이다. 출국정지 대상과 강제퇴거 대상 그리고 입국금지 대상까지 구분해야 한다.

1] 출국정지 사유(동법 제29조)

6개월 이내 (3개월)	법무부장관은 아래에 해당하는 국민(외국인)에 대하여는 6개월(3개월) 이내의 기간을 정하여 출국을 금지(정지)할 수 있다(제4조/제29조). ㉠ 형사재판에 계속 중인 사람 ㉡ 징역형이나 금고형의 집행이 끝나지 아니한 사람 ㉢ 대통령령으로 정하는 금액 이상의 벌금(1천만원)이나 추징금(2천만원)을 내지 아니한 사람 ㉣ 대통령령으로 정하는 금액 이상의 국세·관세(5천만원) 또는 지방세(3천만원)를 정당한 사유없이 그 납부기한까지 내지 아니한 사람 ㉤ 「양육비 이행확보 및 지원에 관한 법률」제21조의4제1항에 따른 양육비 채무자 중 양육비이행심의위원회의 심의·의결을 거친 사람 ㉥ 그 밖에 ㉠부터 ㉤까지의 규정에 준하는 사람으로서 대한민국의 이익이나 공공의 안전 또는 경제질서를 해칠 우려가 있어 그 출국이 적당하지 아니하다고 법무부령으로 정하는 사람
1개월 이내	법무부장관은 범죄 수사를 위하여 출국이 적당하지 아니하다고 인정되는 사람에 대하여는 1개월 이내의 기간을 정하여 출국을 금지(정지)할 수 있다.
3개월 이내	소재를 알 수 없어 기소중지/수사중지(피의자중지에 한함)결정이 된 사람 또는 도주 등 특별한 사유가 있어 수사진행이 어려운 사람
영장유효 기간이내	기소중지/수사중지(피의자중지에 한함)결정이 된 경우로서 체포영장 또는 구속영장이 발부된 사람

기소중지 또는 수사중지(피의자중지로 한정)된 사람의 소재가 발견된 경우에는 출국정지 예정기간을 발견된 날부터 10일 이내로 한다.

2] 강제퇴거 대상(동법 제46조)
① 출입국관리공무원의 출입국심사를 받지 않고 출국하려고 하는 사람

② 근무처 변경 허가를 받지 아니하고 근무처를 변경·추가하거나 외국인을 고용·알선한 사람
③ 허위초청 등의 행위로 입국한 외국인
④ 유효한 여권과 법무부장관이 발급한 사증 없이 입국한 외국인
⑤ 출입국관리공무원의 입국심사를 받지 않거나, 선박 등을 이용하여 불법으로 입국한 외국인
⑥ 입국금지 사유가 입국 후에 발견되거나 발생한 사람
⑦ 금고 이상의 형을 선고받고 석방된 사람
⑧ 사무소장이나 출장소장이 붙인 허가조건을 위반한 사람
⑨ 승무원의 상륙허가, 관광상륙허가, 긴급상륙허가, 재난상륙허가, 난민임시상륙허가를 받지 아니하고 상륙한 사람
⑩ 승무원의 상륙허가, 긴급상륙허가, 재난상륙허가, 난민 임시상륙허가에 따라 지방출입국·외국인관서장 또는 출입국 관리공무원이 붙인 허가조건을 위반한 사람
⑪ 체류기간, 고용제한, 체류자격외 활동, 체류자격, 체류자격 변경, 체류자격 연장허가 등을 위반한 사람
⑫ 법무부장관이 정한 거소 또는 활동범위의 제한이나 그 밖의 준수사항을 위반한 사람
⑬ 외국인등록 의무를 위반한 사람 등
⑭ 외국인등록증 등의 채무이행 확보수단 제공 등의 금지를 위반한 외국인
⑮ 금고 이상의 형을 선고받고 석방된 사람. 이외에도 제76조의4제1항 각호의 어느 하나에 해당하는 사람, 그 밖에 제1호부터 제10호까지, 제10호의2, 제11호, 제12호, 제12호의2, 제13호 또는 제14호에 준하는 사람으로서 법무부령으로 정하는 사람

3) **강제퇴거명령서의 집행**(동법 제62조)
① 강제퇴거명령서는 출입국관리공무원이 집행한다.
② 지방출입국·외국인관서의 장은 사법경찰관리에게 강제퇴거명령서의 집행을 의뢰할 수 있다.
③ 강제퇴거명령서를 집행할 때에는 그 명령을 받은 사람에게 강제퇴거명령서를 내보이고 지체 없이 그를 제64조에 따른 송환국으로 송환하여야 한다. 다만, 제76조제1항에 따라 선박등의 장이나 운수업자가 송환하게 되는 경우에는 출입국관리공무원은 그 선박등의 장이나 운수업자에게 그를 인도할 수 있다.
④ 제3항에도 불구하고 강제퇴거명령을 받은 사람이 다음 각 호의 어느 하나에 해당하는 경우에는 송환하여서는 아니 된다. 다만, 「난민법」에 따른 난민신청자가 대한민국의 공공의 안전을 해쳤거나 해칠 우려가 있다고 인정되면 그러하지 아니하다.
  1. 「난민법」에 따라 난민인정 신청을 하였으나 난민인정 여부가 결정되지 아니한 경우
  2. 「난민법」 제21조에 따라 이의신청을 하였으나 이에 대한 심사가 끝나지 아니한 경우

4) **강제퇴거명령을 받은 사람의 보호 및 보호해제**(동법 제63조)
① 지방출입국·외국인관서의 장은 강제퇴거명령을 받은 사람을 여권 미소지 또는 교통편 미확보 등의 사유로 즉시 대한민국 밖으로 송환할 수 없으면 송환할 수 있을 때까지 그를 보호시설에 보호할 수 있다.
② 지방출입국·외국인관서의 장은 제1항에 따라 보호할 때 그 기간이 3개월을 넘는 경우에는 3개월마다 미리 법무부장관의 승인을 받아야 한다.
③ 지방출입국·외국인관서의 장은 제2항의 승인을 받지 못하면 지체 없이 보호를 해제하여야 한다.
④ 지방출입국·외국인관서의 장은 강제퇴거명령을 받은 사람이 다른 국가로부터 입국이 거부되는 등의 사유로 송환될 수 없음이 명백하게 된 경우에는 그의 보호를 해제할 수 있다.
⑤ 지방출입국·외국인관서의 장은 제3항 또는 제4항에 따라 보호를 해제하는 경우에는 주거의 제한이나 그 밖에 필요한 조건을 붙일 수 있다.
⑥ 제1항에 따라 보호하는 경우에는 제53조부터 제55조까지, 제56조의2부터 제56조의9까지 및 제57조를 준용한다.

정답 ②

03 외국인 관련 사건처리에 대한 설명 중 가장 적절하지 않은 것은? (22년 승진/실무종합)

① 「범죄인 인도법」상 법원은 범죄인이 인도구속영장에 의하여 구속 중인 경우에 구속된 날부터 2개월 이내에 인도심사에 관한 결정을 하여야 한다.
② 주한미군지위협정(SOFA)상 주한미군의 공무집행 중 작위 또는 부작위에 의한 범죄는 합중국 군 당국의 전속적 재판권 범위에 포함된다.
③ 「국제형사사법 공조법」상 행정안전부장관은 국제형사경찰기구로부터 외국의 형사사건 수사에 대하여 협력을 요청받거나 국제형사경찰기구에 협력을 요청하는 경우에는 국제범죄의 정보 및 자료교환 등의 조치를 취할 수 있다.
④ 「대한민국과 러시아연방간의 영사협약」상 파견국 국민이 영사관할 구역안에서 구속된 경우, 접수국의 권한있는 당국은 지체없이 파견국의 영사기관에 통보한다.

해설

② [X] 주한미군의 공무집행 중 작위 또는 부작위에 의한 범죄는 합중국 군 당국의 1차적 재판권 범위에 해당된다(재판권의 경합).
① 동법 제14조 제2항
③ 동법 제38조 제1항
④ 파견국 국민이 영사관할 구역안에서 구속된 경우, 접수국의 권한있는 당국은 지체없이 파견국의 영사기관에 통보한다(동 협약 제39조 제1호). 그리고 파견국의 구속된 국민의 영사기관과의 어떠한 통신도 지체없이 접수국당국에 의하여 영사기관에 개진되어야 한다(제2호).

1] 전속적 재판권

미군 당국의 전속적 재판권	미국의 안전에 관한 범죄를 포함하여 구성원이나 군속 및 그들의 가족에 대하여 미국법령에 의하여 처벌할 수 있으나 대한민국법령에 의해서는 처벌할 수 없는 범죄
대한민국 당국의 전속적 재판권	대한민국의 안전에 관한 범죄를 포함하여 대한민국법령에 의해서는 처벌할 수 있으나 미국의 법령으로는 처벌할 수 없는 범죄

2] 제1차적 재판권(재판권의 경합)

미군 당국	㉠ 오로지 미국의 재산이나 안전에 관한 범죄 ㉡ 오로지 미국군대의 타구성원이나 군속 또는 그들 가족의 신체나 재산에 대한 범죄 ㉢ 공무집행 중의 작위 또는 부작위에 의한 범죄(공무수행에 부수된 행위도 공무개념에 포함)
대한민국 당국	미군 당국의 제1차적 재판권행사의 대상에 속하지 않는 모든 범죄

우리나라가 재판하는 것이 특히 중요하다고 결정하는 경우를 제외한 기타 사건에 대하여 미군당국이 재판권의 포기를 요청하는 경우에는 호의적으로 고려하여야 한다.

3] 공무의 판단
(1) 1차적 기준 : 미군당국이 발행한 공무증명서
(2) 검사는 미군의 공무증명서를 거부할 수 있다. 이의제기(10일), 조정기간(30일)
(3) 최종판단 : 한미동수가 참여하는 한미합동위원회의 결정에 따른다.

※ 미군측이 한국측에 재판권이 없음을 항변하기 위하여 공무집행증명서를 제출하는 경우 재판권의 귀속여부에 대한 판단은 검찰에서 하는 것임을 설득시키고 일단 경찰서로 동행하여 피의사건을 조사한 뒤 제출된 공무집행증명서를 기록에 첨부하여 기소의견으로 송치한다.

정답 ②

04 「범죄수사규칙」상 외국인 등 관련 범죄에 관한 특칙에 대한 설명으로 가장 적절하지 않은 것은?

(23년 승진/실무종합)

① 경찰관은 외국인인 피의자 및 그 밖의 관계자가 한국어에 능통하지 않는 경우에는 통역인으로 하여금 통역하게 하여 한국어로 피의자신문조서나 진술조서를 작성하여야 하며, 특히 필요한 때에는 한국어의 진술서를 작성하게 하거나 한국어의 진술서를 제출하게 하여야 한다.
② 외국인에 대하여 구속영장 그 밖의 영장을 집행하는 경우에는 번역문을 첨부하여야 한다.
③ 외국인으로부터 압수한 물건에 관하여 압수목록교부서를 교부하는 경우에는 번역문을 첨부하여야 한다.
④ 경찰관은 피의자가 외교 특권을 가진 사람인지 여부가 의심스러운 경우에는 신속히 국가수사본부장에게 보고하여 그 지시를 받아야 한다.

해설

① [X] 특히 필요한 때에는 외국어의 진술서를 작성하게 하거나 외국어의 진술서를 제출하게 하여야 한다.
② 동규칙 제218조 제1호
③ 동규칙 제218조 제2호
④ 동규칙 제209조 제3항

1] 통역인의 참여(동규칙 제217조)
 ① 경찰관은 외국인인 피의자 및 그 밖의 관계자가 한국어에 능통하지 않는 경우에는 통역인으로 하여금 통역하게 하여 한국어로 피의자신문조서나 진술조서를 작성하여야 하며 특히 필요한 때에는 외국어의 진술서를 작성하게 하거나 외국어의 진술서를 제출하게 하여야 한다.
 ② 경찰관은 외국인이 구술로써 고소·고발이나 자수를 하려 하는 경우에 한국어에 능통하지 않을 때의 고소·고발 또는 자수인 진술조서는 제1항의 규정에 준하여 작성하여야 한다.

2] 번역문의 첨부(동규칙 제218조) 경찰관은 다음 각호의 경우 번역문을 첨부하여야 한다.
 1. 외국인에 대하여 구속영장 그 밖의 영장을 집행하는 경우
 2. 외국인으로부터 압수한 물건에 관하여 압수목록교부서를 교부하는 경우

정답 ①

05 경찰관의 외국인 관련 사건처리 조치 중 가장 적절하지 않은 것은? (23년 승진/실무종합)

① 사법경찰관 甲은 「경찰수사규칙」에 따라 중국인 피의자 A의 체포시 피의자에게 영사관원 접견 등 권리를 요청할 수 있다는 사실을 알려주었다.
② 사법경찰관 乙은 「대한민국과 중화인민공화국 간의 영사협정」에 따라 구속된 중국인 피의자 B의 요청이 없는 경우에도 4일이 넘지 아니하는 기간 내에 그 구속사실을 영사기관에 통보하였다.
③ 사법경찰관 丙은 「범죄수사규칙」에 따라 영사 C의 사무소 안에 있는 기록문서를 압수하지 않고 열람하였다.
④ 사법경찰관 丁은 「경찰수사규칙」에 따라 한미행정 협정사건에 관하여 주한 미합중국 군 당국으로부터 공무증명서를 제출받아 지체없이 공무증명서의 사본을 검사에게 송부하였다.

해설

③ [X] 경찰관은 총영사, 영사 또는 부영사나 명예영사의 사무소 안에 있는 기록문서에 관하여는 이를 열람하거나 압수하여서는 아니 된다(「범죄수사규칙」 제213조 제4항).
① 「경찰수사규칙」 제91조 제2항
② 「대한민국과 중화인민공화국 간의 영사협정」 제7조 제1호(달리 입증되지 아니하는 한, 파견국 국민이라고 주장하는 자를 포함하는 파견국 국민이 접수국의 권한 있는 당국에 의하여 구속, 체포 또는 다른 어떤 방식으로 자유를 박탈당하였을 경우, 그 당국은 그 국민이 요구하든 그러하지 아니하든 간에 지체 없이 그 강제행동이 취해진 날부터 4일이 넘지 아니하는 기간 내에 파견국 영사기관에 그 국민의 이름, 신분확인 방식, 그 강제행동의 이유, 날짜와 장소 그리고 그 국민을 접촉할 수 있는 정확한 장소를 통보한다. 그러나 파견국 국민이 접수국의 출입국관리 법령 위반으로 접수국의 권한 있는 당국에 의하여 구속되는 경우, 접수국의 권한 있는 당국은 그 국민이 서면으로 그 통보를 명시적으로 반대하지 아니하는 한 영사기관에 통보한다)
*「대한민국 정부와 러시아연방 정부간의 영사협약」 제39조 제1호 : 파견국 국민이 영사관할 구역안에서 구속된 경우, 접수국의 권한있는 당국은 지체없이 파견국의 영사기관에 통보한다.
④ 「경찰수사규칙」 제92조 제2항

| 보충 | 영사 등에 관한 특칙(「범죄수사규칙」 제213조)
① 경찰관은 임명국의 국적을 가진 대한민국 주재의 총영사, 영사 또는 부영사에 대한 사건에 관하여 구속 또는 조사할 필요가 있다고 인정될 때에는 미리 국가수사본부장에게 보고하여 그 지시를 받아야 한다.
② 경찰관은 총영사, 영사 또는 부영사의 사무소는 해당 영사의 청구나 동의가 있는 경우 외에는 이에 출입해서는 아니 된다.
③ 경찰관은 총영사, 영사 또는 부영사의 사택이나 명예영사의 사무소 혹은 사택에서 수사할 필요가 있다고 인정될 때에는 미리 국가수사본부장에게 보고하여 그 지시를 받아야 한다.
④ 경찰관은 총영사, 영사 또는 부영사나 명예영사의 사무소 안에 있는 기록문서에 관하여는 이를 열람하거나 압수하여서는 아니 된다.

정답 ③

06 다음 설명 중 가장 적절하지 않은 것은? (24년 승진/실무종합)

① 「경찰수사규칙」에 따르면 사법경찰관리는 외국인을 체포·구속하는 경우 국내 법령을 위반하지 않는 범위에서 영사관과 자유롭게 접견·교통할 수 있고, 체포·구속된 사실을 영사기관에 통보해 줄 것을 요청할 수 있다는 사실을 알려야 한다.
② 「경찰수사규칙」에 따르면 사법경찰관리는 외국인 변사사건이 발생한 경우에는 영사기관 사망 통보서를 작성하여 지체 없이 검사에게 통보해야 한다.
③ 「범죄수사규칙」에 따르면 경찰관은 외국군함에 관하여는 해당 군함의 함장의 청구가 있는 경우 외에는 이에 출입해서는 아니 된다.
④ 「범죄수사규칙」에 따르면 경찰관은 총영사, 영사 또는 부영사의 사무소는 해당 영사의 청구나 동의가 있는 경우 외에는 이에 출입해서는 아니 된다.

해설

1] 「경찰수사규칙」

1) **제91조**(외국인에 대한 조사)
   ① 사법경찰관리는 외국인을 조사하는 경우에는 조사를 받는 외국인이 이해할 수 있는 언어로 통역해 주어야 한다.
   ② 사법경찰관리는 외국인을 체포·구속하는 경우 국내 법령을 위반하지 않는 범위에서 영사관원과 자유롭게 접견·교통할 수 있고, 체포·구속된 사실을 영사기관에 통보해 줄 것을 요청할 수 있다는 사실을 알려야 한다.
   ③ 사법경찰관리는 체포·구속된 외국인이 제2항에 따른 통보를 요청하는 경우에는 별지 제93호서식의 영사기관 체포·구속 통보서를 작성하여 지체 없이 해당 영사기관에 체포·구속 사실을 통보해야 한다.
   ④ 사법경찰관리는 외국인 변사사건이 발생한 경우에는 제94호서식의 영사기관 사망 통보서를 작성하여 지체 없이 해당 영사기관에 통보해야 한다.

2) **제92조**(한미행정협정사건의 통보)
   ① 사법경찰관은 주한 미합중국 군대의 구성원·외국인군무원 및 그 가족이나 초청계약자의 범죄 관련 사건을 인지하거나 고소·고발 등을 수리한 때에는 7일 이내에 별지 제95호서식의 한미행정협정사건 통보서를 검사에게 통보해야 한다.
   ② 사법경찰관은 주한 미합중국 군당국으로부터 공무증명서를 제출받은 경우 지체 없이 공무증명서의 사본을 검사에게 송부해야 한다.
   ③ 사법경찰관은 검사로부터 주한 미합중국 군당국의 재판권포기 요청 사실을 통보받은 날부터 14일 이내에 검사에게 사건을 송치 또는 송부해야 한다. 다만, 검사의 동의를 받아 그 기간을 연장할 수 있다.

2] 범죄수사규칙

1) **제208조**(외국인 등 관련범죄 수사의 착수) 경찰관은 외국인 등 관련 범죄 중 중요한 범죄에 관하여는 미리 국가수사본부장에게 보고하여 그 지시를 받아 수사에 착수하여야 한다. 다만, 급속을 요하는 경우에는 필요한 처분을 한 후 신속히 국가수사본부장의 지시를 받아야 한다.

2) **제210조**(대·공사관 등에의 출입)
   ① 경찰관은 대·공사관과 대·공사나 대·공사관원의 사택 별장 혹은 그 숙박하는 장소에 관하여는 해당 대·공사나 대·공사관원의 청구가 있을 경우 이외에는 출입해서는 아니 된다. 다만, 중대한 범죄를 범한 자를 추적 중 그 사람이 위 장소에 들어간 경우에 지체할 수 없을 때에는 대·공사, 대·공사관원 또는

이를 대리할 권한을 가진 사람의 사전 동의를 얻어 수색하여야 한다.
② 경찰관이 제1항에 따라 수색을 행할 때에는 지체 없이 국가수사본부장에게 보고하여 그 지시를 받아야 한다.

3) 제211조(외국군함에의 출입)
① 경찰관은 외국군함에 관하여는 해당 군함의 함장의 청구가 있는 경우 외에는 이에 출입해서는 아니 된다.
② 경찰관은 중대한 범죄를 범한 사람이 도주하여 대한민국의 영해에 있는 외국군함으로 들어갔을 때에는 신속히 국가수사본부장에게 보고하여 그 지시를 받아야 한다. 다만, 급속을 요할 때에는 해당 군함의 함장에게 범죄자의 임의의 인도를 요구할 수 있다.

4) 제213조(영사 등에 관한 특칙)
① 경찰관은 임명국의 국적을 가진 대한민국 주재의 총영사, 영사 또는 부영사에 대한 사건에 관하여 구속 또는 조사할 필요가 있다고 인정될 때에는 미리 국가수사본부장에게 보고하여 그 지시를 받아야 한다.
② 경찰관은 총영사, 영사 또는 부영사의 사무소는 해당 영사의 청구나 동의가 있는 경우 외에는 이에 출입해서는 아니 된다.
③ 경찰관은 총영사, 영사 또는 부영사의 사택이나 명예영사의 사무소 혹은 사택에서 수사할 필요가 있다고 인정될 때에는 미리 국가수사본부장에게 보고하여 그 지시를 받아야 한다.
④ 경찰관은 총영사, 영사 또는 부영사나 명예영사의 사무소 안에 있는 기록문서에 관하여는 이를 열람하거나 압수하여서는 아니 된다.

5) 제214조(외국 선박 내의 범죄) 경찰관은 대한민국의 영해에 있는 외국 선박내에서 발생한 범죄로서 다음 각호의 어느 하나에 해당하는 경우에는 수사를 하여야 한다.
1. 대한민국 육상이나 항내의 안전을 해할 때
2. 승무원 이외의 사람이나 대한민국의 국민에 관계가 있을 때
3. 중대한 범죄가 행하여졌을 때

6) 제215조(외국인에 대한 조사)
① 경찰관은 외국인의 조사와 체포·구속에 있어서는 언어, 풍속과 습관의 특성을 고려하여야 한다.
② 경찰관은 「경찰수사규칙」 제91조제2항에 따라 고지한 경우 피의자로부터 별지 제118호서식의 영사기관 통보요청확인서를 작성하여야 한다.
③ 경찰관은 「경찰수사규칙」 제91조제3항에도 불구하고, 별도 외국과의 조약에 따라 피의자 의사와 관계없이 해당 영사기관에 통보하게 되어 있는 경우에는 반드시 이를 통보하여야 한다.
④ 「경찰수사규칙」 제91조제3항부터 제4항까지 및 이 조 제2항부터 제3항까지의 서류는 수사기록에 편철하여야 한다.

7) 제217조(통역인의 참여)
① 경찰관은 외국인인 피의자 및 그 밖의 관계자가 한국어에 능통하지 않는 경우에는 통역인으로 하여금 통역하게 하여 한국어로 피의자신문조서나 진술조서를 작성하여야 하며 특히 필요한 때에는 외국어의 진술서를 작성하게 하거나 외국어의 진술서를 제출하게 하여야 한다.
② 경찰관은 외국인이 구술로써 고소·고발이나 자수를 하려 하는 경우에 한국어에 능통하지 않을 때의 고소·고발 또는 자수인 진술조서는 제1항의 규정에 준하여 작성하여야 한다.

8) 제218조(번역문의 첨부) 경찰관은 다음 각호의 경우 번역문을 첨부하여야 한다.
1. 외국인에 대하여 구속영장 그 밖의 영장을 집행하는 경우
2. 외국인으로부터 압수한 물건에 관하여 압수목록교부서를 교부하는 경우

정답 ②

07 범죄인 인도에 관한 원칙에 대한 설명으로 가장 적절하지 않은 것은? (21년 승진/실무종합)

① 자국민불인도의 원칙은 자국민은 인도하지 않는다는 원칙으로서, 우리나라 「범죄인 인도법」 제9조는 절대적 거절사유로 규정하고 있다.
② 쌍방가벌성의 원칙은 인도청구가 있는 범죄가 청구국과 피청구국 쌍방의 법률에 의하여 범죄를 구성하지 않는 경우에는 그 범죄에 관하여 범죄인을 인도하지 않는다는 원칙이다.
③ 최소한 중요성의 원칙은 어느 정도 중요성을 띤 범죄인만 인도한다는 원칙이다.
④ 특정성의 원칙은 인도된 범죄인이 인도가 허용된 범죄 외의 범죄로 처벌받지 아니하고, 제3국에 인도되지 아니한다는 청구국의 보증이 없는 경우에는 범죄인을 인도하여서는 아니 된다는 원칙이다.

해설

① [X] 우리나라 범죄인 인도법에서는 범죄인이 대한민국 국민인 경우 범죄인을 인도하지 아니할 수 있다고 하여 임의적 인도거절사유로 규정하고 있다(동법 제9조 제1호).
②③ 「범죄인 인도법」 제6조는 '대한민국과 청구국의 법률에 따라 인도범죄가 사형, 무기징역, 무기금고, 장기(長期) 1년 이상의 징역 또는 금고에 해당하는 경우에만 범죄인을 인도할 수 있다'라고 하여 쌍방가벌성의 원칙과 최소한 중요성의 원칙을 명문화하고 있다(동법 제6조).
④ 동법 제10조

1] **동법 제7조**(절대적 인도거절 사유)
다음 각호의 어느 하나에 해당하는 경우에는 범죄인을 인도하여서는 아니 된다.
   1. 대한민국 또는 청구국의 법률에 따라 인도범죄에 관한 공소시효 또는 형의 시효가 완성된 경우
   2. 인도범죄에 관하여 대한민국 법원에서 재판이 계속(係屬) 중이거나 재판이 확정된 경우
   3. 범죄인이 인도범죄를 범하였다고 의심할 만한 상당한 이유가 없는 경우. 다만, 인도범죄에 관하여 청구국에서 유죄의 재판이 있는 경우는 제외한다.
   4. 범죄인이 인종, 종교, 국적, 성별, 정치적 신념 또는 특정 사회단체에 속한 것 등을 이유로 처벌되거나 그 밖의 불리한 처분을 받을 염려가 있다고 인정되는 경우

2] **동법 제8조**(정치적 성격을 지닌 범죄 등의 인도거절)
   ① 인도범죄가 정치적 성격을 지닌 범죄이거나 그와 관련된 범죄인 경우에는 범죄인을 인도하여서는 아니 된다. 다만, 인도범죄가 다음 각호의 어느 하나에 해당하는 경우에는 그러하지 아니하다.
      1. 국가원수(國家元首)·정부수반(政府首班) 또는 그 가족의 생명·신체를 침해하거나 위협하는 범죄 *가해조항(암살조항 : attentat clause, Belgium clause)
      2. 다자간 조약에 따라 대한민국이 범죄인에 대하여 재판권을 행사하거나 범죄인을 인도할 의무를 부담하고 있는 범죄
      3. 여러 사람의 생명·신체를 침해·위협하거나 이에 대한 위험을 발생시키는 범죄
   ② 인도청구가 범죄인이 범한 정치적 성격을 지닌 다른 범죄에 대하여 재판을 하거나 그러한 범죄에 대하여 이미 확정된 형을 집행할 목적으로 행하여진 것이라고 인정되는 경우에는 범죄인을 인도하여서는 아니 된다.

3] **동법 제9조**(임의적 인도거절 사유)
다음 각호의 어느 하나에 해당하는 경우에는 범죄인을 인도하지 아니할 수 있다.
   1. 범죄인이 대한민국 국민인 경우

2. 인도범죄의 전부 또는 일부가 대한민국 영역에서 범한 것인 경우
3. 범죄인의 인도범죄 외의 범죄에 관하여 대한민국 법원에 재판이 계속 중인 경우 또는 범죄인이 형을 선고받고 그 집행이 끝나지 아니하거나 면제되지 아니한 경우
4. 범죄인이 인도범죄에 관하여 제3국(청구국이 아닌 외국을 말한다. 이하 같다)에서 재판을 받고 처벌되었거나 처벌받지 아니하기로 확정된 경우
5. 인도범죄의 성격과 범죄인이 처한 환경 등에 비추어 범죄인을 인도하는 것이 비인도적(非人道的)이라고 인정되는 경우

4] **동법 제10조**(인도가 허용된 범죄 외의 범죄에 대한 처벌 금지에 관한 보증)

인도된 범죄인이 다음 각호의 어느 하나에 해당하는 경우를 제외하고는 인도가 허용된 범죄 외의 범죄로 처벌받지 아니하고 제3국에 인도되지 아니한다는 청구국의 보증이 없는 경우에는 범죄인을 인도하여서는 아니 된다.

1. 인도가 허용된 범죄사실의 범위에서 유죄로 인정될 수 있는 범죄 또는 인도된 후에 범한 범죄로 범죄인을 처벌하는 경우
2. 범죄인이 인도된 후 청구국의 영역을 떠났다가 자발적으로 청구국에 재입국한 경우
3. 범죄인이 자유롭게 청구국을 떠날 수 있게 된 후 45일 이내에 청구국의 영역을 떠나지 아니한 경우
4. 대한민국이 동의하는 경우

정답 ①

2025 승진대비 경찰실무종합 최근 4개년 기출문제

저 자	정태정
발 행 인	금병희
발 행 처	멘토링
펴 낸 날	2024년 2월 8일 초판 발행
주 소	서울특별시 동작구 노량진로 16길 30
출 판 등 록	319-26-60호
주문및배본처	02-825-0606
F A X	02-6499-3195
I S B N	979-11-6049-306-1 13360
정 가	**18,000원**

저자와의 협의하에 인지생략

저자와의 협의하에 인지를 생략합니다.
이 책의 무단 전재 또는 복제 행위는 저작권법 제136조 제1항에 의해 5년 이하의 징역 또는 5,000만원 이하의 벌금에 처하거나 이를 병과할 수 있습니다(파본은 교환해 드립니다.).